中国人民大学科学研究基金
（中央高校基本科研业务费专项资金资助）项目成果
（编号19XNLG03）

朱浒 著

取法乎上：
历史研究的问题感

天津出版传媒集团
天津人民出版社

图书在版编目(CIP)数据

取法乎上：历史研究的问题感 / 朱浒著. -- 天津：天津人民出版社, 2021.10
ISBN 978-7-201-17722-9

Ⅰ. ①取… Ⅱ. ①朱… Ⅲ. ①史学—研究方法—文集 Ⅳ. ①K061-53

中国版本图书馆CIP数据核字(2021)第198920号

取法乎上：历史研究的问题感
QU FA HU SHANG：LISHI YANJIU DE WENTI GAN

出　　版　天津人民出版社
出 版 人　刘　庆
地　　址　天津市和平区西康路35号康岳大厦
邮政编码　300051
邮购电话　(022)23332469
电子信箱　reader@tjrmcbs.com

责任编辑　吴　丹
装帧设计　汤　磊

印　　刷　天津新华印务有限公司
经　　销　新华书店
开　　本　710毫米×1000毫米　1/16
印　　张　27
字　　数　380千字
版次印次　2021年10月第1版　2021年10月第1次印刷
定　　价　85.00元

前 言

一

这本书共收入了二十一篇论文，最早一篇发表于我开始攻读博士的1999年，最晚一篇发表于2020年，时间跨度恰好是二十一年，可以说是我步入学术道路以来的一份成长记录。

虽然我离知天命之年近在咫尺，但是至今仍然要为完成教学科研的各种考核指标而奋斗，也仍然是一个爬坡者的心态。因此，一直觉得回顾自己的学术历程是一件相当遥远的事情。而如今之所以会编纂这本书，主要缘起于我在教学指导工作中的体会。在自己也成为研究生导师后，审阅名下学生们的习作并提出修改建议，成了一项日常化工作。在这个过程中，不时让我想起自己的学生时代，也力图从自己的经历中能够总结一些经验和教训，让学生们少走学术上的弯路。另外，从2018年起，各学院要为新入学的博士生开设“学术规范与论文写作”的课程，我作为授课教师之一，在这几年的授课过程中，把自己的一些论文作为课堂讲评的例子，与同学们分享了逐步理解学术规范、提高写作水平的一些体会和感悟，在不少同学那里引起了热烈的反响。基于这两方面的情况，我感觉到，梳理一下自己在论文写作方面经受的历练，对于史学研究领域的起步者来说，恐怕多少会有一点样本的价值。

曾几何时，学术论文写作是我的难言之痛。直到硕士二年级末，我还是没有搞清史学论文的写法，而学年论文的任务已然来临。我清楚地记得，当时硬着头皮交给导师潘向明老师的那篇学年论文，基本属于不知所云。而潘老师一面读着论文，一面轻轻摇头并且脸上不时泛起苦笑的神情，至今历历在目。进入博士阶段后，很快又在论文写作上得到了一个深刻教训。事情的起因是李文海老师给我布置了一篇书评的任务，我觉得是小事一桩，没多久就完成了初稿。为了显摆一下自己的能耐，我在文稿中堆砌了不少社会理论概念，还使用了一些不同寻常的辞藻。没过两天，黄兴涛老师到宿舍找我，转给我一封李老师的亲笔信。李老师在信中除严肃批评了这篇稿子华而不实的文风外，指出生搬硬套、以文害质是写论文的致命伤，还告诫我要端正写作态度，不要眼高手低。这封信是一个及时的提醒，使我在读博期间安分了很多，从而减少了许多悔其少作的遗憾。

当我博士毕业时，对自己的论文水平还没有建立太多信心。可是当时论文发表业已成为科研评价体系中备受重视的指标。我在北师大历史系博士后流动站期间，就有痛彻领悟。按规定，出站需要发表三篇核心期刊论文。尽管我勉力而为，最后一篇论文的发表时间还是排到了出站后半年，所以直到出刊后，我才终于拿到博士后出站证书。而后入职中国社会科学院近代史研究所，更是在论文写作上感受到空前的压力。近代史所为了促进青年人员的成长，于1999年创办了“青年学术论坛”，规定40周岁以下研究人员必须每年提交论文参会。我第一次接到这个论坛的通知时，本以为只是完成一个规定动作而已。不料，会议开始后的情形令人震惊。会上目睹了有人被严厉批评后的黯然神伤，不禁凛凛自危；会后又看到被评为优秀的论文刊发在《历史研究》《近代史研究》等权威刊物上，又不由得心生歆羡。这种胡萝卜加大棒式的氛围，使我提交论文时慎之又慎。而当我终于也有论文被评为优秀论文的时候，才有了一种总算过关的感觉。

不过，相信自己的水平是一回事，如何保证每篇论文的质量又是一回事。在这方面，我是既有意外之喜，也感受过晦暗时刻。意外之喜的例子，来自2006年的一次学术会议。当时我向会议提交的是一篇刚刚完成的论文，分组讨论尚未开始的时候，《史学月刊》编辑部的郭常英老师就突然找到我，要我把参会论文投给《史学月刊》。作为后辈的我此前与郭老师素不相识，这也是第一次遇到高等级刊物向我约稿，感激之情难以言表。晦暗时刻的例子，则来自给《近代史研究》的一次投稿经历。2012年，我把一篇花费了不少功夫的论文投给了《近代史研究》，不仅遭遇果断退稿，编辑部在回信中还非常直白地告诉我，这篇稿子总体上较为平淡，质量明显低于我先前在该刊发表的论文。对于当时正急于评职称的我来说，这次退稿的打击实在不轻。

沮丧之余，我也开始不时反思：自己认真对待每一篇论文的写作，但是为什么论文质量还会出现起伏呢？时至今日，连很多研究生同学都会指出，其中一大关键在于问题意识的有无或强弱。可是有关问题意识的说法，大多表述的是一些方向性原则，而令新手们备感苦恼的问题是，在研究实践中如何操作才能把问题意识落到实处呢？也就是说，怎样才能从研究对象身上发现提问的可能呢？又如何才能以问题为线索来展开自己的思考过程呢？必须承认，我虽然多年前就开始思考这些问题，但是并不敢说已经找到了清晰的答案。只是鉴于现在担当教师的角色，也需要给刚刚起步的同学们提供帮助，再以藏拙为辞，实属搪塞，于是只好稍微整理一下这方面的认识，权作抛砖引玉。

按照我的理解，要在研究实践中贯彻问题意识，应该在思考中养成一种如影随形的“问题感”，简单说来，就是始终以追问的感觉和思路来统率整个研究过程。进一步而言，所谓“问题感”主要包括两层意思：

首先，在评估研究题目时，不能仅从宏观背景出发来判断其研究意义，而应该将之置于具体的问题脉络中来认识其研究价值。例如，对于辛亥革命时期发生的长江大水，如果单纯注重辛亥革命的背景，意欲探讨这场大水对辛亥革命的影响，那么结果可能很悲摧，因为这种影响并不大；而如果追问围绕这场大水发生的史事，与当时社会的哪些方面有密切关联，便可发现这些史事可以被置于社会结构的变化、政治力量的转换和国际合作事业的构建等问题的脉络中来考察，而这种考察的结果，最终又有助于具体理解辛亥革命的不彻底性。

其次，在展开研究论述时，应该始终以提问和解答问题的论证逻辑来统领史实和史料，使之成为有力的论据，而不是简单叙述事件的发生过程。还是以辛亥大水为例，如果只是按照事件史的一般顺序，罗列有关灾情、应对举措及其效果等方面的史事，大概对此研究感兴趣的圈子十分有限；而如果将这些内容用来解析和回答社会结构的变化、政权力量的转换及国际合作事业的构建等问题，则这项研究所引起的注意，大概率不会局限于灾荒史的范围。

根据我的感受，在这种"问题感"的牵引下，哪怕是一些表面平淡无奇、以往也没有受到太多注意的题目，也有可能在"高大上"的问题脉络之中找到一个不容忽视的位置，从而能够给人以"取法乎上"的印象。反之，如果受制于就事论事的惯性，而缺少带有对"问题感"的解析深度，则就算是意涵丰富的题目，也很可能会形成一篇清汤寡水、索然无味的论文。可以说，养成这种"问题感"属于一种学术内功，是开展研究实践的基础。如果不具备这样的内功，而忙于追随新潮名目，不管是新文化史、新革命史还是身体史、性别史等，其结果不大可能达致"取法乎上"的境界，而只能是邯郸学步。

二

本书所选的论文，正是被我作为样本，试图展示一下运用"问题感"思路的长短得失，既希望作为自己今后研究工作的警示，亦可供他人参考。按照研究内容的划分，这些论文可以分为灾荒史、经济史和学科史三个领域。对于其中每一个领域，我都经历了从不得其门而入到略窥门径的过程。读者将会看到，没有"问题感"思路引导的那些论文，往往陷入拾人牙慧而不自知的境地；而读起来感觉连贯性较强的论文，则能够呈现出较为明确的问题线索。为了方便读者更加清楚地了解本书主旨，以下便对自我剖析的情况稍加说明。

第一、二组论文都属于灾荒史的范围。灾荒史是我从攻读博士时期确定的主攻方向,也是我迄今用力最多的学术领域。犹记李文海老师指定将近代灾荒史作为我的博士论文选题范围后,因为此前对灾荒史毫无概念,所以接到指令后,顿感一片茫然。在接下来的一段时间,我开始恶补灾荒史知识,甚至花了很多时间努力了解自然科学界的灾害学研究。同时,也听从夏明方老师的建议,一头扎进史料丛中,试图从材料出发来发掘博士论文选题。然而一通操作猛如虎,并未得到理想的结果。到了终于确定以晚清时期义赈活动为博士论文选题时,对于如何开展研究依然漫无头绪。惶急之余,只好采取照猫画虎的做法,导致我的博士论文最终出现了一幅"三张皮"的面貌:导论使人觉得义赈活动的地域特征,似乎可以为反思地方史路径提供一个实证范例;论文第一编论述的却是三次义赈活动的具体情况,成为灾害与应对模式的翻版;论文第二编是关于义赈活动的兴起背景和基础的探讨,又不自觉地走上了现代化叙事的轨道。龚书铎老师曾在论文答辩会上委婉地说,这篇论文的内容将来可能不止写一本书。而那时候还未形成"问题感"的我,根本不能领会龚老师话里的深意。

在博士后报告选题也陷入茫然之后,我开始认识到,自己陷入被动局面的主要原因是对灾荒史研究的问题脉络还缺乏足够的了解。这就无怪乎每次寻找选题都类似于盲人摸象,而侥幸碰上的选题也无法准确把握问题意识。本书以"灾害史研究的路数"作为第一组文章的主题,就是力图反映我在灾荒史研究中逐步摸索"问题感"的努力与些许进步。

这组论文的第一篇即《二十世纪清代灾荒史研究述评》,其实是读博期间的作品,但是发表在毕业之后。书中收入此文,主要是因为其较为鲜明地体现了一个灾荒史研究入门者的学习状态,尤其是在认识问题脉络上的严重不足。这篇文章对二十世纪清代灾荒史研究成果进行了梳理,算是一篇较为全面的学术综述。然而这种综述式论文对单个成果的说明毫无深度,往往是对其内容的概括;又将主题大致相关的成果归为一类,而根本不管它们之间的认知脉络是否存在差别,以及为什么会有差别等问题。这本来是我为写博士论文所做的准备,后来却发现这种综述根本无法切近博士论文的主题。最终,这篇论文只好成为博士论文的“弃儿”。相比之下,十五年后发表的《中国灾害史研究的历程、取向与走向》,则较好地反映了自己在认识问题脉络上的一些进展。这篇论文首先厘清了在灾害史研究中自然科学和人文社会科学的分野及其原因,继而阐明了各自开展灾害史研究的不同取向及其特性,最后展望了灾害史研究在大数据时代和新史学潮流下的发展前景。这种论述较为清晰地概述了以往灾害史研究的基本线索,有助于局外人较为轻松地了解灾荒史研究的学术地位,也有助于入门者找到研究选题的定位,这可能是该文得到较多转载的主要原因。

第一组收入的另外两篇论文,主题范围略小,但也表现出了试图根据问题脉络来理解灾荒史研究路数的努力。《食为民天——清代备荒仓储的政策演变与结构转换》一文,为了避免写成清代仓储制度的演变史,遂把问题意识落实在对以往研究视角的反思上。学界以往在区域社会史视角影响下,大多将清代备荒仓储归纳为一个“国退民进”的发展态势,即官仓日渐倾颓、民仓逐步兴起的过程。事实上,这种认识存在着的一大缺陷,就是严重忽视了国家的视角,以致对相关制度及其实践的把握不够充分。通过考察清代备荒仓政的建设及其实践效果可以发现,清代备荒仓储结构在全国范围内的演变,表现出了共时性,这显然不能从区域社会史角度加以解释。《李文海先生与中国近代灾荒史研究》一文,是着眼于学脉来阐述李老师在灾荒史领域的开拓性。毋庸讳言,早有学者在李老师之前便涉足过这个领域。但是该文指出,与很多学者不同,李老师不是将灾荒作为理解时代变动的一个注脚,而是自觉地将灾荒作为揭示社会历史发展的本质内容的重要视角。也正是从自然现象与社会现象相互作用的认知角度出发,李老师才在灾害政治史、灾害社会史和灾害文化史方向上都做出了突破性贡献,使得灾荒史真正成长为一个富有深度的研究领域。

本书收入的第二组论文,是在较为明确的“问题感”思路指导下的研究。总体而言,这些论文都是将义赈活动置于地方性问题脉络中的考察。如前所述,在写作博士论文的时候,我感到地方性问题可以作为把握晚清义赈活动的一条重要线索，但当时未能在实证研究中贯彻对这一问题的反思。为了弥补这个缺憾，我后来对义赈活动中的地方性实践进行了仔细地勘察，区分了以往很少受到注意的经验内容，从而既深化了对义赈活动特质的理解，也与区域社会史路径形成了一定的对话。这些论文能够较快地在知名刊物上发表，主要在于它们都体现了某种“取法乎上”的理论关怀。这里收入的论文，反映了我在地方性问题上的两个主要思考方向：其一是反思通常关于地方空间的认知取向，其二是反思整体性话语对地方性实践的遮蔽。

在地方史的视野下，地方空间往往被视为一个自足的均质化实体，这就使得地方性实践只能发生在被给定的地方空间之内，并最终导致了不同地方空间的隔绝状态。《江南人在华北——从晚清义赈的兴起看地方史路径的空间局限》一文表明，起源于江南地方性传统的义赈活动，完全能够以跨地方的姿态深入华北开展赈济活动，所以决不能孤立地探讨中国内部的不同地方空间，而应该注意挖掘某种“跨地方性逻辑”。另一篇论文《跨地方的地方性实践——江南善会善堂向华北的移植》，则以义赈在华北灾区建设善会善堂的活动为中心，指出这种建设活动的背后，其实凸显了江南善会善堂传统向华北地区的移植，从而对那种试图通过把握“小社区”来分析“大社会”的认知路径提出了挑战。

在以民族国家为单位的历史研究中，往往自觉不自觉地将宏观层面的整体性话语作为主流叙事，而忽视了处于微观结构层次的地方性的作用。《整体性话语与地方性实践——中国红十字会起源的双重历史脉络》一文，通过深入分析晚清义赈活动在中国红十字会起源过程中的基础性作用，指出正是“小传统”性质的地方性实践，对于促成中国慈善文化的“大传统”对红十字会的接纳和融合，具有极大的促进作用。《“丁戊奇荒”对江南的冲击及地方社会之反应——兼论光绪二年江南士绅苏北赈灾行动的性质》一文认为，以往对“丁戊奇荒”的认识大都是从宏观视角出发，而忽视了地方性视角，也就没能注意到江南地方社会在灾荒期间的某些特定立场和特定活动。

第三、四组论文都属于经济史的范围。经济史原先对我来说虽然是一个时常需要参考的领域，但是鉴于这个领域的艰深程度，并无进行深入研究的念头，而现实生活往往事与愿违。前往近代史所求职时，接收我的恰恰是经济史研究室，这使我不得不吃力地跟随经济史研究的行列。为了不至于跟经济史学界的同人们无话可说，我也很想在经济史研究方面做出一点儿东西。可是在仔细研习了一遍近代经济史学界的经典成果后，并未找出可以继续深入的头绪。幸好虞和平、郑起东老师当时多次提示了融合经济史与社会史的思路，我在一些灾荒史事那里，发现了它们与经济史的潜在关联。正是基于追问这些关联能否与经济史研究的问题脉络对话，才勉力形成了一些与经济史话题相关的研究。在调离近代史所后，本来以为可以不用继续在经济史研究方面努力，孰料新的压力骤然来临。2011年，清史所启动了“百年清史研究史”的集体项目，分配给我的任务是对百年来的清代经济史研究进行总结。在了解了二十世纪以来清代经济史研究的成果状况后，这项任务一度使我非常焦虑。这是因为，面对数千篇论文和数百部著作构成的庞大体量，并且包含许多十分精深而我又非常不熟悉的专题方向，如何完成这项任务呢？冷静下来之后，我从柯文（Paul A. Cohen）的《在中国发现历史》以及黄宗智的《中国研究的规范认识危机——社会经济史中的悖论现象》得到启发，反复琢磨如何以问题而不是专题来整体把握清代经济史研究。有赖于这种思考，终于能够将经济史研究的范式及范式演变作为“问题感”的抓手了。

第三组论文以“经济与社会的交融”为主题，收入了自己勉强可以归为经济社会史研究方向上的四篇习作。需要说明的是，本组论文的第一篇《甲午战争以前清政府的铁路政策》发表于1999年，是在本人硕士论文基础上修改出来的文章。该文发现，对于甲午战前清政府的铁路政策，学界以往虽然指出其间发生了一定变化，却没有注意这些变化所依托的人事与社会背景，进而影响了对这一时期铁路建设效果的评判。这篇文章的可取之处，在于其能够从具体社会情境出发来认识一项经济政策的演变。但是应该承认，在撰写这篇论文的时候，我大概连经济史和社会史的概念都不太清楚。因此，这篇文章表现出来的研究思路，只能说是出于误打误撞的运气。

该组中另外三篇论文，则体现了结合经济史与社会史路径的努力。《晚清义赈与中国近代彩票的起源》一文，重新探讨了彩票业在近代中国兴起的原因及其途径。学界以往通常将彩票视为西方对中国的一种经济冲击现象，对之持否定性看法居多。实际上，近代中国彩票业的立足有着特定的社会条件，那就是与晚清义赈对中国社会的广泛动员有密切关系。因此可以说，近代中国彩票的性质乃是对西方彩票事业的本土化，而不是中国传统博彩业的近代转化。《从赈捐报效到义赈基金——轮船招商局十万两赈灾款项的来龙去脉及其意义》将一个久为人知的经济问题在社会史脉络下重新予以了考察。该文认为，招商局提取十万两公积金作为赈捐费用，以往多被视为官方勒索洋务企业之举；然则从其实际去向和用途来看，这笔款项很可能最终转化为一笔义赈基金，并且在多次赈务活动中发挥了积极的作用。这笔基金的出现，不仅标志着中国救荒事业近代化的发展趋势，也显示了洋务企业建设具有积极的社会功能的一面。《经元善——从旧式商人到新兴绅商的新陈代谢之路》一文的核心问题是近代社会结构的变动。该文以经元善为研究对象，指出经元善从旧式商人到新兴绅商的转化之路，并不是一条发生在经济基础内部的直线道路，而是一个种种“变”与“不变”的因素在互动交织中引发新陈代谢的过程。因此，要全面认识经元善这类人物的复杂性，不能依靠“在商言商”式的单一线索，必须具备将经济与社会范畴相结合的视角。

第四组中收入的三篇论文，是在“经济史范式的反思”的主题下，围绕着清代经济史的具体内容展开探讨的。基于从范式层面出发的思考，我逐渐对清代经济史研究中的一些成说及认知框架产生了疑问。这里的三篇论文，就是我在这些疑问下的产物。对于中国近代工业化的发生问题，学界多年来一直存在着“内因论”和“外源论”之间的对立。《如何超越内发与外源之争？——中国近代工业化起步进程的实践逻辑探析》认为，“外源论”基本忽视了新生产力在本土化因素影响下形成区域发展不平衡的一面;“内发论”则过度拘泥于内部视角,在一个新陈代谢的过程中仅仅强调了“渐变”和似乎“不变”的一面。因此,两者其实属于各执一词,都没有能够彻底贯彻唯物辩证法,没有能够从内外因的互动作用来理解中国近代工业化进程。《〈中国国债史〉是一部经济史著作吗?——中国经济史学科发端问题再考察》一文,质疑了学界将梁启超《中国国债史》作为现代中国经济史研究诞生标志的观点。实际上,梁启超写作此书并非是从学术研究角度出发,其目的是为此时的政治革命服务;从其表述方式看,与民国初年那些更具研究意识的同类主题作品相比,《中国国债史》基本不具备先行研究的性质。就此而言,对现代中国经济史学科的发端问题还需重新探讨。《二十世纪以来清代经济史研究的范式演变及其前景》一文认为,百年以来,在中国大陆地区的清代经济史研究中,社会科学范式、生产关系范式、现代化范式以及仍在发展中的本土化视角,分别在不同时期对学界具有较大的指导作用。但是进入二十一世纪后,清代经济史研究出现了某种程度的认识论和方法论停滞,特别是历史学学科背景下的经济史研究,遭到了“经济学帝国主义”思维的极大挤压。在很大程度上,这是经济史研究不能成为经济学之“源”的巨大阻碍。

第五、六两组论文大致可以归入学科史研究的范围。对我而言,涉足这一领域的研究纯属无心插柳,起初也根本没有在这方面进行研究的头绪,直到不得不提高站位,触及学术体系、学科体系和话语体系的建设后,才蓦然感到也需要反思自己的认识论问题。这方面的代表性工作,便是对美国中国史研究和清史研究的整体性认知。第五组论文的主题是对美国中国史研究的认识。在我作为学生的时代,正是西方理论思潮和学术研究猛烈涌入中国的时代。在这种背景下,美国中国史研究成为我,以及许多同代人积极学习的对象。除了囤积海外中国史研究的译著外,还设法复印了大量英文原版,悉心保存。然而随着自己在史学研究道路上的深入,对于海外研究成果的个别疑问,逐渐汇成更大的问号,从对其实证研究的疑问逐步转向了对其指导思路的疑问,这才渐渐发现了自己早年未能理解的认识论盲区。

第六组论文的主题关涉到清史研究的学科史。从时段来说，我一直处于清史研究的范围之内。可是，以往多数时间都属于低头赶路，即主要着手研究具体问题，而很少顾及清史作为一个学科领域的发展状况。由于越来越多地参与学科建设的规划，以及指导学生等方面的需要，迫使我必须从整体上对清史学科有更多的了解。清史如今作为断代史中体量最大的部分之一，常常使得许多后来者生发少有空白或题无余义之感。实际上，只要从"问题感"思路出发，便可发现，所谓"少有空白"或"题无余义"之说，实属皮相之见。从学科整体发展态势来看，这很可能意味着清史研究出现了步入新阶段的契机，仍是一个值得继续大力发掘的富矿。

在"美国中国史的系谱"主题下出现的首篇论文《盛世中的幽灵——评读〈叫魂〉》，原本是发表于2000年的一篇书评。这篇很久之前的书评之所以会出现在这本书中，最重要的原因是，对我来说，它是一个极其深刻的教训。这篇书评实际完成于我刚开始攻读博士的1999年秋季，事后看来在很大程度上属于跟风之作。孔飞力（Philip A. Kuhn）名作《叫魂》的中译本于1999年初出版后，有人约我写一篇书评。因虚荣心作祟，我头脑一热便答应下来。可是在反复阅读此书后，除了赞叹书中灵活的思路、生动的情节和清楚的结构外，我根本认识不到该书所托身的知识系谱，根本把握不住作者关于中国内在发展线索的真实看法。总而言之，这篇书评非常鲜明地反映了我刚刚接触美国中国史研究的状态，也就是被作者牵着鼻子走而浑然不觉的状态。现在回想起来，当时面对很多海外中国史研究成果，我大概都是这种状态。所以这篇书评发表后，被一位前辈学者当面嘲讽为"捧洋人臭脚"。这次嘲讽非常痛切，我从那之后便不断琢磨，如何才能跟美国中国史研究进行平等对话呢？

这种琢磨的第一个结果，便是《"范式危机"凸显的认识误区——对柯文式"中国中心观"的实践性反思》一文。这是我针对美国中国史研究进行的一次批判性思考。柯文所总结的、自二十世纪六七十年代兴起于美国中国学界的"中国中心观"取向，在我的读书时代已成为中国大陆学界热议的话题，对我也产生了极大的影响。进入二十一世纪，大陆学界开始出现对柯文的理论表述及其逻辑架构的辩诘。我也在学习这些辩诘的过程中，逐渐感受到那些在“中国中心观”影响下的研究成果都有一些不那么令人信服的东西。结合着对西方社会科学理论的研习，我开始系统地检视这些研究实践的基本理路，发现其中的重大缺陷是，“中国中心观”对先前认知框架的挑战，体现在研究实践上，其实是一种简单的逆反立场，不过是从一个极端跳跃到另一个极端而已。在这种思考的基础上，我又对近十年来影响愈大的“新清史”潮流进行了探究。本来“新清史”总以满文史料的使用和清代前期历史为核心内容，我自认为并不熟悉这些内容，所以并无置喙的余地。但是随着“新清史”设置的议题日渐扩张，并且屡屡以超越“中国中心观”为旗号，使我开始关注其学术理路，这便形成了《美国中国史研究的“后东方学”幽灵》一文。通过剖析其思维框架和基础观念，文中指出，无论是“中国中心观”还是“新清史”，其初衷都是为了反对欧洲中心论而反对欧洲中心论，而从未改变在西方中心论立场下产生的问题意识和提问方式，也就从来不可能把发现客观真实的中国历史作为自己的根本任务。

最后一组也就是在“清史研究的学术史”主题下收入的三篇论文，在某种意义上都属于命题作文。2015年忝任清史所所长后，便开始碰到很多需要介绍本单位沿革和清史学科发展史的场合。同时，出于学科建设以及拓展自身研究领域的需要，这种介绍肯定不能一直停留于泛泛而谈的地步。《新修〈清史〉、清史工程与清史研究所》一文，缘起于纪念清史所建所四十周年，但是为了阐明清史所的特色历史，便从学术学科体系的问题线索出发，将清史所的机构演变与二十世纪以来的清史纂修活动、新修《清史》的动议、清史工程的筹议及启动等问题联系起来，从而较为清楚地展示了清史所的学脉。《论晚清史研究的“深翻”》是反思晚清史在当下学科体系中的地位而作。该文认为，晚清史领域中重大论题日趋冷落的状况，实质上是旧有问题意识的惯性没有得到改变；至于实现改变的一个主要途径，则是亟须对那些重大论题进行“深翻”，即审视以往问题意识存在的认识误区，发掘以往赖以立论的资料基础所存在的缺陷。《时代变革与清史研究的成长契机》不是简单梳理清史学科的发展，而是探究这种发展如何在学术与社会的互动框架下加以认识的问题。从这种问题出发，清史学科的发展就不能像以往那样单纯从学术史的线索来把握，而需要结合社会实践的脉络来认知。只有这样，才能发现清史研究与时代变革之间的契合，才能理解清史研究具有强烈致用功能的内在动力。

三

以上通过大体梳理每篇论文的思考线索，展现了自己多年研习“问题感”的一些收获和感悟。这些感悟纯属个人一得之见，不当之处恐在所难免，敬祈有识者指正。本书收入的论文，虽然主体内容先前都已发表，但因版面限制及其他一些原因，不少论文发表时有所删改，这里则恢复原貌，同时在每篇文章末尾注明原先发表处所。当然，对于所有帮助过我的刊物，无论怎样的言辞都不足以表达谢意。因为没有这些刊物的宽容，我根本不可能在学术道路上走到今天。

虽然本书是一部论文集，但它并非是一些碎片化研究的堆积；虽然本书中的绝大部分论文都属于实证研究，但它们都贯彻了方法论层面的关怀；虽然这些论文从未附上时兴议题的骥尾，但它们从不缺乏求新求变的努力；虽然这些论文涉及的研究门类有限，但它们可以形成对话的范围并不狭隘。当然，我也深知，这些以“取法乎上”为初心的论文，其结果往往是“得乎其中”。纵观书中的这些论文，的确没有哪一篇能够称得上会心之作。在学术道路上的从业时间转瞬已经过去二十多年，却发现越是努力，需要弥补的未知领域就越多，时不我待，于是焦躁之心油然而生。而能够使我沉静下来的，惟有以如履薄冰的心态，耐心对待接下来要完成的每一篇文字。或许，这就是走上学术道路的宿命罢。

2021年2月28日

目　录

一、灾害史研究的路数

二十世纪清代灾荒史研究述评

灾荒在中国有文字记载的历史几乎与中国的历史记载一样悠久，在有清一代近三百年的历史中，灾荒更是占据着一个相当突出的位置。李文海先生曾经指出："一旦接触到那么大量的有关灾荒的历史资料后，我们就不能不为近代中国灾荒的频繁、灾区之广大及灾情的严重所震惊。"①尽管李文海先生在此处谈及的只是包含着晚清时期的近代，其实，这个说法同样适用于清代在鸦片战争以前的历史时期。关于这一点，我们只要略微翻阅一下《清通典》《清通志》《清通考》和《清朝续文献通考》，以及数量庞大的地方志中的记载，就可以得到极为有力的证明。因此，尽管清代灾荒史迄今也未成为什么热门课题，但从二十世纪初期以后，有关研究除偶有中断外，可以说是一直不绝如缕。当然，这并不意味着清代灾荒史研究已是一个成果颇为累累的领域，实际情况是，这个领域的研究还远远没有达到可以让人有所满意的地步，还有大量必需的研究工作有待进行。

不过，上述这种判断却也并不能支持有人提出的这样一种说法，即"关于灾荒研究方面的著作却少得可怜……至今还未见一本'灾荒学'方面的理论专著，单项灾荒的专门研究也几乎是空白"。②实际上，这些方面的研究成果虽然在数量上确实少了一些，可也决非"几乎是空白"，此种说法要么未免过于贬低了以往研究者们的努力，要么只能说是对该研究领域过于隔膜。所以对清代灾荒史的研究状况进行较为细致的回顾和

---

① 李文海：《论近代中国灾荒史研究》，《中国人民大学学报》1988年第6期。

② 包泉万：《承平日久 莫忘灾荒》，《读书》2001年第8期。

总结，其第一个目的就是为该领域及其研究者正名，因为严肃的研究者从来未将灾荒这个十分重要的研究主题长久地遗忘。然而这项回顾和总结工作的第二个任务也许具有更为重要的意义，那就是通过检视以往的研究成果，为探讨清代灾荒史进一步的研究方向提供某种帮助。显然，这个任务对本文来说肯定给人以有些抱负过大的感觉，因此不当之处在所难免，尚祈方家指正。

一

应当承认的是，本文并不是对清代灾荒史研究的第一次回顾与总结。在此之前，吴滔的《建国以来明清农业自然灾害研究综述》、余新忠的《1980年以来国内明清社会救济史研究综述》，以及阎永增、池子华的《近十年来中国近代灾荒史研究综述》中都有相当的篇幅涉及了清代灾荒史领域的部分内容。[①]但是正如这三篇文章的题目就初步表明的那样，到目前为止，学界仍然未能就清代灾荒史领域的具体内容作出过某种较为统一的意见表达。因此，虽说近年来有关清代灾荒史的研究成果日见增多，亦有不少研究者向这个以前不怎么受重视的领域投去了相当多的目光，但是这个领域还远远缺乏必要的整合性，离一个独立研究对象的地位还有非常大的距离。在上述三篇综述文章中，清代灾荒史都没有成为一个独立的论述主题，而且它们对成果的覆盖面亦不是非常广泛。另外，即便在从事清代灾荒史具体研究的研究者当中，也甚少有人对此领域作较为明确的界定或展露出较为明确的研究意识，即对其内涵、范围、内容和研究方法及方向等问题给出一些总括性的意见。形成这种状况的首要原因可能在于，灾荒史横跨着自然科学和社会科学两个方面，其研究成果常常广泛地分布在各类属于自然科学领域的学科之中。而且就其研究者的

① 吴滔的文章见《中国农史》1992年第4期，余新忠的文章见《中国史研究动态》1996年第9期，阎永增、池子华的文章见《唐山师范学院学报》2001年第1期。

构成来说，来自历史学的研究者在其中的比例在某种程度上其实并不是很大，许多从事天文、地理、气候、地质、水利、农业和生态等学科的工作者所占的比重反而为数不小。正是由于存在着这种多学科同时研究灾荒史的局面，使得人们对灾荒史的印象根本谈不上清晰，甚而还不可避免地产生了灾荒史的研究内容比较狭窄且相当专业的看法。所有这些情况的存在导致了灾荒史研究的整合首先就是一个极为复杂的过程和工作，从而难免使人滋生现在就对清代灾荒史进行总结是否有些为时过早的怀疑。

另一方面，这些情况的存在又使得对灾荒史研究进行必要的总结显示出了相当的迫切性。原因很简单，如果对以往的研究状况没有详细的了解，没有充分认识到前人成果的长处与不足，所谓的进一步研究就极有可能成为一种低水平的重复劳动（这在以往不少研究成果中业已显示出来了），而这对廓清灾荒史领域的界线当然毫无裨益。有鉴于此，笔者尽管并没有抱着在这么一篇文章里就厘清整个灾荒史轮廓的雄心，却希望本文能够为灾荒史研究增添一点独立意识。鉴于清代灾荒史在整个灾荒史研究中占据着绝对多数的比重，因此这里虽然只以清代为时限，但通过对这些具体研究成果进行较为全面地回顾与总结，或许可以收到一点窥一斑而知全貌的效果。

在展开具体论述之前，这里尚需就本文所针对的具体成果给出原则性说明。因为或许有人会望文生义地认为灾荒史的范围只限于研究灾荒本身情况的历史内容，事实上，灾荒史还包括——而且应该包括——其他与灾荒密切相关的历史内容，如救荒、备荒、防荒等为了应对灾荒而出现的思想与实践，以及灾荒造成的社会影响，等等。相应地，本文所论述的研究成果也就包括了关于这些方面的研究。另外，由于灾荒问题常常被作为环境变动的一个部分而论及，所以有相当一些研究成果所探讨的时段越出了清代的时限，不过，只要这些成果中对清代的情况有相当的论述，本文亦予以注意而将其纳入自己的评述范围。

根据上述原则，本人在写作过程中尽可能地收集了自清代灾荒史研究产生伊始至今在中国大陆发表和出版的有关论文论著，来进行该项评述。至于中国大陆以外在此期间出版发表的相关研究成果,由于种种条件的限制,这里尚不可能专门加以评论,而只能在一些有可能且有必要与大陆成果作比照的地方略加提及。不过,即使仅限于这个范围,本文亦不敢声称全部掌握了业已出现的所有成果,因为一来限于人力和财力,二则囿于水平和视野,所以肯定还有若干遗漏的地方。就此而言,本文至多也还是一项尝试性的先行工作,随着灾荒史研究的进一步发展,希望能够出现更为全面的相关评论。

概括说来,所有这些研究成果大体上可以分为三类。第一类是专项研究方面的论文论著,这个部分在总体数量上占着最大的比例,也是本文主要针对的对象。据初步统计,共有相关论文300余篇,专著方面则有李文海先生等人所著的《灾荒与饥馑:1840—1919》①和《中国近代十大灾荒》②及李向军的《清代荒政研究》③三部。第二类属于工具书性质,这主要是指李文海先生等人编著的《近代中国灾荒纪年》。④该书依照编年体形式,对1840至1919年间历年全国发生的各类重大灾荒的情况进行了详细的说明,由于该书使用的资料详实、广泛,而且在此书出版之前,确实"还没有看到哪一本书曾经对这一问题提供如此详细而具体的历史情况",⑤因而使之成为征引率很高的参考书。第三类则是灾荒资料汇编,在这个方面,只有水利电力部主持编纂的《清代海河滦河洪涝档案史料》《清代淮河流域洪涝档案史料》《清代珠江韩江洪涝档案史料》《清代长江流域西南国际河流洪涝档案史料》和《清代黄河流域洪涝档案史料》是直接属于清代灾荒史范围的资料性著作。而其他许多性质相同的著作,如谢毓寿、蔡美彪主编的《中国地震历史资料汇编》,则远远地逸出了清代的时段。另外,像虞和平编选的《经元善集》虽不是完全针对灾荒,但因其中

① 李文海、周源:《灾荒与饥馑:1840—1919》,高等教育出版社,1991年。
② 李文海、程啸、刘仰东、夏明方:《中国近代十大灾荒》,上海人民出版社,1994年。
③ 李向军:《清代荒政研究》,中国农业出版社,1995年。
④ 李文海、林敦奎、周源、宫明:《近代中国灾荒纪年》,湖南教育出版社,1990年。
⑤ 李文海、林敦奎、周源、宫明:《近代中国灾荒纪年·前言》,第17页。

大部分史料都与晚清赈灾事业有关，故而亦可视为清代灾荒史资料选辑之一种。

此外应该提及的成果还有邓拓的《中国救荒史》（1937年初版）、陈高佣的《中国历代天灾人祸表》（1939年初版）和王龙章的《中国历代灾况与赈救政策》（1942年初版），以及新中国成立后出版的一系列有关水利史、地质史和农林科技史的著作，在所有这些著作中，尽管其对清代灾荒情况的论述并非其重点所在，但这些论述无疑也为清代灾荒史研究增加了不少分量，因而应当是进行下一步研究时不可忽略的参照系。然而一则由于这些成果过于分散，二来限于篇幅，此处不能将之一一列举，当是本文的一个缺憾之处。

二

在对具体的研究成果进行评述以前，回顾一下清代灾荒史研究的历史发展状况还是很有必要的，因为这不仅可以有助于我们了解该领域的某些特点，而且通过揭示其以往的命运，在一定程度上能够昭示其未来发展的大概态势。

现代学科意义上的灾荒史研究产生于20世纪20年代初期，不容忽视的是，一场席卷华北五省的大旱灾及甘肃大地震的发生也几乎与之同时。这极有可能并非是巧合，因为后面的叙述将表明，差不多每次重大灾荒的发生都伴随着灾荒史研究的一个繁荣阶段。清代灾荒史研究作为灾荒史研究的一个部分，其正式诞生当然也处于这样一个背景之下。最早对之作出重大学术贡献的学者当属竺藕舫先生（即竺可桢），他不仅是运用现代科学解释灾荒史的先行者之一，而且是1949年以前发表灾荒史研究成果最多的学者。另外，就目前所见，第一篇直接论述清代灾荒史的文章亦是他1928年发表的《清直隶地理的环境与水灾》。①

① 竺藕舫：《清直隶地理的环境与水灾》，《史学与地学》1928年第3期。

随着1931年江淮大洪水的爆发，更多的有识之士纷纷涉足了清代灾荒史的研究，发表了数量和质量都相当可观的研究成果，从而使清代灾荒史研究在三十年代出现了第一个高潮，因为此一时期的成果数量几占1949年以前总数的3/4，因此这个时期也是中国灾荒史得到第一个大发展的时期。以此为依托，邓拓先生的《中国救荒史》在1937年6月的出版，可以说既是此一时期的代表性成果，又在某种意义上对以前的灾荒史研究作了较为完备的总结，从而成为灾荒史研究的集大成之作。但是随着全面抗战的爆发，正常的研究进程被打断，整个灾荒史研究都几乎陷于停顿状态。从全面抗战开始到1949年中华人民共和国成立时为止的十余年间，关于灾荒史的研究寥寥无几。值得一提的是，在此期间出现的仅有的两篇灾荒史文章都是直接论述清代灾荒史的，只不过其中之一居然是日本人河野通博作于1948年的《清代湖北省的洪水》。[①]

新中国成立后，灾荒史的研究重新开始，称不上意外的是，第一个灾荒史研究成果较为集中的时期正是1960年饥荒发生的前后。不过，与其把这个时期的有关研究称为“灾荒史研究”，还不如唤作“灾害史研究”更为恰当。因为在此期间，灾荒史研究方面除了罗尔纲等极个别史学工作者偶尔发表一两篇相关文章外，主要是自然科学工作者在从事该项研究工作，而且他们大多也是从灾害学的角度来探讨灾害发生规律的，并不怎么涉及社会领域的相关问题。此外，这一时期的许多相关研究成果都集中发表在诸如《地理学资料》《地理学报》之类的自然科学期刊上。这些情况表明，史学工作者在灾荒史领域的工作大大落后于自然科学工作者。而所有这些情况同样适用于同期的清代灾荒史研究。尽管已是如此偏颇，“文革”的爆发仍然打断了灾荒史研究的发展，从1966年4月以后直到1976年，没有出现一篇正式的相关论文。

进入八十年代以后，灾荒史研究才真正获得了长足的发展。特别是在八十年代中期，李文海先生痛感“史学危机”的说法而牵头成立“近代中

① [日]河野通博：《清代湖北省的洪水》，《人文地理》1948年第2号。

国灾荒研究课题组”，带动了一批研究者专门从事该领域的研究，从而使灾荒史研究步入了正常的发展轨道，也使得史学工作者在这一研究领域逐渐取得了堪与自然科学工作者并驾齐驱的研究成果。而清代灾荒史研究也随之逐步发展起来，在以李文海先生为代表的一批研究者致力于鸦片战争之后的清代灾荒史研究的同时，另外一些历史学者则对清前期的灾荒史进行了为数不少的研究工作，这就使得清代灾荒史的研究时段渐趋完整。

从1990年开始，伴随着环境问题在整个九十年代的加剧，特别是1991年和1998年两次百年不遇的特大洪水的发生，关于清代灾荒史的研究日益增多，同时其研究内容亦不断拓宽，与历史学的其他分支如经济史、社会史、边疆民族史等形成了较多的交叉，可以说是一个发展较大的阶段。据初步统计，自1990至2000年间发表的清代灾荒史研究论文的数量，就大体上相当于二十年代到八十年代相关研究论文的总和。这里需要声明的是，这种比较并不表明本文认为清代灾荒史及中国灾荒史迎来了又一个研究高潮，此处只是想用这个情况来说明清代灾荒史和中国灾荒史研究经过这么多年来的惨淡经营，终于因其内在生命力而得到了越来越多的认同。至于最近十余年的研究状况能否够得上称为一个“高潮”，显然现在讨论这个问题才是真正的为时过早。另外应该补充一点，这里所谓的“大发展”只是就清代灾荒史研究的内部情况而言的。毕竟，与清代政治史、经济史、文化史等门类比较起来，即使灾荒史内部某一时期或某一专题的研究都不能说是非常充分，至于整体研究就更显得相当薄弱了。

不过，这种整体上的薄弱并不意味着清代灾荒史的研究成果就乏善可陈，相反，许多研究者的成果表明，清代灾荒史所延伸的研究面已经称得上是较为广泛了。大体而言，这些成果所探讨的主要问题可以划为三大类：第一类是对灾荒本身情况的研究，即对灾荒成因、灾荒的实际发生情形及其规律等方面的考察；第二类是关于灾荒应对问题的探讨，这主要是指针对救荒、备荒、防荒等方面的研究；第三类则主要探讨灾荒的社会影响，也就是灾荒与政治、经济、文化和社会之间存在的那些深层的关系。应当承认，这种区分肯定不能说是全面地覆盖了以往清代灾荒史研究涉及的全部问题，其中肯定会有若干遗漏的地方及颇为勉强的归类，但只要能够避免在大的方面出现差错，使清代灾荒史研究的整体面貌有所显现，则本文亦可算是幸不辱命了。下面就将以上述划分对以往相关研究加以论述。

三

对于灾荒史研究来说，顾名思义，历史上灾荒本身的情况当然是其必须首先予以关注的研究对象，而且也是该领域最直接、最根本的出发点，是故关于灾荒本身的研究吸引了研究者们很大一部分注意力是可以理解的。就清代灾荒史研究而言，情况同样如此。至于这方面研究的实际侧重点，则主要集中在灾荒成因和灾荒发生情形两个问题上面。

关于灾荒的成因问题，在一定程度上，正是由于以竺可桢先生为代表的、来自自然科学的研究者的长期艰苦努力，使环境变迁对灾荒形成的作用得到了较为系统和细致的揭示，才改变了不少历史学者在九十年代以前常常流于简单地将“天灾就是人祸”归结到政治腐败上面的做法，而对灾因中的自然因素和社会因素进行了综合的考虑。李文海先生在1990年就在强调政治原因的同时，指出经济发展的落后和生态环境的破坏都是近代中国灾荒频发的不容忽视的原因。[①]此后，越来越多的研究者都沿着这样的方向进行了分析。阮明道认为清代江汉平原在长江中上游流域之所以遭灾最重，地质、地貌、气候等因素，以及人口增长过快、盲目开垦，加之以占耕水系淤地，都是形成洪灾的决定性原因。[②]王日根在探讨明清时期苏北水灾原因时认为，明清时期黄河的变迁、大土地所有制的发

---

① 李文海：《中国近代灾荒与社会生活》，《近代史研究》1990年第5期。

② 阮明道：《清代长江流域中上游地区洪灾研究》，《四川师范学院学报》（哲学社会科学版）1991年第2期。

展以及朝廷消极治河、积极保运的政策，才造成苏北水灾频发。[①]李德民、周世春在讨论陕西近代旱荒时也对旱荒发生的自然条件和社会原因都作了较为细致的论述。[②]李向军认为，由于中国的自然条件，出现不同程度的旱涝是正常现象，但战争、内乱、苛政、腐败、生态环境的破坏，亦可引发或加重灾害。[③]康沛竹则专门分析了晚清时期人们对腐败与灾荒、生态环境与灾荒、战争与灾荒及鸦片种植与灾荒的关系的各种认识，较为深入地探究了这些关系对灾荒的影响。[④]针对湖北近代洪涝灾害的频繁，宋传银除了指出社会制度所导致的弊端外，还认为当地围湖造田、滥筑私垸，致使以洞庭湖为主的湖泊调蓄洪水的能力降低，加之上游山林的开垦导致水土流失，所以水患也是环境对人们不尊重自然规律的报复。[⑤]到目前为止，对自然科学工作者作出的灾害学研究成果借鉴最多，并结合两方面因素而作出相对最充分论述的是夏明方，他在深入探讨"清末灾害群发期"现象之后，指出这种自然灾害的群发性正是当时天、地、生、人相煎交迫的结果，是天体异常、环境破坏和社会危机共同作用的产物，并且对三者之间的交互关系作了相当详尽的说明。[⑥]

对清代灾荒实际发生情形的研究大致可以分为总体研究和个别研究两类。在总体研究方面，最早值得称道的研究是王树林在1932年对清代灾荒的统计工作（由于当时缺乏宣统年间的资料，所以实际上只计算了1644年到1908年的情况）。他除将清代灾荒进行总体统计外，还作了分省统计，附表共有十八份之多。[⑦]尽管他的许多数字都存在着问题，但是他毕竟依据了不少方志资料，何况这是第一次有意识地对清代灾荒作出

① 王日根：《明清时期苏北水灾原因初探》，《中国社会经济史研究》1994年第2期。

② 李德民、周世春：《论陕西近代旱荒的影响及成因》，《西北大学学报》（哲学社会科学版）1994年第3期。

③ 李向军：《清代荒政研究》，第18—21页。

④ 康沛竹：《晚清时期对灾因中社会因素的认识》，《社会科学辑刊》1997年第4期。

⑤ 宋传银：《湖北近代洪涝灾害》，《中南民族学院学报》（哲学社会科学版）1998年第4期。

⑥ 夏明方：《从清末灾害群发期看中国早期现代化的历史条件——灾荒与洋务运动研究之一》，《清史研究》1998年第1期。

⑦ 王树林：《清代灾荒：一个统计的研究》，《社会学界》1932年第6期。

了量化处理,其学术贡献不容低估。而且相形之下,其他不少灾荒年表中的统计,如陈高佣的《中国历代天灾人祸表》等,就显得颇为粗疏了。此种详细的断代统计在后来再未出现过,可以作为补充的是,李文海先生等人编著的《近代中国灾荒纪年》对1840年以后的清代灾荒发生情况作了详尽的排列,尽管该书没有列表统计数字,但由于其记述详实,只需略为转换即可得到较为可靠的计量。至于1840年以前的清代灾荒数字,李向军以《清实录》为主要根据,参照其他许多材料编制出了清代诸省(区)灾况年表。[①]由于此两者掌握的资料都比王树林要丰富,所以其参考价值也就更高。另外,有研究者曾对清代某一朝的灾荒情况进行了探讨,如世博、伯钧的《道光朝水灾及有关问题》[②]、王金香的《乾隆年间灾荒述略》[③]等,但基本上都失之过简,因而影响了其学术价值。

清代灾荒的个别研究大体上又可以分为四类。

第一类是区域灾荒研究。这首先表现在对各个省份的灾害情况的研究。此种研究在民国时期就已出现,后来则更为普遍。不过,鉴于此类研究一来数量甚多,二来大都属于概述式的描述,尚无一篇可以与台湾学者张玉法研究清代山东灾荒所达到的水平(该文仅在灾荒统计方面就用力甚大)[④]相比,因而这里就不一一列举了。值得指出的是,九十年代以后,这类研究已不再局限于内地省份,边疆地区的灾荒情况也开始引起一些研究者的注意,如周炜对西藏在清代水灾和雪灾的研究,[⑤]赵艳林对甘肃近代旱灾的勾勒,[⑥]吴彤、包红梅对清后期内蒙古地区灾荒的探讨,[⑦]以及

---

① 李向军:《清代荒政研究》,附表一至三。

② 世博、伯钧:《道光朝水灾及有关问题》,《历史教学》1989年第9期。

③ 王金香:《乾隆年间灾荒述略》,《清史研究》1996年第4期。

④ 张玉法:《清代山东的灾荒与救济》,"中华民国"史料研究中心编辑:《"中华民国"史料研究中心十周年纪念论文集》,台北:"中华民国"史料研究中心,1982年。

⑤ 周炜:《西藏近代雪灾档案研究》,《西藏研究》1990年第1期;《西藏19世纪以来的水灾》,《中国藏学》1990年第3期。

⑥ 赵艳林:《甘肃近代史上的几次特大旱灾及其严重影响》,《开发研究》1995年第4期。

⑦ 吴彤、包红梅:《清后期内蒙古地区灾荒史研究初探》,《内蒙古社会科学》(汉文版)1999年第3期。

牛敬忠对绥远地区近代灾荒的研究,[①]使清代灾荒史研究的地理范围有所扩展。其中,尤其是周炜对西藏灾害的揭示颇为详实,对我们了解边疆地区的灾荒情况帮助颇大。

第二类研究是以地理区域为研究单位的,这主要表现为探讨一些河流、湖泊及其流域内的灾害情形。在这方面,与中国历史上的其他时期相同,由于黄河在清代为害甚烈,因此关于清代黄河及黄河流域的灾害史研究成果是最多的。早在三十年代,粟宗嵩的《清顺康雍三朝河决考》[②]、薛履坦的《清乾隆黄河决口考》[③]、骆腾的《清嘉道两朝河决考》[④]、恽新安的《咸丰五年至清末黄河决口考》[⑤]等文,就对清代各个时期的黄河泛滥情况进行了考察。新中国成立后,研究者们对黄河水灾问题依然相当关注,到目前为止,用较多篇幅论述了黄河水患的文章有十余篇。其中比较重要的成果有:王京阳的《清代铜瓦厢改道前的河患及其治理》[⑥]和庄积坤的《1855年前后黄河沁河口至铜瓦厢情况初探》[⑦]两文集中揭示了黄河铜瓦厢改道前后的河患情形,而李文海先生等人的《鸦片战争爆发后连续三年的黄河大决口》则为研究鸦片战争的社会背景提供了良好的补充[⑧]。

有关长江流域水灾的研究成果尽管总数也达到了十余篇,但其总体质量尚比不上对黄河的研究。关于海河流域水灾的研究虽然不是很多,但是李文海先生等人的《晚清的永定河患与顺、直水灾》对整个晚清时期永定河水患情形梳理得甚为清晰,[⑨]李辅斌则根据《清代海河滦河洪涝档

---

① 牛敬忠:《近代绥远地区的灾荒》,《内蒙古大学学报》(人文社会科学版)2000年第3期。

② 粟宗嵩:《清顺康雍三朝河决考》,《水利》第10卷第5期,1936年。

③ 薛履坦:《清乾隆黄河决口考》,《水利》第10卷第5期,1936年。

④ 骆腾:《清嘉道两朝河决考》,《水利》第10卷第5期,1936年。

⑤ 恽新安:《咸丰五年至清末黄河决口考》,《水利》第10卷第2期,1936年。

⑥ 王京阳:《清代铜瓦厢改道前的河患及其治理》,《陕西师范大学学报》(哲学社会科学版)1979年第1期。

⑦ 庄积坤:《1855年前后黄河沁河口至铜瓦厢情况初探》,《人民黄河》1982年第1期。

⑧ 李文海、林敦奎、周源、宫明:《鸦片战争爆发后连续三年的黄河大决口》,《清史研究通讯》1989年第2期。

⑨ 李文海、林敦奎、周源、宫明:《晚清的永定河患与顺、直水灾》,《北京社会科学》1989年第3期。

案史料》对直隶在有清一代的水患作了较为详细的统计。[①]淮河流域和太湖地区在清代的灾情虽然并非无人留意,但在数量和质量上都更为逊色。另外,胡明思、骆承政主编的《中国历史大洪水》一书,对长江、黄河、海河滦河、淮河、闽江、珠江等流域在清代发生的一些特大洪水都有专篇论述,因而在这方面有着较为突出的地位。[②]不过,总的说来该领域的研究还是相当薄弱的,只要看看那厚厚几大本洪涝史料汇编得到多大程度的利用,就可以约略知晓其中的不尽人意之处了。

第三类研究是就单次灾荒作出的专门论述。由于一次重大灾荒的后果往往不亚于一场战争,因而某些破坏性巨大的灾荒也成为研究者专门探讨的主题。这方面最引人注目的是对发生在光绪初年的"丁戊奇荒"的研究,也许与此次灾荒是清代最惨烈的一次灾荒有关系,据统计,从1980年到现在共有十五篇论文专门探讨了与此次灾荒有关的问题。其中,赵矢元最早勾勒了其大致情形,[③]王金香[④]和张九洲[⑤]则分别论述了山西和河南在"丁戊奇荒"中的情况。夏明方对"丁戊奇荒"的研究则相对说来最为着力,他对此次灾荒的灾情、灾因,以及其中出现的三种赈济形式,即官赈、义赈和西方传教士的对华赈济,都给予了比较仔细的论述。[⑥]另外,满志敏专门对"丁戊奇荒"的气候背景作了分析,指出ENSO(厄尔尼诺)事件在其中的作用;刘仁团依据地方志资料仔细分析了山西省在此次灾荒期间人口的损失情况,测算出了比以往各种说法更为可靠些的数字。[⑦]

---

① 李辅斌:《清代直隶地区的水患和治理》,《中国农史》1994年第4期。

② 胡明思、骆承政主编:《中国历史大洪水》,中国书店,1992年。

③ 赵矢元:《丁戊奇荒述略》,《学术月刊》1981年第2期。

④ 王金香:《山西"丁戊奇荒"略探》,《中国农史》1988年第3期。

⑤ 张九洲:《光绪初年的河南大旱及影响》,《史学月刊》1990年第5期。

⑥ 夏明方:《也谈"丁戊奇荒"》,《清史研究》1992年第4期;《清季"丁戊奇荒"的赈济及善后问题初探》,《近代史研究》1993年第2期;《论1876至1879年间西方新教传教士的对华赈济事业》,《清史研究》1997年第2期。

⑦ 满志敏:《光绪三年(1877)北方大旱灾气候背景研究》,复旦大学历史地理研究中心主编:《自然灾害与中国社会历史结构》,复旦大学出版社,2001年,第19—38页。刘仁团:《"丁戊奇荒"对山西人口的影响》,复旦大学历史地理研究中心主编:《自然灾害与中国社会历史结构》,第91—132页。

然而所有这些成果并不意味着对“丁戊奇荒”的研究已经相当充分了，因为美国学者博尔(Bohr)和中国台湾学者何汉威早已围绕着“丁戊奇荒”出版了两部专著，[①]可见其间尚有不小的距离。而且对于清代其他各次重大灾荒，除《中国近代十大灾荒》中论述了晚清时期包括“丁戊奇荒”在内的四次灾荒外，基本上没有出现别的比较成型的相关成果。

第四类是对灾害种类的研究。在这方面，关于水旱灾害的研究在清代灾荒史研究中占了绝大多数的份额，而其他各种灾害如蝗灾、瘟疫、雪雹灾、地震等得到的注意则很少。不过，在仅有的一些研究中，还是有颇可称道的地方。关于蝗灾，马骏超在1936年发表的《江苏省清代旱蝗灾关系之推论》可能是最早一篇较为深入分析清代蝗灾的文章，[②]王建革对清代华北的蝗灾给予了相当的注意。[③]而《中国近代十大灾荒》中则以专篇论述了咸丰年间大蝗灾的情况，是目前为止关于蝗灾最详实的研究。[④]在疫灾方面，余新忠对嘉道之际江南瘟疫的发生情形进行了迄今最为全面的研究，[⑤]李玉尚、曹树基则对十八至十九世纪云南地区的鼠疫发生情形作了详尽的探讨。[⑥]另外，吴滔的《明清雹灾概述》是目前仅见的有关清代雹灾的研究，[⑦]而杨军的《试析清代火灾的历史教训》则是唯一一篇留意到清代火灾的文章。[⑧]至于清代地震史的研究，尽管与之有关的资料整理工作开展得较好，但除了自然科学工作者用作地震方面的科学依据外，社会科学方面对清代地震灾害的研究尚付诸阙如。总的说

---

① Paul Bohr, *Famine in China and The Missionary*(Cambridge: Harvard University Press, 1972). 何汉威:《光绪初年(1876—1879)华北的大旱灾》，香港中文大学出版社，1980年。

② 马骏超:《江苏省清代旱蝗灾关系之推论》，《昆虫与植病》第4卷第18期，1936年。

③ 王建革:《清代华北的蝗灾与社会控制》，《清史研究》2000年第2期。

④ 李文海、程啸、刘仰东、夏明方:《中国近代十大灾荒》，第58—79页。

⑤ 余新忠:《嘉道之际江南大疫的前前后后——基于近世社会变迁的考察》，《清史研究》2001年第2期。

⑥ 李玉尚、曹树基:《18~19世纪的鼠疫流行与云南社会变迁》，复旦大学历史地理研究中心主编:《自然灾害与中国社会历史结构》，第168—210页。

⑦ 吴滔:《明清雹灾概述》，《古今农业》1997年第4期。

⑧ 杨军:《试析清代火灾的历史教训》，《太原师专学报》1988年第1期。

来，对水旱灾害之外的其他灾害的历史研究还存在着很大的欠缺。其实，这些灾害的严重性并非微不足道，而且有关这些灾害的历史资料尽管非常分散，但也绝非极为罕见，所以这方面还有许多研究工作有待进行。

最后值得提及的是关于清代水旱灾害的发生周期和规律的研究。还在抗战期间的1943年，谢义炳先生就根据气象学中的周期分析法来处理《清史稿·灾异志》中的有关记录，试图测算出水旱灾的发生周期。[①]新中国成立后，自然科学工作者在这个问题上继续投注了相当多的努力，提出了种种关于旱涝周期及频率的看法。关于明清时期全国范围内旱涝演变情况的研究，主要集中在《气候变迁与超长期预报文集》[②]和《全国气候变化学术讨论会文集》[③]两书当中。由于不少研究者在旱涝分型的判定，以及所依据的材料及其准确性等问题上尚有一定的分歧，导致学界虽然一致认为旱涝型与气候变化有极为密切的关系，但在具体的旱涝分期和周期方面的看法却差异甚大。在有关区域内灾荒演变的问题上，重要的成果有：唐锡仁和薄树人对河北省明清时期的干旱情况进行了分析，认为干旱年与太阳黑子相对数之间存在着某些周期。[④]但是萧廷奎对该文进行了系统的批评，认为其依据的资料比较贫乏，在资料核实参证上下的功夫不够，研究方法上亦有欠严密之处。[⑤]乔盛西对湖北省十八世纪后的水旱历史记载和太阳黑子资料进行了研究，认为湖北省水旱灾次数的变化与太阳活动世纪周期有着一定的联系，在太阳活动增强时期水旱灾次增多，相反则减少。[⑥]萧廷奎等人在研究了河南历史上的干旱状况后也认为，河南"大旱"与"特大干旱"的出现确与太阳活动十一年周期和世纪周期存

---

① 谢义炳：《清代水旱灾之周期研究》，《气象学报》第17卷第1—4期，1943年。

② 中央气象局研究所编：《气候变迁与超长期预报文集》，科学出版社，1977年。

③ 中央气象局气象科学研究院天气气候研究所编：《全国气候变化学术讨论会文集》，科学出版社，1981年。

④ 唐锡仁、薄树人：《河北省明清时期干旱情况的分析》，《地理学报》第28卷第1期，1962年。

⑤ 萧廷奎：《关于"河北省明清时期干旱情况的分析"一文的商榷意见》，《地理学报》第28卷第4期，1962年。

⑥ 乔盛西：《湖北省历史上的水旱问题及其与太阳活动多年变化的关系》，《地理学报》第29卷第1期，1963年。

在着密切的联系。[1]冯丽文分析了北京自十八世纪以来生长季内的干旱特征，认为此一时期内北京无降水日数在生长季中的分配很不均匀，且春旱十分严重。[2]除此而外，聂树人对陕西的干旱规律、[3]林耀泉对漳州的气象灾害规律、[4]曹隆恭对商丘地区的水灾规律、[5]袁林对甘宁青历史饥荒统计规律的研究[6]也都涉及了清代灾荒史研究的内容，但由于这些研究所得出的结论基本上都属于一种大致的推测，而且其观察范围常常不限于清代的时段，因此这里从略。

四

有关灾荒应对问题方面的研究成果亦数量可观。这方面首先应当予以注意的是关于荒政及其相关问题的研究，因为荒政是中国古代政治中一个非常特殊且重要的领域，与其他各个朝代相比，清代荒政研究无论是数量还是质量都远远过之。早在三十年代，徐钟谓就对清代荒政制度进行了概括，但失之过简，而且也没有作出什么评价。[7]此后很长一个时期内，荒政问题基本上处于无人注意的状态，直到八十年代末，才有杨明就此问题进行了探讨，并对荒政中的捐输问题提出了独特的看法，认为其有积极的一面，应该有一定的历史地位。[8]其后，李文海、周源对清代荒政作了较为详细的探讨，并认为其规章制度虽并非不周密，但进入近代以后，其在多数场合下只是一纸具文。[9]而最为详尽的研究当属李向军的

---

① 萧廷奎、彭芳草、李长付、周拔夫、盛福垚、张恒渤：《河南省历史时期干旱的分析》，《地理学报》第30卷第3期，1964年。

② 冯丽文：《北京1724—1979年生长季干旱特征及其多年变化》，《地理学报》第37卷第2期，1982年。

③ 聂树人：《陕西省干旱规律的初步分析》，《陕西农业》1963年第4期。

④ 林耀泉：《漳州一千年来气象灾害规律探讨》，《中国农史》1987年第3期。

⑤ 曹隆恭：《商丘地区的水灾规律及其治水的历史经验》，《中国农史》1990年第3期。

⑥ 袁林：《甘宁青历史饥荒统计规律研究》，《兰州大学学报》（社会科学版）1996年第4期。

⑦ 徐钟谓：《中国历代之荒政制度》，《经理月刊》第2卷第1期，1936年。

⑧ 杨明：《清朝救荒政策述评》，《四川师范大学学报》1988年第3期。

⑨ 李文海、周源：《灾荒与饥馑：1840—1919》，第274—305页。

研究,他的《清代荒政研究》也是迄今唯一一本专论清代荒政问题的专著。他从清代救荒的基本程序与救荒备荒措施、清代荒政与财政、清代荒政与吏治等几个方面对清前期荒政作了总体上的论述,认为“清代是中国古代荒政发展的鼎盛阶段”,但道光以后则收效甚微。[①]此外,他还发表了一系列有关清代荒政的论文,不过,这些论文的基本内容大体上都没有越出此书的范围,故不再予以评论。而叶依能对清代荒政的特点尽管有些独到的看法,但在总体研究水平上并未超过李向军的研究。[②]对于晚清时期的荒政,目前主要集中在洋务运动与荒政的关系上。谢高潮分析了洋务派的一些荒政主张后认为,尽管其中有很大的封建局限性,但毕竟较前有了不小的进步。[③]夏明方对洋务运动中有关荒政近代化的问题论述得更为透彻,指出洋务思潮中出现了发展近代工商业和近代农业以减灾备荒的趋向,试图建立一种官、商、民多种力量相结合的多元化、社会化的救灾备荒体系,从而使中国救荒理论发生了革命性转变,当然,其具体实施还存在着相当大的问题。[④]

另外一些研究者则对清代荒政中的积弊作了较为深入的探讨。谷文峰、郭文佳从社会政治因素和荒政制度的自身漏洞讨论了这些弊端产生的原因及其表现。[⑤]吕美颐既详细列举了灾赈各环节当中所出现的弊端,又考察了朝廷自上而下实行的防弊措施,认为有清一代尽管实现了赈灾的制度化、程序化、法规化,但由于治标不治本,终究无法扼制其中弊病的滋生与蔓延。[⑥]余新忠、杭黎方则以道光前期的江苏省为例,探讨了荒政积弊及其整治经验,认为道光前期江苏官府的救灾基本上还是成功的,

---

① 李向军:《清代荒政研究》,第11、100页。

② 叶依能:《清代荒政述论》,《中国农史》1998年第4期。

③ 谢高潮:《晚清荒政思想简议》,《晋阳学刊》1997年第1期;《晚清洋务派恢复社会经济的荒政主张与活动》,《社会科学》1997年第4期。

④ 夏明方:《洋务思潮中的荒政近代化构想及其历史地位——灾荒与洋务运动研究之三》,《北京档案史料》2002年第2期。

⑤ 谷文峰、郭文佳:《清代荒政弊端初探》,《黄淮学刊》1992年第4期。

⑥ 吕美颐:《略论清代灾赈制度中的弊端与防弊措施》,《郑州大学学报》(哲学社会科学版)1995年第4期。

因此分析荒政弊端时，不应简单地将其归因于“封建制度”，而需要从管理和技术上作更为深入的分析。①卢经则较为完整地勾勒了发生在乾隆四十六年(1781)的甘肃捐监冒赈案，②从而为清代荒政弊端提供了一个惊人的实例。

荒政中的灾蠲问题也曾经吸引了部分研究者的兴趣，不过，鉴于吴滔业已从蠲赈对象与形式、清代漕粮蠲免、对蠲赈的评价等几个方面对1992年以前的清代灾蠲研究作了较为全面的评述，③余新忠于1996年也对一些具有代表性的灾蠲研究成果进行了概括，④况且1996年之后这方面的成果极少出现，因此本文就不再重复了。

从广泛一点的意义上来说，官方治水也属于荒政的范围。这方面论述最多的是关于黄河的治理。王振忠从总体上评价了清代的河政，认为尽管清代对黄河的治理高度重视，河工开支愈来愈大，但河政弊端积重难返，嘉道以后甚至严重影响了盐政和漕运。⑤郑师渠则考察了道光朝河政的情况，认为道光朝河政的颓坏，严重削弱了清朝的财力，扩大了民众的不满与反抗，从根本上削弱了清朝统治的基础。⑥不过，也有研究者认为清代治水并非一无是处。张家驹就认为，由于康熙帝深入现场观察，使他对河工利害了如指掌，再加以知人善任，因而在治河方面取得了显著成绩，使黄河暂告安澜。⑦商鸿逵则专门论述了康熙南巡与治理黄河的关系，认为康熙六次南巡的主要任务是治理黄河，而且形成了一套经理河工方案，为后来所遵循，因此他的治河应看作是统一和巩固中国的重要措施之一。⑧任重通过探讨康熙治理黄、淮、运的宏观决策与微观实践，认为

---

① 余新忠、杭黎方:《道光前期江苏的荒政积弊及其整治》,《中国农史》1999年第4期。

② 卢经:《乾隆朝捐监冒赈众贪案》,《历史档案》2001年第3期。

③ 吴滔:《建国以来明清农业自然灾害研究综述》,《中国农史》1992年第4期。

④ 余新忠:《1980年以来国内明清社会救济史研究综述》,《中国史研究动态》1996年第9期。

⑤ 王振忠:《河政与清代社会》,《湖北大学学报》(哲学社会科学版)1994年第2期。

⑥ 郑师渠:《论道光朝河政》,《历史档案》1996年第2期。

⑦ 张家驹:《论康熙之治河》,《光明日报》1962年8月1日第4版。

⑧ 商鸿逵:《康熙南巡与治理黄河》,《北京大学学报》(哲学社会科学版)1981年第4期。

康熙治水解放了农业生产劳动力，发展了农业生产。[①]徐凯、商全对乾隆南巡与治河的关系进行了考察，认为乾隆在南巡中抓住河工与海塘乃是明智之举，并且取得了一定的成效，对十八世纪中后期清朝社会的安宁和经济的发展大有补益。[②]其他应该提及的成果还有：王京阳对黄河铜瓦厢改道前清代对黄河的治理方法进行了探讨，认为当时使用的八种主要办法只能应付一时，改变不了黄河下游的悬河状态，也就无法根治河患。[③]夏明方则研究了铜瓦厢改道后清政府对黄河的治理情形，认为河工在改道后的地位日益下降，同时伴随着国运衰微，清政府的治黄努力被一点点消耗殆尽，不过近代化气息也终于渗入了治黄理论和技术之中。[④]此外，戴鸿钟对清代管理永定河的制度进行了评述，认为其在体制上较为完善，对清代永定河的治理起到了一定的积极作用。[⑤]

有关清代治水问题，还有一类研究在数量上值得一提，这就是揭示一些具体人物治水活动的文章。这些人当中的一部分以清代治水专家著称，如靳辅、[⑥]陈潢、[⑦]栗毓美[⑧]和刘鹗，[⑨]其他则是一些封疆大吏的治水业绩，主要有汪志伊、[⑩]陈宏谋、[⑪]林则徐、[⑫]陶澍、[⑬]左宗棠、[⑭]丁宝桢[⑮]和周

① 任重：《康熙治理黄、淮、运对农业发展的影响》，《中国农史》1997年第1期。

② 徐凯、商全：《乾隆南巡与治河》，《北京大学学报》（哲学社会科学版）1990年第6期。

③ 王京阳：《清代铜瓦厢改道前的河患及其治理》，《陕西师范大学学报》（哲学社会科学版）1979年第1期。

④ 夏明方：《铜瓦厢改道后清政府对黄河的治理》，《清史研究》1995年第4期。

⑤ 戴鸿钟：《浅谈清代永定河的管理》，《北京档案史料》1986年第2期。

⑥ 侯仁之：《靳辅治河始末》，《史学年报》第2卷第3期，1936年。

⑦ 侯仁之：《陈潢治河》，《大公报·史地周刊》第126期，1937年。

⑧ 佚名：《清代治河专家栗毓美》，《黄河史志资料》1985年第2期。

⑨ 刘蕙孙、刘德音：《刘鹗治理黄河理想初探》，《福建师范大学学报》（哲学社会科学版）1994年第2期。

⑩ 曹建民：《关心水利的湖广总督汪志伊》，《中国水利》1985年第2期。

⑪ 萧超：《陈宏谋在天津的治水活动》，《中国水利》1985年第12期。

⑫ 王金香：《谈林则徐的治水之功》，《黄淮学刊》1989年第1期。薛玉琴：《林则徐治淮政绩考述》，《淮阴师范学院学报》（哲学社会科学版）1997年第3期。

⑬ 陶用舒：《陶澍对苏皖水灾的处理》，《镇江师专学报》1993年第1期。

⑭ 经盛鸿：《左宗棠在江苏的治水业绩》，《中学历史》1985年第4期。

⑮ 王文轩：《丁宝桢的治水业绩》，《贵州文史丛刊》1988年第4期。

馥[①]等人。但总的说来,此类研究基本上是一盘散沙,谈不上形成了什么比较系统的看法。

对于荒政之外的救荒形态,也有研究者给予了一定的注意。这方面首先出现的是关于晚清时期民间自发组织的跨地域救荒活动——义赈的研究。虞和平是国内最早论述义赈的研究者,他对义赈的不少基本事实进行了大致准确的描述,并且认为义赈是江浙绅商的一项联合社会公益活动,是早期江浙资产阶级走向联合的第一步。[②]夏明方认为,在中国社会经济结构发生重大变化以后,义赈的出现表明"具有近代文明特征的救灾形式和救灾意识的产生并发生作用也就势所必然了"。[③]李文海先生则对义赈进行了相对来说最为完整的概括,指出义赈这种"民捐民办"的救荒活动的出现是一个历史进步,其之所以能够迅速发展,主要原因有二:其一是它具有相当的组织性,使救荒的工作效率和实际效果都远较传统慈善机构明显;其二则是在财力和散赈两个方面弥补了官赈的缺陷。因而,尽管义赈后来沾染上一些弊端,但其曾经起过的历史作用是应当肯定的。[④]对于义赈后来的发展,王叶红就光绪三十二年(1906)的"官义合办"问题进行了评述,并认为这标志着义赈"又前进了一大步",但是其总体论述过于简单,论据亦远不够充分。[⑤]

吴滔对清代江南地区形成的社区赈济形态进行了较为深入的研究。他认为,赈济行为的社区化倾向是清代江南社会赈济事业最为显著的地域特征,在乾隆朝以前,以社区为单位的赈济已广泛存在,只是官方介入较多;从乾隆晚期到嘉道时期,随着国家荒政体系的逐渐衰败,社区赈济民间化的倾向越来越明显;咸丰以后,社区赈济向多元化发展,但仍以民间力量为主导。总之,社区赈济在推动清代江南基层社会结构全面整合

---

① 阳光宁、汪志国:《周馥与直隶河道的治理》,《安庆师范学院学报》(社会科学版)2000年第3期。

② 虞和平编:《经元善集·前言》,华中师范大学出版社,1988年。

③ 夏明方:《清季"丁戊奇荒"的赈济及善后问题初探》,《近代史研究》1993年第2期。

④ 李文海:《晚清义赈的兴起与发展》,《清史研究》1993年第3期。

⑤ 王叶红:《光绪三十二年徐淮海灾赈中的官义合办》,《江西社会科学》2001年第12期。

方面起了巨大作用，而它之所以在江南长期存在，主要在于其能够与地方社会各种资源相互融合。[1]余新忠则以道光三年(1823)苏州水灾时的救济行动为例，通过对国家、官府和社会的救灾活动的分析，指出国家救灾手段的经济化和乡赈的社区化是道光时期灾赈的两大趋向，不过社会力量的活跃只是分割了官府的部分权力，一时并不会对国家权威产生直接危害。[2]卞利对明清时期徽商的救荒行为进行了钩沉，表明徽商对救荒投入的力度很大，并认为捐赈之举为其商业的进一步拓展和丰厚利润的获得打下了坚实的基础。[3]另外，夏明方还专文探讨了西方传教士的对华赈济活动，指出参与救荒使西方的传教事业获得了突破性的进展，同时对中国绅商发起的义赈也有一定的刺激作用。[4]

有关备荒的研究主要集中在仓储问题上。早在1921年，于树德就探讨了仓储对于备荒的作用，并且较为详细地说明了常平仓、社仓和义仓的性质、区别，以及各自的沿革与办法。[5]其后，邓拓也对仓储与救荒的关系进行了论述，并认为就其益处来说，仓储不失为一种积极救荒的政策。[6]不过，此两者毕竟不是直接论述清代仓储问题的，林化则首先专门论述了清代的仓储制度，通过分析粮食筹措、平衡地区积贮和粮食的保管等方面的措施，认为清统治者对仓储十分重视，并进而指出仓储制度随清政府封建统治的衰败而逐渐废弛。[7]牛敬忠对清代的常平仓、社仓制度进行了探讨，认为到乾隆年间，二仓都已建有成效，但嘉道以后渐趋破败，

---

① 吴滔:《清代江南地区社区赈济发展简况》,《中国农史》2001年第1期;《清代江南社区赈济与地方社会》,《中国社会科学》2001年第4期。

② 余新忠:《道光三年苏州大水及各方之救济——道光时期国家、官府和社会的一个侧面》,载张国刚主编:《中国社会历史评论》(第一卷),天津古籍出版社,1999年。

③ 卞利:《明清时期徽商对灾荒的捐助与赈济》,《光明日报》1998年10月23日第7版。

④ 夏明方:《论1876至1879年间西方新教传教士的对华赈济事业》,《清史研究》1997年第2期。

⑤ 于树德:《我国古代之农荒豫防策——常平仓、义仓和社仓》,《东方杂志》第18卷第14、15号,1921年。

⑥ 邓拓:《中国救荒史》,北京出版社,1998年,第241—245、427—455页。

⑦ 林化:《清代仓贮制度概述》,《清史研究通讯》1987年第3期。

同光以后虽加以重建，终究无法达到前期水平；另外，他还认为二仓的主要社会功能便是积谷备荒、灾年散赈，以稳定社会秩序。[①]张岩认为，清代常平仓的建设比较成熟，能够在不同情况下进行不同程度的救济，其功能在清代前、后期各有侧重，即由一项社会保障性措施逐渐沦为一种临时补救性措施，成为统治者的又一个敛财工具，可以说是消极备荒中的积极行为。[②]李映发对清代州县上各类仓廒的储粮来源及其兴建与管理进行了研究，认为这些种类的仓廒对农村社会中的备荒救灾起了一定的积极作用。[③]康沛竹特地考察了晚清饥荒与仓储的关系，指出晚清仓储制度的衰败是当时饥荒极其严重的一个重要原因。[④]

地方性仓储问题也是仓储研究中的一个重要方面。这方面的研究比较多地集中在广东地区。高惠冰研究了清前期的佛山义仓后认为，这是一个民捐民办的救灾设施，它建于佛山商品经济不断发展和资本主义萌芽的时期，受到商品货币关系的影响，因而出现了以租赁方式积谷、无偿赈济、民仓民管和雇工碾米散赈等不同于历代义仓的特点。[⑤]冼剑民认为佛山义仓是典型的城市义仓，其浓厚的商业色彩是区别于珠江三角洲其他义仓的一个显著标志，在保障佛山的经济发展中起了很大的作用。[⑥]陈春声考察了清代广东的常平仓后指出，以往大多将仓储视为一个经济问题，而其在更大程度上是一个社会问题，其实质是一种社会控制形式，至于仓储制度的演变，实际上反映了基层社会控制权的转移过程。[⑦]其后，陈春声又通过对清代广东的社仓和义仓的研究进一步表明，广东仓储形式的更替过程反映了中国传统社会后期基层社会控制权逐渐

---

① 牛敬忠:《清代常平仓、社仓的社会功能》,《内蒙古大学学报》(哲学社会科学版)1991年第1期;《清代常平仓、社仓制度初探》,《内蒙古师大学报》(哲学社会科学版)1991年第2期。

② 张岩:《试论清代的常平仓制度》,《清史研究》1993年第4期。

③ 李映发:《清代州县储粮》,《中国农史》1997年第1期。

④ 康沛竹:《清代仓储制度的衰败与饥荒》,《社会科学战线》1996年第3期。

⑤ 高惠冰:《清代前期的佛山义仓》,《华南师范大学学报》(社会科学版)1985年第3期。

⑥ 冼剑民:《清代佛山义仓》,《中国农史》1992年第2期。

⑦ 陈春声:《论清代广东的常平仓》,《中国史研究》1989年第3期。

下移，社会多样化发展的历史趋势。[①]吴滔对清前期苏松地区仓储制度的研究也显示出，清代苏松地区的仓政管理向着多元化方向发展，由官方或者民间颁行的各类仓储条规更趋完善，其赈济饥荒和保存、重建生产潜力的功能也得到更充分的发挥。[②]此外，王水乔对清代云南的仓储制度进行了研究，认为其对维护边疆民族地区的社会稳定发挥过积极作用，但由于清代云南粮食一直短缺，加上实际运行中的弊端，从而影响了其社会功效。[③]吴洪琳则对清代陕西社仓的区域性特征进行了分析，指出陕北、关中、陕南三个地区社仓的发展、衰落呈现出了不同的特征。[④]还应该说明的是，有关仓储问题的研究实际上并不限于以上所列的成果，因为许多关于清代经济史的研究中都涉及这个问题，不过，由于它们那里往往只把仓储与灾荒的关系视为一个相当次要的方面，因此这里亦无必要将所有关于仓储的研究都进行评述。

在仓储之外，还有研究者从农业生产技术的角度出发探讨了备荒问题。例如，宋湛庆就从参植以防水旱和种植救荒作物、灾后补种和补救两个方面总结了宋元明清时期在生产技术上备荒救灾的主要经验。[⑤]其后，叶依能又从选择作物品种、实行精耕细作及灾后补救和补种三个方面对明清时期备荒救灾的生产技术作了进一步的探讨，认为这些措施简单、易行、实用，投入少，效果好，在中国古代的防灾救荒中发挥着重要作用。[⑥]

传统慈善事业虽然不能直接归入救荒的范围，但由于其在一定程度上也具有救荒的功能，因此这里应当给予此类研究以一定的注意。不过，国内目前关于这方面的研究数量不多，且成型的研究寥寥无几。只有王

---

① 陈春声：《清代广东社仓的组织与功能》，《学术研究》1990年第1期；《论清末广东义仓的兴起——清代广东粮食仓储研究之三》，《中国社会经济史研究》1994年第1期。

② 吴滔：《论清前期苏松地区的仓储制度》，《中国农史》1997年第2期。

③ 王水乔：《清代云南的仓储制度》，《云南民族学院学报》（哲学社会科学版）1997年第3期。

④ 吴洪琳：《论清代陕西社仓的区域性特征》，《中国历史地理论丛》2001年第1期。

⑤ 宋湛庆：《宋元明清时期备荒救灾的主要措施》，《中国农史》1990年第2期。

⑥ 叶依能：《明清时期农业生产技术备荒救灾简述》，《中国农史》1997年第4期。

卫平以苏州为中心，对清代江南地区的慈善事业进行了较为详细的探讨，并认为江南慈善活动的盛行正是江南社会危机更为严重的表征，而且慈善活动的开展仅是一种治标之策。①其他较为重要的成果有：韩光辉细致研究了清代北京外城赈恤机构的分布及其时空变化，认为这些机构在收养灾黎、救治饥贫方面发挥了重要作用，而由此可以推知清代广泛实行的赈恤举措是清代人口增殖加快的不可忽视的原因之一；②余新忠则以苏州丰豫义庄为个案，探讨了清中后期乡绅领导的民间社会救济事业的发展，认为乡绅以此为依托，试图维护地方社会的传统秩序及自身长远利益，且丰豫义庄的创办也反映了清中后期江南社会对救济由散赈向制度化、综合化发展的一种努力；③刘瑞芳、郭文明则对清代直隶的慈善事业进行了剖析，认为官倡绅办、养教一体是其突出特点，而慈善事业在安辑游民的同时，也保护了封建伦理的森严性。④另外，宫宝利研究了晚清时期苏州地区工商公所开办的各类善举活动，认为其原因是苏州乐善好施的传统和近代西方某些慈善事业作法的影响。⑤总的说来，中国大陆关于慈善事业的研究还极为薄弱，远远达不到中国台湾学者梁其姿、日本学者夫马进研究中国善会善堂史的水平。⑥至于慈善事业与灾荒的关系，除李文海先生等个别研究者偶有论及外，⑦基本上无人提出较为系统的看法。

---

① 王卫平：《清代苏州的慈善事业》，《中国史研究》1997年第3期；《明清时期江南地区的民间慈善事业》，《社会学研究》1998年第1期；《清代江南市镇慈善事业》，《史林》1999年第1期；《清代江南地区的育婴事业圈》，《清史研究》2000年第1期。

② 韩光辉：《清代北京赈恤机构时空分布研究》，《清史研究》1996年第4期。

③ 余新忠：《清中后期乡绅的社会救济——苏州丰豫义庄研究》，《南开学报》（哲学社会科学版）1997年第3期。

④ 刘瑞芳、郭文明：《从地方志看清代直隶的慈善事业》，《社会学研究》1998年第5期。

⑤ 宫宝利：《清代后期苏州地区公所的善举活动》，《史学集刊》1998年第1期。

⑥ 梁其姿：《施善与教化：明清的慈善组织》，联经出版事业股份有限公司，1997年。[日]夫马进：《中国善会善堂史研究》，同朋舍，1997年。

⑦ 李文海：《晚清义赈的兴起与发展》，《清史研究》1993年第3期。

五

清代灾荒史的第三类研究是对灾荒的社会影响的研究，即探讨灾荒与社会深层结构之间发生的种种复杂关系。虽说这里给出的这种归类名称有些勉强，但毋庸置疑的是，正是此类研究的出现将灾荒史研究引向了一个更为广阔的领域。

灾荒与政治问题的关系是不少研究者着力揭示的方面。李文海先生在探讨灾荒与辛亥革命的关系时指出，辛亥革命前十年间，连绵不断的灾荒对当时的政治生活和社会生活发生了深刻的影响，而革命派也通过当时的灾荒揭露了清朝封建统治，因此，尽管很少看到灾民、饥民直接参加革命运动，但在促使革命形势渐趋成熟的诸种因素中，灾荒无疑是不能不加以注意的因素之一。[①]在研究灾荒对甲午战争的影响时，李文海先生发现，当时几个灾荒较重的灾区恰恰与战区临近或重合，或者与战争有着特殊的密切关系，从而大大增强了灾荒与战争之间的相互影响，而且灾荒还给予战争的历史进程以多方面的影响，甚而演变成一个重要的政治筹码，战后的赈灾更成了一个尖锐的政治问题。[②]林敦奎则辨析了灾荒与义和团运动的关系，他指出，义和团运动期间，与之有密切关系的直隶、山东两省恰恰发生了严重的灾荒，这场灾荒产生的大量饥民、流民以三种不同形式参加了义和团组织，而义和团在新的历史环境下亦巧妙地把民族危机与自然灾害结合起来，来广泛动员灾民的抗争意识，从而证明灾荒与义和团运动的发展确有紧密联系。[③]此外，康沛竹从灾荒的角度阐述了太平天国失败的一个重要原因，即太平天国辖区内连年不断的灾荒大大加重了太平天国面临的粮食危机，加之瘟疫流行，直接导致太平军在一些

---

① 李文海:《清末灾荒与辛亥革命》,《历史研究》1991年第5期。

② 李文海:《甲午战争与灾荒》,《历史研究》1994年第6期。

③ 林敦奎:《社会灾荒与义和团运动》,《中国人民大学学报》1991年第4期。

战役中的失利。[1]钟钢认为，保路运动前十年间，四川所发生的严重灾荒促成了四川革命形势的高涨。[2]而胡克刚在论述灾荒在晚清政治中造成的后果时，甚至认为灾荒是导致清朝灭亡的重要原因。[3]值得注意的还有王建革的研究，他通过清代华北的蝗灾透视了政府的社会控制体系，对灭蝗过程中国家与乡村的关系进行了分析，认为与灾害有关的民间信仰与政府行为大有关系，而专制文化与传统迷信相结合，不但对减灾防灾产生负作用，而且强化了近代乡村文化的愚昧落后。[4]

灾荒与经济的关系也吸引了许多研究者的注意。首先是总括性研究。周翔鹤、米红分析了明清时期气候变化对粮食生产的影响，认为在明清时期的寒冷期中，农作物产量下降，农业经济萎缩，从而抑制了人口再生产，而进入雍正年间以后，气温逐渐转暖，粮食产量上升，甚至达到"谷贱伤民"的地步，人口再生产也将上升。[5]王业键、黄莹珏对清代气候的冷暖变迁、自然灾害、粮食生产与粮价变动的关系进行了考察，认为华东、华北地区气候的冷暖周期与旱涝的多寡有关，清代长江三角洲地区的粮价高峰大都出现在自然灾害多的年份，1641—1720年、1741—1830年粮价与当时旱灾的变动大体一致，1831—1880年粮价与当时涝灾的变动一致，而长期气候变迁与粮价并无明显关系。[6]夏明方详细阐述了灾荒在中国早期工业化过程中所处的地位，认为在清末灾害群发期的历史条件下，自然灾害对中国早期工业化的资本原始积累起了很大的消极作用，因为它抑制了清廷对新式工业的投资规模，挤占或侵蚀了新式工业的融资渠道或资本存量，而灾荒生产出的大量灾民、流民亦无助于近代劳动力市

---

① 康沛竹：《灾荒与太平天国的失败》，《北方论丛》1995年第6期。

② 钟钢：《保路运动前十年四川灾荒及其影响》，《文史杂志》1992年第5期。

③ 胡克刚：《试论晚清时期灾荒及其政治后果》，《湘潭师范学院学报》（社会科学版）1992年第5期。

④ 王建革：《清代华北的蝗灾与社会控制》，《清史研究》2000年第2期。

⑤ 周翔鹤、米红：《明清时期中国的气候和粮食生产》，《中国社会经济史研究》1998年第4期。

⑥ 王业键、黄莹珏：《清代中国气候变迁、自然灾害与粮价的初步考察》，《中国经济史研究》1999年第1期。

场的形成，同时灾荒又在相当大的程度上造成国内商品市场的剧烈波动，因此，与其说广大农村受到现代化的挤压，莫如说是早期现代化受到了广大农村的挤压。①

其次是区域性研究。宋平安探究了清代江汉平原的灾荒与经济开发的关系，提出其发展模式是经济开发—水患—经济恢复发展—新的水患问题—经济发展，并且每一阶段较前一阶段具有更高的层次，即经济开发诸消极面导致水患之实现，人们对此寻找治水之法，促使经济逐渐恢复并在前面发展的基础上前进一步，因此江汉平原开发之路是在逐步克服自身盲目性的过程中螺旋式推进。②张国雄则认为，清后期江汉平原日趋严重的水旱灾对垸田生产造成了很大影响，使生产的不稳定性日渐严重，成灾面积扩大，丰年减少灾年增多，从而表明该处的垸田经济进入了停滞状态。③陈家其分析了明清时期气候变化对太湖流域农业经济的巨大影响，认为其重要表现是气候变冷使双季稻面积减少，粮食复种指数下降，而自然灾害频发则使粮食产量下降。④尹玲玲论述了明清时期两湖平原的洪涝灾害与社会经济结构转换之间的相互关系，指出在洪涝灾害发生的同时，该地经历了一个由渔业经济向农业经济转换的过程，而渔业经济退缩、农业大规模扩展的结果是洪涝灾害日益升级，形成了一个恶性循环。⑤

由于灾荒与其他一些社会问题如社会生活、人口、思想文化等方面也有紧密联系，因而研究者们亦对此进行了不少探索。李文海先生认为，灾

① 夏明方：《从清末灾害群发期看中国早期现代化的历史条件——灾荒与洋务运动研究之一》，《清史研究》1998年第1期；《中国早期工业化阶段原始积累过程的灾害史分析——灾荒与洋务运动研究之二》，《清史研究》1999年第1期。

② 宋平安、曾桃香：《清代江汉地区灾荒经济简论》，《武汉教育学院学报》（哲学社会科学版）1989年第3期。宋平安：《清代江汉平原水灾害与经济开发探析》，《中国社会经济史研究》1990年第2期。

③ 张国雄：《清代江汉平原水旱灾害的变化与垸田生产的关系》，《中国农史》1990年第3期。

④ 陈家其：《明清时期气候变化对太湖流域农业经济的影响》，《中国农史》1991年第3期。

⑤ 尹玲玲：《社会经济结构的转换与洪涝灾害——以明清时期两湖平原为中心》，复旦大学历史地理研究中心主编：《自然灾害与中国社会历史结构》，第400—420页。

荒问题是研究社会生活的一个非常重要的方面，可以从中揭示出有关社会历史发展的许多本质内容。由此出发，他具体分析了近代灾荒对社会生活的严重影响，指出它首先表现在对人民生命的摧残和戕害上，其次是对社会经济造成巨大的损害和破坏，最终则增加了社会的动荡与不安定，激化了本已相当尖锐的社会矛盾。[①]刘仰东提出，由于近代灾荒布满了中国近代社会，形成近代史特定的灾难深重的社会格局，所以从灾荒史的角度审视重大的社会历史问题，或许有可能转换视角，得出新的认知。[②]杨剑利对晚清时期救荒的社会功能演变进行了探讨，认为救荒作为政府行为的减弱和社会行为的出现，显示了社会结构方面的变化。[③]张建民则揭示了灾荒影响到社会生活的一个具体形态，他在论述洪涝灾害与江汉平原农村生活的关系时指出，长期频繁的洪涝灾害除塑成当地农村不事蓄积的生活习俗外，还通过水土关系的不断变化造成了地籍上的混乱。[④]

董龙凯集中探讨了晚清时期黄河变迁对山东人口迁移的影响，他认为，在咸同年间，由于黄河主要在鲁西南地区漫流，移民范围还是有限的。到光绪年间，黄河水灾已经遍及整个山东黄河沿岸，人口迁移也自西徂东普遍展开，其迁移形式主要有后撤型、移民黄河三角洲、南迁、走西北和闯关东等几种。这种人口迁移改变了人口的分布格局，使山东沿黄一带的生存压力有所缓和，而往往能促进大部分迁入地的经济开发。[⑤]池子华则在剖析淮北地区近代流民现象的时候指出，灾荒造成的生存状况的持

---

① 李文海：《论近代中国灾荒史研究》，《中国人民大学学报》1988年第6期；《中国近代灾荒与社会生活》，《近代史研究》1990年第5期。

② 刘仰东：《灾荒：考察近代中国社会的另一个视角》，《清史研究》1995年第2期。

③ 杨剑利：《晚清社会灾荒救治功能的演变——以"丁戊奇荒"的两种赈济形式为例》，《清史研究》2000年第4期。

④ 张建民：《明清时期的洪涝灾害与江汉平原农村生活》，复旦大学历史地理研究中心主编：《自然灾害与中国社会历史结构》，第355—378页。

⑤ 董龙凯：《清光绪年间黄河变迁与山东人口迁移》，《中国历史地理论丛》1998年第1期；《1855—1874年黄河漫流与山东人口迁移》，《文史哲》1998年第3期。

续恶化，是当地产生大批流民的重要原因之一。①

张鸿藻评述了方苞的备荒思想的积极与消极方面，认为其“通计天地生物之多少与用之之分数而后民生可得而厚”的见解诚为确论。②徐妍从灾荒与民生的视角出发重新审视了中国早期资产阶级改良派思想家陈炽的经济思想体系，认为其经济思想主要因灾荒而起，以救民为出发点，在中国经济思想史上第一次从环境变迁的角度分析了近代中国特别是北方地区地瘠民贫、灾荒频仍的原因，并进而提出了一系列有着紧密关联的救治措施，比同时代其他思想家更多地表示出了对灾荒下广大农民处境的关怀。③

王振忠通过对徽州村落文书的研究揭示了清代徽州的自然灾害与民间信仰及相关风俗的关联，认为徽州民间因灾害而引起的民众对生存环境之焦虑与不安，形成了诸多民间信仰活动。④董龙凯对黄河灾害与近代山东的河神信仰的研究表明，在铜瓦厢改道以前，河神祭祀于山东是微不足道的，而改道之后，祭祀活动在山东占有相当大的比重。⑤

最后，作为一个甚少为人留意的方面，李文海先生从文学史的角度挖掘了灾荒的社会形象。对于晚清诗歌中许多针对灾荒的描写，他认为，这些以灾荒为主题的诗歌从各个方面形象地刻画出了晚清时期水旱失时、灾荒频仍、哀鸿遍野、饿殍塞途的社会真实，从而非常直接、清晰地反映了当时的社会面貌。⑥

---

① 池子华：《近代农业生产条件的恶化与流民现象——以淮北地区为例》，《中国农史》1999年第2期。

② 张鸿藻：《清儒方望溪之备荒政策》，《钱业月报》第12卷第4号，1932年。

③ 徐妍：《灾荒与民生：考察陈炽经济思想的新视角》，《清史研究》2001年第2期。

④ 王振忠：《清代徽州民间的灾害、信仰及相关习俗——以婺源县浙源乡孝悌里凰腾村文书〈应酬便览〉为中心》，《清史研究》2001年第2期。

⑤ 董龙凯：《黄河灾害与近代山东的河神信仰、社会生活习俗》，复旦大学历史地理研究中心主编：《自然灾害与中国社会历史结构》，第488—515页。

⑥ 李文海：《晚清诗歌中的灾荒描写》，《清史研究》1992年第4期。

六

通过以上评述的这些成果可以看出，经过数十年的发展，清代灾荒史中的许多问题都已得到了研究者的注意，而且对于不少具体问题的研究也已相当深入，涌现了许多颇具眼光和特色的研究成果，使灾荒这个严肃的课题终于没有被长久地遗忘在偏僻的角落。更重要的是，自九十年代以来，该领域的研究大大突破了早期那种只把目光集中在灾荒内部的局限，依靠对多学科研究方法的综合和多种研究视角的转换，灾荒被引入了更广泛、更深入的问题层面，从而获得了更为广阔的研究空间。因此，清代灾荒史应当说已经成为一个非常富有生机的研究领域，而它的发展必定也能够促成整个灾荒史研究的推进。

然而现在还远远不是故步自封的时候。就目前研究的整体状况而言，绝大多数研究成果都还只能说是一堆土豆，非常零碎、片面和分散，缺乏内在的有机联系，不仅自然科学与社会科学两大部类在灾荒史研究中的沟通不够，就是史学内部进行的研究也存在着视域上的限制，从而导致清代灾荒史甚至是整个灾荒史的整体研究构架仍然处于十分模糊的状态。另外，在这些成果分布广泛的现象背后，实际上表明灾荒仅仅被当作其他各类研究中一个可以考虑的因素而已。而如此一来，灾荒就被切割成许多互不相连的切片安插到各种各样的系谱当中，从而丧失了其自身独特的历史序列，结果是其与社会之间的许多复杂关系都隐而不彰。

造成这种状况的原因，首先是学科畛域带来的问题，其次，通常的历史分期标准对历史统一性和连续性的长期割裂也造成了史学内部的鸿沟。事实上，由于灾荒兼跨自然与社会两方面的问题，所以灾荒史有着自身独特的演变规律，用其他任何一种研究框架加诸其上都不能不出现削足适履的情况，而这就要求灾荒史研究具有独立的问题意识，并以此为基础进行学科整合。当然，强调灾荒史研究的独立意识及其整合并非是要造成新的学术鸿沟，而是说这样的灾荒史研究极有可能为我们观察历史变迁提供一个崭新的角度。如果布罗代尔把历史时间划分为地理时间、社会时间和个别时间三个维度的做法可以成立,[1]那么灾荒史研究对于我们理解这三种时间维度如何形塑历史则是一个相当不错的处所。也就是说,在灾荒所处的历史过程中,人、环境、国家和社会四者被同时拖入了一个极限情境,而依靠对这种极限情境的勾勒,就可以在辨析此四者之间各种复杂关系的同时,发掘出社会深层与表层之间的结构互动何以且怎样发生。从这个意义上来说,灾荒史绝非是一个非常狭窄的研究领域,它本来就具有极为广阔的研究前景。而以此为标准来衡量清代灾荒史研究,就不得不承认它还处于起步阶段。

目前研究中存在的另一方面的欠缺则是一些比较具体的问题,尽管这些问题并非是什么普遍现象,但它们无疑也会对学科发展起到阻碍作用。大体说来,这些问题主要表现为以下四个方面:

首先,即便把界域限定于灾荒史研究内部,应该说不少研究中显示出来的视界和思路也不够宽广。这方面的第一个表现是,国内研究者对国外的灾害学及灾荒史研究了解得不是很多,闭门造车、自以为是的现象绝非罕见。诚然,国外关于中国灾荒史的研究谈不上丰富,但是灾荒问题并非只是中国独有的问题,世界其他各地的灾害研究同样可以成为中国问题的有力借鉴。前数年国内学界批判魏特夫的《东方专制主义》时,就在这个方面暴露了许多不足。这本书足以提醒我们,中国的灾荒问题并不仅仅属于中国。虽然其具体结论肯定有很多荒谬之处,但是要想彻底有力地予以批驳,就决不能只限于局部具体事实的辩论,而必须站到更高的高度,具有更宽广的视野,从整体上有机地进行清算工作。第二个表现是,有些问题虽探讨得较多,但研究思路总的说来却呈现出某种单调性。这方面最明显的例子就是对于"丁戊奇荒"的研究。前面已经指出,国内到目前为止共发表了15篇与之密切有关的研究文章,是个别研究中数量

① 关于这种划分的简单概括,参见罗凤礼主编:《现代西方史学思潮评析》,中央编译出版社,1996年,第261—266页。至于布罗代尔本人的有关解释,可参见其著《菲利普二世时代的地中海和地中海世界》(商务印书馆,1998年)的第一版序言和结论部分。

最多的。可是所有这些研究基本上没有越出就灾荒论灾荒的范围，而最近一位美国学者艾志端（Kate Edgerton）则在相当程度上拓展了对这场灾荒的研究。她以中国传统文化为背景，首先辨析了朝廷、官府、江南绅商、灾民和当时的外国观察者对“丁戊奇荒”的反应与活动，然后又拿1845—1849年发生在爱尔兰的“土豆饥荒”与之进行了比较研究，力图从这种比较研究中来探讨中西之间深层次的文化与道德差异。另一位美国学者麦克·戴维斯（Mike Davis）则使“丁戊奇荒”越出了中国的范围，按照他的分析，“丁戊奇荒”是当时一场全球性“厄尔尼诺饥荒”的一个组成部分，而后者正是塑成今日第三世界的三大步骤中的第一步。①由此可见，国内同类研究的起点还有待提高。

其次，研究方法和手段尚欠完善。由于灾荒史具有许多边缘学科的特点，因而不少研究者都曾指出必须运用多学科、多层次的方法开展研究工作。这种意见当然是正确的，但从目前的成果中还不能明确地体现出跨学科的研究方法和手段真正得到了应用。而那种仅仅在文章中加上一段生态环境或自然地理概述的做法，显然还谈不上对生态学或地理学研究方法有所借鉴。另外，即使在人文社会科学内部，关于灾荒史的跨学科综合研究都十分单薄。

再次，一些研究成果在资料方面下的工夫不足。例如，有些人在述及义赈的时候，完全依靠虞和平编的《经元善集》当中的有关史料。其实，有关义赈的记载并不难以获得，只要稍微花点时间翻阅一下《申报》，就会有更为丰富的发现。还有些作者动辄注明自己引用的是原始档案资料，实际上却是从别人的成果如《近代中国灾荒纪年》等研究中转引而来的。此外，目前的研究大多还只限于文献资料，对碑刻等实物资料及口述资料都谈不上有多大程度的搜集和使用。

最后，虽然清代灾荒史研究的总量有限，但目前研究中有相当一部分

① Mike Davis, *Late Victorian Holocausts: El Nino Famine and the Making of the Third World* (London·New York: Verso, 2001).

属于重复劳动,甚至还出现了拼凑和抄袭文章的现象。应当说,尽管有不少研究成果显示出了清代灾荒史未来发展的良好取向,然而同样有为数不少的研究甚至尚未走出邓拓先生在1937年的《中国救荒史》中所确立的研究框架,其价值至多是对该书中提出的局部或个别问题加以细化而已。还有一些研究成果纯属无效劳动,因为同样的问题、同样的研究模式早就有人提出和使用了,而结论上的些许差异根本无法掩盖思维上的贫乏。值得注意的是,有些研究者使用拼七巧板的手法,将大致同样的研究内容改头换面地在不同地方发表。虽然这种现象与现行学术体制有着很大的关系,但这显然起不到学术积累的作用。至于抄袭、剽窃方面的问题,因其早已是学术公敌,这里就不再多言。

(该文原载《清史研究》2003年第2期)

食为民天
——清代备荒仓储的政策演变与结构转换*

所谓“备荒仓储”，主要指以积贮防荒为宗旨的常平仓、社仓和义仓等，是传统荒政的重要组成部分。清代备荒仓储集传统时代之大成，其成就远迈前代。按照现下通行的看法，其发展大致是一个“国退民进”的过程，即，官办的常平仓在盛清时期居于主导地位，中晚期之后日渐倾颓，以民间力量为主体的社仓和义仓方获得良好发展。事实上，这种看法并未获得充分论证。其中存在的一个严重缺陷，在于没有确切引入国家的视角，以致相关的制度史认知远不够完善。至于这种缺陷的主要反映，就是对制度建设的核心问题即国家的仓政演变，以往有关论述失之于零散、片面，不能为勘察清代备荒仓储的实践脉络提供切实基础。本文的研究表明，清代仓政的演变不仅贯串了清朝的兴亡，而且表现出明显的阶段性特征，并对仓储的结构性转换有明显影响。大体上，这一演变可以划分为四个阶段，依次是顺康时期、雍乾时期、嘉道时期和同光时期。以下分别述之。

一、顺康时期：政策驱动的常平仓独大

长期以来，学界习惯于将顺治和康熙两朝分属清代仓储发展过程中的不同阶段，那就是，顺治朝被称为清代仓储的草创时期，康熙朝则与雍正、乾隆两朝混在一起，被视为清代仓储发展的鼎盛阶段。这当然是一种

---

* 本文的基本内容，是对夏明方教授主纂、本人撰写初稿的清史工程项目《灾赈志·仓储篇》的概括提炼而成。限于笔谈格式，凡文中证据性文字出处一概省略。

非常粗疏的做法，其理由在于，以往并未认真考察过顺治朝的具体建设状况，同时又对康熙朝与雍乾时期存在着的巨大不同视而不见。其实，顺治朝与康熙朝都采取了优先重视常平仓的政策，从而使常平仓独大成为清初仓储发展的一个显著特征。

清朝建立仓储体系的努力，的确始于顺治朝。顺治十一年（1653）的一道上谕称："会典旧制，各府州县俱有豫（按：原文如此）备四仓及义仓、社仓等法……今责成各地方该道专管，稽察旧积，料理新储，应行事宜，听呈督抚具奏，每年二次造册报部。该部察积谷多寡，分别议奏，以定该道功罪。"正如以往所说，这是清廷第一次颁布有关建设仓储的具体政策。然而有人据此认为顺治朝业已全面铺开了三仓制即常平仓、社仓和义仓的建设进程，则属于操之过急的误判了。

其实，前引上谕并未取得像样的效果。因明代遗存仓储大多残破不堪，在随后两年中，朝廷不得不下令裁撤直隶、山西、江南、浙江、河南、江西、陕西、湖广、山东等省积谷仓廒两百余处。在此情况下，朝廷意识到已经不可能在明代基础上全面推行三仓制，从而调整了举措，把重建仓储的重点放在了常平仓身上。顺治十二年（1654）正月，朝廷再次发布关于仓储建设的上谕中，便仅称"常平仓之法……官民俱便"，令地方官"于存留项下周详设处"。接下来，为了使常平仓的建设落在实处，朝廷更出台了一系列筹措仓本的措施，更于十八年（1660）开办捐例，准许官绅纳米或银入仓。通过这些措施，常平仓建设取得了一定成效，如到康熙初年，山西积谷两万六千八百六十石，广东达到六万八千二百余石。而相较于对常平仓的扶植，朝廷同时期对社仓、义仓建设基本无所作为。

与顺治朝的情况类似，康熙帝起初也表达出了建设三仓制的意图。如其于十九年（1680）发布上谕称："积谷原备境内凶荒，若拨解外郡，则未获赈济之利，反受转运之累……嗣后常平积谷，留本州县备赈，义仓、社仓积谷，留本村镇备赈。永免协济外郡，以为乐输者劝。"二十九年（1690）正月又发布一道上谕称："其各省遍设常平及义仓、社仓，劝谕捐输米谷，亦有旨允行。后复有旨，常平等仓积谷，关系最为紧要……嗣后直省总督巡抚及司道府州县官员，务宜恪遵屡次谕旨，切实举行。”应该说，这两道上谕只具有泛泛的表态意味，因为朝廷实际上并未将三仓建设等量齐观，常平仓所得到的政策支持远远超过社仓、义仓。

康熙朝对常平仓建设给予的政策支持，大体可以归纳为两个方面。

其一是在全国范围内广泛推动建仓工作。这方面最显著的证明来自从东北到西北的多个产粮不足省份。在东北，康熙帝于十九年(1680)开始命奉天等处筹款采买仓粮，至二十九年(1690)，该处已建立了较为完善的常平仓系统。黑龙江各地则于二十五年(1696)题准起造仓廒，收存米谷。在华北和西北，康熙帝自二十八年(1699)起对仓储不足的山西、陕西、甘肃等省进行了大力建设，是故该三省常平积谷后来长期位居全国前列。四十四年(1714)，为了建立向山西和陕西转运粮食的基地，又饬于河南省河南府起建常平仓廒，积谷达到四十六万余石。

其二是对筹措仓本投入了极大的政策力度。这方面的第一个证明表现在开办捐纳上。自康熙十八年(1679)颁布常平仓捐输议叙事例起，至康熙末年，朝廷先后题准针对仓储开捐的较大事例十余次，尤其是针对山西、陕西和甘肃三省为最多。第二个证明是截漕充仓之举。其中数量较大的事例，除前述河南积谷之仓本全部来自截漕外，自康熙三十二年(1693)至三十七年(1698)，东北常平仓亦多次得到漕米接济，总数达四十余万石。第三个证明则是施行摊捐之策。康熙二十九年(1690)，经户部议准，山东率先开始实施按亩摊捐以收仓本。随后，复令将此法推广到陕西、甘肃、福建及浙江等省。

基于国家的大力扶持，康熙年间的常平仓建设在许多地方文献中都留下了明确的记载，其积贮数量亦相当可观。相形之下，清廷推行社仓、义仓建设的力度十分有限，以致该两仓的发展始终不见起色。

清廷对举办社仓进行具体的政策规划，始见于康熙四十二年(1703)。其时，针对直隶巡抚李光地奏请在辖境建置社仓之议，康熙帝一度予以肯定，复经廷臣议定章程，令各省试行。然其后十余年间，就连实施行动最为积极的直隶省，社仓积谷总数亦不过十万余石，其他各省成效更加不如人意。经此一役,康熙帝在其晚年始终对社仓建设持轻视态度,甚至对请行社仓之议一再冷嘲热讽,更于六十年(1721)发布上谕称,社仓之法"仅可行于小邑乡村,若奏为定例,属于官吏施行,于民无益"。对于义仓,康熙帝的态度与社仓相仿,宣称"义仓之法,一州一县小处则可,若论通省,似乎难行"。可以说,社仓和义仓建设在康熙朝的政策层面基本处于无足轻重的地位,这应是该两仓没有得到长足发展的一个重要原因。

二、雍乾时期:国家掌控的三仓制体系

雍乾两朝作为清代国力最为充裕的时期,其仓储建设亦取得了绝大成就。该时期的主要政策特征,是国家在加大常平仓建设力度的同时,也开始大力倡建社仓和义仓。基于此种政策规划,常平仓、社仓和义仓在雍乾时期都得到了良好的发展。需要强调的是,虽然这种在政策驱动下发展起来的社仓和义仓吸纳了不少民间成分,但其主导权皆由官府掌握。并且,在官府主导下的社仓和义仓之建设效果,亦远较同时期民办社仓和义仓为佳。因此,雍乾时期的仓储体系可谓是一整套由国家掌控且极具成效的三仓制体系。

常平仓的发展在这套三仓制体系中仍是重头戏。针对康熙朝后期因仓政废弛而出现大量亏空的状况,雍正帝于继位之初即厉行清查活动,务必赔补。而在整饬活动初见成效后,雍正帝又将扩张常平仓之策提上了日程,这方面最主要的反映就是大幅提高多处的额定储量。其幅度最大者,如五年(1727)奏准浙江"于前定捐数七十万石外,加倍捐至一百四十万石";十一年(1733)议准"四川省除现存米谷四十二万石外,再买储六十万石"。通过这种政策扶持,雍正时期的常平仓建设成就大大超过了康熙时期。

乾隆帝即位初期,同样奉行扩张常平仓之策不悖。三年(1738)正月,乾隆帝谕称"从来积贮,以常平为善",决定开办业已停止之捐监事例。五年(1740)又谕称:"如捐监一事,宜竭力劝导,多方鼓舞,将抑勒阻挠、胥吏

苛索等弊,悉行革除。”乾隆帝如此着意施行捐监之举,主旨正在于为常平仓筹措充足经费。而以充足经费为后盾,乾隆帝令各地于存公银内动款兴建仓廒,并继续提高不少地方的储额。至乾隆十三年(1748),常平仓额储已超过四千八百万石,并由此引发了一系列的问题,终于使乾隆帝对扩展常平仓的政策开始产生疑虑。经过与廷臣的反复讨论,决定减少仓额达一千四百余万石之巨。然从此直至乾隆末年,常平仓的实际储量每年始终保持在四千万石以上,使乾隆朝成为清代仓储量最大的一段时期。

单就政策层面而言,社仓建设在雍乾时期的地位并不亚于常平仓。也正是有赖于雍乾时期的政策支持和建设成效,社仓方一扫此前的不振之势,真正成长为清代备荒仓储体系中的一大仓种。

与康熙帝晚年对社仓的轻视态度大相径庭,雍正帝登位伊始,即对社仓表示出极大热心。其在元年(1723)给各省督抚的一份密谕中便称:“社仓一事,甚属美政……若能行通,妙不可言,大有益于民生之事。”随后,雍正帝复将推广社仓之意明白宣示天下。如二年(1724)谕令户部等衙门议奏覆准办理社仓之法,并令督抚“于一省之中,先行数州县,俟二三年后,著有成效,然后广行其法”。三年(1725),又谕各省督抚称:“社仓之法,亦宜趁此丰年,努力行之。”在此种政策指引下,社仓在各地迅速发展起来。其较为突出者,如湖北、湖南两省于四年(1726)共有积谷已达八十万石;河南自元年(1723)至四年(1726)社仓收贮共十四万余石,建立仓廒七百九十八座;陕西自四年(1726)至七年(1729),社仓收贮近四十万石,建立仓廒四百余处。

乾隆帝对于社仓建设同样持积极态度,但与雍正时期朝廷屡屡统一行动步骤的做法不同,乾隆朝的社仓政策更具灵活性,放手由地方官府因地制宜地制定发展措施,由此使社仓建设在乾隆时期获得更大成效。据乾隆三十一年(1766)调查十九省状况,除奉天、贵州、甘肃不足十万石,山东为十八万余石外,其余皆在二十万石以上,最高者四川更高达九十余万石。据此可知,此时社仓基本遍布全国,从而成为常平仓的有力补充。

毫无疑问,雍乾时期社仓建设的成就,决不能被视为民间力量的抬升。这是因为，民间除捐输谷本及承担看守之役外，所有重要权限皆操于官府之手，以致时人亦多有“是常平而非社仓”的评价。而这种官府主导的体制，也同样出现该时期的义仓建设之中。

义仓在清代仓政体制中真正获得一席之地，始于雍正年间。雍正四年（1726）初，因两淮盐商有捐银以充公用之举，雍正帝遂命将该款“为江南买贮米谷、盖造仓廒之用，所盖仓廒，赐名盐义仓”。其后数年，两浙、两广及山东等地盐区亦先后仿设盐义仓。盐义仓实行官督商办体制，以救济灶区穷黎为主，虽建设不广，却是义仓开始得到政策扶持的反映。

乾隆时期，义仓得到进一步推广。乾隆初，吉林地方官府创设了一批由八旗统领掌管的义仓，被称为八旗义仓。十年（1745），湖北巡抚晏斯盛奏请于汉口镇令商人建立义仓，由此引发了乾隆帝对义仓的更大热情。十一年（1746），乾隆帝谕令直隶总督那苏图于境内试办义仓。次年初，因那苏图具报办理有成，同时署理山东巡抚方观承亦以北省易办义仓为请，乾隆帝随即颁布推广义仓之谕，而义仓建设由此渐成势头。其成效最著者为直隶，至十八年（1753），该省共设义仓一千零五处，贮谷二十八万余石，并特绘《畿辅义仓图》进呈。乾隆中期以后，义仓在四川、广西等边远地区亦得到创建，甚至连新疆乌什亦有设立义仓之请。

但总的说来，雍乾时期国家对义仓的重视要逊于社仓，且地方官府在办理时也大多仿照社仓办法，所以由官府主导建设的这些义仓既无多特色可言，在规模和储量上亦远不如社仓。至于此一时期的民办义仓，则多为南方各省局限于宗族范围内的小型义仓，难成气候。就此而言，义仓是雍乾时期三仓制体系中最弱的一环。迨嘉道以降，义仓的积弱地位乃至三仓制体系方得到根本改变。

三、嘉道时期：调整权限后的义仓建设

随着清朝国力在嘉庆、道光两朝日趋衰落，清代仓储的发展历程亦越过高潮阶段，开始步入下行轨道。不过，这种下行态势，并不意味着嘉道

时期的仓政像通常描绘的那样，只是一派积弊丛生、储量下降的衰败局面。事实上，面对着原先那种国家全面掌控下的三仓制体系已属举步维艰的状况，朝廷也在政策上主动进行了调整，即着力推进义仓建设以吸纳更多民间资源，以减轻国家财政和行政的双重负担。因此，要准确评估义仓在嘉道时期的新发展，绝对不能忽视国家力图收缩战线的政策背景。

从乾隆末期开始，面对灾荒频繁、经济萧条等问题持续造成的压力，清廷对于原有仓政体系的颓势已有明确认识。就常平仓而言，乾隆帝于五十七年(1792)即承认各省仓储“俱不免有名无实”。嘉庆帝在六年(1801)底指责各省常平“若仓储充实，取之裕如，何至民食艰于接济”。道光帝亦于十四年(1834)称:“直省额设仓谷，多至二三百万石，少亦百余万石。如果实贮在仓，何至一遇荒歉，即至左支右绌”。但清廷此时已无力全面改革，只能一再发起以维持足额为主旨的清理整顿行动，结果自是积重难返。据道光十五年(1835)户部查核，各省常平仓存谷仅二千四百余万石，统计短缺数量达一千八百余万石。而雍乾时期社、义二仓的建设成效，至嘉道时期亦难以维系。其中，社仓的颓败从嘉庆初起便已暴露。进入道光朝后，久在官府掌控下的义仓亦与社仓呈现了同样的危机。如御史陈继义于元年奏称，社仓、义仓日久弊生，“遂致日就亏缺，仅剩空廒，继则旷废日久，并廒座亦复无存。”

上述情况表明，雍乾时期确立的三仓制体系已经难以维系。嘉庆、道光二帝虽然没有全面振兴仓政的魄力，但也做出了一定的改革努力。鉴于庞大的常平仓系统难以触动，嘉、道二帝皆把改革政策的重点，放在通过调整官府权限来重新推进社仓和义仓建设上。以往众多研究表明，以士绅为主体的社会力量在嘉道时期日益活跃，对参与地方管理事务有着强烈的要求。这样一来，国家做出的这种仓政调整，与此时地方社会力量的需求之间，显然具有某种良好的契合关系。不过，由于原先规模较大的社仓系统更多牵涉了盘根错节的利益关系，所以这种契合并未对社仓发挥作用。而原先忝居三仓制之末的义仓，则从这种契合带来的官民互动中颇为受益。这是因为，从各地情况来看，嘉道时期官府倡建义仓之举得到了较为普遍的响应，成为该时期仓储建设中难得的亮点。

在北方，河南巡抚方受畴在嘉庆十八年(1813)大荒之后，即饬各属兴建义仓，至二十三年(1818)，禹州等十余州县“或已劝捐建仓，或已收有银谷”。在直隶，因乾隆年间所办义仓年久废弛，总督那彦成于嘉庆二十年(1815)酌议兴复，至次年初，通省即收官绅等捐谷共十六万余石。在甘肃，总督那彦成于道光五年(1825)倡办义仓，令民间量力捐输，至九年(1829)底，全省共捐贮仓粮二十万余石。在山东，巡抚钟祥于道光十四年(1834)间于省城举办义仓，次年即“捐存谷八百石，谷价银一万八千余两”。在陕西，先由署理巡抚汤金钊于省城倡建义仓，复由继任巡抚富呢扬阿于道光十八年(1838)捐廉督办完竣，“计每年可积京斗粮一万石”。

在南方，率先办有成效之处为湖南。嘉庆六年(1801)，酃县知县刘庆增捐廉“率同好义士民”，设立减粜义仓。道光三年(1823)，桃源知县谭震捐廉倡设义仓，贮谷二万余石。二十五年(1845)，辰州府知府雷震初捐俸为倡，集银万余两，置田建义仓，“岁收其粟而贮之”。二十九年(1849)，湘潭知县李春暄劝捐义谷，至咸丰元年(1851)，建仓一百四十七所，储谷四万余石。宝庆府知府魁联则于道光三十年(1850)至咸丰元年(1851)在邵阳倡建义仓，共收捐谷一万余石。

而影响最大的义仓建设行动，当属陶澍倡导的丰备义仓模式。道光三年(1823)大水之后，安徽巡抚陶澍即督导各属设立丰备义仓，道光帝对是举极为赞赏，明令继任巡抚按其章程续加办理。至道光末，太湖等十三州县贮义谷即达十三万余石。陶澍调任两江总督后，复在江苏推广丰备义仓之制。至道光十五年(1835)，江宁省城义仓共计捐谷三万余石，江苏巡抚林则徐则在苏州省城义仓集谷二万余石，淮安、扬州一带亦经官倡绅办，多有丰备义仓之设。后林则徐调任湖广总督，又于十八年(1838)在武昌省城倡办丰备义仓，次年即建成仓廒一百八十间，议定捐谷十石。

其他各处义仓建设颇具成效的地方还有：在四川，总督常明于嘉庆二十二年(1817)奏报，该省经饬属劝谕捐输义仓，“通省已办有成局”。在江西，巡抚程含章于道光四年(1824)于省城设立义仓，至九年，已贮谷四万余石；十四年(1834)，南昌府知府张寅倡导所属绅民捐资建仓一百九十六间，贮谷六万余石；十五年(1835)，吉安府知府鹿泽长于府城内建立丰乐义仓，共贮谷五万余石。在福建，道光十四年(1834)，闽浙总督程祖洛等捐廉买谷二万石为倡，于省城建成义仓。在广东，道光十七年(1837)，两广总督邓廷桢等捐廉为倡，劝谕绅商富户，于省城建成义仓。在贵州，大定、遵义等府于道光后期经官为倡导，建设义仓，捐谷总数达三万余石。在云南，道光二十九年(1847)，云贵总督程矞采以当地捐赈余项及绅士从前捐谷，于省城添贮义仓。

另外，具有较大民间自主性的义仓，亦正是在嘉道时期方初成气候。其规模较大者，如广东的佛山义仓、江西的崇仁义仓、江苏的华娄义仓，皆由当地绅士自行捐建经管，官府仅负监察之责。至于民间自行捐建的、超越宗族范围的小型义仓，则为数更多。可以肯定，要理解民仓的这些发展，一定不能脱离前述国家政策调整的大背景。

四、同光时期：官方督导下的积谷运动

咸丰以降的晚清仓政，以往为学界多所忽视。诚然，此时的清朝深陷内忧外患，仓储总量已降至康熙朝以来的最低谷。然而清廷并未抛弃“食为民天”的传统养民理念，也未放弃振兴仓政的努力，其证明便是清廷于同光年间先后掀起了三次全国性积谷运动。当然，基于客观形势的变化，此种努力已不可能恢复早先那种三仓制体系，而是形成了一种合官民之力、共建共举的积谷体制，故多处仓储径以“积谷仓”或“积谷义仓”为名。而晚清时期仓储建设的主体内容，也正是这种官方督导下的积谷体制的推广。

自太平天国军兴，大规模兵燹绵延长达十余年，是故终咸丰一朝，原本已属勉力支撑的仓储体系几乎全盘瓦解，仓储建设更无从谈起。迨战事渐趋尾声，清廷方有余暇重拾养民之责，亟欲振兴仓储。同治三年(1864)正月，朝廷即责成各省督抚大吏将常平、社仓“认真整顿，废者复

之，缺者补之，随时稽查”，“用示朝廷贵粟重农之意”。六年（1867），因给事中夏献馨奏请设立义仓，朝廷复谕督抚“劝令绅民量力捐谷，于各乡村广设义仓”。在朝廷虽以兴复三仓为辞，但揆诸时势，已不可能恢复旧观。因此，各地官府在建设中多以督导民间集捐乃至派捐为主，从而催生了一套不同以往的积谷办法。而晚清时期第一次全国性积谷运动，亦端赖这套办法而展开。

朝廷在战事尚未结束之际就提倡重整仓储，亦绝非心血来潮。这是因为，在同治三年（1864）之上谕发布以前，湖南官府办理积谷的活动已卓有成效。同治元年（1862），布政使恽世临即札饬各属劝办积谷。次年，恽世临升任湖南巡抚，更于全省大兴积谷之举。据其于三年（1864）七月奏报，各州厅县已实收积谷六十一万余石。至此，湖南遂成为第一次积谷运动的领头羊。

在朝廷明谕之后，积谷活动推行更广。在江苏，巡抚丁日昌于同治七年（1868）以青浦县章程作为样板，令各属参酌仿办，成效颇著。尤其在松江、苏州、常州等三府及太仓州，除积谷达数十万石外，又收捐钱亦十余万串。江西在社仓名义下推行积谷，自同治八年（1869）至光绪初，全省十四府州共贮谷约四十万石。福建亦在社仓名义下积谷达二十万石。此外，四川、山东、浙江、安徽等省在同治年间亦皆有收捐积谷之举，但成效较逊。

至光绪初，“丁戊奇荒”席卷华北，灾区民食之不济，震惊朝野，于是力兴仓储之陈奏及谕旨，层见叠出。而除朝廷迭次谕令外，各省亦深鉴于奇荒之后果，纷纷予以响应，从而兴起了第二次大规模的积谷运动。

第二次积谷运动之推行成效，较第一次更为显著。在南方，施行最力者主要有：在江苏，经两江总督沈葆桢与江苏巡抚吴元炳的积极推动，不仅同治年间已有成效之苏南地区继续保持良好势头，早先积谷不广之江北及苏北一带，情形亦大为改观，许多州县储量都在万石以上。在浙江，布政使任道镕札饬各属，按大中小治，分别额数，广为劝办积谷，仅杭州一府所属即达三十六万石有奇。在四川，总督丁宝桢于六年（1880）起檄饬各属力行积谷，至七年(1881)，各州县办理有成者一百一十余处，共收谷五十五万余石。其后又接续捐办两次，复收谷四十五万余石。在云南，官府自光绪十年(1884)起在全省劝办积谷，至二十四年(1898)止，共征钱三十三万串有奇，共积谷二十万石有奇。

遭受奇荒打击之华北各省，痛定思痛之余，亦力行积谷。在直隶，布政使任道镕于光绪五年(1879)制定章程，禀请直督李鸿章批准，规定大邑捐谷一万石，中邑六千石，小邑四千石，最小邑二千石，次年“通计已捐收七成有余”。在河南，巡抚涂宗瀛自五年(1879)劝办民捐积谷，共收九十七万余石。在山东，巡抚任道镕自光绪七年(1881)起札饬各属积谷，次年共收捐谷六十一万余石。在陕西，经官府督饬，光绪六七年间，全省九十一厅州县共捐存“稻粟麦豆八十万六千石有奇”。

甲午战败之后，清廷力图重振朝纲，于仓政亦多关切，遂有意发起第三次积谷运动。光绪二十四年(1898)三月，因刚毅奏各省仓储久同虚设，详陈积谷办法，朝廷即令各省实力举行积谷。六月，御史韩培森奏请筹办仓谷，朝廷又命各省认真筹办。九月，盛宣怀奏请速筹积储以固邦本，朝廷复严谕各省设法筹办。同月，又以积谷与保甲、团练三事为地方应办事宜，令各省认真兴办。十一月又两次颁布上谕，严命各处将办理积谷情形速为覆奏。

不过，面对甲午战败后的财政困局，此际继续推广积谷已属不能。因此，对于朝廷此番督饬，各地能够做出的反应，只能以清查整理旧积为主，而其结果亦令人失望。

积谷情况较好之区，仅寥寥数省而已。如四川至二十五年(1899)底，共实存谷一百四十九万余石，此后虽因灾动用，但至二十七年(1901)，仍存积谷一百四十八万余石。陕西至二十四年(1898)底存谷七十五万余石，较光绪初积谷数仅略有下降。直隶于二十四年(1898)底经查明实存谷为二十四万余石，经官府督饬买补，至二十六年(1900)初上升为三十九万余石。

而未能维持成效者，所在皆是。如湖南实在存谷仅三十八万余石，较额储亏少一百一十七万余石。广东全省报存旧谷三十余万石，且大率霉变，不堪食用。河南经历年动用，实存仓谷减至二十四万余石。江西通省原额应储一百三十九万余石，现实仅存五万余石。浙江亦严重下降，通省实存谷仅三万余石。山东、甘肃自光绪初办理积谷后，长年未经续办，实存无几，更有贵州等多处徒以空言塞责。此次清查标志着晚清积谷运动进入尾声，也昭示着传统仓储体系趋于落幕。

根据以上论述，以往有关仓政演变问题的探讨，至少存在以下两点不足：其一，就时段而言，学界往往集中于以十八世纪为中心的时期，对其他时段特别是十九世纪中期以后的状况极少留意，所以很难综合、全面地估价清代国家在仓储建设中的作用和能力；其二，有关仓政的论述多集中于常平仓，而甚少注意社仓和义仓的政策性背景，以及这种背景与常平仓政策变化之间的关联，以故学界对社仓和义仓性质的把握始终存在诸多含混之处。无疑，只有克服这些不足，才能确切把握清代仓政的实践脉络。而要克服这些不足，则首先需要对以往过多局限于那种“自下而上”的社会史视角的思路给予反思。

（该文原载《史学月刊》2014年第4期）

李文海先生与中国近代灾荒史研究

敬爱的李文海老师虽然永远离开了我们，却留下了十分丰富的学术遗产。其中，他关于中国近代灾荒史的研究，无疑是一个值得特别重视的部分。作为这一领域最重要的开拓者，他主撰、主编的许多论著和资料集，不仅为该领域打下了坚实的基础，对于整个中国灾荒史以至环境史研究的发展和深化也都起到了重要的引导作用，为新时代中国历史学的繁荣发展做出了积极的贡献，在国内外学术界都产生了重大影响。我们作为李老师培养起来的学生，又长期追随李老师从事这一领域的研究，深切感到，充分认识和继承这份遗产，既是学术发展的客观要求，也是对李老师最好的怀念。

一

毋庸讳言，在李老师之前，早有学者涉足过中国近代灾荒史研究。但很少有人像李老师那样，在涉足这一领域之初，便对其理论和现实意义进行了深刻、缜密的思考，并使这种思考成为不断拓展这一领域的不竭动力。同时，李老师又以自己卓越的领导能力和巨大的人格魅力，组织起一支团结奋进的研究团队，开展了诸多卓有成效的工作。这才可以理解，原先在其他学者那里只是一个普通研究方向或课题的中国近代灾荒史，却能够从李老师这里开始，迅速成长为一个方兴未艾的重要研究领域。也正是在这个意义上，李老师作为该领域的开拓者和奠基人是当之无愧的。

李老师决定大力开展近代灾荒史研究，起步于1985年组建“近代中国灾荒研究课题组”。而这个课题组的成立，以及李老师此时决定大力开展这项研究，是与他此前对整个历史学科体系的深刻反思是分不开的。李老师曾直言不讳地承认，他们之所以选择近代历史上的灾荒问题作为研究课题，是在改革开放初期有关"史学危机"的讨论刺激下，经过深入思考而开辟的一条研究新路。

李老师在1988年发表的《论近代中国灾荒史研究》一文，是其第一篇关于近代灾荒史的论文，更可谓是他和课题组同人致力开拓这一领域的宣言书。他在文中明确指出，当时的史学研究，"很不适应飞速前进的社会发展的需要，同现实生活的结合不够紧密。"造成这种状况的主要原因是：对待马克思主义理论的简单化，研究题材的单一化，研究方法和表述方法的程式化。具体而言，"常常只是把最主要的精力集中在历史的政治方面，而政治史的研究又往往只局限于政治斗争的历史，而且通常被狭隘地理解为就是指被统治阶级与统治阶级之间的阶级斗争的历史"；而研究阶级斗争史，"又只注意被压迫阶级一方，或者是革命的，进步的一方，不大去注意研究统治阶级或反动的一方"。其结果"势必把许多重要的题材排除在研究视野之外，而最被忽视的，则要算是社会生活这个领域"。他多次引用马克思说过的一段话："现代历史著述方面的一切真正进步，都是当历史学家从政治形式的外表深入到社会生活的深处时才取得的。"而在中国历史上，灾荒问题作为社会生活的一个重要内容，"对千百万普通百姓的生活带来巨大而深刻的影响"，从其与政治、经济、思想文化，以及社会生活各个方面的相互关系中，完全"可以揭示出有关社会历史发展的许多本质内容来"。①

这里有必要提及的一个重要细节是，李老师决定转向近代灾荒史研究时，他其实已经过了"知天命"之年。并且他这时还担任着中国人民大学副校长和党委书记的职务，诸多繁重的行政工作，使他每每自嘲自己的专业研究只能在"八小时以外"来进行。此外，在这个时候，李老师业已是一位知名学者，在素来为史学界所关注的太平天国、义和团、辛亥革命等

① 李文海：《论近代中国灾荒史研究》，《中国人民大学学报》1988年第6期。

重大问题上，都取得了令学界瞩目的成就。以他当时的身份、地位，毅然置身一个全新的研究领域，对常人来说是难以想象的。然而凭着对学科发展的使命感，对学术研究的热爱，以及卓越的研究能力，李老师成功实现了这个巨大的学术转向，使灾荒史研究成为自己最后三十多年中最富活力的学术志业。

促使李老师进行这一学术转向的另一个重要因素，则是他敏锐地意识到了灾荒史研究所蕴含的深远和深刻的现实意义。他本人坦承，很早以前，他便在毛泽东同志于1955年所写的《关于农业合作化问题》一文的启发下，注意到灾荒问题是了解国情、研究国情的一个重要方面。①就此而言，他之所以选择研究历史上的灾荒问题作为对"史学危机"讨论的回应，当然不是出于一时灵感，而是基于长期以来结合理论与实际、历史与当代所进行的思考所致。后来的社会现实则更加有力地证明了李老师开拓这一领域所具有的前瞻性。在他着手组建课题组两年后的1987年，联合国大会通过第169号决议，把二十世纪的最后十年定为"国际减轻自然灾害十年"。次年，中国灾害防御协会为此召开会议，认为"我国是一个自然灾害频繁、灾害损失严重，而防灾意识又比较薄弱的大国，应积极响应和参加这项活动"。②因此，当他和课题组同人于1990年、1991年相继推出《近代中国灾荒纪年》和《灾荒与饥馑：1840—1919》两部著作时，即被认为是中国史学界参加这项活动的一个努力。③

此后，随着我国经济建设的迅速发展，人与资源、环境之间的各类矛盾日益尖锐和突出。1991和1998年长江领域两次特大洪灾的发生，使得灾害问题对社会的重大影响开始得到越来越多的重视，又因灾害问题都蕴含着长时段的发生机制，故而了解近代以来的中国灾害状况也有着迫

---

① 李文海、周源：《灾荒与饥馑：1840—1919·前言》，高等教育出版社，1991年。

②《九十年代为"国际减灾十年" 我国灾害防御协会讨论开展活动》，《人民日报》1988年2月13日第3版。

③ 彭明：《〈灾荒与饥馑：1840—1919〉·序》，载李文海、周源：《灾荒与饥馑：1840—1919》，第7—9页。

切的社会需要。1997年,江泽民总书记特地邀请八位历史学家分别座谈中国历史上的九个重大问题,李老师受邀所谈的问题便是“中国近代灾荒与社会稳定”。有鉴于此,尽管当时灾荒史研究实际上仍处于较为寥落的状态,但是李老师已经敏锐地感到,这必将是一个大有可为的领域。本人清楚地记得,1999年深秋,自己作为入学不久的博士生,跟李老师商讨博士论文选题时,一开始并未决心将灾荒史作为主攻方向,李老师则用平静而坚定的语气指出,从事学术研究,要会寻找一座有可持续发展前途的“富矿”,而灾荒史正是这样的“富矿”。

事实证明了李老师的预见。进入二十一世纪之后,灾害问题以更加猛烈的势头在人类社会中扩展,如2003年的“非典”流行、2004年的印度洋海啸、2008年的汶川地震、2011年的日本海啸,都极大激发了人们了解自然灾害的渴求,从而大大促进了灾荒史研究的进一步发展。这里有个特别明显的对比:在2000年以前的近百年中,关于中国灾荒史研究的成果,总量不过是六七部专著、二百余篇学术论文;2001年之后,关于灾荒史的专著以年均至少两部的速度出现,学术论文则达到年均一百二十篇以上。这充分体现了灾荒史研究的生命力和价值。在2005年举行的“清代灾荒与中国社会”国际学术研讨会上,李老师在总结灾荒史研究的成绩时明确指出:“学术发展史告诉我们,任何一种学术,任何一个学科,只有存在着巨大的社会需求,并且这种客观需求越来越深刻地为社会所认识和了解时,才可能得到迅猛的发展和进步。社会需求是推动学术发展和繁荣的最有力的杠杆。”[①]毫无疑问,这一方面是对灾荒史研究得以迅速发展的准确总结,另一方面又何尝不是他本人当初以极大勇气开拓新领域、进行学术转向的心声。

① 李文海:《进一步加深和拓展清代灾荒史研究》,《安徽大学学报》(哲学社会科学版)2005年第6期。

二

谈到李老师对于灾荒史研究的奠基性作用，另一个必须强调的方面是他对资料工作的高度重视，以及为之付出的巨大努力。凡是从事历史研究的人都知道，“论从史出”是历史研究的不二法门。傅斯年甚至以“史学即是史料学”的说法，来高度凸显原始资料对于史学研究的基础作用。李老师从开展灾荒史研究之始，便严格遵循这一基本规律和要求，他不仅将本人的研究成果完全建立在充分的资料之上，更以无私的精神将自己和同仁们辛苦搜集的资料完全公之于众。直至生命的最后时刻，他还在贯彻这种嘉惠学林的努力。可以自信地说，在李老师之后步入灾荒史研究领域的学者，很少有人不从他的这些努力中受益。

李老师及其团队公开出版的第一部灾荒史著作，是他们历经五年之久才完成的、将近七十万字的《近代中国灾荒纪年》一书。尽管该书的编撰框架和结构内容蕴含着作者们深厚的研究功力和睿见卓识，但是无论如何不能否认的是，这本书的面貌首先是一本标准的资料集。关于为何要首先编纂这样一部书，李老师曾在该书的前言中解释说，“全面研究和分析有关灾荒问题的各个方面，不是靠一本著作所能完成的”，所以他和课题组成员给自己定下的第一个任务，“是对从鸦片战争到五四运动这八十年时间的自然灾害状况，选择一些典型的、可靠的历史资料，加以综合地、系统地叙述”。他既谦虚又自信地认为，“这是一件基础性的工作，因为不弄清楚自然灾害的具体情况，对灾荒问题的进一步研究也就无从谈起。我们不知道这部书是否能对社会提供多少有益的帮助，但至少有两点却是问心无愧的：一是我们确实还没有看到哪一本书曾经对这一问题提供如此详细而具体的历史情况。二是由于本书使用了大量历史档案及官方文书，辅之以时人的笔记信札，当时的报章杂志，以及各地的地方史志，我们认为对这一历史时期灾荒面貌的反映，从总体来说是基本准确的。”①

时间和事实证明，不仅李老师的这份自信是有充分依据的，而且这部书的价值也得到了极其广泛的认可。在国内外学界，这部书早已成为研究近代中国灾荒史的必备工具书。时至今日，作为李老师学生，我们还多次碰到有人索要这部书的情况。在《近代中国灾荒纪年》出版的1990年，出版学术书籍的困难是众所周知的，这部在当时算得上大部头的著作，仅仅印刷了620本，每本定价不过几块钱。现如今，在国内最大的旧书交易网站——孔夫子旧书网上，该书的价格甚至被推上了几百元的价位，但即便如此亦是一书难求。而同样的情形，也出现在该书的续篇即《近代中国灾荒纪年续编（1919—1949）》身上。

在李老师开展灾荒史研究的过程中，他始终遵循的研究工作顺序是，先公开出版他领导的团队编纂的相关资料，然后才发表在这些资料基础上形成的研究性著作。例如，在《近代中国灾荒纪年》出版的次年，才推出他和周源合著的《灾荒与饥馑：1840—1919》一书；在《近代中国灾荒纪年续编》之后，才推出《中国近代十大灾荒》这部著作。这一方面显示了他对史料和文献整理工作的高度重视，另一方面也说明，他从不独占和垄断资料，而是尽可能将自己和课题组多年辛苦积攒的史料原汁原味地奉献出来，让国内外学术界共同分享，吸引更多的学者加入到灾荒史研究的队伍中来，从而共同推动这一学术事业的发展。从这一意义上来说，这样的资料整理工作，实际上是为学界提供了一个从事灾荒史研究的公共平台，属于一种公共文化工程。

李老师对于这种公共文化工程的热忱，在出版十二卷本《中国荒政书集成》的曲折过程中得到了极其显著的体现。这套丛书基本囊括了宋元明清时期出现的重要灾荒专书，总字数约一千二百万字。不太为人所知的是，这套书的编纂其实可以追溯到二十世纪九十年代后期，期间甚至一度面临难以为继的窘境。本来，这部大型资料集曾定以《中国荒政全书》

---

① 李文海：《论中国近代灾荒史研究》，《中国人民大学学报》1988年第6期。

的名字推出，原定计划总数为十六本。到2004年，在这套书出版了第五本之后，原出版社突然以出版经费不足为由，要求中止出版合同。至于最终交涉的结果，不过是出版社赔偿一万余元毁约费而已。更严重的是，由于这时绝大部分书稿的点校任务都已分配出去，众多同人的努力也面临着"十年之功，毁于一旦"的厄运。在接下来的几年中，正是依靠李老师的不懈呼吁和多方努力，这只半死不活的"断尾巴蜻蜓"才终于得到再生的机会。经过热心朋友的穿针引线，天津古籍出版社的领导表示愿意接手整套书的出版，这才最终成就了《中国荒政集成》一书。而这套书的价值也很快得到学界的高度评价，并获得2010年度全国优秀古籍图书一等奖。这里特别值得一提的是，李老师对这套书的出版绝非仅仅起着"务虚"作用，他这时虽年事已高，却每每主动请缨去点校许多字迹最难辨认的稿本、抄本，其完成的工作量在全部点校者中名列前茅，这恐怕也是外人难以想象的。

在李老师主持编纂这些资料的过程中，作为近水楼台的弟子，我们都是其中最大的受益者，当然也希望成为这一精神的践行者。我们能够顺利完成博士学位论文，出版自己的专著，是与李老师等前辈学者多年来所坚守的资料整理工作分不开的，所以在后来的研究工作中，也常常把资料整理工作放在非常重要的位置。可是众所周知，在目前的学科评价体制下，再坚持这样的工作，实属难上加难。我们在李先生指导下编纂各类史料的过程中，一方面深感责任重大，另一方面也难免逐渐滋生烦躁之情。尤其是想到穷十年、数十年之功弄出来的大型文献资料汇编，在科研管理机构那里，往往还比不上一篇普通学术论文的时候，不免有些心灰意冷。

但是李老师依然壮心不已。在即将迎来八十寿辰之际，他又决心将另一部规模更大、史料价值更可宝贵的灾荒史文献公之于世，这就是收录清宫原档多达四万余件的《清代灾赈档案史料汇编》。说来话长，这批档案最初得以整理，还是得力于李老师的干劲。2004年初，国家清史编纂委员会确定李老师为新修清史项目《灾赈志》的负责人，李老师立即贯彻自己"先资料、后研究"的方针，在接受任务后没两天，就率领项目组全体人员前往第一历史档案馆，与档案馆达成了合作整理灾赈档案的协议。这批档案的整理，也使《灾赈志》项目的完成得到了重大保证。而李老师并不以此为满足，本着一贯的公共精神，他非常希望能够将这部珍贵文献推向更大的社会范围。虽然其间也几经曲折，但在第一历史档案馆和出版社的鼎力支持下，这一工程终于在2013年初开始启动。按原定计划，课题组将于是年6月9日开会讨论相关编纂细则，并请李老师作进一步指导，未曾想他竟在6月7日溘然长逝。在他去世的那一天，课题组同人曾就要不要取消筹备会进行了商讨，结果包括外地成员在内，所有人都同意照常举行，并表示一定要以完成这项工作作为对李老师的深切缅怀。

三

李老师固然把资料性工作置于非常优先的位置，但是这绝不意味着他会降低自己在研究性工作中的标准。从数量上来说，李老师在灾荒史研究方面的论著并不算太多。造成这种状况的原因，除了行政等其他事务和投入资料工作占据大量精力外，在相当大程度上也与他对个人研究工作的严格要求有关。也正是因为遵照这样的严格要求，李老师的许多灾荒史研究成果，虽然发表时间大都距今超过二十年之久，却一直保持着很强的生命力，至今还对后来者发挥着很强的引领和指导作用。

李老师的研究何以具有这样的生命力呢？在我们看来，其中最重要的因素应该是他从一开始就摒弃了通常那种专业化分工的做法，形成了一种更具综合性和动态特征的研究视角，由此使他无论对于许多灾荒问题的考察深度，还是对灾荒具体内容的开掘，都能够言人所未言、见人所未见。

在很多学者那里，灾荒史首先是被作为历史研究的一个领域来看待的。由此形成的一套通行研究路数，就是致力于说明灾荒的种类、成因、规律、影响、减灾救荒的应对措施等内容。应该说，这些内容当然是灾荒史研究不可或缺的组成部分，但如果拘泥于此，往往会不自觉地陷入就灾荒论灾荒、乃至“灾荒决定论”的境地。而李老师从研究伊始，就一再强调应该以此为基础来揭示灾荒在社会历史进程的地位与作用。用他自己的话来说，就是要注意自然灾害“给予我国近代的经济、政治以及社会生活的各个方面以巨大而深刻的影响，同时，近代经济、政治的发展，也不可避免地使得这一时期的灾荒带有自己时代的特色”。[①]无疑，这样一种视角，不仅在当时起到了对曾经教条化的革命史观的反思和修正作用，即便与如今力倡的环境史或生态史视角相比，亦多有可资借鉴之处。

根据这种视角，李老师在具体研究内容上开辟的第一个重要领域，就是从自然现象与社会现象相互作用的角度，来重新观察和解释近代中国历史上一系列重大事件。其中最具代表性的成果，当推其1991年发表的《清末灾荒与辛亥革命》一文。[②]

该文的主要特色在于：首先，这是第一次将灾荒因素引入到近代中国政治史的研究之中，而且并非像某些学者认为的那样，过于夸大灾荒的影响，实际只是将之视为导致辛亥革命爆发的几个重要因素之一；其次，该文固然强调了因灾而起的民众抗议或社会性骚乱在促进革命形势日趋高涨的过程中所起的作用，但也只是突出其与辛亥革命这一新的革命运动之间的密切联系，同时揭示了两者的分歧，从而将其与传统的改朝换代式的农民起义区别开来；其三，与前一点相关，该文从灾荒观的角度，从革命派通过灾荒揭露清朝封建统治的舆论层面，反映了新旧政权交替之际政治合法性论据的变化，即从以灾异为核心的天命观向政治统治之民生绩效方面的转变，也就是从天命观向宪政观的转移；第四，该文还首次对晚清民初中国救荒体制演变进行了梳理，尽管其中有个别问题的分析尚需重新评估，但大体趋势基本上还是符合历史事实的。

从以上介绍可以看出，通过这样一篇有理、有据、有节的论文，李老师清楚地展示了如何以灾荒问题为视窗、又如何将灾荒作为重要变量来审

---

① 李文海：《中国近代灾荒与社会生活》，《近代史研究》1990年第5期。

② 李文海：《清末灾荒与辛亥革命》，《历史研究》1991年第5期。

视相关的重大历史事件,而绝未出现任何所谓“灾荒决定论”的偏激观点。同样依据这样的思路,李老师还考察了灾荒与鸦片战争、灾荒与甲午战争等问题,并阐发了此前学界未曾触及的洞见。不仅如此,在他的影响和指导下,一些合作同事和他指导的研究生也从这一思路出发,分别探讨了灾荒与太平天国、灾荒与洋务运动、灾荒与义和团运动、灾荒与抗日战争等主题,揭示了诸多为前人所忽略却颇具重要意义的内容,从而进一步证明了这一思路的独特价值。

李老师基于此种综合性动态视角而做出的另一项重要开拓,则体现在对一些原本看似为人忽略或重视不够的社会内容进行了极具深意的探讨。在这方面,首先应该提及的是他关于晚清义赈活动的研究。尽管在李老师之前,也曾有个别学者注意到义赈活动,但大都仅仅将之视为地方精英所从事的一项公共事业,也往往一带而过。李老师则在接触这一内容伊始,便敏锐地发现其中包含着许多复杂的线索,故而予以了特别的关注。

他在1993年发表的《晚清义赈的兴起与发展》一文,是国内外学界中第一篇专门论述义赈活动的论文。[①]该文首次较为完整地勾勒了义赈活动兴起和发展的过程,并明确展示了义赈活动隐含的两条复杂社会脉络:其一,义赈活动并不是一项单纯的地方社会义举,其与国家层面兴办的洋务运动之间有着密切关联,吸收了许多新的社会经济成分,是一项新兴的社会事业;其二,义赈与属于地方社会的善会善堂等慈善资源之间,存在着既继承又超越的关系,也大大突破了先前民间赈灾活动只能在小区域范围内开展的状况。由此表明,义赈活动绝不能仅仅放在中国救荒机制的近代演变中来理解,而必须与更大范围、更多层次的社会变迁背景勾连起来加以考察。

大约在李老师此文发表10年以后,近代义赈活动的价值和意义才在学界引起了广泛的注意。根据中国知网和读秀提供的数据统计,以近代

① 李文海:《晚清义赈的兴起与发展》,《清史研究》1993年第3期。

义赈为主题的专著迄今至少出版了六部，论文总数约为一百篇左右。就绝大多数成果而言，固然补充甚至纠正了李老师当初文章中的一些薄弱乃至不确之处，但在整体思路上并未超越李老师的见解。对于那些力图推进近代义赈研究的研究者来说，李老师当初的认知思路则是他们必须面对的思考起点。

李老师在灾荒的社会内容方面另一项眼光独到的开掘，则是对灾荒诗歌的研究。在《晚清诗歌中的灾荒描写》一文中，他通过将灾荒事实与灾荒诗歌内容的对照与解读，既揭示了诗歌对晚清灾荒的特征和危害的独特呈现形式，又表现了灾荒对文学所产生的深刻影响。他还结合文学和史学的属性，对灾荒诗歌的价值给予了十分客观的评判，认为“就艺术性而言，固然不见得是可以传诵千古的佳品，但就其现实主义的思想内容来说，应该说是上乘之作的”。[①]虽然这篇文章篇幅有限，论述上也存在一些薄弱之处，但是李老师在这里显示出来的眼光和思路，都反映出了令人赞叹的学术前瞻性。这方面的第一个表现是，近几年来，国内外学界都出现了对灾荒文学的关注，除去具体研究对象的差别，这些研究者的主要考察手法，仍然是历史与文学的对照及互动。第二个表现则是，随着清史资料的加速拓展，以及清代灾荒史和文学史研究的大大深入，清代灾荒诗歌的繁盛状况逐渐被认为是一个需要加以重视的社会现象和文学现象。总之，以对灾荒诗歌的关注为焦点，推进关于灾荒的社会文化史研究，已经成为一个备受期待的取向，从而有力凸显了李老师这篇文章作为开山之作的价值。

在一般人看来，以李老师的身份、地位和贡献，却从未专门阐述过灾荒史研究的理论、体系或方法之类的东西，似乎是个不小的缺憾。但在李老师心中，这根本算不上一个问题。在1995年出版的《世纪之交的晚清社会》的前言中，他直言：“全书没有提出什么对于中国近代社会的惊人的理论观点，也几乎未曾参加近年来中国近代史领域一些热门问题的讨论，

---

① 李文海：《晚清诗歌中的灾荒描写》，《清史研究》1992年第4期。

大概不免会被有些人目之为保守之作的。”同时他也很自信地认为，自己的著述有一个好处，那就是“注意的问题往往是过去研究较少甚至是被人们所忽略的；写作时努力少讲空话，尽量不去做抽象的概念争论，对于历史现象和社会现象的叙述和分析，力求具体、细致，言必有据”。[①]无疑，李老师在自己的灾荒史研究强烈贯彻了这一理念，而这些成果的长久生命力，反过来也成为对这种理念的有力证明。

（该文原载中国人民大学清史研究所编：《清史研究集》第9辑，中国大百科全书出版社，2018年）

① 李文海：《世纪之交的晚清社会·前言》，中国人民大学出版社，1995年。

中国灾害史研究的历程、取向与走向

中国灾害史研究是指对中国历史上自然灾害及其关联内容所展开的研究。中国以农立国，在漫长的历史时期中与自然灾害可谓如影随形。经济史家傅筑夫甚而断言，一部二十四史，“几无异一部灾荒史”。[①]但在很长一段时间里，中国灾害史研究很少为人所了解。直到二十一世纪初，有人还在《读书》杂志上感叹：“关于灾荒研究方面的著作却少得可怜……至今还未见一本‘灾荒学’方面的理论专著，单项灾荒的专门研究也几乎是空白。”[②]事实上，现代学术意义上的中国灾害史研究的萌生，至今已将近百年。纵然是在进入新世纪之前，相关成果也已相当可观。遗憾的是，学界自身以往就对灾害史研究长期缺乏系统认识，很多时候甚至仅仅将之视为社会史名下的分支之一，自然在很大程度上遮蔽了灾害史研究的完整面貌。

毋庸置疑，灾害史研究是一个覆盖面极其广泛的学术领域，因为其包含的内容兼跨了自然科学和人文社会科学两大部类。就自然科学而言，在天文、地理、气候、地质、水利、农业和生态等许多学科中，都存在着大量涉及中国历史上以自然灾害为主体内容的研究成果。但因这些成果大都有着较强的专业性，所以一般不易为大众乃至许多史学工作者所知。在人文社会科学的所属范围内，灾害史研究的主要阵地是历史学，也涉及文学、人类学等学科。而如何统筹把握相关成果也是长期令人困扰的问题，即便是在史学界内部，也出现了“自然灾害史”“社会救济史”“灾荒史”和

① 傅筑夫等：《中国经济史资料》（秦汉三国编），中国社会科学出版社，1982年，第96页。

② 包泉万：《承平日久 莫忘灾荒》，《读书》2001年第8期。

"荒政史"等各种内涵不同的提法。[1]概言之,无论是在自然科学和社会科学内部,还是在该两大部类之间,灾害史研究都呈现出高度分散的局面,历来亦很少有人进行过整体性认知的尝试。

二十一世纪以来,随着资源、环境等问题的加剧,灾害史研究引起了越来越多的注意,发展势头十分迅猛,却又出现了多学科大干快上、大批成果良莠不齐的现象。同时,出于学术自身的发展要求,推进该领域中自然科学与人文社会科学两大部类研究之间的沟通与合作亦愈发迫切。这些情况的出现,意味着亟须更为系统地认识和总结灾害史研究,深入检视其发展历程、实践取向及其得失,展望其未来发展方向。本文便是针对这些工作所做的一个尝试,以收抛砖引玉之效。另需说明的是,因本文以问题为中心,并非是对既有灾害史成果的全面列举,所以只能提及个人认为的代表性成果,其间挂一漏万之处,敬祈方家指正。至于欧美学界的中国灾害史研究状况,因美国学者艾志端(Kathryn Edgerton-Tarpley)已有较为精当的总结,[2]此不赘述。

一

中国有文字记载的历史约有三千年,中国有关灾害的文字记载同样可以上溯三千年之久,且其内容之丰富性、连续性,世所罕有。而最晚从《汉书》的"五行志"开始,中国又形成了有意识整理和归纳灾害历史记录的传统。这一传统的传承系谱主要反映在四个方面:其一是《汉书》以后历代正史中的"五行志"或"灾异志";其二是历代"会典"及"通典""通志"

---

① 这些综述主要有:吴滔的《建国以来明清农业自然灾害研究综述》(《中国农史》1992年第4期),余新忠的《1980年以来国内明清社会救济史研究综述》(《中国史研究动态》1996年第9期),阎永增、池子华的《近十年来中国近代灾荒史研究综述》(《唐山师范学院学报》2001年第1期),朱浒的《二十世纪清代灾荒史研究述评》(《清史研究》2003年第2期),邵永忠的《二十世纪以来荒政史研究综述》(《中国史研究动态》2004年第3期),等等。

② [美]艾志端:《海外晚清灾荒史研究》,杜涛译,《中国社会科学报》2010年7月22日第7版。该文实际上涉及了关于整个清代灾害史研究的状况,而清代灾害史又是国外中国史学界研究最为集中的时段,所以基本代表了国外研究的一般状况。

“通考”等典志类官书中的“灾伤”“蠲恤”“凶礼”“蠲赈”等名目；其三是历代编纂的大型类书，如《艺文类聚》《太平御览》《古今图书集成》中的“灾异部”“咎征部”“庶征典”等门类；其四是始于宋代、兴盛于明清时期的地方志纂修中，几乎是不可或缺的“灾祥”“祥异”“灾异”等类目。虽然这种传统对原始灾害记录的处理还显得非常简单、粗糙，但这些处理结果为后来开展灾害史研究提供了很大便利。在某种意义上，将这一本土传统视为中国灾害史研究的前史亦不为过。

当然，现代学科意义上的中国灾害史研究，是随着现代自然科学和人文社会科学体系逐步在中国确立的过程中才形成的。二十世纪二十年代，在一场几乎席卷华北五省的特大旱灾及海原大地震爆发后，诞生了第一批关于中国灾害史的研究性成果。值得指出的是，这一现象绝非巧合，后来的事实一再表明，差不多每次重大灾害发生后，中国都会出现一个灾害史研究较为繁荣的阶段。另外，在这批最早的灾害史成果的作者之中，既有人文社会科学工作者，也有自然科学工作者。因此可以说，从现代灾害史研究在中国萌发之初，来自自然科学和人文社会科学两大部类的研究者便都做出了开拓性的贡献。

就目前所见，于树德于1921年在《东方杂志》发表的《我国古代之农荒豫防策——常平仓、义仓和社仓》，是最早一篇关于中国灾害史的研究论文。[①]于树德早年留学于日本，攻读经济学，回国后执教于北京大学，是国内早期合作化思想的传播者之一。作为一位受过现代学术训练的学者，他在这篇论文中，初步梳理了我国备荒仓储体系的组织类型及历史沿革，并剖析了仓储的备荒功能及其利弊。这一时期出现的另一项重要灾害史研究成果，是1926年出版、马罗立（Walter Mallory）所著的英文著作China: the Land of Famine（《饥荒的中国》）。[②]马罗立时为著名非政府救灾

① 于树德：《我国古代之农荒预防策——常平仓、义仓和社仓》，《东方杂志》第18卷第14、15期，1921年。

② Walter H. Mallory, “China: the Land of Famine,” *American Geographical Society*, 1926. 另外，该书于1929年便有了中文译本（吴鹏飞译，民智书局，1929年）。

组织华洋义赈会总事务所的秘书，他在这本著作中运用现代科学知识，考察了灾害在中国的历史与现实状况，并探讨了自然与社会两方面的致灾根源。而在自然科学领域，最早对灾害史研究作出重大学术贡献的学者当属著名科学家竺可桢。1927年，他在《科学》上发表《直隶地理的环境与水灾》一文，运用气象学理论和地理学知识，分析了清代以来直隶地区频繁发生水灾的原因。[①]值得一提的是，竺可桢既是自然科学界开展灾害史研究的先行者，也是1949年以前对灾害史研究贡献最突出的学者之一。

1931年江淮流域特大洪水发生后，掀起了灾害史研究的一个小高潮。更多学术工作者纷纷步入这一研究领域，相关成果无论在数量和质量上都较此前大为提高。据初步统计，这一时期灾害史成果数量大概占1949年以前总数的3/4，其研究内容也扩展到灾害统计、灾害与社会、救灾制度等许多方面。在这些成果中，首先值得称道的是社会学者王树林在1932年对清代灾害记录所做的定量统计工作。他从社会学统计的角度出发，首次对整个清代灾害的发生频次进行了较为系统的计量处理，所附统计表格共有十八份之多。[②]另外一项令人瞩目的成果，也是对后来具有深远影响的成果，则是时为河南大学社会经济系学生的邓拓（时名邓云特）在1937年6月完成的《中国救荒史》一书。[③]该书以唯物史观和辩证思维为指导，首次完整勾勒了中国上古以来的灾情、历代救荒思想和政策的演变状况，是一部具有中国灾害通史性质的著作。该书的出现，既立足于此前灾害史研究的基础之上，又全面贯穿了马克思主义史学的视角，可谓是民国年间灾害史研究的集大成之作，其在社会上的知名度至今不衰。

在《中国救荒史》面世后，中国进入了连续十多年的大规模战争时期，其间又伴之以1939年海河大水、1942年中原大旱灾等大型灾害。在艰难时势下，无论是自然科学还是社会科学领域都有依然坚守灾害史研究的

---

① 竺可桢：《直隶地理的环境与水灾》，《科学》第12卷第12期，1927年。

② 王树林：《清代灾荒：一个统计的研究》，《社会学界》1932年第6期。

③ 邓拓：《中国救荒史》，北京出版社，1998年。

学者。其中最有价值的成果，大致可分为三类：其一是对灾害史资料的系统整理，其代表是暨南大学历史系教授陈高佣于1939年完成的《中国历代天灾人祸表》一书；[①]其二是对救灾问题的制度史梳理，其代表作是王龙章的《中国历代灾况与振济政策》和于佑虞的《中国仓储制度考》，前者较《中国救荒史》更为充分地总结了民国时期救灾制度的建设与发展，后者则较为全面地考察了中国备荒仓储机制的演变状况及其利弊；[②]其三是来自自然科学界的研究，其代表性成果是气象学家谢义炳于1943年发表的《清代水旱灾之周期研究》，以及涂长望、张汉松于次年发表的《明代(1370—1642)水旱灾周期的初步探讨》。该两文依据气象学理论，对清代和明代水旱灾害的发生周期和规律进行了探索。[③]虽然这段时期灾害史研究的势头远不如上一个阶段，但在社会大动荡的背景下，已属难能可贵了。

中国人民共和国成立后，旧中国时代那种连年灾荒的局面虽然一去不返，中国灾害史研究却走上了新的发展征程。不过，直到改革开放前，灾害史研究总体上几乎是向自然科学部类"一边倒"的状况，也就是由自然科学工作者主导了最主要的研究进展。出现这种情况的主要原因，在于该时期开展灾害史研究有着很强的现实需求和导向，那就是首先要为恢复和发展经济建设事业、创建社会安全保障机制服务。特别是为了解决工矿企业和城市建设的选址、农田水利建设以及生命健康等问题，更是自然科学工作者大显身手的地方。与此对应的是，这一时期灾害史成果大都集中出现在自然科学类期刊上。相较而言，人文社会科学尤其是史学工作者在这一领域的成绩，远远无法与自然科学工作者比肩。除了协助自然科学工作者完成资料整理等辅助性工作外，这一时期史学工作者

---

① 陈高佣编：《中国历代天灾人祸表》，上海书店，1986年，影印本。

② 王龙章：《中国历代灾况与振济政策》，独立出版社，1942年。于佑虞：《中国仓储制度考》，正中书局，1948年。

③ 谢义炳：《清代水旱灾之周期研究》，《气象学报》第17卷第1—4期合刊，1943年。涂长望、张汉松：《明代(1370—1642)水旱灾周期的初步探讨》，《气象学报》第18卷第1—4期合刊，1944年。

基本没有推出过具有较大影响的灾害史成果。这时期惟有港台地区的华人历史学者曾推出过一些较有价值的相关成果，但在当时条件下，亦很少为大陆学界所知晓。

无疑，历史学者在灾害史研究上的缺席是一个十分不正常的现象。正如夏明方概括的那样，在自然科学主导下的灾害史研究，“对人在其中所起的作用以及这些变化对人类社会的影响往往语焉不详”，甚至“隐约还存在着一种摆脱社会科学而昂然独进的意向”，由此导致灾害史研究中长期存在着一种十分明显的“非人文化”倾向，必然严重制约灾害史研究的进一步发展。[①]改革开放以后，历史学亟须摆脱旧有教条化框架的束缚，走向更为广阔的研究领域，灾害史研究遂悄然回归史学视野。二十世纪八十年代中期，李文海痛感“史学危机”的说法，在中国人民大学成立了“近代中国灾荒研究课题组”，带动了一批同事和学生专门从事灾害史研究，成为灾害史研究最重要的团队和阵地。自此之后，历史学在灾害史研究中的应用才获得了长足的发展，史学工作者在这一领域所推出的成果也逐渐引起学界和社会的注意，开始改变自然科学过度主导灾害史研究的局面。

自二十世纪九十年代为始，随着环境恶化、资源紧张、人口压力等问题在中国受关注的程度急剧增加，灾害也成为社会热点问题。特别是1991年、1998年长江领域两次特大洪水，2003年“非典”流行、2008年汶川大地震等重大灾害事件的刺激下，灾害史研究的成果日益增多，内容不断拓宽，队伍亦不断壮大。据统计，在2000年之前，以灾害史为主体内容的研究成果，专著为五部，学术论文约为一百五十篇。而自2001年至今，其成果数量又远远超过二十世纪的总和。根据不完全统计，迄2018年，相关专著总数至少在二十部以上，各类学术期刊登载的论文几乎每年都超过一百篇，这还不包括大量硕士、博士学位论文。2004年，中国灾害防御协会灾害史专业委员会成立，中国灾害史学界首次拥有了独立的学术组

① 夏明方：《中国灾害史研究的非人文化倾向》，《史学月刊》2004年第3期。

织。自此之后，以灾害史为主题的学术会议平均每年至少有一次。同时，在许多以社会史为旗号的学术会议中，灾害史也都往往是一个重要论题。就此而言，说灾害史研究当下正在方兴未艾，绝非夸大其词。

二十一世纪以来的灾害史研究，确实取得了显著成绩。首先引人注目的是，随着研究队伍的不断壮大，该领域覆盖的范围得到极大扩展。据李文海回忆，他于1985年开始着手灾害史研究时，甚至很难找到可以进行对话、交流的学者。①而到如今，无论是在国内还是在国外学界，都能看到不断加入灾害史研究领域的新成员。此外，随着研究人员的增加，灾害史研究涉及的时空范围亦空前广阔。就时段而言，上起先秦、下至中华人民共和国时期，都出现了专门研究。特别是明清及近现代中国等资料丰富的时段，更是得到了极多关注。就空间而言，灾害史研究也对当今中国所有政区基本实现了全覆盖。除了以各省、自治区和直辖市为单位的研究外，在区域研究和区域社会史的影响下，很多研究者更是从小区域的地方视角和微观层面来考察灾害问题，从而使灾害的历史面相更加细化。

其次值得肯定的成绩，是灾害史资料得到了大规模的整理和出版。在二十世纪八十年代之前，学界所能利用的资料是较为有限的。那些主要从自然科学的角度出发而编纂的资料，如清代洪涝档案丛书、中国地震历史资料汇编，以及各地的自然灾害史料汇编，集中反映的是灾害本身的情况，相关社会内容基本缺失。故而只有李文海先生牵头主编的《近代中国灾荒纪年》及其《续编》，成为人文社会科学界较多依靠的资料。②进入新世纪后，资料整理工作得到了显著加强。其中最具代表性的工作是《中国荒政书集成》的出版③和《清代灾赈档案史料汇编》的整理。前者大体收录了自宋代至清末出现的所有重要救荒文献，后者则是对中国第一历

---

①《我们为什么要关注灾荒史——访著名历史学家李文海》，《中国文化报》2011年2月21日。

② 李文海等：《近代中国灾荒纪年》，湖南教育出版社，1990年；《近代中国灾荒纪年续编》，湖南教育出版社，1993年。

③ 李文海、夏明方、朱浒主编：《中国荒政书集成》，天津古籍出版社，2010年。

史档案馆所藏清代灾赈档案的首次全面整理，共约四万余件。与之类似的大型历史资料汇编，还有《中国地方志历史文献专辑·灾异志》《地方志灾异资料丛刊》和《中国历代荒政史料》等。[①]

不过，上述成绩更多体现了灾害史研究在“量”上的进展，而在“质”的方面，也就是具体研究的问题意识、视角、观点和水平等方面，要理清其得失殊非易事。以往对灾害史研究状况的诸多综述或总结，大多流于对研究成果的分类和内容概括，很少对研究取向及总体研究水平做出明确判断。更何况，自然科学和人文社会科学工作者所各自开展的灾害史研究，有着差别很大的研究框架、理念和方法，从而大大增加了综合判断该领域学术进展的难度。而在这种情况下，对灾害史研究水平的总体认识和把握又显得更为紧迫。原因很简单，如果不能充分认识到前人研究的长处与不足，就很难杜绝低水平的重复劳动，也就很难从根本上提高灾害史领域的学术水平。有鉴于此，本文不揣鄙陋，试图在整体上勾勒出灾害史领域基本面相的同时，梳理一下该领域在研究取向上所包含的不同路径及其价值，以期有助于探索灾害史研究进一步推进的方向。

二

如前所述，中华人民共和国成立后，灾害史研究一度主要是由自然科学工作者主导和开展的。一方面基于现实的社会需要；另一方面又得到许多著名科学家的重视，自然科学领域的灾害史研究很快形成了自身特有的研究路数，并产生了极大的影响。大体上，这种路数可以概括为灾害史研究的自然演变取向，也就是以探讨历史上灾害的自然属性、发生规律等问题为主要内容，以现实应用为基本导向。尽管迄今为止，自然科学内部涉足灾害史研究的学者来自诸多差异很大的学科，这种基本取向却得

① 来新夏主编：《中国地方志历史文献专辑灾异志》，学苑出版社，2010年。贾贵荣、骈宇骞选编：《地方志灾异资料丛刊》（第1、2编），国家图书馆出版社，2010、2012年。赵连赏、翟清福主编：《中国历代荒政史料》，京华出版社，2010年。

到了较为普遍的遵循。而且无论是在资料整理上还是在研究实践上，自然科学工作者都对这一取向贯彻得相当彻底。

显著体现这种自然演变取向的首个例证，来自中国地震史研究领域。1954年，著名地质学家、时任中国科学院副院长的李四光，根据参加中国经济建设的苏联专家的要求，倡议整理编辑中国地震历史资料，其目的是为选择厂矿地址提供参考。经地震工作委员会讨论通过，决定委托历史学家范文澜、金毓黼主持此事。[①]中国科学院历史研究所第三所（现为中国社会科学院近代史研究所）的工作人员，在地球物理研究所和一些高校的支持下，从8000多种历史文献中，获取了从公元前12世纪至公元1955年中国境内“数以万计的地震记录”，编成《中国地震资料年表》。[②]而最早大力利用这一资料的则是地震学家李善邦。他依据年表资料编制了全国历史地震烈度统计图和全国地震区域划分图，初步满足了工业建设地点选择和工程抗震级别确定的要求。此后，他又在增补历史资料的基础上，主持编写了《中国地震目录》第一、二集，初步揭示了远古以来我国历史地震演变发生的规律，以及地震危险区空间分布的基本轮廓，被誉为“用科学方法整理史料”的一项工作。[③]

1976年唐山大地震发生后，中国科学院、中国社会科学院、国家地震局又联合组成中国地震历史资料编辑委员会，组织历史工作者和地震工作者对地震史料再作一次广泛的搜集，委托国家地震局地球物理所研究员谢毓寿和中国社会科学院近代史研究所研究员蔡美彪主持编纂，对原有地震年表进行了全面扩充。其成果便是五卷本《中国地震历史资料汇编》。此次所收文献，除历代正史、实录、地方志之外，包括编纂年表时未及利用的善本、抄本，以及大量特藏文献和石刻、题记等实物资料，还有第

---

① 黎澍：《中国地震历史资料汇编·序言》，中国地震历史资料编辑委员会总编室编：《中国地震历史资料汇编》（第一卷），科学出版社，1983年。

② 《编辑“中国地震资料年表”的说明》，中国科学院地震工作委员会历史组编辑：《中国地震资料年表》，科学出版社，1956年。

③ 夏明方：《民国时期自然灾害与乡村社会》，中华书局，2000年，第10页。

一历史档案馆藏清代地震档案、第二历史档案馆藏民国档案资料以及西藏自治区所藏的历代西藏历史档案。[①]尽管该书编者在“编辑例言”中称:“本书所收历史文献资料,均保持原貌,依据年月顺序编排,不作地震学的分析和综合,以便研究者可以直接利用原始资料,依据自己的观点和方法进行研究判断。”[②]其实,该书的编辑主要还是遵循地震学界的思路,把重点放在挖掘震情记述、地震前兆等内容上。而对这些地震史料最具深度的利用,还是地震学界据此进行的历史地震的震级估定、等震线图绘制以及震中位置等问题,其代表性成果是国家地震局震害防御司主持编纂的《中国历史强震目录》。[③]尽管在2008年汶川地震以后,许多来自历史及其他人文社会学科的学者都加入了地震史研究的行列,也贡献了不少关于地震的社会影响和社会文化方面的研究,但迄今仍不成气候,远远无法撼动地震学者在地震史领域的主导地位。

另一个突出反映自然演变取向的例证,出现在气象史研究之中。并且,在这一领域,自然科学工作者甚至更少依靠与历史学者的合作。二十世纪五十年代,由于兴办农田水利,对于各地区水旱等自然灾害的发生及其规律,需要深入了解和分析,国内出现了整理有关旱涝灾害历史记载的高潮。著名自然地理学家、中国科学院南京地理研究所研究员徐近之是这一潮流的代表人物之一,他大力整理中国历史气候资料,从浩繁的方志中找出对某一地区的旱涝、霜冻、巨雹等历史气候灾异记载,然后进行分类整理,并制出年表。由此探讨历史上温度、雨量的波动情况,及其对农业生产的影响。他首先从华北、华东各省方志中初步整理出两千年来的旱涝记载,并逐步推延到西北、云贵和两广,至七十年代共计完成二十四个

---

① 黎澍:《中国地震历史资料汇编·序言》,中国地震历史资料编辑委员会总编室编:《中国地震历史资料汇编》(第一卷),科学出版社,1983年。

②《中国地震历史资料汇编·编辑例言》,中国地震历史资料编辑委员会总编室编:《中国地震历史资料汇编》(第一卷),科学出版社,1983年。

③ 国家地震局震害防御司编:《中国历史强震目录》,地震出版社,1995年。

省(自治区、直辖市)的气候资料整理工作。[①]

而从1956年到1958年,水利水电科学研究院则在原中央档案馆明清部(现为中国第一历史档案馆)的支持下,组织力量从清代档案折中,搜集到全国范围的有关水利的史料,拍摄照片近十四万张,打印、抄件两万余张,主要包括1736年至1911年(即乾隆元年至宣统三年)清代"宫中""朱批"奏折及"军机处录副"奏折。[②]这批洪涝档案史料的整理成果,除了支持气象灾害研究外,还对水利史研究具有无比珍贵的价值,故而从1981年起,又按照全国七大江河流域的分野,即海河滦河、珠江韩江、长江流域西南国际河流、黄河、淮河、辽河松花江黑龙江流域,再次分别加以整理,以《清代江河洪涝档案史料丛书》为名陆续出版。其后又推出《中国历史大洪水》及中国江河防洪系列丛书,对数千年来中国水旱灾害的演变趋势和治水技术等问题进行了总结。[③]

与此同时,各地气象局、文史馆、水利局或农科院,也纷纷从事这类旱涝灾害历史记载的整理工作。从五十年代到七十年代末,湖北等十五个省(市、自治区)均相继推出各地自然灾害资料或年表。1977年,中央气象局研究所(现为中国气象局气象科学研究院)与南京大学气象学系等十几个单位协作,编成《全国近五百年旱涝等级资料》和《全国近五百年旱涝分布图》各一卷。1978年中国气象学会年会总结中称:"我们气候工作者根据2100多种地方志及明清实录、正史、故宫清理清朝档案和奏章等材料,以及各地近年来旱涝调查资料和现代化仪器观测雨量资料,整理出自1470年以来的旱涝资料,评定了全国118个代表站1470—1977年逐年旱涝等级……讨论了十五世纪以来我国气候变化的主要特征,对近五百年

① 《纪念徐近之先生逝世四周年》,《中国科学院南京地理研究所集刊》编辑部编:《中国科学院南京地理研究所集刊》(第3号),科学出版社,1985年。

② 《清代海河滦河洪涝档案史料·前言》,水利水电科学研究院编:《清代海河滦河洪涝档案史料》,中华书局,1981年。

③ 夏明方:《民国时期自然灾害与乡村社会》,第12页。

来我国气候变化的大致轮廓有了初步认识。”①而八十年代以前对气候历史资料的整理、研究工作的汇总和最具代表性的成果，便是至今仍被广为利用的《中国近五百年旱涝分布图集》。②

此后，中国科学院地理研究所研究员张丕远又组织力量对地方志中的气候信息再次进行整理，同时补充了散藏于境外机构的近一千种方志；而且除旱涝之外，还整理了诸如饥馑、霜灾、雪灾、雹灾、冻害、蝗灾、海啸和瘟疫等项目的灾情状况，内容愈加丰富。③中央气象局研究员张德二主编的《中国三千年气象记录总集》，则是规模更大的扩编工作。该书自1985年开始启动，历时二十余年，是迄今内容最详实、最丰富的中国气候史资料集，系统反映了公元前十三 世纪以降三千多年间全国各地天气、气候、各种气象灾害的范围、危害程度，以及与气象条件有关的物候、农业丰歉、病虫害及疫病等记述。所涉及历史文献共达8228种（实际采用7, 835种），其中地方志又达7713种。④气象学家张家诚称该书的出版是“中国历史气候学研究走向成熟的一个标志”。⑤而在大批新气候史料得到整理的基础上，气象学界的气象灾害史研究也在进入新世纪后步入了新的研究阶段，修正了此前的不少定论，弥补了许多以往研究中的短板，满志敏、葛全胜等人的著作可谓这方面代表。⑥

第三个充分展示自然演变取向的例证，应属一些自然科学工作者在灾害史研究基础上提出将“灾害学”作为一门综合性的独立学科的构想。早在二十世纪六十年代，一批自然科学工作者即力图突破专业分科模式，

---

① 徐近之：《历史气候学在中国》，《中国科学院南京地理研究所集刊》编辑部编：《中国科学院南京地理研究所集刊》（第3号），科学出版社，1985年。

② 中央气象局气象科学研究院主编：《中国近五百年旱涝分布图集》，地图出版社，1981年。

③ 夏明方：《大数据与生态史：中国灾害史料整理与数据库建设》，《清史研究》2015年第2期。

④ 张德二主编：《中国三千年气象记录总集》，凤凰出版社、江苏教育出版社，2004年。

⑤ 张家诚：《历史气候学趋向成熟的标志——评〈中国三千年气象记录总集〉》，《科学通报》第50卷第5期，2005年。

⑥ 满志敏：《中国历史时期气候变化研究》，山东教育出版社，2009年。葛全胜等：《中国历朝气候变化》，科学出版社，2011年。

开展跨学科合作，以深入认识各种天文和地球现象之间的复杂联系。八十年代以后，来自天文、地质、气象、水利等多学科的专家进一步加强合作，致力于揭示历史时期各类自然灾害的演变规律和综合成因。①

在这种天文、地球、生命有机结合的思想认识指导下，中国地震局研究员高建国于1986年较为系统地阐述了开展“灾害学”研究的构想。他认为，灾害学虽是一门崭新的学科，其目的是为了预报，但是，“抗御未来自然灾害的主要方法之一是尽量了解自然灾害的历史，以掌握自然界变化的规律”。在中国开展灾害学研究又有着十分特殊的优势，这是因为，中国“历史自然资料的特点是系列长，有四千年的文字记载，连续性好，汉代到清末较大的自然灾异被史官绵延不断地记录下来；内容多样，包括天象、地质、地震、气象、海象、虫灾、疾疫等史料；综合性强，特别注意不同自然现象间的联系”。②

在具体研究中对这种灾害学思路的贯彻，以宋正海、高建国等人开展的“中国古代自然灾异整体性研究”工作最为显著。1992年出版的《中国古代重大自然灾害和异常年表总集》，包括二百五十一个年表，列为天象、地质象、地震象、气象、水象、海洋象、植物象、动物象、人体象等九个分科，是首部大型综合性中国古代自然史工具书。③在此类资料基础上，宋正海等人又进一步综合、推进了关于中国古代自然灾（害）异（常）群发期的基础理论。这一理论认为，在自然历史发展时期，“自然灾害或异常的发生不是均匀的，而是起伏的，明显集中于少数几个时期”。中国历史上目前可以明显辨识出来的基本自然灾异群发期，主要有夏禹洪水期、两汉宇宙期、明清宇宙期三个时期。在这些研究者看来，这种群发期理论“科学地揭示了自然界复杂的内在联系和变动的整体性”，“不仅有利于对历史上某些重大社会变动、文化事件、科技成就的出现作出更为科学的解释，也有利于当代全球性变化研究、自然灾害的中长期预报和国民经济远景

① 夏明方：《民国时期自然灾害与乡村社会》，第12—13页。
② 高建国：《灾害学概说》《灾害学概说（续）》，《农业考古》1986年第1、2期。
③ 宋正海总主编：《中国古代重大自然灾害和异常年表总集》，广东教育出版社，1992年。

规划的自然背景预测。”[1]由此可见，来自自然科学的灾害史研究业已超越自然史领域，对于进一步解释社会变迁也抱有极大的雄心。

三

实际上，从灾害现象来透视相关历史时期的社会变迁，正是灾害史研究的另一个重要取向。这种社会变迁取向的主体思路，是以历史上灾害的社会影响和社会应对问题为重心，通过揭示灾害与政治、制度、经济和社会诸场域之间的互动关系，来勘察和理解相关时期社会变迁的具体进程及其脉络。简单说来，社会变迁取向的灾害史研究更侧重人类在自然界面前的反应，而自然演变取向的灾害史研究更关注自然界在人类面前的变动。这种社会变迁取向，在民国时期于树德和邓拓等人的研究中已有明确显现，但其后来的发展长期逊色于自然演变取向。直到改革开放以后，社会变迁取向才得到了长足发展。

如前所述，历史学界大力开展灾害史研究，是从二十世纪八十年代开始的。也以历史学者为主力军，加上来自社会学、人类学、经济学等社会科学的学者，乃至部分自然科学学科的学者，共同形成了社会变迁取向的灾害史研究队伍。随着这支研究队伍的壮大，社会变迁取向的灾害史研究日益成为一股学术潮流，足以与自然演变取向并驾齐驱，从而大大丰富了灾害史研究的内容。特别是进入二十一世纪以来，以社会变迁取向为指导的灾害史研究成果，无论是数量和质量，还是研究视角和方法，都呈现出繁盛的发展势头，与自然演变取向一起，有力推进了灾害史研究。对于这种发展态势，从政治史、经济史和社会史等路径出发所展开的灾害史研究，提供了最显著的证明。

以政治史为路径的灾害史研究，其主旨是通过分析灾害与政治、制度

---

① 宋正海、高建国、孙关龙、张秉伦：《中国古代自然灾异群发期·序》，安徽教育出版社，2002年。另外，高建国曾认为，在这三个群发期之外，还有第四个群发期即“清末宇宙期”（约1870—1911年）（高建国：《灾害学概说（续）》，《农业考古》1986年第2期）。

等方面的关联与相互影响，将灾害作为一把钥匙，来理解和把握相关历史时期国家能力和制度建设的成效。邓拓《中国救荒史》中有关历代救荒政治理念和救荒政策的得失的评述，虽然尚嫌简略，实质上已展示了这一路径的基本框架。此后较早运用该路径的学者来自港台地区。1960年，中国台湾学者王德毅出版《宋代灾荒的救济政策》一书，大概是首部断代性灾害政治史研究。作者在全面检视了宋代荒政体制，高度评价了宋代"自上而下的救荒热忱"和"详明而切实的备荒措施"，以此"不仅要说明宋代立国的精神"，"尤在要强调我国历史的光明面"。[①]中国台湾学者何汉威关于晚清"丁戊奇荒"的著作，是另一项重要的灾害政治史研究。作者较为详尽地论述了灾荒期间清政府的救灾活动之后，认为此次大灾对社会造成了极大的破坏，而清廷及灾区当局限于财力的短绌、行政效率的低下，使得赈灾成效不大。[②]由此可见，清朝在灾荒中的国家能力是作者关心重点之所在。

在中国大陆学界，灾害政治史研究从二十世纪八十年代重新兴起。较早意识到这一路径重要性的学者是李文海，他明确指出，灾荒问题"是研究社会生活的一个非常重要的方面"，"从灾荒同政治、经济、思想文化以及社会生活各个方面的相互关系中，可以揭示出有关社会历史发展的许多本质内容来。"[③]他一再强调应该揭示灾荒在社会历史进程的地位与作用，要注意自然灾害"给予我国近代的经济、政治，以及社会生活的各个方面以巨大而深刻的影响，同时，近代经济、政治的发展，也不可避免地使得这一时期的灾荒带有自己时代的特色"。[④]正是基于这种认识，他率先进行了将灾害因素引入近代中国政治史研究的一系列尝试。这方面最具代表性的成果，是他于1991年发表的《清末灾荒与辛亥革命》一文。该文

---

① 王德毅：《宋代灾荒的救济政策》，台湾商务印书馆，1960年，第9、202页。

② 何汉威：《光绪初年（1876—1879）华北的大旱灾》，香港中文大学出版社，1980年，第109—110页。

③ 李文海：《论中国近代灾荒史研究》，《中国人民大学学报》1988年第6期。

④ 李文海：《中国近代灾荒与社会生活》，《近代史研究》1990年第5期。

清楚地展示了如何以灾荒问题为视窗、又如何将灾荒作为重要变量来审视相关的重大历史事件，同时又完全避免给人以“灾害决定论”的偏激印象。[①]此外，他还通过勾勒近代中国灾害的整体走势，重新观察和透视了近代中国政治演化进程的关键节点。[②]

相对其他路径而言，灾害政治史研究的学术积累堪称最为丰厚。在二十世纪九十年代面世的灾害史著作中，绝大部分便都属于政治史路径。除了李文海及其研究团队推出的几部著作外，较为重要的专著还有两部。其一是张水良的《中国灾荒史，1927—1937》通过分析十年内战期间中国灾荒的实况、成因和影响，着重论述了国民党政府和中国共产党革命根据地对于灾荒的不同应对。[③]其二是李向军所著《清代荒政研究》，较为全面地描述了鸦片战争以前的清代荒政体制及其成效，认为清代荒政集历代之大成，是维持社会再生产、保持国家稳定的一项基本国策。[④]进入新世纪后，断代性的灾害政治史研究得到更多的应用，例如，不仅关于秦汉、唐、宋、元、清各代荒政都出现了颇具深度的专著，中国共产党的救灾历史及其经验也得到了较为系统的研究。[⑤]

灾害经济史研究的主旨，是着眼于灾害打击下的经济现象及活动，以及灾害应对的经济基础等内容，据此来判断相关历史时期国家经济结构的性质、特点及能力等问题。这方面的开拓之作，当属王方中于1990年

---

① 李文海：《清末灾荒与辛亥革命》，《历史研究》1991年第5期。

② 李文海、周源：《灾荒与饥馑：1840—1919》，高等教育出版社，1991年。

③ 张水良：《中国灾荒史，1927—1937》，厦门大学出版社，1990年。

④ 李向军：《清代荒政研究》，中国农业出版社，1995年。

⑤ 例如，秦汉荒政研究有陈业新《灾害与两汉社会研究》（上海人民出版社，2004年）和王文涛《秦汉社会保障研究——以灾害救助为中心的考察》（中华书局，2007年），唐代荒政研究有阎守诚主编《危机与应对：自然灾害与唐代社会》（人民出版社，2008年）和么振华《唐代自然灾害及其社会应对》（上海古籍出版社，2014年），宋代荒政研究有张文《宋代社会救济研究》（西南师范大学出版社，2001年）和李华瑞《宋代救荒史稿》（天津古籍出版社，2014年），元代荒政研究有王培华《元代北方灾荒与救济》（北京师范大学出版社，2010年），清代荒政的进一步研究则有张祥稳《清代乾隆时期自然灾害与荒政研究》（中国三峡出版社，2010年）、张艳丽《嘉道时期的灾荒与社会》（人民出版社，2008年）和张高臣《光绪朝灾荒与社会研究》（中国社会科学出版社，2014年），中国共产党的救灾史研究有康沛竹《中国共产党执政以来防灾救灾的思想和实践》（北京大学出版社，2005年）和赵朝峰《中国共产党救治灾荒史研究》（北京师范大学出版社，2012年）。

发表的《1931年江淮大水灾及其后果》一文。该文利用1931年水灾期间的社会调查资料，详实地论述了水灾造成的多项重大经济损失，有力地证明了此次大水灾是导致三十年代国民经济危机的重要因素。[①]夏明方的《民国时期自然灾害与乡村社会》，则是第一部对民国时期灾害经济史进行全面研究的专著。该书以灾害为切入点，通过对民国时期乡村的环境和人口等生产力和生产关系诸要素及其特性的深入辨析，清楚解释了以往近代经济史学界所认为的许多悖论，重新分析了民国乡村的经济结构及其秩序的特性，也充分展示了民国社会脆弱性的经济基础。[②]作为该书基础的博士论文曾于1999年入选首届"全国优秀博士学位论文"，对于后来的灾害史研究产生了很大影响。

清代灾害经济史也是学界关注较早、成果较为丰富的一个方向。就清代前期而言，重点在于自然灾害与农业经济的关联。陈家其分析了明清时期气候变化所导致的自然灾害对太湖流域农业经济的巨大影响，认为这是粮食产量下降的主因之一。[③]王业键等人考察了清前期气候变迁、自然灾害、粮食生产与粮价变动的关系，指出长江三角洲地区的粮价高峰大都出现在自然灾害多的年份。[④]李伯重认为，十九世纪初期气候剧变引发了江南地区连续遭遇大水灾，极大恶化了农业生产条件，是导致中国经济出现"道光萧条"的重要原因之一。[⑤]而晚清时期的灾害经济史，主要集中在灾害与以洋务运动为核心的近代工业化的关系上。夏明方关于灾荒与洋务运动的系列研究表明，在清末灾害群发期的历史条件下，自然灾害对中国近代工业化的资本原始积累起了极大的消极作

① 王方中：《1931年江淮大水灾及其后果》，《近代史研究》1990年第1期。

② 夏明方：《民国时期自然灾害与乡村社会》，中华书局，2000年。

③ 陈家其：《明清时期气候变化对太湖流域农业经济的影响》，《中国农史》1991年第3期。

④ 王业键、黄莹珏：《清代中国气候变迁、自然灾害与粮价的初步考察》，《中国经济史研究》1999年第1期。

⑤ 李伯重：《"道光萧条"与"癸未大水"——经济衰退、气候剧变及19世纪的危机在松江》，《社会科学》2007年第6期。

用。[①]朱浒的系列研究则指出了灾害与近代工业化的另一个面相，即赈务关系所激发的社会资源，成为以洋务企业为代表的新生产力在中国具体落实的重要途径。[②]

以社会史为路径的灾害史研究，是近十余年来发展势头迅猛、研究路数亦相对较为多元的一个方向。大体上，这一方向的主旨可以归结为，通过探究灾害驱动下的社会行为和诱发灾害的社会因素，进而揭示深层社会结构、进程及社会权力格局的演变。就迄今为止的总体状况来看，灾害社会史领域中得到较多关注的向度有两个，其一是通过灾害场域来探讨国家与社会的关系，其二是从灾害来勘察地域社会的变动机制及其脉络。

较早涉及通过灾害场域来探讨国家与社会的关系的研究，当属李文海对晚清时期义赈活动的研究。该研究率先明确指出，义赈的兴起虽然很大程度上依靠了地方社会的慈善资源，但其并非仅是一项社会义举，而是与国家层面的洋务运动之间有着密切关联，是一项新兴的社会事业。[③]沿着这个思路，朱浒进一步拓展了对晚清时期新兴义赈活动的研究，深入剖析了其发展动力、运作机制及社会影响，围绕着传统与现代、内发动力与外部冲击、国家与社会、地方性与普遍性等诸多层次，从更为广泛的视角论述了义赈与近代中国社会变迁的关系，进一步发挥和运用了陈旭麓提出的“近代中国社会的新陈代谢”的著名命题。[④]而在关于民国时期华洋义赈会的研究中，主导框架也是国家与社会的关系。台湾学者黄文德从国际关系的角度出发，认为该会的活动经验，是近代中国非政府

---

① 夏明方：《从清末灾害群发期看中国早期现代化的历史条件——灾荒与洋务运动研究之一》，《清史研究》1998年第1期；《中国早期工业化阶段原始积累过程的灾害史分析——灾荒与洋务运动研究之二》，《清史研究》1999年第1期。

② 朱浒：《从插曲到序曲：河间赈务与盛宣怀洋务事业初期的转危为安》，《近代史研究》2008年第6期；《从赈务到洋务：江南绅商在洋务企业中的崛起》，《清史研究》2009年第1期；《同治晚期直隶赈务与盛宣怀走向洋务之路》，《历史研究》2017年第6期。

③ 李文海：《晚清义赈的兴起与发展》，《清史研究》1993年第3期。

④ 朱浒：《地方性流动及其超越：晚清义赈与近代中国的新陈代谢》，中国人民大学出版社，2006年。

组织与国际社会互动的一个重要起源。[1]蔡勤禹认为,该会的成长与发展,凸现了中国现代化进程中民间组织的角色、地位乃至市民社会成长的兴衰跌宕和"公"的领域的起伏变迁。[2]薛毅侧重于考察华洋义赈会的农村合作事业,认为该会在政府和社会基层之间起到了"社会中间层"的功能。[3]此外,余新忠关于清代江南瘟疫的研究,虽然以医疗社会史为视角,其问题意识仍是以探讨中国本土的国家与社会关系为指归,并提出应以合作与互补来认知两者的互动。[4]

在另一个向度上,即从灾害来勘察地域社会的变动机制及其脉络,较早的成果是王振忠的《近600年来自然灾害与福州社会》。该书较为系统地考察了明清时期福州社会对自然灾害的反应与对策、与灾害相关的民间信仰及乡里组织等问题,展现了当地政治、经济、文化和社会结构及其演变进程的内在脉络。[5]进入新世纪后,类似思路得到较多运用。如苏新留以民国时期河南为中心,探讨了当地乡村社会的灾害应对与灾害打击下的民生,展现了当地生态环境和社会经济的脆弱性。[6]汪汉忠则从民国时期苏北地区灾害与社会的互动出发,探讨了当地特定的社会经济结构导致现代化进程滞后的原因与机制。[7]张崇旺以明清时期江淮地区的自然灾害为主线,探讨了该地区社会经济长期落后的根源,认为该地区失衡的官民格局严重制约了社会经济和民间力量的发展。[8]可以想见,随着研究资料的进一步丰富,这一向度的研究必然还会越来越多。

---

① 黄文德:《非政府组织与国际合作在中国——华洋义赈会之研究》,秀威资讯科技,2004年。

② 蔡勤禹:《民间组织与灾荒救治——民国华洋义赈会研究》,商务印书馆,2005年。

③ 薛毅:《中国华洋义赈救灾总会研究》,武汉大学出版社,2008年。

④ 余新忠:《清代江南的瘟疫与社会》,中国人民大学出版社,2003年。

⑤ 王振忠:《近600年来自然灾害与福州社会》,福建人民出版社,1996年。

⑥ 苏新留:《民国时期河南水旱灾害与乡村社会》,黄河水利出版社,2004年。

⑦ 汪汉忠:《灾害、社会与现代化——以苏北民国时期为中心的考察》,社会科学文献出版社,2005年。

⑧ 张崇旺:《明清时期江淮地区的自然灾害与社会经济》,福建人民出版社,2006年。

四

综上所述，自然科学界主导下的自然演变取向，和以历史学界为主力的社会变迁取向，构成了中国灾害史研究的主体框架。除了前面提及的成果，另外还有许多在这两个取向指引下的高质量专著和论文，保证了中国灾害史研究在学术界占有不容忽视的一席之地，也产生了较为广泛的社会影响。然而毋庸讳言，灾害史研究在迅猛发展的同时，自身存在的某些缺陷也在潜滋蔓长，并且在有些方面已经到了相当严重的程度。而要切实推进灾害史研究的发展，充分重视这些缺陷的重要性，绝不亚于对取得的成绩进行总结。

目前灾害史研究中最为明显的一大缺陷，当属跑马圈地式的粗放性研究。这方面的具体表现是，尽管许多成果的研究对象是不同时间和空间范围内的历史灾害，其研究思路和框架却几乎是千人一面。大体上，这类研究大都涵盖三个方面的内容：其一是某个地域空间或某个时段中各类灾害的发生状况，其二是灾害对某时某地政治、经济、文化和社会造成的各种影响，其三则是国家与社会应对灾害的各种措施和活动。除了所述具体时空的区别之外，这类研究最终据此三方面内容而形成的看法往往基本雷同。例如，凡谈及灾情特点必称其严重性，述及灾害影响便称其破坏性，论及救灾效果必称其局限性。至于某一地域、某一时段内灾害与社会关系的特定表现及其属性，则全然缺乏深入认识。可以说，这类研究表面上都给人以综合自然演变取向和社会变迁取向的面貌，实则属于缺乏可以持续深入研究的资料大拼盘，其最大价值不过是填补了一小块所谓的空白而已。

第二个较大的缺陷，是学界对人文社会科学和自然科学研究成果的借鉴、融合还有待进一步加强。具体而言，主要应该大力避免两种极端情况。其一是不少研究者很少注意和了解自然科学界的灾害史研究，在讨论灾害成因时过多强调社会和人为因素，往往陷入“天灾就是人祸、人祸导致天灾"的循环论式的说法而不能自拔,对于自然演变对社会结构的长时段影响缺乏足够认识。其二则是夸大自然因素的作用,特别是对自然科学界的成果食而不化,脱离自然科学的学科情境,将某些特定观点和证据放大到"灾害决定论"的程度。例如,灾害灭亡了某个王朝或国家、"明清小冰期"造成的气象灾害打断了亚欧大陆社会经济的发展趋势等说法,无疑都包含着夸张之词。事实上,自然科学界的不少重要灾害史成果,同样有着需要重新讨论和修正之处。如现在很多学者都发现,曾被学界广泛利用的中国旱涝等级体系,由于当年对历史文献的处理存在着很多不足,导致其用来确定灾害等级的数据和信息并不完全准确,而再以之为基础来判断灾害的演变规律,显然也并不可靠。

第三个较为明显的不足,是在研究视野上往往出现失之片面的情况。特别是在一些研究成果数量较多的领域,这种情况更为明显。这方面最明显的例子,便是关于备荒仓储的研究。早先对于备荒仓储的研究,大多集中在对政府政策和制度建设的梳理,而忽视实践层面的具体展开。近二十多年来,备荒仓储的风向又主要转向了区域社会史角度。而这一角度的研究在观察备荒仓储结构形态的转变时,往往将之认定为国家权力的衰微、基层社会控制权的下移的证据。其实,这是在缺乏对国家视角的充分把握下做出的主观判断。已有学者指出,要理解备荒仓储的结构性变动,绝不能将国家视角置于次要的位置;并且,这种变动与其说是社会权力的下移,还不如说是社会责任的下移更为准确。①

另外一个例子是关于华洋义赈会和红十字会的研究。它们作为近代中国两个最大的救灾组织,在学界备受关注。不过,既有研究基本都是在现代化范式的指引下而展开的,而在很大程度上忽视了另外两个重要向度即本土化和国际化。这两个组织虽然有十分强烈的西方化色彩,也的确延续了西方对华赈灾活动的发展线索,但是,要解释它们被中国社会的

---

① 有关观点可参见朱浒:《食为民天:清代备荒仓储的政策演变与结构转换》,《史学月刊》2014年第4期。吴四伍:《官绅合作与晚清仓储管理》,周琼、高建国主编:《中国西南地区灾荒与社会变迁》,云南大学出版社,2010年。

接受过程和扎根途径,就不可能不大力探究本土化向度,要理解西方对华赈灾力量的具体组成,以及中国本土实践对于国际合作救济事业的影响等问题,就必须更多关注国际化向度。就此而言,仅以现代化范式为指归的研究还是过于狭隘了。

那么中国灾害史研究如何在总结成绩的基础上,弥补上述缺陷,从而符合新时代的进一步发展要求呢?

就目前学界的前沿动向来看,紧跟大数据的时代潮流,建设综合性中国自然灾害历史信息数据库,在此基础上大力开展量化研究和总体研究,已成为中国灾害史研究未来的首要走向。正如夏明方指出的那样,随着当代计算机和互联网技术的发展,已经可以建立一个"能够记录灾害发生完整过程和信息,亦即包括从天气、地质等自然变异现象到成灾过程,乃至对于人类社会影响及响应的综合性灾害数据库""以便更全面地揭示灾害成因和环境后果,更好地满足自然变动(如气候变化)、灾害分异、灾害影响与适应、防灾减灾应用等多方面研究的资料需求。"①可以说,这种灾害史数据库的建设,既有别于以往自然科学界偏重于摘取自然信息的处理方式,也不同于史学界常用的文献汇编方式,而是融史料考订和信息集成为一体的数据平台系统。

这一平台系统的出现,为灾害史的量化研究和总体研究提供了更为坚实的基础。有关灾害中自然因素的信息化和标准化,以往自然科学界已经做了许多卓有成效的工作,完全可以在灾害历史信息数据库的建设中继续发扬。同时,灾害的社会影响和社会应对中的许多信息,如人口和资产损失、灾蠲和赈济力度等,既能够也迫切需要加以量化处理。而据此探讨灾害与国家能力建设、政治变动和经济周期等问题的关联,无疑能够大大改变依靠定性描述的惯性。此外,这种综合了灾害的自然演变信息和社会变迁信息的数据平台系统,也为灾害史的总体研究开辟了道路。这是因为,布罗代尔(Fernand Braudel)把总体历史分解为地理时间、社会

---

① 夏明方:《大数据与生态史:中国灾害史料整理与数据库建设》,《清史研究》2015年第2期。

时间和个别时间三个维度，灾害史则有助于理解这三个维度如何形塑总体的历史。具体而言，任何灾害事件的发生和扩散，都是环境、社会与个人同时进入同一个极限情境的时刻，依靠相对完整和连续的信息链，这种极限情境内部的各种复杂关系都可以被发掘出来，也就能充分展现出环境变动、社会变迁的深层与个人生活世界的表层之间的结构性互动。

灾害史研究的另一个未来走向，应该是历史学界更加注重问题意识、深入贯彻新史学方法，为克服灾害史研究的“非人文化”倾向做出更大贡献。目前中国大陆学界的灾害史研究，与国外学界相比，在整体上还存在着不小的差距。其中最明显的一个短板，就是在问题意识上的明确性和敏感性。客观地看，国内具有原创性问题意识和观点的成果还是少数，更多研究尚处于描摹事件过程阶段，类似于照猫画虎的“微型叙事”。相形之下，国外的灾害史研究大都具有鲜明的学术脉络，所论问题也都能与更高层面的学术范式进行针对性对话。如法国学者魏丕信(Pierre-Etienne Will)对于乾隆朝一次救灾行动的研究，所反击的其实是当时流行的“明清社会停滞论”观点。①由此就不难理解，该书在被中文学界所知后，其影响远远超出灾害史乃至历史学领域，在政治学、经济学和社会学等学科中都成为常用参考书目。当然具有这种地位的国外灾害史研究，还不止于这一部。与之形成对照的是，国内学界的灾害史成果，在国外学者那里成为学术对话的对象而非文献线索的现象，迄今仍非常少见。由此可见，中国灾害史研究成果还需要在总体上尽快提高学术话语权。

广泛融会各种社会理论的新史学意识，业已成为新时期史学界的潮流。在灾害史研究中大力贯彻新史学方法，也非常有益于弘扬人文学科在这一领域中的比较优势。在这方面，新文化史视角的应用效果颇具启示意义。这一视角在灾害史领域的较早应用，来自国外学者燕安黛(Andrea Janku)和艾志端。她们在研究中关注了有关中国灾害史的历史书

① [法]魏丕信:《18世纪中国的官僚制度与荒政》，徐建青译，江苏人民出版社，2003年。该书原版为1980年法文版。

写、社会记忆和不同信仰背景下的文化反应等内容，不仅丰富了灾害史研究的关注内容，甚至还有助于对历史文献性质的反思和再阐释。[①]在国内，这类研究虽然还寥若晨星，但也已出现了较高水平的成果。[②]另外，新文化史视角还扩大了对于灾害历史文献的认识。例如，有一批以灾荒诗、灾荒小说、灾荒歌谣为代表的文学性历史文献，长期以来始终没有得到过灾害史学界的重视。其中原因之一，很可能在于以往学界更习惯于着眼形而下的物质、技术等客观层面，而较为忽视形而上的思想意识、精神结构等主观性层面。而借助于新文化史的视角，对这些文学性灾害史文献进行解读，显然能够深化对相关时代灾害观及社会意识的变化等问题的理解，从而充分发挥人文学者的特长，有力推动灾害史研究向人文化、集约型方向的发展。

灾害史研究可谓是历史学科中极具现实关怀和经世致用性质的一个领域，也是研究难度很大的一个领域。前者是因为自然灾害至今仍是人类社会很难预测和控制的巨大威胁，而历史时期以来人类的灾害认识、防灾减灾和救灾经验，也是值得认真总结的宝贵财富。后者是因为灾害问题兼跨着自然科学和人文社会科学两大部类，单凭一己之力或某一个学科开展研究，不啻盲人摸象。随着新时代的到来、新技术的利用和新思维的出现，中国灾害史研究迎来了前所未有的发展良机。而在深入融合自然演变取向和社会变迁取向、重新审视人与自然的关系框架的基础上，充分发挥中国灾害历史记录在世界范围内的比较优势，为构建人类命运共同体做出应有的贡献，是中国灾害史研究义不容辞的责任。

[该文原载《北京大学学报》(哲学社会科学版)2018年第6期]

① [德]燕安黛：《为华北饥荒作证——解读〈襄陵县志〉〈赈务〉卷》，李文海、夏明方主编：《天有凶年：清代灾荒与中国社会》，生活·读书·新知三联书店，2007年。[美]艾志端：《铁泪图：19世纪中国对于饥馑的文化反应》，曹曦译，江苏人民出版社，2011年。

② 如陈侃理关于灾异的政治文化史研究，就深化了对中国传统灾异观的发展脉络的理解(《儒学、数术与政治：灾异的政治文化史》，北京大学出版社，2015年)。

二、从灾害史看地方性

整体性话语与地方性实践
——中国红十字会起源的双重历史脉络

1904年上海万国红十字会的成立，历来被认为是中国红十字会之始。[①]对于该会诞生的具体情形，学界到目前为止除闵杰先生曾略予述及外，唯有周秋光先生在《晚清时期的中国红十字会述论》一文中进行过较为详细的论述。然而本文将在下面指出，他们的论述不仅在叙事的逻辑结构上有很大的出入，而且在具体史实上亦存在不少含糊不清甚至是错误之处，因此他们对这段历史的揭示是相当不完整的。

不仅如此，在上述两人的论述中，对该会诞生过程中出现的两个耐人寻味的问题都不能给予圆满的解释。这两个问题是：第一，众所周知，红十字会完全是西方的舶来品，那么它怎样在中国实现本土化，即究竟通过什么样的具体途径进入中国社会的？第二，该会成立的直接动机是救助东北地区在日俄战争中产生的难民，但设会地点为什么在上海，并且怎么会最终被认为是中国红十字会的前身呢？而这两个问题之所以值得进行仔细探究，除了有助于进一步澄清这段历史外，还因为红十字会在中国的出现与中国公益事业的近代化有着密切关联，所以这种探究或许能够对认识中国近代公益事业的发生机制产生一定的帮助。

一、问题的重新提出

对于红十字会在中国的起源过程，闵杰和周秋光先生基本上都是按

① 民国时期的表述见《中国红十字会》，行政院新闻局印行，1947年，第1页。新中国时期的表述见中国红十字总会编：《红十字与我国》，中国红十字总会印行，1981年，第30页。另可参见陈璋主编：《红十字知识一百问》，湖南科学技术出版社，1991年，第4页。

照时间线索来排列相关事件的，虽然两者观察到的大部分历史事实都相同，但是他们所勾勒出的发展脉络却存在着较大差异。为了更清楚地表明问题所在，兹将两者的叙述顺序概括如下：

闵杰先生的叙述顺序是：甲午战争期间，日本和欧美各国红十字会组织的活动使国人初步认识了红十字会这种组织。侨居海外的中国人最早了解了红十字会，并向国内推荐这一组织。1898年，旅居日本大阪的华商孙淦上书中国驻日公使裕庚，请其转咨总理衙门奏设中国红十字会。此举虽因戊戌政变而搁置，但有关创设中国红十字会的宣传并未中断。1899年春，上海地区出现了依“红十字会章程办理”慈善活动的机构。在1900年八国联军侵华战争期间，由江浙绅商陆树藩、严信厚、庞元济、施则敬等人设立的救济善会，是一个“遵照国际红十字会的基本精神和行动惯例成立的一个团体”，是中国旧式善堂组织向红十字会的过渡，也是中国红十字会的先声。而1904年上海万国红十字会的成立，只不过是对红十字会这一国际通行名称的最后确认。①

周秋光先生的叙述顺序是：甲午战争中，日本赤十字社的行动使国人开始了解和重视红十字会。战后国内各大报纷纷刊登介绍和论述红会的文章，“使中国的普通民众对于红会的基本情况有了初步了解，为红会在中国的创立铺垫了一定的社会基础”。与此同时，孙淦递交了请设红会的禀文。1900年1月底，驻俄使臣杨儒向清廷上奏，主张设立红会。但是由于义和团运动和八国联军侵华战争的干扰，红会酝酿的过程不幸而被打断。直到日俄战争爆发后，才有官员再度向朝廷提出设立红会的建议。不过，红会组织的真正出现则是上海绅士沈敦和、任锡汾、施则敬等人所发起的东三省红十字普济善会，虽然此善会仅存在七天就被上海万国红十字会所代替，但它是中国红十字会的先声。②

从上面所列顺序中可以看出，在闵杰先生那里，这条发展脉络可以说

---

① 闵杰：《近代中国社会文化变迁录》（第二卷），浙江人民出版社，1998年，第181—186、369—374页。

② 周秋光：《晚清时期的中国红十字会述论》，《近代史研究》2000年第3期。

是相当连贯的，1900年尤其是个非常关键的年份，因为他认为中国红十字会的先声——救济善会就出现在这一年。而周秋光先生的看法却是，中国红十字会创设过程中，正是在1900年出现了重大的中断，至于其先声则是1904年成立的东三省红十字普济善会。不过，周秋光先生的文章不但晚于前者，而且其文章中也引用过前者的上述研究成果，却没有对两者之间的这个差异给出任何解释。不管是出于疏忽还是其他缘故，这个差异显然是个绝对不容忽视的问题。

更重要的是，他们二人的论述根本不足以回答本文在一开始提出的那两个问题。就第一个问题而言，闵杰先生的看法是，“在红十字会传入之前，中国已经具有相当普及的社会救济组织，保持着历史悠久的慈善事业的传统，与红十字会的人道主义精神有相通之处，这使红十字会的传入比其他事物较易为国人所接受”；周秋光先生亦认为，“中国自古以来便以积德行善为优良传统，存在着接受红十字会的思想与社会基础”，所以“中国红十字会的成立，是中西慈善文化相互融合的结果”。应当承认，两者的这种看法具有一定的合理性，但这只是一种非常笼统的说法，因为这种说法并不能说明这种基础在实践层面上究竟通过何种途径，以及怎样才能与红十字会的性质和形式相结合。对于后一个问题，尽管两者都观察到出面组织上海万国红十字会的中方人士是上海的一批绅商，可是并没有解释这批绅商为何愿意且能够开办这样一场数千里之外的救助行动。另外，即使用官方授意来解释这个行动也是行不通的，因为参与这次行动的毕竟还有许多其他国家的在华人士，那么他们又为什么能够与这批绅商开展合作呢？

上述情况之所以出现，其主要原因可能在于：第一，两者的论述实际上对这段历史的整体面貌还挖掘得相当不够；第二，尽管存在着前面那个重大差异，然而他们表现出来的叙事逻辑却相当一致，也就是说，他们都认为这是个从思想到行动的逻辑过程，即经历了西方影响—国人了解—宣传鼓动—成立组织的发展阶段。而按照这种逻辑思路，他们就会对那些业已掌握的史料解读得非常片面，以致其中蕴含的许多复杂关系都被大大简化和混淆了。这样，许多位于不同层次的发展脉络就被生硬地拼接在一起，其中自然难免出现种种不协调之处，结果造成这个事件的真正意义并没有得到完整的揭示。

至于产生这种逻辑思路的原因，则在很大程度上是由于他们仍然自觉或不自觉地受着以往那种“冲击—回应”模式和“传统—现代”框架的影响，力图用整体意义上的中国社会变迁来处理这个事件。事实上，上海万国红十字会的诞生并非一个单向的线性事件，而是蕴含着不同线索的发展脉络，因此用单一的整体模式是无法将其容纳在内的。而要清理出该会的真正面相，就必须辨析出这些不同的脉络及其关系，这就是说，必须按照话语和实践的性质差异以及两者在时间和空间上的不同坐标，将这个诞生过程中的相关历史现象重新进行排列。这种做法的主要理由来源于这个疑问：话语和实践之间必然是种一一对应的关系，或是存在着某种必然的连续性吗？在这个具体情境中，这个问题就转化为：红十字会在中国的出现，一定是遵循着从思想传播到实际行动的路线吗？换句话说，在倡议创设红十字会的言论与按照红十字会形式开展的行动中所显现出的意识是完全相同的吗？根据这些问题，下面将对中国红十字会起源过程中的知识传播和具体实践分别予以考察。

二、关于红十字会诞生的整体性话语

就红十字会知识向中国的传播而言，目前所见国人中最早对红十字会作出较为系统表述的是孙中山。1897年，孙中山将英国医生柯士宾的《红十字会救伤第一法》译成中文，并由伦敦红十字会初版发行。此书在1904年以前便流传到了国内，因为《申报》于此年初曾称其“颇有用，正不必以人废言也”。[①]在该书的译序中，孙中山这样表达了自己对红十字会

①《中国宜入红十字会说》，《申报》76，上海书店，1982—1987年，影印本，第347页，光绪三十年正月十九日（1904年3月5日）第1版。

的理解：

> 孟子曰："恻隐之心，人皆有之。"是以行路之人，相值于患难之中，亦必援手相救者，天性使然也。虽然，恻隐之心，人人有之，而济人之术，则非人人知之。不知其术而切于救人，则误者恐变恻隐而为残忍矣，而疏者恐因救人而反害人矣。夫人当生死俄顷之际，施救之方，损益否当，间不容发，则其理不可不审求也。此泰西各国通邑大都，所以有赤十字会之设，延聘名师，专为讲授一切救伤拯危之法，使人人通晓，遇事知所措施；救济之功，成效殊溥。近年以来，推广益盛。①

这里对红十字会的认知方式是值得注意的。首先，孙中山认为红十字会在西方出现并得到推广乃是由于必须讲求"济人之术"的结果，姑且不论其准确性，这乃是对红十字会性质的一种整体概括；其次，他对孟子的"恻隐之心"的引用，表明他在潜意识中是要在中国传统文化中为红十字会定位，因为孟子对中国传统文化的代表意义是不言而喻的。因此，这实质上是一种整体性话语，也就是说，其试图将红十字会引进中国的途径是把中国和西方作为两个可以对接的整体文化单位。尽管这时的孙中山客居海外，也没有在这个译序中直接提出创设中国红十字会的建议，但是这种整体性话语却成为后来者阐述创设理由时一再使用的论证方式。

这方面第一个明显的例子就是孙淦。在1898年那份最早建议设立中国红十字会的禀文中，孙淦据以呈请的理由就是创设红十字会可以"赞军政而联与国"。孙淦首先根据红十字会实行战争救护的一贯行动，将其基本性质总结为"军事一起，无不受此会之大益"。而更重要的原因则是"万国公法之中，以此会为近数十年至善之大政。凡有军事，必认此会为

① 孙中山：《〈红十字会救伤第一法〉译序》，《孙中山全集》(第1卷)，中华书局，1981年，第108页。

中立，其有加害，万国得而讨之。其爱人也如彼，其见重于人也如此，此万国之所同也"，况且中国"以亚洲文明之大国，而万国共行之善政，我独阙如，坐令西方之人以野蛮相待，蔑我滋甚，其于国体，所关匪轻"。[①]在他于同年11月间在《申报》上发表的关于红十字会的论说中，这种中国与国际体系接轨的角度同样得到了明显体现，其中甚至称："方今地球各国，联约者四十有二国，未经入会者，惟朝鲜与我耳，毋怪人之不我齿也。"[②]根据这种话语，孙淦的希望也只能寄托在民族国家的当然代表即清政府身上。

杨儒作为第一个提出设立中国红十字会的官员，其见解当然更加无法越出这种整体性话语的范围。他首先也站在中国传统文化的立场上概括了红十字会的基本性质："红十字会救生善会，各国俱重视此举，谓为教化中应有之仁义。"至于他提出的设会理由虽然简单，却更加明显地体现出遵守国际法的含义。因为他代表清政府参加在荷兰海牙举行的"保和公会"时，曾与各国代表一起画押了国际红十字会的一个条约文本，故而其奏折中称"现既从众画押，自宜及时筹办，以示善与人同"。[③]

在义和团运动发生前，《申报》也数次呼吁中国成立红十字会，特别是两篇名为《创兴红十字会说》和《中国亟宜创兴红十字会说》的社论，极为明显地反映了《申报》对此问题的思路。前者出现在1898年5月，其中言："红十字会者何？泰西各国临阵救护受伤兵士之善举也……今则合欧亚美诸洲，除野蛮外，凡有教化之邦，无不踵兴斯会，所未兴者，惟我中国及朝鲜耳。朝鲜孱弱，几不克自存，原在不论不议之列。若中国则声名文物照耀寰区，王者之师最重仁义，而坐令兵卒效命于疆场之际……不特中心

---

①《大阪商人孙淦呈请裕钦使转咨总署奏设红十字会禀》，时务报馆编：《时务报》。沈云龙主编：《近代中国史料丛刊三编》（322—328），文海出版社，1987年，影印本，总第3722—3724页。

②《红十字会说》《接录红十字会说》，《申报》60，第550、558页，光绪二十四年十月初三、初四日（1898年11月16、17日），皆为第3版。

③《使俄杨儒奏遵赴和兰画押请补签日来弗原议并筹办救生善会折》，王彦威、王亮编：《清季外交史料》卷141，沈云龙主编：《近代中国史料丛刊三编》（11—19），台北：文海出版社，1985年，影印本，总第2405—2407页。

有所不忍，且不将贻四邻之笑而鄙之为野蛮乎？”[①]后者发表于1899年4月，虽然其中对红十字会功能的界定发生了若干变化，但其论证方式并未改变：“红十字会者何？泰西各国施医疗疾之善举也……亟盼中国创兴红十字会，莫让泰西日本专美于前也。”[②]由此可见，《申报》主要使用的依然是上述那种整体性话语。

应该指出，上述这些呼吁都发生在庚子国变之前，而自此到日俄战争爆发的约四年时间中，单纯使用整体性话语倡设中国红会的言论的确销声匿迹了。直至1904年5月，驻美国使臣梁诚再次使用了这种话语。他在奏请清廷《联约各国仿设红十字会》一折内称：“近今各军行阵救疾扶伤，不分畛域，其法良意美，尤推红十字会为最。该会命意略如内地善堂，以拯灾恤难为义务……论者谓于兵凶战危之中，行仁至义尽之道，文明进化，已信有征……环球各国日孳孳然讨论而利用之，中国尚未联约入会，似非圣朝恩周庶类、整饬戎行之本意。”[③]因此，如果只就这种整体性话语的线索而论，其中确实可以说出现了重大的中断，而从周秋光先生的论述来看，他所认为的中断实际上就是这种话语的中断。

造成这种中断状态的原因很可能是这样的：根据这种话语的逻辑，既然红十字会在很大程度上代表着民族国家，则创设该会也只能依靠政府来推动，希望能够自上而下地来实现这个目标，而庚子国变时期的清政府正处于风雨飘摇的状态，自然使这种话语失去了发言的针对目标。另一方面，就清政府而言，其自甲午战败之后便深陷各种内忧外患之中，根本无暇顾及创设红会的问题，所以对于所有要求设立中国红会的呼吁——无论来自民间还是官员——都没有做出任何实际反应。因此，尽管发出呼吁本身也可以被视作一种行动，但是由于这种对自上而下所抱的期望

---

①《创兴红十字会说》，《申报》59，第49页，光绪二十四年闰三月十九日（1898年5月9日）第1版。

②《中国亟宜创兴红十字会说》，《申报》61，第601页，光绪二十五年三月初一日（1899年4月10日）第1版。

③《出使美国大臣梁奏拟请联约各国仿设红十字会折》，《东方杂志》第1卷第11期，1904年。

终究与现实行动之间还存在着很大的距离，所以其在事实上只能具有思想史的意义。

然而外务部对上海万国红十字会的成立有一个说法，看起来却有可能使这条思想史的脉络出现混乱。1904年4月，外务部奏称："本年二月十二日(按:此为阴历，阳历为3月28日)，御史夏敦复奏请查照西例设红十字会等语，奉旨:'外务部知道。钦此。'迭经臣部会同商部电致上海绅董筹办，旋据电复，已议成中、法、英、德、美五国合办上海万国红十字会。"[①]照此说来，岂非是思想的传播终于转化为现实行动了吗？问题在于，外务部的说法存在着很大的疏漏。首先，上海万国红十字会的成立日期是1904年3月10日，这明显早于外务部奏报的成立时间。其次，盛宣怀在1907年6月也向清廷奏报了创办红十字会的情形，而据他的说法，他在得知夏敦复的奏请之前，已经与商约大臣吕海寰、侍郎吴重熹着手筹办上海万国红十字会了。[②]因此，外务部的上奏很可能只是一种邀功的做法，在事实上是站不住脚的。

问题至此还没有得到完全解决，因为如果盛宣怀所说属实，那就意味着官方还是起了推动作用，毕竟，他们三人是以中央官员的身份来督促上海绅商的行动的。不过，盛宣怀的这份奏折也有可疑之处。首先，该折中声称"其时天津、奉天先后设有救济筹济等局，以图急拯民命，惟中国尚未入瑞士国红十字总会，无从享战地救难医伤之权利"，经盛宣怀等三人"钦遵电旨，就商北洋大臣袁世凯、今侍郎杨士琦等，督率该会总董道员沈敦和、任锡汾、施则敬、任凤苞等劝合寓沪中西各国官绅，由中国联合英、法、德、美五中立国创设上海万国红十字会"。这就回到了本文起初提出的有关设会地点的问题，须知当时寓居天津的国外人士也不在少数，可为何在不经过与南洋大员会商的情况下，就能够"劝合"上海的"中西官绅"成立该会实行战地救护呢？

① 朱寿朋编:《光绪朝东华录》，中华书局，1958年，第5册，总第5169页。

②《沥陈创办红十字会情形并请立案奖叙折》，盛宣怀:《愚斋存稿》，卷13《奏疏十三》，沈云龙主编:《近代中国史料丛刊续编》(122—125)，文海出版社，1975年，影印本，总第345—348页。

其次，在该折中，盛宣怀为办理该会的上海绅商请奖时陈述的一个重要理由是："各员绅等又非尽负地方责任，远人引重，亦非虚词。"这个说法颇为奇怪，因为如果上海万国红十字会确实是一个由中央官员主导的组织，则其救助对象自然指向全国，而上海绅商在其中的行动纵然跨越了地方的边界，也不至于特别强调他们的地方身份，所以这里显然存在着自相矛盾之处。然而应该指出的是，这个矛盾并非仅仅出于盛宣怀等人希图邀功的心理，而是因为盛宣怀在这里存在着别样的行动意图。而在解释他的这个意图之前，必须先辨析出红十字会在中国的实践史的性质与脉络。

三、红十字会的地方性脉络

中国红十字会起源过程中的实践活动之所以能够成为一条独立的脉络，主要是因为这样两个情况：首先，在关于红十字会的系统认识传入中国以前，或者说在上述那种整体性话语产生之前，国人就已经与具有红十字会性质的组织发生有意识的联系了，而进行这次联系的中方人士正是上海绅商。其次，以这次联系为开端，直至上海万国红十字会成立，上海是国内仿照红十字会形式开展过救助行动的唯一地区，而且在这些行动的主持机构和主持人身上也能够发现某种明显的传承性。另外应该说明的是，在上海发生的这些联系和行动中，很难看到其背后有政府的影子，更多的则是民间自发的行动，这就表明其与整体性话语之间有着显著的性质区别。

事实上，正是在甲午战争期间，中国人并不像以往认为的那样，仅仅充当了红十字会这种组织的看客，而是与之发生了主动的联系。不过，其联系对象并非当时广为国人所知的日本赤十字社，而是另外一个以红十字会名义进行活动的组织。约在1894年底，一批西方传教士和医生曾"就营口设一医院"，专门医治"华兵之被药弹所伤者"。[①]虽然目前还没

①《善会募捐》，《申报》49，第181页，光绪二十一年正月十三日（1895年2月7日）第2版。

有直接的材料能够确定这个医院对自身的实际称呼，但它肯定曾以“红十字会”的名义进行了宣传，因为《申报》上曾径直称该医院为“牛庄红十字会医院”。[①]而在《申报》使用这个称呼之前，国内就有一些普通人士将这个医院与红十字会的名称联系在一起了。例如，一位自称“天马山庄主人”的人在致《申报》馆的信中提到该医院时，就称“幸得泰西各善士设立红十字会”；另一位署名“瑶林馆主湘人女士”的女子亦致函《申报》馆，称受伤清兵“幸赖红十字会泰西诸善士为之医治”。[②]由此可见，国人对该医院的红十字会性质的了解并非完全出于《申报》的宣传。

更重要的是，在赞叹之余，上海的一些人士和组织还向这个“红十字会医院”提供了直接的帮助。当时，由于经费不足，该医院的创办者请当时在上海的英国教士慕维廉出面劝募款项，而《申报》馆得知此事后，立即以该馆“协赈所”的名义予以协助，为之向社会劝集捐款。1895年2月7日，报馆正式刊发劝捐公启。[③]并最终为该医院募劝到经费英洋四千五百元、规元一千两。[④]

然而《申报》馆协赈所还不是国内对该医院最大的帮助者。就在《申报》馆的募捐公启发表十天之后，上海仁济善堂董事施善昌在《申报》上刊登了“劝募北洋医院经费”的公启。虽然称呼有所不同，但从内容上看，其实是同一件事情：

倭奴犯顺，薄海同仇，从军士卒，忠义奋发。北洋一带战阵受伤兵勇，蒙泰西乐善之士于营口、烟台等处设局医治，更得教士慕维廉先生集募经费，源源接济。某等食毛践土，尤属义不容辞。敬告远近忠义仁人，推同袍敌忾之心，念兵凶战危之苦，仁囊慨解，以助刀圭，

---

①《仁恩远霈》，《申报》49，第344页，光绪二十一年二月初十日（1895年3月6日）第4版。

②《顾恤疮痍》《仁恩远霈》，《申报》49，第200、344页，光绪二十一年正月十六、二月初十日（1895年2月10、3月6日），皆为第4版。

③《募捐小引》，《申报》49，第181页，光绪二十一年正月十三日（1895年2月7日）第1版。

④《综纪乙未年本馆协赈所筹赈事略》，《申报》52，第299页，光绪二十二年正月十三日（1896年2月25日）第1版。

多多益善，造福无量。倘蒙汇助，祈交上海六马路仁济善堂经收汇解，即行掣付收照，并刊登申、沪、新各报，以昭大信。①

四天之后，施善昌又以“丝业会馆筹赈公所”的名义，再次在《申报》上刊出了劝募医院经费的告白。②约半个多月之后，施善昌便将自己募集的该项捐款规元一千两，以及他禀请两江总督和江苏巡抚为此捐出的一万二千两，一并交由上海英国领事署转解该医院。③

通过这次接触，可以说有关红十字会的知识在中国得到有意识地传播之前，上海社会已经对红十字会有了初步的印象。虽然这样一种接触与创设中国红十字会的行动之间的距离还相当遥远，但是当中国在1900年首次出现由国内人士举行的、带有浓厚红十字会色彩的战争救助行动时，其发源地不仅仍然是上海，而且上述发生过接触的组织即《申报》馆协赈所、仁济善堂和丝业会馆依然在其中发挥着重要作用，这难道纯属一种巧合吗？

应该说明的是，在1900年的这次行动发生之前，上海业已出现了自称带有红十字会色彩的组织。约在1899年5月，上海绅士汪炳等人设立了一个名为“中国施医局”的慈善机构，并在章程中称：“同人酌照红十字会章程办理，有事施于军士，无事施于贫民。”④不过，这个施医局的实际作用和影响很可能非常有限，因为它虽然声称“有事施于军士”，可是当八国联军的侵华战争于次年爆发后，根本看不到其曾经发挥过任何作用。而1900年的救助行动不仅更充分地体现出了红十字会的特征，而且造成了很大声势并取得了显著的社会效果，从而使红十字会这种形式第一次

①《劝募北洋医院经费》，《申报》49，第242页，光绪二十一年正月二十三日（1895年2月17日）第4版。

②《劝募北洋营勇医费》，《申报》49，第266页，光绪二十一年正月二十七日（1895年2月21日）第4版。

③《收解声明》，《申报》49，第430页，光绪二十一年二月二十三日（1895年3月19日）第4版。

④《照录中国施医局章程》，《中外日报》1899年5月5日。转引自闵杰：《近代中国社会文化变迁录》（第二卷），第184页。

在中国产生了广泛影响。

这次救助行动的具体内容是，一批江南绅商为了搭救在八国联军战争中流落华北的东南各省人士，在中外战争状态远未结束、清廷整体外逃的情况下，自发动员社会资源，前赴华北地区展开救助行动。该行动开始于1900年9月中旬，大约结束于1901年3月末，持续了将近7个月的时间。这也是中国历史上首次由民间自发举行的大规模、跨地域救济战争难民的行动。为这次行动成立的中心机构主要有两个，即救济善会和济急善局，二者都位于上海。前者共从华北接运七千余人回南方，[①]费银至二十余万两。[②]后者的成效可能更为可观，虽然其最终救助人数不详，但其费用总数甚至达到五十多万两。[③]

应该说，闵杰先生将救济善会称为中国红十字会的先声在部分意义上是正确的，因为该会表现出的红十字会特征确实相当明显。不过，他的具体表述又存在着若干不确切之处。首先，他仅仅注意到了救济善会，没有论及济急善局，并且错误地将济急善局的主持者严信厚、庞元济和施则敬当作了救济善会的发起人，而这两个机构实际上并没有统一在同一个旗帜之下。其次，他据以判定救济善会性质的根据只是该会在其成立公启中的声明，这种判断依据未免有些薄弱。例如，他本人发现的中国施医局章程里同样有“酌照红十字会章程办理”的字样，为什么这个施医局就不能被称为中国红十字会的先声呢？

事实上，救济会表现出来的红十字会特征是多方面的。首先，该会非常注意广泛使用红十字会的显著标志。其章程中规定会中“无论上下人等均穿红十字记号衣服”，[④]凡该会所派人“身边及舟车均以红十字旗号为凭”。[⑤]该会开设保定分局时也规定，执事人“衣上有红十字记号，洋文

---

①《筹创中国红十字会启》，《救济文牍》（卷1），光绪三十三年苏省刷印局刻本，第41页b。

②《拟办天津工艺局启》”，《救济文牍》（卷1），第19页a。

③《戴鸿慈奏稿》，陈旭麓、顾廷龙、汪熙主编：《义和团运动——盛宣怀档案资料选辑之七》，上海人民出版社，2001年，第676页。

④《津局办理章程》，《救济文牍》（卷1），第5页b。

⑤《张贴天津各处晓谕居民告示》，《救济文牍》（卷2），第6页b。

写明‘中国红十字会执事人’字样”。[①]其次，该会主持人陆树藩也十分注意按照红十字会精神行动。例如，他在天津遇到一批“甘从洋兵，以身试险”，结果却陷于困境的苦工时，虽恼怒其“贪利北来”，但念及“红十字会例以平等救人为主，故仍一体援之”；[②]而得知随自己北上的一些司友“颇有退心”时，又特地向其解释“泰西红十字会章程，系专往军前救济”。[③]

退一步来说，不管救济善会的红十字会性质究竟如何，当时社会上的看法的确是普遍地将之与红十字会联系在一起的。例如，《申报》就认为救济善会的宗旨与“泰西红十字会相同”，[④]《新闻报》亦称之为“救济红十字会”，《苏报》则称其“略仿各国红十字会，又斟酌于人地所宜而损益之”，[⑤]厦门一位人士则赋诗直称“救济会原红十字”。[⑥]如果说这尚属一般人的模糊认识，可是连前述那位建议中国设立红十字会的杨儒在知晓救济会的活动后，也认为其与红十字会“虽办法稍殊而宗旨无异”。[⑦]另外，当时侵华各国统兵官见到救济会中人臂上均“缚有红十字”时，尽管认为该会尚未加入“杰乃法之会(即日内瓦国际红十字会)，未便滥用红十字旗帜”，但也只是让该会将“红十字改为蓝十字”，并未质疑其行动原则或阻挠其行动。[⑧]由此可见，侵华各国对救济会的红十字会性质也在一定程度上给予了承认。

不过，准确地讲，将整个这次救助行动称为中国红十字会的先声或许更为恰当。这是因为：第一，如前所述，救济善会毕竟不是这次行动唯一和最大的机构；第二，济急善局同样具有红十字会的色彩。不仅济急善局

---

①《署直隶臬司孙麟伯廉访致陆纯伯部郎函》，《申报》66，第678页，光绪二十六年十一月初二日(1900年12月23日)第3版。

② 陆树藩：《救济日记》，光绪三十三年刻本。原书无页码。

③《告本会北来各司友》，《救济文牍》(卷2)，第7页b。

④《劝募救济兵灾捐款》，《申报》66，第45页，光绪二十六年八月十六日(1900年9月9日)第1版。

⑤《新闻报馆协办救济会募捐启》《录苏报论救济善会》，《救济文牍》(卷6)，第6页a、第9页b。

⑥《来函照登》，《申报》66，第440页，光绪二十六年九月二十三日(1900年11月14日)第4版。

⑦《杨子通星使来书》，《救济文牍》(卷5)，第5页b至6页a。

⑧《筹创中国红十字会启》，《救济文牍》(卷1)，第42页a。

在章程中也正式说明自己“仿照红十字会意办理”这场救助行动,[①]而且《申报》同样承认其宗旨“与泰西红十字会相同”。[②]另外,由于这两个组织经常采取联合行动,一般人士常常将二者混淆,以至于“邮寄信件及捐款银两,往往互相错递”。[③]这就使救济会的红十字会色彩会在很大程度上移植到济急善局的身上。更值得注意的是,在济急善局的五个中心联络地点中,其中三个正是《申报》馆(它也是救济会的一个重要联络点)、仁济堂和丝业会馆,[④]总办事处则设在丝业会馆。[⑤]况且济急善局主持人之一施则敬,正是当年身为丝业会馆馆主的施善昌之子。[⑥]因此丝业会馆依然有活跃表现,显然不是一个无关紧要的细节。

根据上述情况,再来观察上海万国红十字会的成立过程,就可以看出1900年的那次救助行动正是前者直接的实践基础。1904年2月20日,《申报》就刊出“劝中西官绅急救北方难民说”,认为当年华北救援的经验正可用于当前对东北难民的救助:

> 犹忆庚子年拳匪之乱,京津沦陷,民不聊生,幸经沪上巨绅筹资设会,商准当道,急派轮船前往施救,并由西官颁给护照,俾无所阻,一时士民之赖以出险者,何止恒河沙数。此次东三省变起仓猝……窃以为宜师前者救济之法,由沪地商派轮船,驶往援救,一切办理,前规未远,尽可仿行。[⑦]

---

①《济急公函》,《申报》66,第170页,光绪二十六年闰八月初七日(1900年9月30日)第3版。

②《劝募济急局捐款》,《申报》66,第181页,光绪二十六年闰八月初九日(1900年10月2日)第1版。

③《济急会声明》,《申报》66,第576页,光绪二十六年十月十六日(1900年12月7日)第3版。

④《济急善局公启》,《申报》66,第100页,光绪二十六年八月二十五日(1900年9月18日)第3版。

⑤《善与人同》,《申报》66,第140页,光绪二十六年闰八月初二日(1900年9月26日)第3版。

⑥《会办东赈》,《申报》23,第399页,光绪九年八月初五日(1883年9月5日)第2版。

⑦《劝中西官绅急救北方难民说》,《申报》76,第263页,光绪三十年正月初五日(1904年2月20日)第1版。

这并非仅仅是局外人士的看法。3月3日，东三省红十字普济善会成立，其章程中出现了这样一段自问自答："或曰：'庚子之役，上海有救济善会之设，各国义之。今东三省复有是举，固被难人民所亟盼，而亦两战国所乐从也。其事与庚子得毋相同？'顾事则同矣，而其实有难焉者。"[①]纵然时势有所不同，但这段话表明该会同人对庚子之役仍保留着清晰的记忆。而且东三省红十字普济善会之所以选择仁济善堂作为集议成立的场所，也就无甚奇怪了，因为该善堂及其董事施则敬在庚子之役中都有过引人注目的表现。这也从一个侧面表明了其中的连续性。

虽然东三省红十字普济善会格于国际红十字会"会中公法，窒碍难行"，实际上仅存在了七天，但它却是上海万国红十字会的直接前身。因为正是该会同人决定"商请寓沪西国官商及工部局值年总董事同行合办"上海万国红十字会，并且声明"一经议定办法，同人即就盆汤弄丝业会馆设局开办"。[②]在上海万国红十字会成立的次日，即1904年3月11日午后三点钟，作为中方董事之一的施则敬"复邀各华董在丝业会馆会议，先行筹备五万金，以期及早开办"。[③]在3月17日的上海万国红十字会全体会议上则确认，仁济善堂、《申报》馆等处为代收捐款之所，而在丝业会馆"设立总收发所，所有华董办事劝捐等事，即以丝业会馆为总汇之区"。[④]因此，上海丝业会馆可以说是中国自办红十字会活动的正式起步地点。而根据这一系列事实，在上海与红十字会之间拉出一条独立线索也就顺理成章了。

另外一个需要澄清的问题是，这批上海绅商创办红十字会的主动性与盛宣怀所言有很大反差。他们在东三省普济善会的章程中就声明，本

---

①《东三省红十字普济善会章程并启》，《申报》76，第335页，光绪三十年正月十七日（1904年3月3日）第1版。

②《普济群生》，《申报》76，第388页，光绪三十年正月二十五日（1904年3月11日）第3版。

③《施君肇基笔译上海创设万国红十字支会会议大旨》，《申报》76，第409页，光绪三十年正月二十八日（1904年3月14日）第1版。

④《二月初一日上海万国红十字会初次集议问答》，《申报》76，第454页，光绪三十年二月初五日（1904年3月21日）第3版。

会“虽系商办善举，应请政府协助，由董事电恳政务处、外务部、商部及各地方官竭力保护”。[1]这表明他们从一开始就是自主行动的。另据他们的说法，上海万国红十字会是他们“禀奉吕尚书、盛宫保、吴侍郎，转商寓沪英、法、德、美各官商”的结果，盛宣怀等人不过是在事后表示承认和支持罢了。[2]很可能基于这样一些事实，难怪作为红十字会总董之一的沈敦和后来甚至称：“沪红十字会系民捐民办，甲辰（按：即1904年）四月、十二月两次奉旨嘉许，实称善举。”[3]从根本上否认了上海万国红十字会具有官方的背景。

四、红十字会与晚清义赈活动的交互作用

从上述所有情况可以看出，由于红十字会在中国的具体实践有着一条独立的社会史发展脉络，所以中国出现红十字会正式组织的地点最终落脚于上海并不是偶然的。不过，何以唯独上海绅商能够那么早地与红十字会发生主动接触，又对红十字会这种形式一直保持着极大的兴趣，并且只有他们能够最早地在中国成功运用这种形式呢？要回答这个问题，就不能不涉及在当时上海地区业已存在了相当一段时间的另外一种重要社会实践，即晚清时期的义赈活动。

晚清义赈在十九世纪七十年代后期的“丁戊奇荒”期间萌发于江南，并且由于晚清时期灾荒的频繁发生，其活动也连绵不断，到十九世纪九十年代时就已“风气大开”，甚至对官赈产生了极大影响。正如晚清义赈的重要发起人之一经元善所说，当时已是“海内成为风气，一若非义赈不得

---

①《东三省红十字普济善会章程并启》，《申报》76，第335页，光绪三十年正月十七日（1904年3月3日）第1版。

②《万国红十字会公启》，《申报》76，第578页，光绪三十年二月二十五日（1904年4月10日）第3版。

③《沈仲礼观察自上海来电》，《吕海寰杂抄奏稿》，北京大学图书馆馆藏稿本丛书编委会编辑：《北京大学图书馆馆藏稿本丛书》11，天津古籍出版社，1987年，总第1555页。

实惠”。[①]关于晚清义赈的特性,李文海先生指出,由于晚清时期严重的灾荒、荒政的衰败,以及社会经济结构的巨大变动,民间自发兴起了这种“民捐民办”,即由民间自行组织劝赈、自行募集经费,并自行向灾民直接散发救灾物资的跨地域救荒活动。它是一大批江南绅商的联合行动,一方面与江南慈善传统有着极为密切的关系,另一方面又在很大程度上超越了传统的地方性慈善事业。[②]而这种超越性的最重要表现,就在于义赈是一种跨地域的地方性救荒实践,也就是说,义赈活动在面向全国范围内灾荒的同时,又始终立足于江南地区,其表现出来的地域意识、主要依靠的社会资源,以及具体运用的救荒方式,无不带有强烈的江南地方色彩,从而形成了自身独特的运行机制。

上海不仅是义赈最初的起源地之一,而且很快成为整个义赈活动的中心机构所在地。到上海万国红十字会成立时,上海的义赈活动已有了将近三十年的历史。其头面人物虽经历了从经元善、谢家福、郑官应到施善昌,再到施则敬的转变,但其在上海的活动传统从来没有发生过中断,其社会影响也一直未衰。由此重新审察前述那条社会史脉络,便可以发现上海一再与红十字会发生关联,其根本原因正在于上海的义赈系统一直保持着与红十字会实践的密切联系。

在甲午战争期间发生的那次接触中,向红十字会医院提供援助的三个机构,即《申报》馆协赈所、仁济善堂和丝业会馆筹赈公所,正是当时上海最主要的几个义赈机构。另外,到这次帮助红十字会医院劝捐的活动发生时,它们办理义赈都已经有相当一段时间了,因为丝业会馆开始办理义赈的时间是1883年,[③]而仁济堂和《申报》馆都是在1889年加入义赈系统的,[④]在当时社会上有着极为广泛的影响。况且主持丝业会馆和仁济

①《筹赈通论》,虞和平编:《经元善集》,华中师范大学出版社,1988年,第118页。

② 李文海:《晚清义赈的兴起与发展》,《清史研究》1993年第3期。

③《震泽告灾书》,《申报》23,第14页,光绪九年五月二十九日(1883年7月3日)第4版。

④《上海六马路仁济善堂八月廿三日经解山东第一批赈捐代赎赈捐启》,《申报》35,第558页,光绪十五年九月初四日(1889年9月28日)第4版。《本馆经办赈捐议》,《申报》35,第685页,光绪十五年九月二十五日(1889年10月19日)第1版。

堂赈所的施善昌还是当时上海的义赈领袖,因此他能在很短时间内为该医院募集到大批款项实属平常。

在1900年的救助行动中,义赈的身影更是无所不在。首先,济急善局的主要主持者都与义赈有着直接的关系。在济急善局公启上署名的严信厚、施则敬、杨廷杲、郑官应、席裕福等人正是此前和之后主持办赈多年的义赈头面人物,而其中心联络机构也正是几家最重要的协赈公所所在地。而且该善局还在章程中明确宣称:“此次承办同人仍延历届助振诸君,以期得力而归实济。”[①]另外,就在进行这次救助活动的当中,他们还兼顾着开办了对陕西旱灾的义赈行动,[②]并立即在救助行动结束后在京畿一带开办了义赈。[③]

其次,即使是红十字会色彩更浓的救济善会,也与义赈有着密切关联。在救济会开办之初,就有人建议其应“仿照赈捐旧章办法”,该会主持人陆树藩则对此表示完全赞成。[④]而且从其行动章程中可以看出,它的许多具体活动方式的确仿照了义赈办法。[⑤]此外,该会主持人陆树藩等人虽然在此前并没有怎么参与过义赈,但他们在这次救助行动当中同样积极参加了对陕西的义赈行动。[⑥]并且在救助行动结束后,他们还将救济会径直改称“救济善会筹办顺直义赈局”来接办顺直地区的义赈,[⑦]从而正式加入了义赈的行列。

再次,许多局外社会人士常常将这场救助行动与义赈联系在一起。例如,四川、江西、云贵等省绅商请求济急善局帮助搭救本省被难同乡时,其表示信任的根据就是“各善长素来乐善,历年各省灾振,莫不仰赖芘

---

①《承办济急善局章程》,《申报》66,第112页,光绪二十六年八月二十七日(1900年9月20日)第3版。

②《陕振琐纪》,《申报》66,第612页,光绪二十六年十月二十二日(1900年12月13日)第3版。

③《东南济急会接办京畿春振公启》,《申报》67,第296页,光绪二十七年正月初九日(1901年2月27日)第3版。

④《复王燕樵》,《救济文牍》(卷4),第11页b。

⑤《救济会章程》,《申报》66,第52页,光绪二十六年八月十七日(1900年9月10日)第3版。

⑥《为民请命》,《申报》68,第230页,光绪二十七年四月二十二日(1901年6月8日)第3版。

⑦《顺直义振局志谢》,《申报》67,第317页,光绪二十七年正月十二日(1901年3月2日)第9版。

筹”。[①]而一位社会人士在萌生“略仿红十字会办法，设会纠资拯救北方被难士民”的想法后，却“驰书沪上义赈诸君子”，希望能够由他们来承办此事。[②]此外，由于济急善局曾言明，若有被难官商将来归还当初接受的救济款，则“全数拨充振需”。[③]所以《申报》上的一篇社论甚至认为，对救助行动的捐助实际上也是对义赈的某种捐助：“凡振济之举，嗷嗷待哺之哀鸿既已受惠于前，断无偿还于后。若此次北省被难之官绅商民……生还故里，从前所受之数未必不设法偿还……是诸善士之捐资入会者，既以救今日漂泊异乡之旅客，迨他日受此者或仍如数缴还，则藉此仁浆义粟，又可救若干无告之穷民，是不啻以一次之款而行两次之善也。”[④]因此，如果只从实际组织和募捐的角度来看，这场救助行动与其说是一次红十字会实践，还不如说是义赈行动的某种延续。

有了以上事实基础，在上海万国红十字会的成立过程中，发现义赈的痕迹就是件非常容易的事情了。姑且不论作为该会“总收发所”的丝业会馆，此时依然是一个协赈公所所在地，也不论该会在具体活动办法中对义赈模式的因袭，即便在该会选出的十名中方董事中，有八人便是经常参加义赈活动的绅商，更不必说两位具体办事华董之一正是那位施则敬了。[⑤]另外，该会同人的言辞中也常常折射出义赈的映像。例如，他们在初次发出募捐呼吁时就称：“所有向收义振之《申报》馆、《新闻报》馆、仁济善堂及现收恤款之《中外日报》馆，拟请分别代收。”[⑥]在3月17日的全体会议上，中方董事要求再增加一名办事华董，而公议推举的人选便是“熟

---

①《善与人同》，《申报》66，第140页，光绪二十六年闰八月初二日（1900年9月25日）第3版。

②《金兆蕃同年来书》，《救济文牍》（卷5），第31a页。

③《济急公函》，《申报》66，第170页，光绪二十六年闰八月初七日（1900年9月30日）第3版。

④《劝募济急善会捐款说》，《申报》66，第199页，光绪二十六年闰八月十二日（1900年10月5日）第1版。

⑤《施君肇基笔译上海创设万国红十字支会会议大旨》，《申报》76，第409页，光绪三十年正月二十八日（1904年3月14日）第1版。

⑥《普济群生》，《申报》76，第388页，光绪三十年正月二十五日（1904年3月11日）第3版。

悉振务、向办善举”的任锡汾。[①]应该补充的是，作为中方首董的沈敦和虽然在这时与义赈还无多大瓜葛，但仅两年之后即1906年，他就在为救济徐淮海水灾难民而在上海成立的华洋义赈会中担任了“华文书记员”的职务。[②]1910年，他更在第二次华洋义赈会中出任中方会长，从而成为当时义赈的头面人物之一。[③]

最后值得一提的是，义赈这条线索的存在还为实现中西合作提供了某种铺垫。因为这批上海绅商在与西方人士商讨合作成立红十字会的可能性时，与之最先接洽的西人便是晚清著名传教士李提摩太。[④]而李提摩太之所以愿意促成合作，其中一个可能的原因就是他对这批绅商的义赈背景的了解，以及他本人与义赈之间的某些渊源。早在“丁戊奇荒”期间，李提摩太和江南义赈绅商就相互知晓了对方的赈济行动，并出现过合作的机会。在李提摩太刚刚结束自己在山西主持的赈济活动，尚滞留太原的时候，恰巧遇到了某位正在办理山西义赈的江南绅商，他于是致函上海协赈公所，表示愿意“以身为贵局帮办赈务数月”。[⑤]尽管这次合作最终没能实现，但它毕竟使李提摩太与义赈之间有了直接沟通的可能。而对于上海义赈同人在甲午战争期间为红十字会医院提供帮助的行动，李提摩太肯定也不会毫不知情，因为受该医院委托在上海募捐的英国传教士慕维廉，正是在“丁戊奇荒”期间为李提摩太的赈济活动在上海募捐的主要代理人。[⑥]而且极有可能出于对义赈活动的了解，李提摩太在1895年初为自己创设的广学会募捐时，才会将义赈作为自己行动的比照对象：

①《二月初一日上海万国红十字会初次集议问答》，《申报》76，第454页，光绪三十年二月初五日（1904年3月21日）第3版。

②《筹办淮徐海三属义赈函》，《申报》85，第593页，光绪三十二年十月二十二日（1906年12月7日）第9版。

③《华洋义赈会订期本月十一日下午四时二刻假张园开中西大会》，《申报》109，第609页，宣统二年十一月初八日（1910年12月9日）第1张第1版。

④《施君肇基笔译上海创设万国红十字支会会议大旨》，《申报》76，第409页，光绪三十年正月二十八日（1904年3月14日）第1版。

⑤《复函照登》，《申报》16，第74页，光绪五年十二月初八日（1880年1月19日）第3版。

⑥《万国公报》，华文书局，1968年，影印本，总第3639—3640页。

“仆断不敢谓助赈之不善，而举行广学，实超助赈功德之上。”[①]话虽如此，其实反过来也表明他对义赈的社会影响是相当清楚的。

通过上述事实可以看出，正是在很大程度上由于义赈这种跨地域的地方性实践机制在上海的持续运转，才使得上海绅商能够屡屡在实际活动中将红十字会形式运用于中国。至于他们运用红十字会形式的原因，则主要是因为：第一，在上述社会史脉络中，红十字会形式每次得以在中国被运用都是出于现实需要的战争救助行动，而对这些上海绅商来说，尽管这类救助对象是战争的受害者而非自然灾荒制造的难民，但出于他们对地方社会外部各种灾难的一贯关注，这两类对象并无根本上的差别；第二，战争救助的方式毕竟与单纯的救荒手法有一定的差异，所以红十字会这种形式才能够引起他们的注意；第三，恰恰又由于他们具有跨地域开展救济行动的丰富经验和广泛的社会影响力，才决定了是他们而非别人能够在实际行动中将红十字会形式予以有效运用。因此，从这种意义上来说，包括最初成立上海万国红十字会的行动在内，红十字会在中国起源过程中的所有实践都属于这种跨地域的地方性实践机制的范围。

五、整体性活动与地方性实践之间的互动与融合

不过，虽说是依赖于义赈在上海塑造的跨地域的地方性实践机制，红十字会才得以成为中国社会中一个具有实际影响的组织，但是这并不意味着以整体性话语为标志的思想史脉络与以地方性实践为线索的社会史脉络之间是一种平行线的关系，或者说前者从未产生过任何实际效用。事实上，由于时间上的穿插和空间上的重叠，这两条脉络不仅会发生交叉，而且正是在这种交叉的作用下，以地方性为基础的红十字会实践才出现了创建以民族国家为单位的红十字会组织的势头，并最终实现了这一

---

①《广学会敬募金资以助华人启》，《申报》49，第517页，光绪二十一年三月初七日（1895年4月1日）第9版。

转化。

这两条脉络的第一次交叉大约发生在1900年的救助行动前后。至于造成这次交叉的起因则主要基于这样两个方面：首先，最早全文刊登孙淦禀稿的《时务报》和《申报》都是当时上海的重要报纸，并且《申报》还是1900年以前呼吁创设中国红十字会最为积极的一家刊物。[①]其次，一个不容忽视的细节是，孙淦虽然"久客日本大阪埠"经商，而其籍贯正是上海，[②]这就使他与上海绅商群体之间或许能够发生某种直接联系。另外，他还在1898年11月的《申报》上连续发表了《红十字会说》《接录红十字会说》，将自己对红十字会的认识在社会上进行了广泛宣传。[③]所有这些情况表明，整体性话语在上海一带的传播肯定是最为广泛和充分的。因此，前述上海绅士汪炳等人"酌照红十字会章程"创办的施医局不过是个地方慈善机构，却冠以"中国"的名义，很可能就是受这种整体性话语的影响所致。

不过，这次交叉造成的最引人注目的后果，则是救济善会的陆树藩试图创办中国红十字会的举动。在救助行动大致结束后，陆树藩起草了"筹创中国红十字会启"并制定了较为详细的章程，他在这个公启中首先承认，救济善会本来的行动目的是"专渡南方被难官商士民南下"，由于在进行救助的过程中得知"红十字会总会设于瑞京，不入此会，不得滥用红十字会旗帜，更不得享此会之利权"，才生发出创设正式的红十字会组织的念头。然而当他进而论述自己所创组织的性质时，其语气却完全转入整体性话语的行列："今全球各国至瑞京联约入红十字会者四十有三国，未经入会者惟朝鲜与我中国耳！……此举关乎文明不浅，断不让猛鸷之土

① 在此期间，《申报》一共发表了三篇此类文章，分别为《创兴红十字会说》(《申报》59，第49页，1898年5月9日第1版)、《红十字会历史节译》(《申报》59，第179页，1898年5月30日第1版)、《中国亟宜创兴红十字会说》(《申报》61，第601页，1899年4月10日第1版)，其数量位居当时各家报刊之冠。

②《创兴善会》，《申报》58，第503页，光绪二十四年三月初五日(1898年3月26日)第2版。

③《红十字会说》《接录红十字会说》，《申报》60，第550、558页，光绪二十四年十月初三、初四日(1898年11月16、17日)，皆为第3版。

耳其、褊小之暹逻而独入此会，受无量公家之福也。总之地球上无论为大国，为小国，为强国，为弱国，不入此会则不仁；居今之时，不入此会则不智。不仁不智，则吾华人之所不安。”[①]也就是说，陆树藩创设该组织的起步基础是纯粹地方性质的救济会，而其试图代表的却是整个民族国家。

由于陆树藩在这里根本没有摆脱自己的地方感，所以他这次从地方转化到民族国家的尝试是相当牵强的，这无疑使他的举动不大可能被普遍认可。此外还应该指出，陆树藩并不是义赈活动中的头面人物，在慈善事业方面的社会影响力十分有限，这也极有可能是造成其失败的一个重要原因。如若不然，则何以施则敬等人能够成立上海万国红十字会，而陆树藩及 其计划这时都毫无踪影呢？更值得注意的是，前述思想史与社会史脉络之间的交叉在上海万国红十字会诞生过程中同样发生了，而这次在上海这批最著名义赈人物的作用下，造成了与第一次交叉完全不同的结果。

东三省红十字会普济善会甫一成立，这种交叉就开始了。本来，该会同人完全是从地域关系的角度阐述此次行动缘起的，并强调了自身的南方身份：“比年西北多兵，而东南晏然无事……仆等何人，仰荷眷佑，箫鼓承平，依然新岁景象，念我东人乃遽殃及……同志伤之，特先筹垫十万金，拟设东三省红十字普济善会。”[②]然而《申报》仅在两天后就赋予其以整体性话语的意义：“此次普济善会，特中国红十字会之先声耳！诚能于日俄战事既平，不废此举，商之瑞士万国红十字会，得以列名其间……俾红十字徽帜，近而照耀于中国二十一行省，远且及于泰东西，无使暹罗、波斯、土耳其诸小邦，反凌驾于我声明文物之中国，庸讵非快意之举乎？”[③]在这种声音的环绕下，该会同人在完成从东三省红十字普济善会到上海万国

①《筹创中国红十字会启》，《救济文牍》(卷1)，第40页b至43页a。

②《东三省红十字普济善会章程并启》，《申报》76，第335页，光绪三十年正月十七日(1904年3月3日)第1版。

③《中国宜入红十字会说》，《申报》76，第347页，光绪三十年正月十九日(1904年3月5日)第1版。

红十字会的组织转变的同时，其语气很快也变成“溯自中外通商以来，万国一心，踊跃奔赴，能与我华合办大善事者，在上海当推此为第一伟举”。[①]尽管他们在这里还没有完全忘记自身的地方感，但对这次行为的具体定位显然已经提升到了民族国家的层次。

而且如果说上面那句话出现“我华”的字样是因为存在着与国外合作的因素，尚不足以表明其身份意识出现了明显的变化，那么在日俄战争之后不久由这批绅商独自开办的两次救援行动则提供了更为明确的证明。1905年下半年，海参崴城中的华人遭俄军滋扰，“所有庐舍悉被一炬，受伤八百人”。沈敦和、任锡汾和施则敬等接到消息后，于当年11月间以上海万国红十字会名义“酌拨会款”，并派人前往救济。[②]1906年初，美国旧金山发生强烈地震，当地华人受伤惨重，除由上海万国红十字会拨银两万两外，施则敬等人又另发公启，集银三万两解往施济。[③]这两次行动的救助区域和对象是十分值得注意的，因为在上海万国红十字会成立以前，这批绅商的救济行动从来没有越出国境线以外，而这两次救济国外华侨的行动却都发生在上海万国红十字会成立之后，其中的视域转变显然有着某种内在关联。因此随着这批绅商的行动向国际救援范围的扩展，其身份亦远远不是以往那种“地方精英”所能涵盖的了。

这样一来，前述盛宣怀的那个行动意图也就得到了付诸实施的机会。原来盛宣怀在1907年的那份奏折中还有这样一句话：“兹以五中立国权宜联合，在中国地方创始承办，中国遂永有红十字会主权。”[④]在1910年的一份奏折上，他又在这句话的后面加上了“亟应就此立定中国红十字会规

---

①《普济群生》，《申报》76，第388页，光绪三十年正月二十五日（1904年3月11日）第3版。

②《十月十九日红十字会沈、任、施三观察致海参崴商务局委员李兰舟》，《申报》81，第861页，光绪三十一年十一月十四日（1905年12月10日）第9版。

③《筹振旧金山被灾华侨公启》，《申报》83，第251页，光绪三十二年四月初三（1906年4月26日）第1版。《上海官绅致各省官场电》，《申报》83，第302页，光绪三十二年四月初八日（1906年5月1日）第4版。

④《沥陈创办红十字会情形并请立案奖叙折》，盛宣怀：《愚斋存稿》卷13《奏疏十三》，总第345—348页。

模，期于可久可大为主”。[1]由此可见，盛宣怀正是要在上海万国红十字会的基础上创建正式的中国红十字会。这样他在1907年那份奏折中出现自相矛盾的另外一个原因也就清楚了，那就是他一面试图将上海万国红十字会纳入整体性话语的轨道，一面又不得不承认其事实上的地方性实践性质，所以这个矛盾的出现仍然与这种话语与实践的交叉有很大关系。不过这个矛盾在这时已经无关紧要了，因为在沈敦和、任锡汾、施则敬等人出现上述身份意识转换的同时，他们也接受了盛宣怀代表官方委派的“就上海万国红十字会余款先行筹办，所有一切事宜，仍责成该总董等一手经理”中国红十字会的任务，这就使上海万国红十字会在事实上也成为了中国红十字会的前身。

六、如何超越“地方史”研究的局限

根据上述研究可以看出，红十字会得以在中国找到最初的实际落足点，在很大程度上依靠的是作为“小传统”的地方性社会资源，而不是依赖于与作为“大传统”的中国慈善文化之间达成的某种契合。同时，原先仅具“小传统”性质的地方性实践借助于红十字会这种媒介，一方面使自身的空间定位发生了重大改变，另一方面则促成了“大传统”对红十字会的最终接纳和融合。因此，对中国红十字会起源所具有的双重历史脉络的区分，表明“大传统”和“小传统”之间可以发生实际上的连接，而不是仅仅依靠方法论上的推演。

另外，这种区分还在很大程度上形成了对既有地方史研究框架的挑战。因为早有研究者指出，以往地方史研究大多“过于偏重地方（权力斗争的）舞台，而忽视了纵向的国际—国家—地方的制度场域”。[2]其实，出现这种情况的一个重要原因，就是地方史研究总是把地方精英固定在地

---

① 《酌拟中国红十字会试办章程请旨立案折》，盛宣怀：《愚斋存稿》卷15《奏疏十五》，总第395—398页。

② 李猛：《从“士绅”到“地方精英”》，《中国书评》1995年第5期。

方空间之中，对其外向性活动的性质和策略则不予重视。而本文对上海万国红十字会的分析则显示出，地方精英不仅具有连接不同层次的空间的能力和策略，甚至能够发生身份意识上的转换以进入更宽广的制度场域。这就表明，以往地方史研究那种锁定空间边界的做法，正是导致其研究视野和理论视角存在很大缺失的主要原因之一。

（该文基本内容原载《浙江社会科学》2004年第5期）

江南人在华北
——从晚清义赈的兴起看地方史路径的空间局限

晚清义赈兴起于光绪初年,是一种由民间自行发起的、“不分畛域”的赈灾活动。这种形式的赈灾活动自诞生之初就产生了巨大的社会影响,其号召力直至民国初年依然不衰。由于晚清义赈在以往只得到了很少的注意,所以其兴起过程中的许多问题都未得到较为彻底的清理。虽然本文的主要内容对于这块空白有一定程度的填补作用,但是本文的主旨其实更多地出于方法论上的问题。在这里的语境下,就是指晚清义赈兴起过程中的一些经验事实可以用来检测地方史路径的有效程度。正如一些研究者感觉到的那样,目前依然方兴未艾的地方史研究始终面临着缺乏整合性的问题。但是,对于这个问题的根源,尚未有人进行较为深入的学理探讨。而本文正是试图通过对晚清义赈兴起过程中有关地方性问题的分析,为探讨这种根源之所在略作尝试。不足之处,尚祈指正。

一、中国救荒机制的传统序列与义赈的位置

对于晚清义赈的兴起,学界以往表达出来的看法大体可以分为两种:一种来自美国学者兰金(Mary Rankin)的论述,她在研究浙江地方精英时注意到了晚清义赈的兴起,并将之视为浙江“公共领域”的自然延伸;[①]另一种则以李文海和虞和平两位先生的论述为主要代表,他们认为晚清义赈是伴随着中国近代化进程而产生的,从而带有明显的救荒近代化性

① Mary Rankin, *Elite Activism and Political Transformation In China*(Stanford: Stanford University Press, 1986), pp.137-147.

质。[1]按照兰金的看法，晚清义赈的兴起当然只是发生在地方社会中的一个“小事件”；而在第二种看法中，其又完全符合中国近代化这个“大事件”的逻辑，从而有了加入宏大叙事的资格。既然支撑这两种看法的认知框架之间存在着无法逾越的鸿沟，那么晚清义赈为何能够同时被赋予两种截然不同的面相呢？要回答这个问题，这里必须对中国救荒机制的传统序列稍作说明。这不仅有助于我们确切把握晚清义赈在中国救荒史上的位置，而且可以为勘察这两种看法的判断逻辑提供相当大的帮助。

中国历史上的救荒机制大致可以分为两个序列。第一个序列位于国家层面上，即救荒自先秦以来就是中国传统政治结构中一个非常特殊的领域。所谓“民为邦本，食为民天”，国家为担负“养民”责任而执行的一项重要政策就是“荒政”，这在《周礼》所称的“以荒政十有二聚万民”中有最直接和系统的表达。[2]而民间对荒政的参与，仅限于国家为赈灾开办捐纳时报捐而已。[3]在中央集权未曾遇到大的挑战的情况下，唯有国家才能够不受地方藩篱的限制来实施救荒。另外，天灾警人事，当国者亦明确意识到必须垄断——尽管事实上并不是总能做到这一点——因救灾而施行祈祷的权力，即所谓“与天地相交接”的权力。[4]所以无论是施行荒政还是祈雨祷晴，都常常涉及政治的神圣性和合法性问题。况且，中国的灾荒既多且酷，救荒虽每每被称为一时急务，但无岁无之也就演变为一项常规事务。在最能体现传统政治结构的“十通”中，[5]靡不专列国家的赈灾活动便显著地反映了这一点。在现代学科体系的史学研究中，荒政也率

---

① 虞和平：《经元善集·前言》，载虞和平编：《经元善集》，华中师范大学出版社，1988年。李文海：《晚清义赈的兴起与发展》，《清史研究》1993年第3期。另外，夏明方（《清季“丁戊奇荒”的赈济及其善后问题初探》，《近代史研究》1993年第2期）和刘仰东《灾荒与近代社会》，中国人民大学博士论文，1995年，第67—86页也作出了大致相同的论述。

② 李学勤主编：《周礼注疏》，“地官·大司徒”条，北京大学出版社，1999年，第259页。

③ 许大龄：《清代捐纳制度》，《明清史论集》，北京大学出版社，2000年，第21—22页。

④ 有关这方面的问题论述很多，但曹新宇的说法相对来说是最清楚的。见曹新宇：《明清秘密教门信仰研究》，中国人民大学博士论文，2001年，第24—27页。

⑤ 所谓“十通”，是指《通典》《通志》《文献通考》《续通典》《续通志》《续通考》《清通典》《清通志》《清通考》和《清朝续文献通考》。

先成为中国救荒机制研究的主体内容。这主要表现在，该领域第一部集大成之作即邓拓的《中国救荒史》，其实就是对历代荒政的综括。[①]

救荒事务的第二个序列，则由地方民间社会的赈灾活动所构成。由于中国的国家规模和版图持续扩大，单独由国家承担全部救荒事务早已遇到了技术和能力上的巨大困难，于是民间力量进入本地赈灾的实施过程逐渐被国家所许可。特别是宋明以来形成士绅阶层以后，民间办理赈灾的热情和能力都有了很大的发展。对此，在明清以来许多地方——尤其是江南和岭南地区——的方志中，大量关于乡贤赈灾活动的记载便是有力的证明。而且美国学者史密斯(Joanna Smith)的研究表明，至迟从明末起，地方社会的赈灾活动已出现了制度化发展的趋势。[②]张仲礼则在很久以前的研究中就指出，在整个十九世纪，地方绅士在本地开展赈灾活动已属于他们承担的一项日常性地方事务。[③]尽管地方民间社会在有组织的赈灾活动中占据主导地位的事例在嘉道以后才大量涌现，但是这并不妨碍地方性救荒传统构成一条与荒政并行不悖的脉络。

不过，与荒政研究相比，第二个序列在很长一段时间内并未得到足够的注意。直到地方史研究兴起以后，这个序列才得到了较多的发掘。在许多地方史研究者们看来，由于地方性救荒活动与地方社会的权力结构有着密切的关联，因而完全可以作为分析这种结构演变的一条基本论据之所在。根据这样的认识，救荒又常常被视为某种"公共"事务。以罗威廉(William T. Rowe)和兰金为代表，不少学者都已习惯于把救荒事务作为某处"公共领域"和"公共空间"的一个构成部分。[④]然而迄今为止，真

---

① 邓拓：《中国救荒史》，北京出版社，1998年重版。

② Joanna Smith, "Chinese Philanthropy As Seen Through a Case of Famine Relief in the 1640's," in Warren F. Ilchman etc. (eds.), *Philanthropy in the World's Traditions*, Indiana University Press, Bloomington and Indianapolis, 1998, pp.133-168。

③ 张仲礼：《中国绅士》，李荣昌译，上海社会科学院出版社，1991年，第48—68、223—226页。

④ William T. Rowe, *HANKOW: Conflict and Community In a Chinese City, 1796-1895*(Stanford : Stanford University Press, 1989), pp.92-94; 兰金(Mary Rankin)前引书。

正以地方性救荒活动为主题的研究成果，无论是在数量还是质量上都没有达到让人称道的程度。而在这不多的成果中，吴滔对江南社区赈济的论述是一项具有较高学术价值的研究。[①]该研究对江南社区赈济的发展和特性作出了较为全面的分析，展示出了地方性救荒传统的一个侧面。同时应该指出，对于江南持久而丰富的民间救荒实践来说，吴滔的这个研究仅仅揭示了冰山之一角而已。特别是他在该文中提到的“义赈”活动并未得到清楚的解释，这无疑会引起一些不必要的混淆。

吴滔文中所说的“义赈”，是自嘉道以来在江南得到较多运用的一种赈济形式。尽管“义赈”的提法更加突出了民间的参与，并且首次标明民间捐助被作为一个特定部分被用于赈灾活动，但是在相当长的一段时期内，这种“义赈”实质上是一种“民捐官办”赈济活动。也就是说，是由官方在发动受灾地方民间捐助的基础上，再对是处灾民予以加赈的方式。应该说，这种“义赈”不仅是针对地方社会内部而实施的一种赈济活动，而且始终没有造成太大的社会影响。与义仓、义田、义庄等许多以“义”为名且早出的社会救济设施相比，这种“义赈”从来都没有获得更高甚或是与之相等的知名度。即便就救荒方式的角度而言，它既没有形成有别于图（里）赈、乡赈等具有民间色彩的传统赈济形式的鲜明特色，在完善程度上也不如后者。因此，在光绪朝以前出现的各种关于救荒事宜的专书中，从来都找不到关于“义赈”这种形式的专门记载。不过也许有人会提出，一些方志中设“义赈”条目的情况，难道不意味着“义赈”是一种颇具影响的赈济形式吗？事实上，这些方志都纂修于光绪朝以后的时期。而这个变化固然与“义赈”知名度的上升有关，但是局限于地方内部的那种“义赈”并不具备导致这种上升的能力，而是由本文所指的晚清义赈所赢得的。吴滔的论述跨度虽然下延到了晚清，但是并未提及后面晚清义赈。那么，晚清义赈有着什么样的基本特征，从而与早先的“义赈”形成了重大区别呢？

---

① 吴滔：《清代江南社区赈济与地方社会》，复旦大学历史地理研究中心主编：《自然灾害与中国社会历史结构》，复旦大学出版社，2001年，第259—294页。

应该指出，晚清义赈虽然与早先那种“义赈”同样发源于江南，但是此两者之间并无直接传承关系。这方面的首要表现是，在晚清义赈兴起后，在论及义赈起源的言语中几乎从未出现早先“义赈”的影子，反而有不少权威性说法都认为晚清义赈是与以往民间救荒形式皆不相同的创举。例如，晚清义赈创始人之一的经元善就说“从前未兴义赈”，“自丙子、丁丑创办沭阳、青州义赈以来，开千古未有之风气”。[①]与晚清义赈始终保持密切关系的盛宣怀亦称：“窃查前清光绪二、四年，山西、直隶等省旱灾，赤地千里。上海仁济堂董事施善昌等，慨然以救济为己任，筹款选人，分头出发，是为开办义振[赈]之始。”[②]光绪五年四月间（1879年5月），《申报》上一篇社论中关于义赈起源的说法是：“江浙诸善士共恢恻隐，慨谋施济，纷纷集资解往赈济……盖灾本为从来未有之灾，赈亦为从来未有之赈。”[③]在光绪十三年正月（1887年1月）的一篇社论中，《申报》又强调义赈乃是“谢、严、金、李、经、熊等诸君子奋然而起，创千古未开之义举，为从来未有之经纶”。[④]《清史稿·李金镛传》中亦言：“光绪二年，淮、徐灾，（李金镛）与浙人胡光墉集十余万金往赈，为义赈之始。”[⑤]

显然，我们不可能想象上述表述者对早先的“义赈”都一无所知。然而到目前为止，尚未发现有人对上述说法提出异议。在很大程度上，这是由于晚清义赈的确具有为以往民间救荒形式所不及的特性。首先，晚清义赈是一种大大突破地方空间限制的赈灾活动。光绪十六年六月（1890年7月），《申报》上的一篇社论对此作了极好的说明：“自来办赈者，率皆以本地之人办本地之振，所募捐资亦不过向本地铺户、本地绅富多方劝募，量力乐输，从未有以此省之人办彼省之振，广收捐款，巨细靡遗，如今日办赈之出力也。”[⑥]其次，晚清义赈的活动方式从一开始就与早先的“义

---

① 虞和平编：《经元善集》，第121、326页。

② 北京大学历史系近代史教研室整理：《盛宣怀未刊信稿》，中华书局，1960年，第257页。

③《申报》14，上海书店，1982年，影印本，第511页，光绪五年四月初五（1879年5月25日）。

④《申报》30，第169页，光绪十三年正月十三日（1887年2月5日）。

⑤ 赵尔巽等纂修：《清史稿》卷451，中华书局，1977年，总第12567页。

⑥《申报》37，第157页，光绪十六年六月初五日（1890年7月25日）。

赈”有着根本性差别。正如经元善所说的那样，此种义赈乃是“民捐民办，原不必受制于官吏，而听其指挥”。[①]对于这种“民捐民办”的具体内容，李文海先生最早作出了进一步的界定，即这是“由民间自行组织劝赈、自行募集经费，并自行向灾民直接散发救灾物资”。[②]就此而言，晚清时期兴起的这种义赈才称得上真正符合了“义赈”本意。而为行文方便起见，下文凡提到晚清义赈时将径以“义赈”呼之。

义赈的兴起立即为中国救荒机制的传统序列带来了难题，因为其中已经不能为之找到一个合适的位置。前面已经述及，跨地方的救荒实践一般只能由国家自上而下地超越地方边界来施行。但在义赈这里，偏偏可以说是“自下及下”地跨越了不同的地方空间。同时，义赈亦非传统的地方性救荒序列所能包含的了。这是因为，义赈虽然位于地方社会的层面上，却是一处的地方精英介入另一个地方空间的日常事务。根据地方史路径的一贯逻辑，无论对何处的地方精英来说，救荒都是本地社会权力实践的重要场所之一。因此，义赈的出现显然不能用通常地方史研究指称的地方权力结构的演变来解释。不过，义赈又确实只具有地方性的起源背景，这就迫使我们必须重新考虑地方性，以及地方精英的行动能力问题。

二、从江南到华北：义赈在“丁戊奇荒”期间的兴起

义赈在兴起时期就达到了通常地方史研究难以想象的规模，从而冲击了以往关于地方精英行动能力的一般看法。众所周知，十九世纪之前的民间赈灾活动从来没有形成堪与荒政争衡的能力。至于十九世纪之后的情形，法国学者魏丕信(Pierre Will)曾经宣称，尽管随着荒政在十九世纪后的衰落，地方精英在救荒事务中起到了越来越多的作用，“但他们决不可能做到像18世纪的官僚政府所达到的那种程度”。他的理由是，只

① 虞和平编：《经元善集》，第12页。

② 李文海：《晚清义赈的兴起与发展》，《清史研究》1993年第3期。

有“18世纪的集权化官僚政府能够集聚和利用如此大量的资源，并能够进行粮食和资金的区际调运，这使其有可能独力承担起大规模的、长时期的救灾活动”。[1]对于这个判断，长期以来都无人表示异议。而江南地方精英发起救助华北的义赈活动表明，魏丕信的这个理由只是一种过早的推断。

光绪二年(1876)，整个清代历史上最为严重的一次旱灾在华北爆发。因此次灾荒在丁丑(1877)、戊寅(1878)中达到高潮，故史称“丁戊奇荒”。尽管清政府为赈灾行动投入了巨大的人力、物力和财力，可是成绩十分令人失望。[2]同时，华北地方社会中也没有能够形成多少有效的自救行为。在这种情况下，在华北传教经年的许多西方传教士趁机纷纷开展了赈灾活动。光绪二年(1876)夏间，在山东青州传教的英国传教士李提摩太率先开始向当地灾民发放赈款。光绪三年正月(1877年2月)，因灾情日重，寓沪外国人士乃成立山东赈灾委员会，并添请其他一些传教士进入山东办赈，使西方首次对华赈灾行动初具规模。[3]

在《申报》对西方行动作了大量宣传后，江南的许多士绅都自发动员起来，举办了赈济山东灾区的活动。光绪三年二月(1877年3月)中旬，镇江人士“因闻山东饥荒，殷户倡议捐钱，先捐得一万串”，请丹徒县学廪生严佑之等人赶往山东放赈。[4]三月(4月)中旬，原在苏北办赈的常州绅士李金镛亦决定从海州府属径直移师山东，针对传教士的行动展开“跟迹济赈”。[5]五月(6月)初，苏州绅士谢家福复率领另外一批江南士绅，取道上海、烟台赶至青州境内，与先期到达的严佑之、李金镛等人会合，从而大大

① [法]魏丕信:《18世纪中国的官僚制度与荒政》，徐建青译，江苏人民出版社，2003年，第261—264页。

② 何汉威:《光绪初年(1876—1879)华北的大旱灾》，香港中文大学出版社，1980年，第五章，“救灾成效的检讨”。

③ 夏明方:《论1876至1879年间西方新教传教士的对华赈济事业》，《清史研究》1997年第2期。

④《申报》10，第385页，光绪三年三月十七日(1877年4月30日)。

⑤《齐豫晋直赈捐征信录》卷1，光绪七年(1881年)苏州桃花坞刊刻，“东齐孩捐收支录”。

增强了江南在山东赈灾的力量。[1]以李金镛在青州府城设立的江广助赈局为中心，来自江南的同仁分头下乡，同时在益都、临朐、寿光、乐安、昌乐五县自行开办了赈务。[2]

为进一步支持李金镛、谢家福等人的东赈行动，留守江南的另外许多士绅、绅商则主要依托本地发达的慈善组织即善会善堂，担负起了劝捐、收解、转运赈款，以及人员派遣等组织管理方面的工作。其中，承担这类工作最多的是上海果育堂和苏州安节局。果育堂从光绪三年三月（1877年4月）间便在《申报》上刊发公启，向社会上发出赈济山东的呼吁。[3]此后又连续数次发布公启，对自己的活动意图和工作进程都及时地向外作了通报。苏州安节局则从光绪三年五月（1877年6月）起即成为苏州绅士筹划东赈的中心处所，并始终是谢家福等人山东办赈的后方依托。[4]由于善会善堂在江南久负办善之名，这就使东赈活动迅速赢得了较为广泛的社会信任。对此，从苏州刊刻征信录中所载收捐情况即可见一斑。[5]

在山东办赈过程中，江南人士对华北农村民生凋敝的情状有了深入的了解，故而在放赈之外，还因地制宜地实施了一些为传统荒政所不及的善后补苴措施。其中用力最著者，乃是为灾民赎田之举。其时，灾区富户多乘人之危，大量短价收买灾民田产，致使大批小农成为无业流民。李金镛等人遂于光绪三年七月（1877年8月）间禀告直隶总督李鸿章、两江总督沈葆桢、漕运总督文彬、山东巡抚文格和江苏巡抚吴元炳，请求允许苏北、山东灾民回赎田产，并愿自行筹捐，酌贴赎价，“以遂民生而安世业”。[6]虽然沈葆桢没有同意在苏北实施，但是山东巡抚文格迅速予以允

---

①《申报》23，第352页，光绪九年七月二十六日（1883年8月28日）。

②《申报》11，第490页，光绪三年十月十六日（1877年11月20日）。

③《申报》10，第406页，光绪三年三月二十二日（1877年5月5日）。

④《齐豫晋直赈捐征信录》卷1，“东齐孩捐收支录”。

⑤《齐豫晋直赈捐征信录》卷1，“东齐孩捐收支录”。

⑥ 谢家福：《齐东日记》（稿本），苏州博物馆藏，光绪三年七月二十一日（1877年8月29日）条。原书不分卷和页。

准。[①]其后，直隶和河南两省督抚受此启发，亦分别在各自辖区正式推行了类似举措。[②]另外，江南同仁鉴于山东被遗弃灾孩甚多，当地却缺乏相应的慈善设施，且传教士有大量收婴之举，故特地开办抚教留养局，专门予以救助。[③]后来又在该局基础上，仿照江南善堂章程，设立青州同善堂一所，成为当地首家较为完善的善堂。[④]

至光绪三年九月（1877年10月）初，江广助赈局已在山东救助灾民二十六万余口，前后收养灾孩达一千四百多名，用钱十五万串。[⑤]对于江南人士在山东的助赈行动，此后连续三任东抚都向朝廷作了专门奏报。光绪三年九月（1877年10月），李元华奏称，李金镛等“俱非本地民人，乃能不分畛域，惠及东邦，实属好善乐施，不可多觏”。[⑥]次年九月（1878年9月），文格又称：李金镛“籍隶江南”，“前往青州府设局助赈”，“其为善之勇，救灾之诚，实堪嘉尚”。[⑦]光绪五年五月（1879年6月），周恒祺亦奏：李金镛“来东办赈，历时多月，备极辛劳，心存利济，好善急公，可否一并交部从优议叙”。[⑧]在南中义绅由此蜚声海内的同时，这次东赈行动也标志着义赈的真正发端。[⑨]

在东赈即将告止的时候，华北其他各省的灾情仍然严重。同时，西方

---

① 谢家福：《齐东日记》，光绪三年九月二十九日（1877年11月4日）条。

② 直隶的情况见《申报》13，第325—326页，光绪四年九月初八日（1878年10月3日）；河南的情况见严作霖：《陕卫治略》卷6，光绪十九年刻本。

③ 谢家福：《齐东日记》，光绪三年七月初八日（1877年8月16日）条。

④ 谢家福：《齐东日记》，光绪三年七月初一日（1877年8月9日）条。

⑤ 谢家福：《齐东日记》，光绪三年七月初八日（1877年8月16日）条。

⑥ 李元华片，见光绪三年九月初十日（1877年10月16日）《京报》，载《申报》11，第410页，光绪三年九月二十一日（1877年10月27日）。

⑦ 文格片，见光绪四年九月初七日（1878年10月2日）《京报》，载《申报》13，第366页，光绪四年九月二十日（1878年10月15日）。

⑧ 周恒祺片，见光绪五年五月二十六日（1879年7月15日）《京报》，载《申报》15，第106页，光绪五年六月初九日（1879年7月27日）。

⑨ 在以往论及义赈的研究中，都是将李金镛于光绪二年（1876年）底举行的苏北赈灾行动作为义赈的起点。但是，朱浒经过进一步考察后认为，东赈才是真正的发端期。有关这方面的详细分析，请参见朱浒：《晚清义赈的兴起过程再研究》，北京师范大学博士后研究工作报告，2004年，第31—34页。

传教士又率先将赈济范围扩大到山西、直隶等地，并试图进入河南境内。[①]有鉴于此，江南社会决定继续向华北投入救济力量。光绪三年十月（1877年11月）间，苏州绅士袁子鹏等人便另树一帜前往河南境内，试图开办救荒行动。虽因“人款两绌”而不得不于是年底即行折回，[②]但他们毕竟使江南社会首次了解了河南的实际灾情，引发了更大的社会震动，助赈河南行动就此全面展开。

随着赈灾区域的扩大，江南助赈力量也实现了初步的整合。光绪四年（1878）初，继苏州和上海之后，扬（州）镇（江）、杭州两处也分别在扬州同善堂和杭州同善堂成立了专门助赈的组织机构。苏州的谢家福、上海绅商经元善、扬州盐商李培松和杭州绅士邹仁溥等人，各自领导本地助赈组织，广为集捐。[③]江南其他许多善会善堂亦闻风兴起，为整个募捐活动的进一步开展提供了有力的支援。[④]一时间，各色人等踊跃助赈，蔚为风气。上起达官富室，下至卜医、营兵、乡农、妇女、童子、僧人、佣工、倡优、妓女、乞丐，纷纷慷慨解囊。[⑤]而集捐范围也从江浙两省迅速扩展到国内其他许多省份，甚至于日本横滨、长崎，美国旧金山等华侨聚集之地。[⑥]这是此前中国赈灾史上从未有过的现象。

源源不断的捐款促成了豫赈行动的顺利进行。数月之间，即有四支江南助赈队伍分批抵达豫境。光绪四年二月（1878年3月）初，苏州同仁议定邀请吴江绅士凌砺生和熊其英带队，会同自上海赶来的绅士李玉书，携规银二万余两，先行动身前往河南。[⑦]原本在地方社会中亦无盛名的熊其英，正是由此才发生了生命轨迹的重大转折。因这支队伍以苏州人

①夏明方：《论1876至1879年间西方新教传教士的对华赈济事业》，《清史研究》1997年第2期。传教士试图进入河南的情况见《万国公报》，华文书局，1968年，影印本，总第4242页。

②《申报》12，第173—174、249—250页，光绪四年正月二十六、二月十八日（1878年2月27、3月21日）。

③《齐豫晋直赈捐征信录》卷4，“南豫放赈录一”。

④《申报》14，第349页，光绪五年三月二十三日（1879年4月14日）。

⑤《万国公报》，总第6672页。

⑥虞和平编：《经元善集》，第14—17页。

⑦《申报》12，第225—226、229页，光绪四年二月十一、十二日（1878年3月14、15日）。

士为主，故被称为苏州局。是局在河南活动一年有余，先后赈济济源、原武、荥泽、获嘉、郑州、林县、汤阴、武陟、修武、汲县、灵宝、孟县、新乡等十三处，共支放赈银十一万两有奇。[①]同年四月上旬，上海、扬州、苏州三处同人又集银四万两千两，邀请严佑之等扬镇绅士赶赴河南。[②]该队后被称为扬州局，在河南办赈将及一年，凡放赈获嘉、修武、辉县、延津、新乡、阳武、原武和武陟等八处，共支放赈银十二万五千余两。[③]五月间，先因熊其英等人自豫来书请求"南中诸同人再能集资派友，于秦豫之交另设一厂"，[④]又因上海道冯焌光路见陕西灾况，劝经元善等开办秦赈，于是上海同人又约请胡小松、经璞山、经耕阳等人赴河南灵宝、阌乡一带截留陕西灾民，并就地兼办赈务。[⑤]是为第三队，后被称为上海局。该局办赈五个月有余，支放赈银六万两千余两。[⑥]六七月间，经浙江与苏州同仁合议之后，决定由浙江秀水绅士金苕人带队，组成江浙局前往河南。[⑦]该局在豫活动时间约为八个月，先后赈济新安、渑池、洛阳、登封、嵩县、偃师、宜阳、孟津、汜水、陕州、灵宝、阌乡等十二处，支放赈银十二万余两。[⑧]

豫赈期间，江南同仁的赈济措施更趋完善，尤其是对灾荒中的幼童、妇女给予特别的关注。除延续山东抚教留养局的原则设立慈幼局以救助灾孩外，[⑨]又特地成立了主要用来搭救受灾妇女的代赎局。[⑩]是时河南境内人贩四至，当地幼女少妇为人掠卖者不知凡几，官府对此多束手无策。而该局除了使众多灾妇灾女不致背井离乡外，还从外地解救了不少河南

---

①《齐豫晋直赈捐征信录》卷4，"南豫放赈录一"。

②《申报》12，第505页，光绪四年五月初四日（1878年6月4日）。

③《齐豫晋直赈捐征信录》卷4，"南豫放赈录一"。

④《申报》12，第430页，光绪四年四月十二日（1878年5月13日）。

⑤《申报》12，第533页，光绪四年五月十二日（1878年6月12日）。又见虞和平编：《经元善集》，第6页。

⑥《齐豫晋直赈捐征信录》卷4，"南豫放赈录一"。

⑦《申报》13，第233页，光绪四年八月初十日（1878年9月6日）。

⑧《齐豫晋直赈捐征信录》卷4，"南豫放赈录一"。

⑨《齐豫晋直赈捐征信录》卷7，"南豫放赈录四"。

⑩《申报》13，第34页，光绪四年六月十一日（1878年7月10日）。

灾妇资遣回乡。[1]其善后措施也增添了不少内容，尤以工代赈和代应差徭之举最具成效。前者在东赈时已被列入善后计划，可惜碍于形势，未能实行。[2]豫赈期间，江南同仁对此更为留心，并在武陟、洛阳等地量力而行抢险、水利等事，所费规银不下三万两。[3]至豫赈后期，金苕人等得悉新安、渑池各处差徭支应，日不暇给，故而捐备车骡，代为支应差徭所需，以培养民间元气。[4]

光绪五年闰三月（1879年4月）中旬，豫赈行动基本竣事。[5]江南共为此次豫赈行动募集规银四十五万余两，其中上海解交了十六万四千多两，苏州解交了二十八万八千多两，[6]赈济灾民八十多万口[7]。而在光绪三、四两年（1877、1878年）间，河南省官府由中央划拨和向别省借贷所得的全部赈款也只有四十八万两。[8]苏州、扬镇、上海、浙江四处前后来河南助赈者，总数超过百人。[9]另外，上海局同仁在灵宝县办赈时首次正式打出了“协助豫陕义赈局”的旗号，[10]尔后各处同仁亦皆以“义赈”相标榜，义赈之名从此在国内广为人知。

豫赈一近尾声，江南义赈同仁立即开始了赈济山西的尝试。光绪四年（1878），义赈同人曾认为山西“官款充足，不妨偏重河南”，[11]故迟迟未入晋境。可是山西省从光绪元年（1875）就发生大旱，此后数年都没有得

---

①《齐豫晋直赈捐征信录》卷7，“南豫放赈录四”。

②《齐豫晋直赈捐征信录》卷1，“东齐孩捐收支录”。

③《齐豫晋直赈捐征信录》卷4，“南豫放赈录一”；卷6，“南豫放赈录三”。

④《齐豫晋直赈捐征信录》卷6，“南豫放赈录三”。

⑤《申报》14，第508页，光绪五年四月初四日（1879年5月24日）。

⑥《申报》14，第326、366页，光绪五年三月十七、二十七日（1879年4月8、18日）。

⑦《齐豫晋直赈捐征信录》卷4，“南豫放赈录一”。

⑧ 这个数字的具体来源见何汉威：《光绪初年（1876—1879）华北的大旱灾》，第78页。这个数字不包括拨发的33万石漕粮在内。

⑨《申报》31，第670页，光绪十三年八月二十八日（1887年10月14日）。

⑩《申报》13，第249页，光绪四年八月十五日（1878年9月11日）。

⑪《申报》14，第612页，光绪五年四月三十日（1879年6月19日）。

到缓解。[1]而官赈至光绪五年三月(1879年3月)间渐将告止,[2]传教士所赈之地也只有太原、平阳二府之地。[3]因此,山西仍然急需救济。是年闰三月(1879年4月)初,原在河南办赈的常州举人潘振声不及返乡,即携带豫赈余款一万二千两,与另外四人由修武起程,前赴绛州查看情形。[4]经实地勘察,他发现自绛州北至太平,南至闻喜,东至曲沃,因灾受困情形不减于前,遂于四月底向江南发函告急。[5]义赈同人乃决定全力开办晋赈行动。

在筹备晋赈过程中,义赈组织又发生了一次较大的变动,即从当初依托的善会善堂体系转向以协赈公所为核心的专门机构。这种转向在光绪四年(1878)已经初现端倪。其时,苏州安节局和上海果育堂均因大力主持义赈而使日常运行受到严重影响,[6]于是苏州义赈同人逐渐将办事地点转移至谢家福在桃花坞的寓所;[7]上海的经元善则停歇其世业宝善里仁元钱庄,专门设立“协赈公所”,并在不久后取代果育堂成为上海义赈的中心机构。[8]晋赈开始后,上海义赈中心又移至郑观应在新太古轮船公司的寓所,扬州义赈组织则由扬州同善堂移至新胜街双福亭对门。[9]从这时起,苏州、上海、扬镇、杭州四处均统一以“协赈公所”来称呼本地的领导机构。协赈公所或称“筹赈公所”,简称“赈所”,是一种新型民间赈灾组织。它兼采善会善堂及西人赈灾委员会的组织办法,统合本地绅商名流等各种力量,实行董事制,日常事务必经聚议而后定。作为义赈组织的

---

① 李文海、林敦奎、周源、宫明:《近代中国灾荒纪年》,湖南教育出版社,1990年,第347、365、391、409页。

② 何汉威:《光绪初年(1876—1879)华北的大旱灾》,第59页。

③ Paul Bohr, *Famine in China and The Missionary: Timothy Richard as Relief Administrator and Advocate of National Reform*, (Cambridge: Harvard University Press, 1972), pp.102-113.

④《申报》14,第508、608页,光绪五年四月初四、二十九日(1879年5月24、6月18日)。

⑤《申报》15,第77—78页,光绪五年六月初二日(1879年7月20日)。

⑥《申报》15、17,第74、178页,光绪五年六月初一(1879年7月19日)、六年七月初九日(1880年8月14日)。

⑦《齐豫晋直赈捐征信录》卷4,“南豫放赈录一”。

⑧ 虞和平编:《经元善集》,第326—327页。

⑨《申报》15,第58、114页,光绪五年五月二十六、六月十一日(1879年7月15、29日)。

专有名称，“赈所”一词一直沿用到清末民初。

继苏、沪、扬、浙四家赈所出现之后，澳门、台南、台北、绍兴、安徽、汉口、烟台、宁波、牛庄等处民间人士均纷纷仿设赈所，负责在本地募集赈款，然后全数解交苏、沪、扬、浙四处，由后者统一安排赈款的使用。[①]各处所用捐册，亦一律以苏州刊行的格式为准。[②]通过这种分工合作，各处赈所构成了一个联系较为紧密的赈灾网络。各地的善会善堂亦未完全脱离义赈活动，而是构成上述新型赈灾网络至关重要的辅助部分。[③]

苏、沪、扬、浙四处赈所经协商之后，决定将所有应邀赴晋的助赈人员分为两起：一起以严佑之为首，同行者有邵天禄、包养中、严子屏、杨殿臣、唐六如等人，随带赈银三万五千四百两，于六月（1879年7月）下旬先行出发；另一起则由金苕人带队，与梁茳卿、张云门、王耳峰、薛霁塘、徐寿伯、金亮甫、陈谨夫等人同往，携带赈银三万五千六百两，七月（8月）间起程。[④]并决定，此后凡此四家赈所劝募款项，一律按照豫赈时统收匀解之例，分解严、金两路。[⑤]

不过，与豫赈相比，晋赈效果大为逊色。七月末八月初，严佑之等人至绛州与潘振声会合后，随即在平阳府临汾县设立助赈局，[⑥]历赈绛州、曲沃、太平、闻喜、解州、稷山、临汾、汾西等八处，但用时仅两月有余，共支放赈银四万八千余两，赈济灾民六万余口。[⑦]金苕人等则于八月（9月）下旬至山西开始放赈，[⑧]至次年二月（1880年3月）方告中止，赈济范围亦不过虞乡、永济、芮城、平陆、垣曲、沁水、阳城、石楼、永和、蒲县等十处，赈济

---

① 虞和平编：《经元善集》，第36—38页。

②《齐豫晋直赈捐征信录》卷8，“西晋赈捐收解录”。

③《申报》14、15，第644、162页，光绪五年五月初八、六月二十三日（1879年6月27、8月10日）。

④《申报》15，第89、150、157页，光绪五年六月初五、二十、二十二日（1879年7月23、8月7、9日）。

⑤《齐豫晋直赈捐征信录》卷8，“西晋赈捐收解录”。

⑥《申报》15，第469—470页，光绪五年九月十二日（1879年11月3日）。

⑦《齐豫晋直赈捐征信录》卷9，“西晋放赈录”。

⑧《申报》15，第522、525—526页，光绪五年九月二十五、二十六日（1879年11月8、9日）。

灾民七万余口，支放赈银七万二千余两。[①]两者相加，不及豫赈支款总数的四分之一。

晋赈成绩的不佳，主要是受到直赈的影响。光绪二年（1876）以后，直隶部分地区同样遭受旱灾打击，但因地接京畿，朝廷所拨救灾物资较他省为优，官赈尚可应付。[②]义赈同人除捐助赈银数万两，交付直隶筹赈局发放外，并未派遣人员前往助赈。[③]不料光绪五年（1879）夏秋之交，直隶突降暴雨，文安、武清等十余州县洪水为患，官力顿形拮据。[④]义赈同人乃不得不抽身兼顾。是年九月（1879年10月）间，正在山西办赈的缪起泉、杨殿臣两人，即由晋赈款项中分拨五千两先行赶往直隶。[⑤]十月（11月）上旬，严佑之亦匆匆结束晋赈事宜，并携带江南原先交付其赈济山西的捐款六万三千两奔赴直隶。[⑥]及至金苕人赈晋事竣，东南义赈遂再变而为直赈。

缪起泉、杨殿臣二人于十月（11月）底抵达保定，随即在安州开办赈务。[⑦]次月（12月）上旬，严佑之在任邱与杨殿臣等人会合，并设立助赈总局，赈济直隶的行动遂全面展开。[⑧]鉴于直隶旱水相继，灾情既重且广，而严作霖等人在华北奔波已久，力不从心，苏州等四家协赈公所决定添派人手，于光绪六年三月（1880年4月）邀请经元善、沈嵩龄等五人前往直隶，以保证直赈顺利进行。[⑨]辗转一年有余，义赈同人在任邱（丘）、安州、大城、文安、保定、霸州、静海、雄县、宝坻等九处，共散放赈银十八万六千

①《齐豫晋直赈捐征信录》卷9，“西晋放赈录”。

② 关于这方面的情况，可参见郭传芹：《河间赈务：1877—1878》，中国人民大学硕士论文，2004年。

③《上海经募直豫秦晋赈捐征信录》，光绪五年刊刻，第元号册。

④ 李鸿章：《请提湖北新漕折》，吴汝纶编：《李文忠公全书》奏稿卷三十五，文海出版社，1980年，影印本，页十一、十二。另见李文海等编著：《近代中国灾荒纪年》，第407—408页。

⑤《申报》15，第605页，光绪五年十月十六日（1879年11月29日）。

⑥《申报》16，第10、38页，光绪五年十一月二十二、二十九日（1880年1月3、10日）。

⑦《申报》16，第69页，光绪五年十二月初七日（1880年1月18日）。

⑧《申报》16，第38、106页，光绪五年十一月二十九、十二月十六日（1880年1月10、27日）。

⑨《申报》16，第393、421—422页，光绪六年三月初六、十三日（1880年4月14、21日）。

余两。[1]是年年底，金苕人奉李鸿章之命，督办大清河工赈。[2]南中义绅又给予大力支持，除选派谢庭芝、张世祁、经元佑、沈嵩龄、杨殿臣等分司银钱、监工、弹压之职外，还为工赈劝助款项九万七千余两。此外，直隶筹赈局总办盛宣怀等亦代为散放义赈款十一万一千余两。[3]光绪七年(1881)初，直赈结束，严作霖等大批义赈同人南下返乡，应运而生的义赈活动至此告一段落。[4]

综观此次以江南士绅为主体的义赈活动，历时四年有余，总共募集并散放赈银一百多万两，历赈山东、河南、山西、直隶四省五十余州县，救济灾民总数超过百万，为此前所有民间赈灾活动所不及。这种长时期、远距离、大规模的赈灾行动，仅在量的方面逊于同时期的国家荒政，在质的方面则有过之而无不及。因此，称其是中国救荒史中的一次重大事件绝不为过。然而这并不等于说义赈的兴起可以径直与中国近代社会性质的演变挂起钩来。也就是说，这时的义赈不仅位于传统的范围之内，更是属于江南传统地方精英的自发行动。首先可以肯定，此时义赈不可能有很多新兴资源可以利用。例如，这一时期真正进入运营状态的大型民族企业只有轮船招商局而已，况且它仅应付官方的赈捐要求就已经力有未逮了。[5]就发起群体而言，李金镛、谢家福、严佑之等人开始举办义赈的时候都是普通江南士绅，我们在当时任何一家新兴企业或是外资企业中都找不到他们的身影，故而称“早期资产阶级”或“近代绅商”群体发起义赈显然为时尚早。至于最能反映义赈具有深厚江南系谱的情况，则来自时人关于义赈社会认同问题的表达。

---

①《齐豫晋直赈捐征信录》卷末，“北直支放工赈录”。

② 李鸿章：《筹浚东淀河道折》，吴汝纶编：《李文忠公全书》奏稿卷四十三，第九、十页。

③《齐豫晋直赈捐征信录》卷末，“北直支放工赈录”。

④《申报》18、19，第37、133页，光绪六年十二月十一日(1881年1月10日)、光绪七年七月初九日(1881年8月3日)。

⑤ 张国辉：《洋务运动与中国近代企业》，中国社会科学出版社，1979年，第333—334页。

三、义赈对江南地方性的认同与表达

关于义赈兴起时期的社会认同，有研究者认为，义赈的兴起主要基于一种"民族—国家"意识，其表现是经元善等人提出了"我等同处宇内，有分地无分民"的口号。[①]事实上，这种意识此时还只是一股不大的潜流，因为这类口号在这一时期的义赈活动中仅仅出现过一次，而且在江南社会中基本上没有得到过回应。在更多的时候，义赈运用的动员话语其实是一种地方性认同。也就是说，是在延续江南地方意识的基础上，将华北的灾荒与江南普通民众的日常生活联系到了一起。

至于这种认同的具体表达，则是通常那种"福报"观念投射到华北灾区与江南地区的关系上。江南民间社会本来就盛行这种观念，而在此次义赈活动中因求福免灾而捐赈的事例亦不胜枚举。[②]因此，"福报"话语在江南和华北空间关系中的投射也就具有相当广泛的合理性基础。其逻辑前提是，在时人心目中，华北的灾荒完全可以被视为是对江南的某种警醒。对此，当时《申报》的一篇社论中曾经作过明确的说明：

> 吾辈身长南方，地腴岁稔，人情好奢，饮食起居辄同贵介，在平时已为北省人所歆羡，况值此时北人居无屋，食无米，卖子鬻女，扶携迁徙，面目黄槁，手足疲弱，日与饿莩为邻。而吾南人衣锦食肉，处华屋，坐安舆，儿女团圆，仆从侍立，又有娱耳之声，悦目之色。即至下等肩贩营生，勤动终岁者，亦啖白米饭，披厚棉袄。试自顾其身，而还念北人之苦，安危何啻天壤！夫天何厚于南人而薄于北人？地何私于南人而恶于北人？乃竟降此奇灾，使北人几无噍类。而南人乃不知所苦，优游暇逸，以享太平，此其故亦可思矣……故念及北方而可

① 夏明方：《清季"丁戌奇荒"的赈济及善后问题初探》，《近代史研究》1993年第2期。
② 朱浒：《晚清义赈研究》，中国人民大学博士论文，2002年，第167—171页。

以自幸，念及今日而亦可自危。①

基于这样一种观念，我们就不难理解义赈为何会大量采用“福报”话语，因为这在很大程度上为义赈提供了合理存在的一个重要依据。因此，还在义赈活动刚刚出现的光绪三年四月(1877年5月)间，果育堂就开始以此来进行打动人心的尝试了：

古人云“作善回天”，又曰“为善最乐”。上洋，劫地也。浮华甲天下，而善士之多，端人之广，亦几弁冕江苏，故即庚申之变间，各府州县有若斯邑之居然安堵，得以滨海偏隅维系三吴大局者乎？近年各省告灾，惨状不忍卒读，独沪上水旱不侵，瘟蝗不犯，皞皞熙熙，竟成乐土，岂人力能为是哉！是盖彼苍默佑，得善士仁人，大愿宏深，祥和感召，有以生成于格外也。吾人隐受其福，不得乐其所乐，要当忧其所忧。今山东各属，尤为可忧者也。②

约一个月后，果育堂再次在劝捐告白中说：“近闻他省郡邑旱涝洊告，间有瘟蝗，沪地幸邀天眷，灾区端藉人谋。”③

不过，果育堂还把“福地”只局限于上海，而其他义赈同仁则很快将之推广到整个江南了。在这方面，谢家福可能是最早的一个。他在初次为河南筹捐的公启中便言：

呜呼！天之厚我江浙者至矣，天之警我江浙者亦甚。忽焉而大风至，忽焉而蝗虫来，忽焉而晚稻死。夫何异处馆先生拍戒尺而训弟子曰：“尔读书不读书？将以戒尺击尔矣。”不然者，何至山西、山东、河南之民求草根树皮而不得，江浙之民犹得饱食安居耶？然恐戒尺

①《申报》12，第313页，光绪四年三月初七日(1878年4月9日)。
②《申报》10，第505—506页，光绪三年四月二十三日(1877年6月4日)。
③《申报》11，第19页，光绪三年五月二十六日(1877年7月6日)。

随其后也。我怕戒尺，我不得不认真读书，我且不得不一本两本三本尽读而不厌也。山东之塔图，第一本也。山西之积财图，第二本也。河南之双塔图，第三本也。俗语曰“一二弗过三”，三本完而老天之功课完矣，戒尺决弗动矣。①

进入光绪四年(1878)以后，这种话语更是在义赈活动中得到了广泛运用。例如，率先使用“有分地无分民”之语来劝赈的经元善，在本年四月(5月)间致友人的劝捐信中却说：“窃思我辈亦百万生灵中之一物，生长南方，丰衣足食，恐未必竟有此种福气……凡属身外之物，恐不能长为我有，积德胜遗金，桃源在方寸，尽人而知，现在决计欲添办秦赈。”②而在苏州义赈同仁本年发出的捐册中，亦出现了“河南苦中苦，苏州天上天”的俚语。③经元善之弟经元仁在前往灾区的途中，给赈所同仁的信中称：“回想南中甘雨和风，天之厚待可谓至矣。有心时局者当必急急输财散粟，以迓天和也。”④至于这方面最系统的话语，则是苏、沪、扬、浙四地义赈同仁于八月间共同公开发出的一份捐启中所言：

江浙两省今岁大熟……即就江浙一百四十二州县计之，每县约田四十万亩，现在米价又高，以中等年岁较之，每亩多收四五斗，核之总在千文以外，两省统算可多得钱五千六百八十万串。即再折少作七成算，亦可得四千万光景。此四千万者，谓非上天报施善人，特示优厚，可乎？且年岁之丰，报在大众，推其原本，实赖捐资行善之人。是施惠于灾区，更遍德于本省。人心所向，天心随之，福善降祥，正无限量。目前年岁，实已灼示先几。同居覆载之中，于此何厚？于彼何

① 谢家福：《齐东日记》，光绪三年十月二十九日(1877年12月3日)条。

②《申报》12，第474页，光绪四年四月二十四日(1878年5月25日)。又见虞和平编：《经元善集》，第1页。

③《申报》12，第578页，光绪四年五月二十五日(1878年6月25日)。

④《申报》13，第102页，光绪四年七月初一日(1878年7月30日)。

薄？天眷之厚薄，正以验善量之浅深。①

不出意料的是，这种“福报”话语迅速在江南社会中引起了热烈的响应。就在果育堂开始使用这种话语的同时，一位自号“求善堂散人”的上海人士便公开宣称：“今山东各属皆我辈与同中国之人，彼则鹄面鸠形，弃妻鬻子，枵腹待毙，残喘余生，而我辈犹幸，晏然处于沪上……倘非邀天之福，叨神之佑，何以克免！言念及此，能不勉捐数十文之小费，合力以救无穷之民命乎？”②两日后，一位自号“彳亍先生”的人士亦称：“沪地五方杂处，人迹稠密，郁为疫疠，诚所不免。顾使居沪之人各发天良，各襄善举，拯救垂毙之灾黎，踵成将竟之功效，则善念所感，戾气自不得而乘，又何虑时疫之流行？”③当然，更多的江南普通人士则是通过捐款行动来表达对这种话语的认可。例如，某上海人士设法在当地帮助筹捐时就称自己为“幸居福地人”。④上海一位准备过六十大寿的老者亦因自己“幸居福地，免于饥寒”，决定移寿筵资助赈。⑤一位自号“南汇敬业氏”的人士在致《申报》馆的信中则称：“幸居福地者，安得不出其心力，任劳任谤，善为设法以苦劝亲友乎？”⑥籍隶浙江海宁的某位人士见到义赈发出的劝捐册后，随即发出“偷生乐土荷皇仁，助赈纷纷不厌频”的感叹。⑦最令人称奇的是，南通州的一个乞丐在得知“山西奇荒情形甚惨”的情况后，居然也感到自己“幸生南方，较之山西被难人，几有天壤之隔”，从而情愿将平日乞余钱八百文捐交果育堂助赈。⑧

在这样的氛围中，围绕着义赈的各种活动自然也就被承认为是对江

①《申报》13，第238页，光绪四年八月十一日（1878年9月7日）。
②《申报》10，第505—506页，光绪三年四月二十三日（1877年6月4日）。
③《申报》10，第513页，光绪三年四月二十五日（1877年6月6日）。
④《申报》12，第358页，光绪四年三月二十日（1878年4月22日）。
⑤《申报》12，第510页，光绪四年五月初五日（1878年6月5日）。
⑥《申报》13，第370页，光绪四年九月二十一日（1878年10月16日）。
⑦《申报》14，第46页，光绪四年十二月二十二日（1879年1月14日）。
⑧《申报》12，第426页，光绪四年四月初十日（1878年5月11日）。

南“善气弥纶”的延续。对此，最明确的说明出现在光绪三年八月（1877年9月）间《申报》的一篇社论中：

古语有云：人之欲善，谁不如我？斯言也，固不以地区，并不以时阻，亦不以人限，实宇宙间之通义也。今如江浙闽广四省与山之东西两省，其相去之远近固数千里，刻下江浙闽广四省之光景并不如昔年之殷富，且江浙闽广四省之绅民，亦皆非与山东西之土著有年姻世好之情谊。何以江浙闽广四省之男女老少，一闻山东西之饥荒多濒于死者，无不恻然悯之？①

值得一提的是，由于这种话语在江南有着如此大的影响力，以至于连江南官方试图对之加以运用。例如，光绪四年三月（1877年4月）间，苏松太道针对华北灾荒而对本属民人发布了“崇俭黜奢示”，其中竟有这样的内容：“现当豫晋等省遍地灾黎，道殣相望，甚至以人为食，尤宜心存恻隐。凡有血气者，应即省此无益之靡费，以助有用之赈需，既博乐施之誉，复邀奖叙之荣。且可以上感天和，下积阴德，岂不一举而数善得哉！……尔等务当居乐土而念苦境，行乐事而思苦况。”②

应该指出，如果这种“福报”关系仅仅停留在话语的层面上，那么江南社会肯定不可能都发出赞同声音的。例如，光绪三年十、十一月（1877年11、12月）间，就有人对救助华北提出了异议：“今捐赈之人但知好义而已，何尝于江浙民间之食通盘筹算哉……捐银者与售米者皆不知为东南之民计，罄我所有，益彼所无，今岁输将，明年转运，在饥民固大沾实惠，而东南米谷渐行空匮。”③然而随着义赈在现实中发掘出了对这种“福报”关系的某种“证明”，这些不同的声音在光绪四年（1878）之后终于彻底——

①《申报》11，第265页，光绪三年八月初九日（1877年9月15日）。

②《申报》12，第381页，光绪四年三月二十七日（1878年4月29日）。

③《申报》11，第509、569页，光绪三年十月二十二、十一月初九日（1877年11月26、12月13日）。

至少在公开场合——销声匿迹了。

至于这种所谓的“现实证明”，简单说来就是在义赈的行动与江南气运的走势之间建立起某种因果关系。还在光绪四年二月（1878年3月）间，果育堂就声称，正是由于上年江南善士们的助赈行动，才使得本年“江浙等省善气充塞，感召天和，大力斡旋，尚称岁稔”。[1]光绪八年六月（1882年7月）间，某位义赈同仁又对这种因果关系作了甚为全面且言之凿凿的总结：

> 岁丁丑，赈山东，吴中蝗且盈野，有告于蝗者，曰：“尔毋为患，俾我悉意赈山东。”五月二十三日，赈东者甫自烟台开车，吴中大风雨一昼夜，蝗赴死太湖且尽。后有刊“蝗不为灾图”者，顾子山观察署其端，曰：“江北蝗蝻，遍地皆是。渡江而南，蔽天而起。蝗不为灾，荷天之祉。人饥我饱，君子所耻。”戊寅，赈豫、燕灾，吴中三月朔雨，迄十三日未已，水距岸仅寸。有祷于金龙四大王者，曰：“请掀吴越淫潦，洒遍燕豫甘树，我无东顾，用赈邻封。”祷三日夜，天津月望雨，且久雨，豫亦雨，吴中既望晴，且久晴，越亦晴，水患因而免。有知其事者，戏作汇水票寄递今之天津广仁堂袁董，可询而证也。己卯夏六月，赈山西灾。江浙久不雨，治赈者祷于神，期以分毕雨字册五百卷必雨。六月杪册尽，严君自吴，金君自越，方首途，甘雨普霈，旱魃不为虐。赈局征信录“雨字册捐”可验也。庚辰，直隶灾，江浙复大旱，祷神与否不及谂。观其征信录所载，五月二十日分捐册，书有“天久不雨，秧田龟坼，倘蒙募款源源，定卜甘霖渥沛，雨随册去，捐共雨来”之语；五月二十六日，催捐书有“今幸三日甘霖，四乡霑足，千万设法，各惠多金”之语。是年不闻吴越灾。由此观之，丁丑、戊寅、己卯、庚辰，岁星凡四易，江浙无岁无灾，无岁不助赈，亦无岁成灾。[2]

---

① 《申报》12，第254页，光绪四年二月十九日（1878年3月22日）。

② 《申报》21，第151页，光绪八年六月十二日（1882年7月26日）。

除了义赈自身的说法，社会上同样出现了许多对这种“证明”的呼应。例如，光绪四年七月（1878年8月）间，《申报》就把当时上海的好天气与该地助赈之事联系了起来：“此种民捐义劝……如此踊跃……观近日之和风甘雨，岂非天心早有以默鉴之耶？”[1]同时，上海一带出现了一个可望特大丰收的年景，当地人立刻主动将之与助赈活动联系了起来：“本埠……今年则毋论花、稻，均有十二分年成……百岁老人皆谓从未见过。秋间苟得无风潮伤损，诚可歌千仓万箱也。说者谓沪上筹赈出力，天特以是报施善人，其或然欤！”[2]见证这种“福报”的当然不独是上海，光绪五年（1879）间，扬（州）、镇（江）的一些商家同样认为：“上年燕、豫、晋奇荒，而吾省独蝗不为灾，水不为患，岂天之偏厚于江浙哉！实缘诸大善士踊跃输将，办理燕赈、豫赈之故，得以消除沴戾，感召和甘。”[3]

随着时间的流逝，江南因义赈而得到的“福报”似乎也越来越明显了。例如，光绪九年七月（1883年8月）间，有“遁庵居士”向《申报》馆致书言：“直、豫、齐、晋各省，十余年来屡次灾荒……独我江、浙两省时和岁丰已十八年，为从来所未有。岂天口江、浙人民独厚哉？盖由连年各省灾荒，江、浙筹捐不遗余力，此天之所以报江、浙人民独厚也。”[4]松江扬仁社虽然承认本地出现过灾害的威胁，却立即指出，自江南“创为义赈”以来，“虽南方亦有偏灾，然如吾郡两遇风潮，尚获中稔，未始非前此救灾恤邻之谊隐系天心，则救人亦以自救也。”[5]就连籍隶皖南的“醒灾氏窭人”也宣称：“试观十余年来，时和岁丰，天独厚于东南，岂非办他省已成之灾，弭本省未来之患之征验乎？”[6]

尽管上述种种关于“福报”效应的说法肯定不无巧合乃至人为夸大之

---

①《申报》13，第121页，光绪四年七月初七日（1878年8月5日）。
②《申报》13，第189页，光绪四年七月二十六日（1878年8月24日）。
③《申报》15，第194页，光绪五年六月三十日（1879年8月17日）。
④《申报》23，第308页，光绪九年七月十八日（1883年8月20日）。
⑤《申报》23，第790页，光绪九年十月初十日（1883年11月9日）。
⑥《申报》23，第862页，光绪九年十月二十二日（1883年11月21日）。

嫌，但在剥除了那些荒诞表象之后，我们就不难发现那条义赈被还原为地方性实践的脉络。况且，就许多义赈同仁个人而言，他们的办赈过程也是一个不断强化江南认同感的过程。尽管这个问题过于隐微，但在一些不经意之处常常出现颇为有力的例证。例如，光绪三年（1877）间，谢家福在前往青州途中，行至掖县的朱榴镇歇息时，仅有摊饼可吃，他突然发现“此等名件，昔在苏州虽于北寺及阊门吊桥见之，皆乞丐买食”，遂感慨“不意山东来发赈，竟似苏州去讨饭”。①光绪四年（1878）间，前往河南助赈的苏州绅士孙传鸬也有类似经历。自从抵达开封之后，他便觉“所吃之菜，无一可口。回思家乡囗首、鱼南、茭白，角忝尝新，榴花照眼，洵良辰美景也”。②因此之故，不久后吃到当时在河南“较鱼翅、燕窝为上”的黄河鲤鱼时，他也只是表面“大赞赏”，实则感觉“无甚好吃”。③另一位义赈同仁、青浦绅士熊其英的江南认同感更加根深蒂固，他甚至在病危中还以“医家南北不合，或有贻误”为由，拒绝接受河南医家诊治。④此外值得一提的是，义赈同仁在华北地区办理施药事宜时，居然连散放的药物都是从江南带去的，而且绝大部分还是上海一些善堂经常分送的品种。⑤此事虽小，不无喻大之意。

结语：地方史路径的空间观及其局限

尽管上面比兰金更为深入地挖掘出了义赈的江南系谱，我们却无论如何也不能像她那样按照地方史路径来把握义赈的兴起。毕竟，兰金本人就曾根据地方精英模式，将江南和华北标识为两个具有相对独立权力

---

① 谢家福：《齐东日记》，光绪三年五月二十四日（1877年7月4日）条。

② 孙传鸬：《汴游助赈从钞》，《中国史学丛书》第一辑，文海出版社，1986年，影印本，总第363页。

③ 孙传鸬：《汴游助赈从钞》，总第373页。

④《申报》14，第93页，光绪五年正月十三日（1879年2月3日）。

⑤《申报》15，第70页，光绪五年五月二十九日（1879年7月18日）。

结构的地方空间。[①]这样一来,连她自己都无法想象,义赈这种从江南到华北的行动态势能够被理解为江南地方精英进入或实现对华北"公共领域"的管理。显然,兰金在空间关系的把握上出现了混乱。实际上,这并不是兰金在解释义赈的兴起才会遇到的困难,而是地方史路径的空间观本身就存在着根本性缺陷。

鉴于目前尚未出现有关地方史路径及其空间观的详细梳理,因此这里必须首先对之稍作概括。众所周知,随着研究领域与问题的不断拓展和深入,国内外许多研究者都承认,面对中国历史变迁中的复杂状况,以往那种整体式认知方式的确存在着许多值得反思之处。因此,自二十世纪七十年代起,美国中国学的研究取向就开始发生一系列重大变化,而地方史路径正是反映这种变化的显著标志之一。[②]特别是施坚雅(William Skinner)提出以市场结构为基础的区域研究理论,为地方史路径的成型奠定了相当坚实的基础。[③]经过约三十年的发展,地方史路径已经建构了一套较为完整的认知框架,并在很大程度上被国内外学界默认为一种可以替代宏大叙事的有效进路。

应当说,地方史路径的出现造成了研究视角的大幅度转换。这主要表现在,它的一个基本取向就是从微观层面入手,自下而上地观察中国特别是近代社会的历史变迁。至于其具体着手点,则主要围绕着对"地方精英"及其开展的地方性实践的探讨。顺便指出,"地方精英"的提法本身并非地方史路径的创造。这是因为,在很早以前关于中国士绅的研究中,就常常有研究者把传统意义上的地方绅士称为"地方精英"。不过,由于地方史研究要求更加深入和细致地探讨地方社会中的权力结构,认为一切能够在地方社区内起某种支配作用的个人或家庭都在这种权力结构中占

---

① Joseph Esherick and Mary Rankin (eds.), *Chinese Local Elite and Patterns of Dominance*(Berkeley: University of California Press, 1990), pp.17-22.

② 有关这方面的详细论述,见柯文(Paul Cohen)那本流传甚广的著作《在中国发现历史——中国中心观在美国的兴起》(中华书局,1989年)。

③ 对此,可参见陈君静:《大洋彼岸的回声——美国中国史研究历史考察》,中国社会科学出版社,2003年,第227—228页。

有一席之地，于是这里的“地方精英”所包含的范围也就广泛得多。特别是在中国近代史领域，除了传统绅士以外，按照萧邦齐（R. Keith Schoppa）的看法，这个时期的学绅（scholar-gentry）、绅商（gentry-merchant）、商人（merchant）、绅董（gentry-manager），民国时期的军阀、资本家、教育家、地主，乃至土匪头子都可以包括在“职能性精英（functional elite）”的范围之内。①虽说这里的范围未免过于宽泛，若干类别的划分也难免会引起许多不同意见，但是就近代时期而言，要对能够跻身于地方权力结构之中的各类人士给出一个总体性称谓，的确不是一件易事，因此在一个有限的范围内使用“地方精英”的称呼似乎也未尝不可。

以往的地方史研究表明，地方史路径的中心问题之一，便是地方精英所拥有的权力的性质，及他们在地方权力结构中的位置。在这个问题上，这些研究与那种从早期士绅社会研究中延伸出来的对地方精英的看法有很大不同。吴晗在二十世纪四十年代就指出，地方绅士所拥有的权力基本上是官僚制的延伸，其实质是在国家和下层民众之间起着一种中介作用，与国家权力之间并没有直接的冲突。后来张仲礼、萧公权、瞿同祖、何炳棣等人的着眼点虽与之有一定的差别，但他们最终的有关结论并无重大改变。②对于这种看法，美国学者孔飞力（Philip Kuhn）早在六十年代末就提出了异议。他指出，中国从十八世纪末开始了一个地方军事化（local militarization）过程，其间，地方士绅从地方官吏那里接过了某些政治权力的支配权。③后来的一些研究也表明，地方士绅和国家之间不单纯是一种统合的关系，相反，两者还常常争夺对地方社会的控制权，清末和民国

---

① R. Keith Schoppa. *Power. Legitimacy, and Symbol*, “Local Elites and the Jute Creek Embankment Case”, in Joseph Esherick and Mary Rankin (eds.), *Chinese Local Elite and Patterns of Dominance*, p.140.

② 关于这些研究，见吴晗在《皇权与绅权》（天津人民出版社，1988年）中的文章，张仲礼的《中国绅士》，萧公权的*Rural China: Imperial Control in the Nineteenth Century*（Washington: University of Washington Press, 1960）、瞿同祖的*Local Government in China under Ch 'ing*（Cambridge: Harvard University Press, 1988）、何炳棣的*The Ladder of Success in Imperial China*（New York: Columbia University Press, 1962）。

③ [美]孔飞力：《中华帝国的晚期叛乱及其敌人》，谢亮生等译，中国社会科学出版社，1990年。

年间的地方自治运动与这种权力斗争有着密切的关系。[①]地方史研究进一步推进了这种认识，不少研究都认为近代地方精英在与国家的关系中处于越来越主动的位置，在地方事务中的支配性作用也越来越强。而一度成为中国近代史研究中热门主题的“公共领域”或“公共空间”，也正是围绕着对地方精英活动的勾画而构建起来的。[②]

平心而论，“公共领域”和“公共空间”研究在方法论意义还是具有一定价值的。至少可以说，这类研究更加深入地揭示了近代社会变迁中发生在地方层面的种种复杂权力及其关系，对于注意和理解中国社会中可以称之为“公”的那些特定领域提供了一定的帮助，也使微观结构在历史进程中的独特作用和地位有了某种程度的呈现。然而由于这些概念具有过强的西方经验背景，所以关于它能否适用于分析中国历史的问题，很快就在国内外学术界引发了激烈的争论。[③]就最后的结果而言，倾向于认为不合适的意见总的来说占了上风，所以近几年来“公共领域”“公共空间”，以及“市民社会”的说法已不再具有轰动效应了。

不过，“公共领域/公共空间/市民社会”研究的另一个重要启示，迄今为止尚无人予以注意，那就是它相当凸显了地方史路径的空间观中早已存在的一个重大弱点。也就是说，地方史路径对空间问题的处理方式是有问题的。首先，其常常混淆了不同地方空间在性质上的差异。例如，在浙江和汉口的地方权力要素存在着巨大差异的情况下，萧邦齐、罗威廉和兰金却分别构建出了均质性的“公共领域”。其实，这个问题早在孔飞力那本影响巨大的《中国帝国晚期的叛乱及其敌人》一书中就有反映。当时，他根据川陕地区地方精英应对白莲教活动的经验概括出了“地方军事

① 对此，可参见[美]魏斐德（Frederic Wakeman）和Carolyn Grant主编的*Conflict and Control in Late Imperial China*（Berkeley: University of California Press, 1975）一书的导言。

② 萧邦齐、兰金、罗威廉一向被视为这种意见的代表。杜赞奇（Duara）虽然对华北地方精英的作用持有一定程度的悲观看法，但他笔下的国家也并没有取得想象中的成功。

③ 有关这场争论的详细情况，主要参见邓正来和亚历山大主编的《国家与市民社会：一种社会理论的研究路径》（中央编译出版社，1999年），以及黄宗智主编的《中国研究的范式问题讨论》（社会科学文献出版社，2003年）。

化”概念，然后又将此概念搬用到两湖、两广和江南等许多地区，最后将之与二十世纪各地的地方自治运动勾连了起来。[①]然而这个概念能否在不同空间中加以运用呢？陈锦江的研究便表明，与本地官府之间保持相当距离的广州商务总会就主要是依靠当地“九大善堂”的力量建立的。[②]夫马进则更加明确地指出，上海地方自治的基础是以同仁辅元堂为中心的慈善组织体制。[③]由此可见，孔飞力勾勒的脉络很可能不具有能够如其所述的那般普遍运用的效力。

其次，地方史视野下的地方空间又往往被视为一个自足的封闭性实体。在这方面，罗威廉的做法是一个典型。这表现在，他在承认汉口大多数地方精英具有外籍身份的同时，却认定他们若要进入当地的“公共领域”，必然更多地实现对本地内部的认同，而将跨地区的本籍认同置于一个非常次要的地位。[④]事实上，这也是地方史研究——无论是从社会经济史还是从文化史角度出发——中被普遍默认的做法。也就是说，地方精英与国家和普通民众之间的权力关系只能在一个孤立的地方空间之内来把握。正如有的论者曾经感觉到的那样，地方史路径把地方精英过于限制在地方舞台上，从而只能制造一个又一个的“微型叙事”，以至于陷入布罗代尔（Braudel）所说的“破碎的历史”之中而不能自拔。[⑤]这就使得地方史视野中的地方性实践从来都只能在研究者们所设定的地方空间内部进行，并最终导致了当下那种江南是江南、华北是华北、城市是城市、乡村是乡村的隔绝状态，它们即便鸡犬之声相闻，亦是老死不相往来。显然，这不仅严重忽视且无法解释中国历史上极其重要的“大一统”观念和实践，也只能把中国特别是近代史上的所有重大事件都予以“泡沫化”。

可以说，在相当程度上，正是由于上述问题的存在，才使得整体认知

---

① [美]孔飞力：《中华帝国的晚期叛乱及其敌人》，谢亮生等译。

② 陈锦江：《清末现代企业与官商关系》，中国社会科学出版社，1997年，第232、237—238页。

③ [日]夫马进：《中国善会善堂史研究》，同朋舍，1997年，第八章。

④ William T Rowe, *HANKOW: Conflict and Community in a Chinese City* (Stanford: Stanford University Press, 1989).

⑤ 李猛：《从“士绅”到“地方精英”》，《中国书评》1995年5月总第5期。

与局部研究、大社会与小社区、大传统与小传统之间如何沟通的问题成了让研究者们头疼的问题。尽管有些学者曾尝试着用人类学中“缩影”或者“象征”的办法来加以解决，[①]但那基本上还属于杨念群所说的衍于方法论层面推演的范围，所以很难准确把握其间具体沟通的渠道和程度。[②]其实，对于这样的问题，以方法论的关怀为前提，经由经验研究的反思难道就不能给予更为有利的启迪吗？就地方史路径而言，这种“小大之辩”之所以产生的一个重要原因，就是其凭借着有缺陷的空间观来认识和把握历史事实。这方面最显著的例子是，周锡瑞和兰金等人在指出地方精英也运用外向性策略和外部资源时，仍然认为其指归乃是本地空间内的权力支配地位。[③]这种看法不仅在很大程度上限制了对地方精英外向性活动的进一步了解，同时也忽视了外向性活动的复杂状况。也正是在这种思路的指导下，才导致兰金着重分析义赈在江南的脉络而忽略其在华北活动的意义和作用。我们当然不认为对基层社会进行微观分析是一种方向性错误，可是要进入这种微观层面难道就意味着进入一个个的微观空间吗？或者，“地方性”或“地方感”一定只能在自我封闭的空间中才能把握吗？

应该承认，本文并非是反思地方史路径的首次尝试。此前已有学者提出了这样两个方向的反思途径。其一认为地方史路径的主要缺陷是没有解决地方空间的典型性问题，即如何寻找和确定一个能够代表整个中国的地方。[④]不过，这种意见由于中国社会的复杂性而很难看到进行成功操作的可能。其二虽然强调应该从“跨地方性逻辑”和地方性逻辑的复杂纠葛出发来理解国家与地方社会的互动关系，但其所说的“跨地方性逻

① 王铭铭：《社会人类学与中国研究》，生活·读书·新知三联书店，1997年，第40—43页。

② 杨念群：《空间·记忆·社会转型：“新社会史”研究论文精选集导论》，上海人民出版社，2001年，第25—34页。关于小社区与大社会的问题，主要是人类学者所关心的，但就这里探讨的问题而言，其实质是相通的。参见王铭铭：《社会人类学与中国研究》，第56—61页。

③ Joseph Esherick and Mary Rankin, *Chinese Local Elite and Patterns of Dominance*, “Concluding Remarks”, pp.315-324.

④ 陈君静：《大洋彼岸的回声》，第238页。

辑”只能从近代国家政治对地方社会自上而下的穿透力中引申出来。[①]因此,这两种反思途径都没有充分揭示地方性逻辑自身的能动性。本文的论述表明,起源于江南地方性传统的义赈在没有改变甚至强化对江南的地方性认同的情况下,既能够跨地方地深入华北开展赈济活动,又在客观上起到了改变中国原有救荒格局的效果。由此可见,在不具备近代社会动员的条件下,身处大一统国家中的“地方精英”在意识到不同地方空间存在分野的同时,并不会在地方认同与国家认同之间制造一种绝对对立的状态,反而能够使地方认同在实现国家认同的整合过程中发挥某种积极作用。从这种意义来说,对地方史路径更有效的反思或许应该是优先重视不同地方空间的互动关系及其作用,充分挖掘出自下而上的“跨地方性逻辑”。只有这样,我们才能有效吸收并发扬地方史路径中蕴含的合理性,继而才有可能在地方史研究和整体性认知之间真正找到一条较为可靠的平衡途径。

(该文原载《近代史研究》2005年第5期)

① 杨念群:《“地方性知识”“地方感”与“跨区域研究”的前景》,《“区域社会史比较研究研讨会”论文》,山西大学,2004年。

跨地方的地方性实践

——江南善会善堂向华北的移植

在地方史研究路径中,“地方性”问题具有不言而喻的重要地位。这是因为,要准确理解和把握任何一个地方社会权力与权威的结构、格局及秩序,以及各地方社会在这些方面究竟有何不同,这都是一个根本性的出发点。尽管目前尚未出现对“地方性”的严格界定,但是从以往地方史研究中不难看出这样的共识:所谓“地方性”主要是指某地方社会为构建本地独特的“地方感”而运用的种种策略、逻辑与知识,同时外乡人也能够据此识别出这种“地方感”。按照当下地方史研究的表述,地方精英只能在地方空间——这个空间的边界虽不那么十分明晰却具有强烈的封闭性——内部进行地方性实践。近来虽有学者提出了跨地方性逻辑,但其认为那主要是近代政治自上而下的穿透力所塑造的结果,因此并未打破地方性实践的空间封闭性。[1]那么在地方性的层面上,生活果然不可能在别处吗?

在以往的许多地方史研究中,有关善会善堂的状况都得到了相当的注意。尽管善会善堂在地域分布上存在着巨大的不平衡性,[2]但是无论在各处数量多寡及兴盛程度,善会善堂通常都被视为充分展现地方性逻辑的主要处所之一,其本身也是一项重要的地方性实践。张仲礼在很久以前的研究就表明,在整个十九世纪,善会善堂都是地方绅士所承担的主

---

① 杨念群:《“地方性知识”“地方感”与“跨区域”研究的前景》,《“区域社会史比较研究研讨会”论文》,山西大学,2004年。

② 关于这一点,冯尔康和常建华(《清人社会生活》,天津人民出版社,1990年,第388页)、夫马进(《中国善会善堂史研究》,同朋舍,1997年,“附篇一”)和梁其姿(《施善与教化——明清的慈善组织》,河北教育出版社,2001年,“附录”)都有过明确的说明或者统计。

要地方职责之一。[1]梁其姿则更为明确地指出，自嘉庆以后，善会善堂的主要社会功能之一便是强化社区认同，推动社区的自我界定。[2]对此，以往所有牵涉到善会善堂的地方史研究不仅从未表示异议，而且潜在地将其作为自己处理善会善堂时的一个前提。然而以往学界从未注意到的一个历史事实是，晚清时期出现了江南善会善堂向华北移植的现象。根据前述逻辑，这无疑对地方性问题的通常理解提出了直接的挑战。而本文剖析这个现象的意义，也就绝不限于填补中国善会善堂史中一个不大不小的空白。

一、跨地方义赈的兴起与江南善会善堂

有关在何种意义上才称得上江南善会善堂向华北移植的问题，本文将在下一部分再作出具体说明。这里首先需要揭示的是，这种移植何以在晚清时期发生，或者说其直接背景是什么呢？解答这个问题的关键，就在于江南善会善堂与晚清时期跨地方义赈活动兴起之间的关系。"义赈"原本是一种社区赈济形式的名称，这种形式在嘉道以后的江南发展得较为成熟并得到了较为普遍的应用。光绪初年，以华北爆发的"丁戊奇荒"为引线，江南社会自发掀起了针对华北灾民的赈济活动，并将这次行动也称为"义赈"。[3]以此为起点，义赈发展成为在整个晚清时期都具有广泛影响的一种大规模民间赈灾形式，其基本内容是以江南社会为中心，针对全国范围内的重灾地区开展彻底"民捐民办"的赈济行动。这种跨地方义赈不仅大大打破了传统民间赈灾活动所受的地方限制，而且实现了前所未有的社会动员，从而标志着中国赈灾机制的重大变动。[4]

---

① 张仲礼：《中国绅士》，李荣昌译，上海社会科学院出版社，1991年，第60页及表33、34、35。

② 梁其姿前引书，第259页。

③ 朱浒：《江南人在华北——从晚清义赈的兴起看地方史研究的局限》，《"区域社会史比较研究研讨会"论文》，山西大学，2004年。

④ 李文海：《晚清义赈的兴起与发展》，《清史研究》1993年第3期。

在这种跨地方义赈兴起的过程中，一个极为引人注目的特点便是其带有鲜明的江南地方系谱，即主要以动员江南地区的社会资源作为活动基础。而这种动员的一个重要表现，就是义赈组织活动最初的主要依托，或者说对义赈初期活动起到重大组织作用的机构，正是在江南地区有着长期历史且相当繁盛的传统慈善组织——善会与善堂。对此，以往关于义赈的一些研究中已有提及，特别是李文海先生还较为深入地探讨了善会善堂与后来义赈组织即协赈公所之间明显的渊源关系。[①]不过，由于他只是把善会善堂的作用放在协赈公所的创建过程中来理解，所以尚未充分地揭示前者的真正地位。事实上，虽然江南善会善堂对义赈活动起到的组织作用及其制度化的程度，的确还无法完全与协赈公所等同，然而其最初参与义赈活动的能动性及其曾经起到的组织作用都不容低估。

江南善会善堂的能动性和组织作用主要表现在这样两个方面：首先，一些善会善堂在一段时间内起到了代理义赈领导机构的作用。它们不仅是义赈初期活动最主要的日常办事地点，而且还以自身的独立名义使义赈获得了广泛的社会认知和认同，因此成为此一时期义赈事实上的中心组织机构。其次，另外一些善会善堂则构成了义赈初期分支机构中最重要的组成部分。尽管起不到与前一类相同的作用，但是它们也经常以自身的独立名义来主动承担和开展了义赈活动中某一部分的工作，从而为义赈提供了不容忽视的社会支持。由于这两个方面的工作正是后来专门性义赈组织的基本职责之所在，所以就义赈初期组织机构的整体结构而言，江南善会善堂在其中的主导地位是毋庸置疑的。

代理义赈领导机构的江南善会善堂，主要是分别位于上海、苏州、扬州和杭州的四家善会善堂。其中，最早且最清楚地显示出这种代理作用的善会善堂，当数上海的果育堂。果育堂的历史虽不特别悠久，却是当时

① 李文海：《晚清义赈的兴起与发展》，《清史研究》1993年第3期。

上海一家相当著名的善堂。[1]其前身是江驾鹏等人在庄家桥南借民房开设的义塾，后邑人刘枢又以“果育”名其堂。[2]咸丰八年(1858)间，该堂迁往上海城内淘沙场袁公祠后添建的新楼。[3]从此除义学外，“若施赊棺木、掩埋义塚、恤嫠赡老等事，皆仿同仁堂行之。又集捐资添备水龙、水担，施医药衣米，立达生局以济产妇，置苏太谊园以瘗旋魂。”同治二年(1863)，清军收复昆山、太仓后，巡道吴煦曾谕果育堂董事葛绳孝、瞿世仁(即瞿绍依)前往收埋，“并设粥厂，苏城克复亦如之”。[4]另外，该堂正式建成后不久，作为江南名士的苏州绅士冯桂芬就特地作《上海果育堂记》以志之，并称“果行育德，孰大于是”。[5]因此，该堂的名声早已不限于上海一隅。

对果育堂参加义赈的情形，以往的研究都是根据义赈初期重要主持人之一的经元善的说法来进行论述的。按照经元善的说法，果育堂是在他的大力鼓动下，方于光绪三年(1877)底开始参与义赈活动。[6]不过，由于这是经元善在1900年10月间所作的追忆，因此这个说法与实际情况有着相当大的出入。事实上，果育堂开始在“丁戊奇荒”期间向华北灾区实施赈济活动的时间要比经元善所说的时间早得多。还在光绪二年(1876)十月至十一月间，时任轮船招商局总办的唐廷枢就打算将自己募集的赈灾物资委托该堂董事瞿绍依前往山东散放，且时人“皆称为合法得人”。[7]尽管这个计划后来未见下文，但它已显示出了果育堂未来参与义

---

① 直到2001年的上海市政区图上，还可以找到一条名为“果育堂路”的小巷，其地在河南南路和复兴东路的交叉口附近，这是上海此时仅存的两条以早先善堂名称命名的两条道路之一。不过，经询问该处居民得知，此处虽是当年果育堂所在地，但该堂的遗迹早已荡然无存。

② 陈伯熙：《上海轶事大观》，上海书店出版社，2000年，331页。

③《松江府续志》，《中国地方志集成》，江苏古籍出版社等，1991年，卷九，“建置志”，页四十。冯桂芬：《上海果育堂记》，《显志堂稿》卷三，文海出版社，1981年，影印本。

④ 陈伯熙：《上海轶事大观》，331—332页。《松江府续志》卷九，页四十。

⑤ 冯桂芬：《上海果育堂记》，《显志堂稿》卷三。《松江府续志》卷九，“建置志”中对此文也有摘录。

⑥《沪上协赈公所溯源记》，虞和平编：《经元善集》华中师范大学出版社，1988年，第326—327页。

⑦《申报》(上海书店，1982年，影印本)第585页，光绪二年十一月初四日。

赈活动的某些前兆。就在此后不久，果育堂便为赈济苏北淮徐一带的灾民，主动派遣其堂中司事赴该处“相机接赈”。①

不过，果育堂的苏北行动并未造成太大的社会影响，并且它当时也没有在社会上公开宣布行动的具体情况。而到光绪三年(1877)初，当山东灾荒的惨烈情形传到江南以后，果育堂便在三月二十二日(1877年5月5日)的《申报》上以独立名义刊登了一份劝捐公启。值得强调的是，这也是整个江南社会为赈济华北灾民而发布的第一份捐启。这份名为《果育堂劝捐山东赈荒启》的文中称：

下民造孽，上天降灾。去年水旱频臻，饥寒荐告，最苦者江北之淮徐、山东之青济，几至易子析骸，饿殍载道，闻者惨伤，业蒙各大宪奏请赈恤。所虑灾黎散处，遍逮为难。敝堂曾醵银千两，专派司事附入招商局唐、徐二君，速赴淮徐，相机接赈，而于东省则阙如也。适法华玉樵李君交来佛吉三十枚，嘱即附寄东省云云。仝人额手称庆，以为首倡者李君，而相与成此善功者，我邑中当有同志也。爰用布告绅商善信，务希踊跃玉成，自千百以及十数，无拘多寡。乞亲交果育堂财房，掣付收票为凭，不再另立捐簿。一俟集有成数，迅附轮船汇至青济，拯此鸿哀，不胜雀跃。总乞多多益善，赶速为贵。呜呼！万间广厦，原非寸木可成；九仞为山，端赖一篑所始。至于为善获福，理有必然，兹姑勿赘。②

这份捐启表明，果育堂准备开办的山东赈务既是有计划的，也是全方位的。另外，从事后的情况来看，此次公启也收到了较为良好的社会效果。在其刊出后不到三天，果育堂就收到捐款共计规元六百余元。该堂除立即遣人携此捐资赶往山东外，又在续启中声明：“他时赈务告园，自当

①《申报》10，第406页，光绪三年三月二十二日。
②《申报》10，第406页，光绪三年三月二十二日。

汇刊征信以昭信实，此外并不立簿劝捐，杜绝假冒。至司事赴东川资，由堂自备，并不在赈银内开支，庶几涓滴归公。”[①]所有这些做法表明，果育堂已经成为一个颇为完善的义赈组织了。

然而仅仅作为最早出现的义赈组织，还不能完全保证果育堂具有上海义赈领导机构的地位。况且果育堂最初大概并没有长期办赈的打算，因为在其发布的第三份捐启中称：“自夏季为始，至六月底为止，办赈三月……俟此三月办理之后，即于秋初总开助赈、发赈一切详细切实账目。”[②]所以果育堂这种领导地位的确立，是其随着灾情的发展而延长办赈活动的过程中逐步取得的。这主要表现在以下三个情况之中：

首先，果育堂在赈济地区的开辟方面，始终要比上海的其他义赈组织领先一步，从而起到了某种指示行动方向的作用。例如，还在光绪三年（1877）八月间，果育堂就刊出了劝捐施赈山西的公启，[③]而“上海协助晋赈公所”成立的时间是光绪五年（1879）五月下旬。[④]因此，尽管果育堂的这个山西办赈计划未见下文，这仍然表现出了其领先于当时其他所有义赈组织的主动意识和开拓精神。而在向社会公开劝募河南和陕西的赈捐时，果育堂不仅都是上海地区最早的倡议者，而且立即对上海义赈队伍的行动产生了重大影响。例如，就豫赈而言，早在经元善创办的协赈公所公开劝赈之前两个多月，即光绪三年（1877）十二月初，果育堂就在《申报》上发布了《豫省来书劝赈启》。[⑤]嗣后，以李玉书“星驰赴豫”为起点，上海的豫赈行动才全面展开。[⑥]在秦赈方面，果育堂发出“乞赈秦饥”公启的时间是光绪四年二月十九日（1878年3月22日），[⑦]而经元善等人决定“开办

①《申报》10，第417页，光绪三年三月二十六日。
②《申报》10，第438页，光绪三年四月初三日。
③《申报》11，第274页，光绪三年八月十二日。
④《申报》15，第58页，光绪五年五月二十六日。
⑤《申报》12，第38页，光绪三年十二月初九日。
⑥《申报》12，第235页，光绪四年二月十三日。
⑦《申报》12，第254页，光绪四年二月十九日。

秦赈”并付诸行动的时间则是同年五月十二日(1878年6月12日)。①

其次,在光绪五年(1877)之前,果育堂的社会影响和号召力要超过同时存在于上海的其他义赈组织。从经元善和屠云峰等人成立的“上海公济同人会”的实际社会地位来看,该会远远算不上一个具有领导作用的义赈机构。这是因为,不仅该会的成立最早是由果育堂向社会上公开予以披露,而且该会亦是以协助果育堂募捐的面目出现的。②并且,连经元善本人对此都不否认:“某等……曾经私集同志数人劝捐助赈,正自愧车薪杯水,未敢遍告同人,而两承果育善堂列入《申报》,滋愧良多。”③由此可见,即使称该会为果育堂的一个附属机构亦非言过其实。

再次,即便经元善创办了协赈公所后,其作用和地位也没有能够立即笼罩果育堂。经元善本人虽称其创立协赈公所的原因是果育堂难于主持赈务:“讵瞿绍翁作古,豫赈收解,果育难于主持……义无可辞,即在仁元庄带办。”④但是,有三个重要事实证明,这时的协赈公所其实并没有即刻取代果育堂的主导地位。其一,该所在许多实际活动中仍然要大力依靠果育堂。例如,该所自身并未印发收捐票据,而是借用果育堂的收票,唯另加“宝善街仁元钱庄经收戳记”而已。⑤值得一提的是,光绪四年(1878)四月中旬,上海义赈同人推举经元善“总司后路赈务”的那次大会,也正是在果育堂举行的。⑥其二,郑观应等人创设轮船柜捐之法时,原先决定由经元善“亲往点收”。⑦可是经“果育堂同人公议”之后,改由“太古洋行经手,派友持票验收”。⑧况且,在此次轮船柜捐活动发放的两份宣传资料中,其一便是果育堂印发的劝捐告白。⑨其三,在豫赈尚未告竣的

①《申报》12,第533页,光绪四年五月十二日。

②《申报》12,第170页,光绪四年正月二十五日。

③《申报》12,第235页,光绪四年二月十三日。

④《沪上协赈公所溯源记》,虞和平编:《经元善集》,第326—327页。

⑤《申报》12,第273页,光绪四年二月二十五日。

⑥《沪上协赈公所溯源记》,虞和平编:《经元善集》,第326—327页。

⑦《申报》12,第370页,光绪四年三月二十三日。

⑧《申报》12,第390页,光绪四年三月二十九日。

⑨《申报》12,第370页,光绪四年三月二十三日。

时候,仁元钱庄就中止了助赈活动,而将赈所移并到果育堂和同仁辅元堂。①

对于果育堂在义赈初期的上述主导地位,在数年后义赈同人的一个说法中得到了极为充分的表述。光绪十年(1884)初,也就是义赈已经进入成熟阶段后,当时处于领导地位的陈家木桥协赈公所在给《申报》馆的信中承认:“上海协赈一举,实始于果育堂。其时山东西大灾,瞿君董堂事,乃集巨资,延董往赈,遂为协赈公所之始。光绪四年,李君玉书往赈河南,遂由王君竹鸥、葛君蕃甫、郑君陶斋、经君莲珊、王君介眉集议,分设公所于洋泾浜。然远近官商慕果育堂名,因以捐寄赈款者,户限为穿。”②尽管这个说法中因把果育堂称为“协赈公所之始”而存在着纰漏,但这恰恰显示出果育堂给他们留下的深刻印象。

苏州、扬州和杭州三处的具体情形虽然不如上海果育堂那么明确,然而从一些有限的资料中依然可以清楚地看出,此三处义赈活动的开始同样是以善堂为主要依托组织的。在苏州,最早综理义赈事宜的机构是苏州安节局。该局最初由冯桂芬等苏州绅士为“收养名门嫠妇”而创建于上海,同治三年(1864)清军克复苏州后,该局方从上海迁移至苏州齐门新桥巷。③至于该局在苏州义赈活动中的中心地位,主要体现在这样几个方面:首先,苏州同人议定山东之行后,便托定安节局董事徐子春“一手经收”赈捐,且各处捐款一律由“经募送至平江路新桥巷安节局内徐子春处,守取收票为凭”。④而这时苏州绅士谢家福在桃花坞的寓所虽然也开始经收捐款,但很可能只是安节局的一个协助机构。因为这是谢家福鉴于“输捐者如此踊跃,子春一处填写收票决不济事”的情况,方决定“将西路

①《申报》14,第137页,光绪五年正月二十五日。

②《申报》24,第242页,光绪十年正月二十一日。

③《苏州府志》,《中国地方志集成》卷二十四,江苏古籍出版社等,1991年,“公署四”,页十六。

④ 谢家福:《齐东日记》(苏州博物馆藏稿本,原件无页码),光绪三年五月初一日条。关于徐子春为安节局董事的反映,见光绪五年六月二十一日的《申报》15,第154页。

各捐归我家经收”。[1]其次，从桃花坞协赈公所于光绪七年（1881）刊刻的征信录中可以发现，苏州义赈同人在东赈过程中的所有解款事务都是安节局经手的。[2]第三，在东赈期间，安节局成为苏州义赈同人最重要的日常议事处所。这方面最显著的一个例子是，谢家福刚刚返回苏州，“即往安节局告到”。[3]最后，严保之、孙传鸬等人公布的河南赈帐表明，苏州义赈同人于光绪三年（1877）十月间初次前往河南助赈的行动，也是在安节局主持下的结果。[4]

扬州和杭州情况更为简略，两地的义赈活动起初都集中在各自的同善堂内。有关扬州同善堂的历史目前虽不清楚，不过，由于当地早在雍正七年（1729）间就曾出现了以“同善堂”为名的善堂，[5]所以出现在《申报》上的这个扬州同善堂肯定不是什么新生事物。至于证明该堂主持作用的证据虽然仅有一件，但却颇为有力。那就是，在该处义赈同人于光绪四年（1878）底正式宣布扬州协赈公所成立之前，[6]其在《申报》上一直是以扬州同善堂的名义单独发布扬州的收捐清单。[7]而杭州同善堂的建立固然是在太平天国战争末期的同治三年（1864），然而鉴于当地的慈善组织同样有着长期的传统，所以该堂也不可能属于新兴组织。与扬州相同，该堂具有主持作用的证据也是个有力的孤证，即该处义赈同人不仅将办理募捐事宜的协济局附设在了杭州同善堂之下，而且直至“丁戊奇荒”结束，他们对外宣传和联络时使用的名义也始终是“杭州同善堂”或者“浙江同善堂”。[8]

代理义赈分支机构的江南善会善堂数量更多，分布地区也更为广泛。

---

①《申报》15，第154页，光绪三年五月初七日。

②《齐豫晋直赈捐征信录》卷一（光绪七年刻本），“东齐孩捐收支录”，收解总数二。

③ 谢家福：《齐东日记》，光绪三年十月二十二日。

④《申报》15，第466页，光绪五年九月十一日。

⑤《重修扬州府志》，《中国地方志集成》卷十八，江苏古籍出版社等，1991年，“公署”，页八。

⑥《申报》13，第531页，光绪四年十一月初九日。

⑦《申报》13，第6页，光绪四年六月初三日。

⑧ 民国《杭州府志》，《中国地方志集成》卷七十三，江苏古籍出版社等，1991年，“恤政四”，页四十二。

尽管这些善会善堂只能对义赈起到某些辅助作用，或是承担义赈活动中某一部分的工作，比如在社会上对灾况和义赈活动进行宣传，以及为义赈中心机构代募捐款或向其捐助赈款，但是这些活动同样对义赈的迅速壮大起着重要作用。这是因为，这些善会善堂都浸淫着江南的慈善传统，从而肯定在相当程度上增强了义赈在江南地区动员和获取社会资源的能力。

最明显表现出此类特性的善会善堂还是出现在上海。而首先值得注意的同仁辅元堂，因为其最初向华北提供援助的一次活动甚至还发生在果育堂首次刊登捐启之前。在光绪三年（1877）三月上旬，同仁辅元堂的一位董事梅益奎就“经劝淮阴、东鲁赈捐银五百两，其银均交招商局汇至镇江，转给灾区，以济赈用”。[①]不过，同仁辅元堂的这种行动在光绪四年（1878）以前的效果和影响并不大，直到光绪三年（1877）秋，它解往山东的赈银一共才600两。[②]其真正开始发挥较为重要的作用，大约是在次年三月底四月初。当时同仁辅元堂首先创设了桶捐之法，其先于上海南市“拣热闹处共设木柜念（按：“念”同“廿”）只”，后又在“租界设桶劝捐”，从而承担了上海城内的大部分桶捐事务。[③]而且这种桶捐之法在很短的时间内就在江南一带流行开来，苏州、杭州、盛泽、扬州、宁波和绍兴等地都予以仿照施行。[④]另外一个有着类似表现的是邑庙保婴局。光绪四年（1878）三月初，该局单独在《申报》上刊布《拟办河南保婴劝捐启》，内称：“……某等因思往查户口，而婴孩必难惠及……拟推保婴之法，又可补赈之不及。”[⑤]虽说保婴局此举“附在赈局内”，但由于它“即请办赈诸公于查户口时查办”，所以是专款专用，亦非他人所能染指，可见具有相当的主动性和

①《申报》10，第385页，光绪三年三月十七日。

②《申报》12，第358页，光绪四年三月二十日。

③《申报》12，第390、414页，光绪四年三月二十九、四月初七日。

④ 苏州、杭州和盛泽的情况见光绪四年五月十七日的《申报》（《申报》12，第550页），扬州见同年五月二十六日的《申报》（《申报》12，第581页），宁波见同年五月二十九日的《申报》（《申报》12，第593页），绍兴见同年六月十六日的《申报》（《申报》13，第50页）。

⑤《申报》12，第314页，光绪四年三月初七日。

独立性。

在上海之外，亦有主动向社会发布捐启的善会善堂。光绪三年(1877)九月间，苏州某善堂司事即以“河南、山西两省荐饥”，故“缮无数副启，各处劝捐，欲集资以往赈”。[①]由于除苏州安节局外，苏州义赈同人并未在《申报》上声明过由其他善堂出面募捐，因此这个善堂的行动应该独立于安节局。而且不仅仅是大城市，就连一些江南市镇中也出现了这类善会善堂，比如黎里镇的众善堂和昆山的正心崇善局。前者于光绪四年(1878)七月间自行刊布“勺水枯鳞捐册”，虽然其募捐款项交桃花坞赈所，却没有使用后者刊刻的各种捐册；[②]后者同样以自己的独立名义发布了《一命愿捐启》，并称：“一，捐钱并折缴送昆山崇善局，收票由局代给，后刊征信录为证。一，捐折概有崇善局印记，以昭信是。”[③]

最后应该提及的是，还有一些善会善堂甚至主动从自己的经费中拨助义赈，尽管为数不巨。比如，绍兴城内的乐生会向来“以租息所入买物放生”，闻知华北灾荒后，会中人士即将“冬季田租钱五十千文提先筹垫，捐入灾赈”，《申报》对此举动还特地称赞道：“洵得先人后物之义矣。”[④]而锡山忠敬堂则于“苏、申协济晋豫款”时，“解囊不吝”。[⑤]上海保安会自称“历年节省，薄有余资”，故在光绪四年(1878)和五年(1879)间两次从自己的经费中向义赈共移助赈银一百五十两。[⑥]

事实上，在积极参与义赈活动的江南善会善堂中，上面举出的所有例子只是其中很少的一部分。因为在光绪五年(1879)三月，赴河南助赈同人向官方禀报募捐情况的时候称：“绅等来豫之际，不过因同乡善士中有以百文、千文助赈，与夫隐行其惠、不愿著名邀奖者，均无可投交捐局，议

---

①《申报》11，第433页，光绪三年九月二十八日。
②《申报》13，第157页，光绪四年七月十七。
③《申报》13，第390页，光绪四年九月二十七日。
④《申报》13，第66页，光绪四年六月二十日。
⑤《申报》13，第406页，光绪四年十月初一日。
⑥《申报》15，第210页，光绪五年七月初五日。

由各处善堂承收……至于南中各善堂局经收捐款者，约不下二百处。”[①]由此可见，对于善会善堂对义赈所起的巨大组织作用，义赈同人自身就有着极为清楚的意识。

同时，这一时期官方对参与义赈的善会善堂的态度表明，官方同样承认了后者的上述作用。光绪五年(1879)六月底，官方一次就向十八家江南善会善堂颁发了嘉奖的匾额，它们是：杭州同善堂，上海同仁辅元堂、果育堂、保安堂、保婴堂，苏州安节局，松江全节堂，扬镇同善堂，吴江众善堂，震泽广善堂、保赤局，盛泽丝业公所，常熟水齐堂，昆山正心崇善局，松江辅德堂，青浦县积谷仓，常州保节保赤局，湖州仁济堂。[②]光绪七年(1881)八月，又有十一家江南善会善堂因协助直赈而获得官方颁发的匾额。[③]另外，当籍隶山西的给事中郭从矩在光绪六年(1880)上奏，请饬下江苏、浙江各督抚将“救灾恤邻”的苏杭善局纂入志书时，亦得到了朝廷的允准。[④]而郭从矩提到的六个义赈机构中，除四家协赈公所外，苏州安节局和杭州同善堂也赫然在列。[⑤]应当指出，无论此前还是此后，官方一次以如此力度来表彰如此之多的善会善堂，都是没有出现过的现象。

江南善会善堂对义赈初兴的促进作用，后来还成为地方社会中深刻的记忆。光绪《松江府志》中就称：“光绪四年，直豫秦晋四省旱灾，松江府属各善堂绅士劝募巨资，解交接济……六年，复因直隶天河水灾，赈大清河工赈，郡邑各善堂劝募如前……越境救灾，为自古以来不恒见之举，而各捐户之踊跃乐从者……俾各善堂得以藉手成事。”[⑥]而陕西人士直到民国年间还认为：“光绪年间，来陕放赈之义绅，如严作霖、刘钟琳、唐锡晋等……其行谊有超出古今任侠之上者。原其始，皆董理南邦善堂之

①《申报》14，第349页，光绪五年三月二十三日。

②《申报》15，第194页，光绪五年七月初一日。

③《申报》19，第397页，光绪七年八月十六日。

④《申报》16，第389页，光绪六年三月初五日。

⑤《申报》16，第474页，光绪六年三月二十六日。

⑥ 光绪《松江府志》卷九，建置志，页五十二。

首事也。"[1]其实,严作霖等人到陕西放赈是光绪二十六年(1900)底的事情,而当时义赈与善堂的联系已经不具有重要地位,况且严作霖因办理义赈而赢得的义绅名声早已名满天下。[2]如此一来,陕西人还仅仅瞩目于他们的善堂背景,极有可能是因为有关早期义赈情况的传闻起了作用。

二、义赈在华北创建善会善堂的原则与模式

正是由于一大批江南善会善堂大力促成了跨地方义赈活动的兴起,才使得江南社会善堂向华北的移植得到了可靠的落实途径。也就是说,这种移植正是在义赈不断深入华北地方社会的过程中才实现的。那么这种所谓"移植"的具体内容是什么呢?应该指出,这并不是指义赈同人将原本位于江南的某些善会善堂搬迁到华北,或者是促成后者在华北设立其分支机构。并且这个移植过程不仅不是由江南原有的善会善堂所发动,而且也根本没有任何一家江南原有的善会善堂直接参与过这个过程。单就组织层面而言,义赈同人在华北创设善会善堂的举动完全是自发为之,与当时存在于江南的善会善堂并无任何组织上的关联。

既然如此,我们为何还能够将这些实际坐落于华北的善会善堂视为"江南的"呢?这是因为:一方面,这些善会善堂既主要依靠来自江南的义赈同人创建和经管,其经费也大多依靠南方的捐款;另一方面,义赈同人创设这些善会善堂也不是凭空悬拟,而是基本上参照了江南原有的善会善堂的运作样式。因此,尽管江南原有的善会善堂并没有具体参与这个移植过程,但在义赈同人这个举动的背后,仍旧极为清晰地展示出了江南善会善堂在整体上的深刻影响。这样一来,就使江南慈善传统深深地潜入了华北地方社会,从而形成了江南地方性流动的一个重要表现。

这个移植过程得以成型的客观基础,则主要有这样两点:首先,梁其

---

① 民国《续陕西通志稿》,《中国西北文献丛书》卷一百三十,兰州古籍出版社,1990年,影印本,荒政四,页三七至三八。

② 朱浒:《晚清义赈研究》,中国人民大学博士论文,2002年,第三章。

姿的研究最清楚地表明，江南自明清以来一直是全国范围内善会善堂最为发达的地区。[①]并且，江南人自身对此状况也早有明确的意识，如苏州名士冯桂芬在同治年间就曾自豪地声称："今世善堂、义学之法，意犹近古、能行之者，惟我江苏为备。"[②]其次，华北地区的慈善组织不仅数量有限、种类单一，而且占据其中最多份额的育婴堂、栖流所和普济堂大多还由官办。[③]更重要的是，华北地方社会对于慈善事务普遍缺乏必要的能力和热情。因此，华北也就无法抵抗江南慈善传统的扩张势头。

至于这种移植过程的具体落实，则与义赈同人在华北办赈期间的实际体验有关。由于许多义赈同人都具有在本籍久任地方善举的背景，因此他们在办赈过程中常常创造性地运用江南善会善堂的慈善经验，制定了许多在传统赈灾范围之外的赈济措施。更重要的是，他们很敏锐地发现华北许多地方都缺乏必要的社会福利设施，并认为这是当地应对灾荒乏力的一个重要原因。因此，他们在放赈之外，还试图介入地方上更深层次的社会问题，筹划了一系列善后补苴措施，而创建善会善堂正是这些措施中的一项重要内容。

义赈同人在华北创建善会善堂之举，始于光绪三年(1877)的山东赈灾行动期间。当时，苏州绅士谢家福等人鉴于山东灾孩无法妥善安置的状况，曾计划将其中的无家可归者运回南方，"分送江浙"收养。[④]不料在他们到达山东以后，这个计划却发生了一波三折的变动。先是，由于得知此前西方传教士试图从山东运孩南下上海收养之举在当地引起了很大的风波，所以谢家福转而认为，"似不可先开其端，江浙分养之说，宜改就地设局矣"，这样方能"俾免教堂藉口"。[⑤]其他许多同人却认为"小孩只得

① 梁其姿:《施善与教化》,第331页。尽管夫马进等人对此也有论述,但是梁其姿的统计结果最为明确。

② 冯桂芬:《显志堂稿》卷三,页三十。

③ 梁其姿:《施善与教化》,第330—331页。

④ 谢家福:《齐东日记》,光绪三年四月二十四日条。

⑤ 谢家福:《齐东日记》,光绪三年五月二十五、二十八日条。

运南，此间绝无绅士可托，商富可捐”。[1]因此谢家福只好先全力办理抚教留养局，“抚教者就其资质之高下，分别教以读书；留养者收养残疾及生病之婴孩”，[2]准备等时机成熟再行南运。[3]而此后出现的一个新情况，彻底打破了他们实施南运计划的最后希望。那就是，当他们与青州知府富文甫酌商此事时，后者极为明确地表示反对：“小孩运南，事则甚好，兄弟脸上太下不去，须请大哥在此地想一法儿，总要长养在青州才好。”[4]有鉴于此，谢家福等人不得不另谋他途。

当然，这个“他途”也不是没有。因为谢家福等人在决定“运南之说，暂可免议”的同时，发现青州境内不仅“善堂甚少”，而且“向无恤孤善堂，故孤贫子弟流落极多，洋人方极意招徕，设局设塾，为久远计”。[5]据此，他们在给苏州留守同人的信中提出了一个新的行动方案：“若将数百孩童携之以南，无论安土重迁之不便，本地舆论之难乎，其如我辈去后，洋人之招徕如故，孩童之流落如故，是不可不重为之虑也。为此公同商榷，非设长局不可。”在他们的鼓动下，首先由青州知府“倡捐千金”，再由“扬镇赈局暨我局各拨千金，设立同善堂，先办义塾、惜字、乡约三举。堂中司总，议由第等公举，已请缪启翁来青，并留一二善友匡助之。拟俟此堂立定，即将留婴所、抚教局归并办理”。至于后续经费问题，则将他们手中现存的款项五千余两“及续后捐下凑足一万串，存苏生息，禀府备案，每年分四季汇青，永为成例”。[6]

另外，由于“本地绅董向无熟办善举之人”，所以又由谢家福主持拟订了《青州同善堂章程》。这份章程除点明江南绅士的作用外，还对江南慈善经验有着明显的反映：

---

① 谢家福：《齐东日记》，光绪三年五月二十八日条。

②《申报》11，第490页，光绪三年十月十六日。

③ 谢家福：《齐东日记》，光绪五年六月初一日条。在谢家福为抚教局所拟的章程中，原有分送江浙收养的内容，在遭到当地官员反对后而被抹去。

④ 谢家福：《齐东日记》，光绪五年六月初二日条。

⑤ 谢家福：《齐东日记》，光绪三年六月二十二、七月初三日条。

⑥ 谢家福：《齐东日记》，光绪三年七月初三日条。

一、董事宜公举也。现由本地官绅暨苏、常绅士公举董正一人、董副一人、司月六人轮办局务。凡有兴作,须公同商酌。每月公请府县宪莅局一二次,课其大纲。

一、司事宜公延也。由各董公请老成谨慎、练达勤干者一人为管总,银钱账目、办理机宜,悉听妥为筹办。司事△人,各勤其职,月送薪水有差。执役二人,各给工食,不得徇情滥荐,亦不得人浮于事。

一、捐款宜广筹也。现蒙府县宪暨江广赈局、镇扬赈局各助千金,除发典存息济用外,应由董事仿照同善会例,妥为筹劝,以每月三十文为一愿,愿数多少,惟力是视。按月凭两联局章收照收取,每年刊造征信录分送,并存府县存案。

一、经费宜节省也。董事薪水,轿马之费概不致送。司事及执役除额定薪工,按月十四日支给外,概不准浮支借宕,一切浮费不准开支。

一、账款宜查报也。每月朔日,由上月司董监令司总开造四柱清册,具报董正存查,并于局账结数加盖私戳,所存银钱照册点验,如有短少,司总是问。

一、收照宜详核也。每月掣票收钱之先,将两联收票由司总填明捐数,并立一送印四柱册,开列总数,呈送董正加盖局章,再送司月加戳,再行发收。每逢月杪,由本月司董将收到捐款开除外,实在存票若干,详核登载册上,以便于下月初一日交付司董点验发收。

一、堂屋宜建置也。现在月捐无几,不能不将趸捐存息,未便即行置产,相应暂借考棚设堂开办,一俟经费筹定,即行建置堂房,以期恒久。

一、善举宜酌办也。现因经费未充,先办义塾、惜字、乡约三端,章程悉照苏郡轮香局办法。其余各善举,随时再为推广。①

---

① 谢家福:《齐东日记》,光绪三年七月迟一日条。

从这份章程中可以看出，青州同善堂属于一个综合类善堂。应该指出，谢家福为该堂设计的运作方式，在当时华北地区的同类组织中肯定无出其右。这是因为，按照梁其姿的统计结果，在创设青州同善堂的1877年以前，全国一共出现过二百二十三家综合类善堂，其中有一百一十五家位于江浙两省，而整个北方仅有陕西紫阳县的同善堂位居此列。[①]因此，只需与紫阳同善堂的章程进行比照，便可证明青州同善堂绝不可能借鉴华北的慈善经验：

一、本处绅士若干人，各随心愿捐募银钱若干，米谷若干，田地若干，立一清册。公议绅士若干人，择其清正有经济者，轮年接管，岁终将开销清册两本，一入交代，一呈城隍庙神前焚之，以明无侵吞之弊。

一、所出之数，以所入定之，如捐钱多仅可推广扩充，否则就事论事，以用尽为度，总以实心实力行之。始基既立，后人必有闻风而起者，人之欲善，谁不如我？公积既多，自然众善悉举，而功德仍归于始事之人，亦何惮而不为也。[②]

值得补充的是，虽然目前尚未有资料能够证明青州同善堂后来是否仍然与江南存在着密切的联系，但是直到光绪十八年(1892)的时候，时任山东巡抚的福润还奏称："青州府城有南绅严作霖捐设同善堂一所，存项生息银二千八百两，旧房五十间。"[③]不管其间是不是由南绅来主持堂务，或是江南是否一直向该堂提供经费，这个说法至少表明，江南在此留下的痕迹仍有清楚的体现。另外，尽管这时的青州同善堂已经破败不堪，并且后来的山东地方志里也从来没有出现过有关它的记载，但其命运并未至此告终。对此，本文后面将会论及。

① 梁其姿：《施善与教化》，附表四。

② 民国《陕西通志稿》卷一百三十，荒政四，页一二。

③《申报》42，第153页，光绪十八年八月初四日。

继东赈之后，义赈同人紧接着在河南办赈时创设了更多的善会善堂。光绪四年（1878）十一月初，来自扬州的义赈同人严作霖首先在获嘉县拨银一千两设立恤嫠会，声明此举系“仿照江苏恤嫠章程，专恤穷嫠”，同时禀请官方立案，“饬当生息”，“凡遇他项公事不得挪借”，并且得到了河南巡抚和布政使的批准。[①]次年闰三月间，他又在原武县设立儒寡会，在阳武县设立恤嫠会，以助赈余资分别捐助钱一千千文、一千七百千文，并向官方请求按照“获嘉成案”处理相关经费事宜，而官方亦批示“将议定章程由县给示，勒石用垂永久”。[②]严作霖之所以着意于恤嫠事项，很可能与其长年办理扬州恤嫠会事务有一定的关联。[③]同时不应忘记，正如梁其姿论述过的那样，恤嫠会在江南的普遍程度远远超过国内其他地区，因此构成了严作霖这些举动更为广阔的一个背景。

不过，严作霖所创建的只是些救济面较窄的小型善会，而另一些义赈同人则在河南设立了几个较具规模的综合类善堂。光绪五年（1879）二月间，秀水绅士金福曾、扬州绅士赵翰等人在先前成立的怀庆慈幼局的基础上，复“劝请崔季芬军门、卓友濂太守、王玉如、张大涵两绅提倡筹捐，设立善堂于怀庆府城”，并“即日将小孩移往堂中，兼办义塾、恤嫠，常年经费以官绅捐资及保婴、代赎两局余款中提一千五百金置田，提出三千金存典生息，尚留千金备本年局用”。虽说金福曾等人没有公开出面倡捐，可是按照他们的计划，这个善堂在成立初期的实际主持人却不能不由江南绅士来担任：“惟本地绅士皆非熟手，订定暂留谈任之、陈春岩两君同办至秋间交卸。”[④]而且从后来的情况看，谈任之等人主持该堂的时间可能还不止于秋间，因为约一个月之后，“崔镇军同谈任之兄来商，欲立大义塾，行吕氏乡约，招本地聪俊子弟二十岁以内者入塾读书，任之兄已允三年不归，

①《齐豫晋直赈捐征信录》卷五，“南豫放赈录二”，扬镇五。

②《齐豫晋直赈捐征信录》卷五，“南豫放赈录二”，扬镇六。

③《申报》16，第662页，光绪六年五月十三日。严作霖在这里称“以扬州恤嫠存款，频年因赈务羁身，动用将尽”，在此后的一封信中又称“扬州经手各事，抛荒已及四年”（《申报》17，第470页，光绪六年九月二十三日），可见他在1877年以前一直办理该处恤嫠事宜。

④《申报》14，第293—294页，光绪五年三月初九日。

留此经理。"[1]

稍后于怀庆、金福曾等人在新安和渑池两县同样倡办了综合类善堂。这两处善堂的规模虽略小于怀庆，但江南的影像在其中有着更为清晰的展示。这首先在他们给河南巡抚的禀文中有着明确的反映，因为内中称："惟念江南各州县历来皆有善堂，经办一切善举，绅等拟仿照章程，为新、渑两邑各立善堂一所。以赈余银款无多，现每县各拨捐银一千两存当生息，拟每年即以息银试办恤嫠、收埋、惜字等项，聊为诸善之倡"。其次，从他们为这两处善堂订立的章程的具体内容来看，确实能够证明其仿照的原型乃是江南的善堂：

一、恤嫠拟先有定额也。堂中经费无几，额不能多给。今拟先定二十名，专就青年守寡者，每名每月酌给钱三百文，稍资贴膳。俟堂费扩充，再议添增额数。

一、收埋须经久举行也。目前助赈各局兼办收埋，所葬骼骸已属不少，然大灾之后，暴骨尚到处累累。今议每年清明前后，由善堂派友各处收埋，并稍置义冢，其无主者即由堂埋葬，有主者劝令亲属限期安葬。

一、字纸须雇工收埋也。本地不知惜字，随处狼藉，亟宜劝导挽回。今议由堂雇设字纸担数人，在城乡各处收取。每于朔望焚化，以昭敬重。另备空白纸簿，换取妇女线簿之用字纸者。并请地方官出示，凡店铺包扎记号改用花样，不准用字亵渎。其制造还魂纸张处所，应请出示，严行禁止。

一、相验拟由堂给费也。尸场验费，往往不但事主受累，兼有派扰邻右，甚且远及同村者。灾荒之后，民力日艰，闻竟有命案而不敢呈控，虽未必尽确，而凡恤民省累之方，似亦亟宜筹及。江南各州县相验经费多由善堂代给，历有定章，今议仿照办理。每遇命案，地方

---

①《申报》14，第556页，光绪五年四月十六日。

官下乡酌带刑招书二人，约给饭食每日各三百文，仵作一人，饭食每日五百文，差役二人，伞轿夫路近者五人，远者九人，饭食每日均各二百文，跟丁二人，每日各四百文，总不过十余人，临时应用之布段、纸张、酒醋及地保搭厂等费一概在内，拟以十六千文为定，统由善堂给发，不准再派民间分文，以杜扰累。①

当然，江南善会善堂向华北的这种移植并非总是一帆风顺的。在光绪五、六年赈济直隶的行动期间，义赈同人就碰到过一些麻烦。例如，光绪六年(1880)九月间，严作霖在办赈过程中发现，直隶不少受灾地方的"灾民之苦，莫甚于寡妇孤儿，有因饥寒而失节者，亦有矢志不改以自尽者，更有甘心穷饿、行乞守贞者"，因此像在河南一样，禀请直隶总督李鸿章"扎饬州县倡办恤嫠"，并且主动提议由"我局酌贴千串，请伯相津贴二千两，余由地方绅富捐助"。②不料，尽管此请得到了李鸿章的正式批准，而且严作霖本人也小心翼翼地估计"虽不能处处办成，大约一二处总可成功"，可是出乎他意料之外的是，直隶各处地方绅富中的"阻挠者正不一其人，甚有投禀督辕而托词推诿者"。③虽然这些推诿之词遭到了李鸿章的批驳，但是严作霖的这次提议到底结果如何，终究没有听说过下文，而由义赈同人直接进行的移植善会善堂活动至此也基本告终。

三、义赈模式影响下出现的"华北广仁堂系列"

尽管由义赈同人向华北移植善会善堂的活动仅仅持续了三年多时间，并且其中多数善会善堂后来的命运很可能不容乐观，不过，这并不意味着这种移植活动就此成为中国善会善堂史上一段无足轻重的插曲。这是因为，继义赈发起的移植活动之后，华北地方社会中出现的另外一批善

①《齐豫晋直赈捐征信录》，卷六"南豫放赈录三"。

②《申报》17，第529—530页，光绪六年十月初八日。

③《申报》17，第549页，光绪六年十月十三日。

会善堂不仅基本上仿照了义赈的移植原则，而且得到了较为良好的发展。至于这方面最明显的表现，便是可以称之为“华北广仁堂系列”的那些善会善堂。

这些善会善堂之所以能够被称为“广仁堂系列”，主要是因为它们除了皆以“广仁堂”为名外，其发展过程也存在着颇为密切的连接关系。在这些位于华北的广仁堂中，最早出现且最为著名的一座善堂，恰恰出现出现在严作霖的移植活动徒劳无功的直隶境内，这座善堂就是天津广仁堂。对于该堂的创设情况，民国二十年（1931）纂修的《天津志略》中给出了这样一个含糊的说法：

> 清光绪四年，天津河间灾歉，由苏浙皖三省士绅办赈，以余款购置不动产，创办敬节堂，收养孀妇。嗣经直督李鸿章赞助，并当地官绅捐款扩充，购地建堂，兼收孤儿恤女，初称天河广仁堂，寻改今名。①

实际上，这个说法还是故意抬高了天津地方人士的地位。美国学者罗芙云（Ruth Rogaski）就曾明确指出，在该堂成型的过程中，始终是来自南方的人士发挥着主导作用。不过，罗芙云对天津广仁堂的论述也存在着一定的偏差。首先，她仅仅在天津地方史的情境下来把握该堂的发展脉络，认为地区间的对立、外国人士的介入和内部动荡的混合作用是促成该堂的直接背景。其次，她虽然指出该堂与江南之间有某种渊源，却过于强调了性别视角，即把女性问题作为这种渊源的唯一表征。②而这种做法的后果，不仅简化了天津广仁堂所蕴含的复杂社会关系，也大大压缩了该堂的社会功能。

无论如何，天津广仁堂的出现也不能仅仅被当作一个特定情境下的地方性事件。如果不与前述江南善会善堂向华北的移植趋势联系起来，

① 民国《天津志略》，成文出版社，1969年，影印本，第265—266页。

② Ruth Rogaski, Beyond Benevolence, “A Confucian Women’s Shelter in Treaty—Port China,” *Journal of Women’s History*, Vol.8 No.4(Winter), pp.54-90.

我们就无法理解义赈在该堂创办过程中的活跃身影——尽管义赈同人已不是该堂的主要创办者，以及该堂诸多的江南特征。这首先表现在，该堂在筹办之初便与义赈和江南都发生了直接的联系。例如，该堂的首要创办者李金镛就曾是义赈的最早发起人之一。[①]虽然他在光绪四年（1878）初即受李鸿章差委调往直隶河间府办理官赈事务，[②]但其始终与义赈保持着密切联系。而且大约在河间赈务即将结束的某个时候，他甫一生发创办该堂的想法便向当时留守江南的义赈同人透露，他打算从义赈捐助直隶的赈捐余款中"拨出万金"，在天津"创设善堂，名曰广仁。仿照上海果育、辅元、仁济各善堂章程办理，以开风气"。[③]由此可见，天津广仁堂依旧是以江南善会善堂为原型而创建的。并且，该堂于创办伊始显然就颇见成效，所以李鸿章在光绪四年（1878）十二月向朝廷奏保李金镛的时候，其列举的主要劳绩，便是李金镛在办理河间赈务之外，又"另行筹劝巨资，于天津创设广仁堂，收养津、河两府贫孩节妇，妥立久远章程"。[④]

其次，其他不少义赈同人也对该堂的创办给予了很大的支持，因为李鸿章在光绪八年（1882）三月就创设天津广仁堂事专折上奏时，又言："据南省劝赈绅士前署陕西藩司王承基、候选道郑观应、主事经元善等集捐洋银一万圆，经臣商属前督办河间赈务今太仆寺卿吴大澂、候选知府李金镛先于津郡东门外南斜街暂设广仁堂。"[⑤]其实，江南义赈同人对创建该堂的贡献并不止此。其初创时期的经费状况就表明，在总数为行平银一万零六百余两、津钱二万二千余千文的捐款中，上海筹赈公所和上海保婴局便提供了行平银三千四百多两、津钱二万余千文，约占总经费的六成，而天津本地人士只提供了很小的份额。[⑥]另外应该说明的是，盛宣怀

---

① 关于李金镛的义赈发起人身份，参见李文海前引文。

② 吴汝纶编：《李文忠公全书》，奏稿卷三十三，文海出版社，1980年，影印本，页四十四。

③ 夏东元编：《郑观应集》（下），上海人民出版社，1988年，第1137页。

④《奏保李金镛片》，吴汝纶编：《李文忠公全书》奏稿卷三十三，页四十四。

⑤《创设广仁堂折》，吴汝纶编：《李文忠公全书》奏稿卷四十三，页三十七。

⑥《津河广仁堂征信录》卷一（光绪十一年刻本），光绪四年八月二十一日至五年二月十五日止收支清册。

在这个过程中的作用也不容小觑。不过,后来那个称“昔年该道在天津、河间各署道任内,会同南北绅董创建天津广仁堂”的说法却是言过其实。[①]这是因为,盛宣怀肯定不是最早的倡议者。在光绪十一年(1885)为该堂征信录作序文时,他本人就承认,该堂的缘起是吴大澂、李金镛两人于河间赈务初竣后,“议设广仁堂于津门,收恤灾区妇孺,为赈务之善后”。[②]

无论上面各种说法之间有何差异,但天津广仁堂的创立与义赈,以及江南社会之间的密切关系在当时肯定就广为人知。所以远在千里之外的《申报》才会在光绪五年(1879)初用极其决断的口气说:“江浙绅士就天津设广仁堂收养难孩节妇,颜曰天津河间广仁堂……劝捐由江浙绅士,开办亦由江浙绅士,提纲挈领者李秋亭司马金镛,即有一二津绅会办,亦不过有名无实,挂衔籍末而已。”[③]不仅如此,《申报》还对天津广仁堂的出现倾注了异乎寻常的热情。距刊出上面这则报道数日后,它便专门发表了一篇题为《广广仁堂说》的社论,内中除对天津广仁堂和李金镛大加称赞外,还希望该堂的恤嫠模式能够得到广泛的推广:

广仁堂者,天津新近创设以收养嫠妇者也。昨读其所刊章程及王前司之禀词,各大宪之批札,与夫李丞之禀请裁定条例,无不井井有条,尽善尽美。自有此堂,而青年妇女均无失节之虞,诚莫大阴功、无疆之善举也。李丞本属干练之员,又以各大宪委以重任,益复感激思奋,以仰体朝廷旌节之至意,各善士保节之苦心,于精明强干之中,寓仁慈恻隐之意,固已虑周思密,毫无遗憾矣……第思是堂之立,仅在一隅,则其所以推广皇仁者,犹未为极致。近来各直省州县亦常有清节堂以抚恤嫠妇,但苦于经费有限,故所收养之妇女类有额制,额外不能多收一人。虽曰限于款项,未免规模狭隘,倘能本李君之条款

① 《申报》42,第153页,光绪十八年八月初四日。

② 《津河广仁堂征信录》卷一,序。

③ 《申报》14,第394页,光绪五年闰三月初六日。

推而广之，筹款则不厌其多，计划则必传诸久……吾知李君之心当必更大快。而治法、治人，二者相济为用，各省州县纵能踵而行之，而经理之人安得尽如李君者而用之？一或用人不慎，则弊窦百出，反为地方之害，故吾于广仁堂之设，愿其再为推广，而尤神往于李君不置也。[1]

应该指出，在此以前，《申报》从未对国内任何一家善堂进行过如此力度的报道，以及给予这样的赞誉。

不过，与《申报》的希望不大一致并且罗芙云也未曾提到的是，天津广仁堂其实很快就不限于恤嫠事宜，而是发展成为一所堪与江南各大善堂媲美的综合类善堂。起码在光绪八年(1882)以前，该堂就已设立了六个方面的日常善举，即慈幼所、蒙养所、力田所、工艺所、敬节所和戒烟所。[2]而且该堂到光绪七年(1881)时的规模也比创建之初有了很大的扩展。该堂原在天津东门外南斜街的堂址系原来的“全节堂房屋，规模狭小”，嗣因“经费筹集”，所以在位于西南城脚之太平庄另外购置地基建堂，“为一劳永逸之计”。广仁堂新堂于六年冬间落成，“上下厅房、工艺各所，共盖成屋一百六十间。”[3]是年十一月二十二日，该堂正式“由南斜街旧居迁往新堂，堂中各所人等陆续而行，进东门，出西门，鱼贯整齐，咸循规范”。[4]

在天津广仁堂开办的各类善举中，工艺所一项的确独具特色，并为此前那些向华北移植的善会善堂所不及。至于该工艺所的主要用意，则是在收留的难孩中“择不能耕读者，令习编藤、织席、刻字、印书，俟年长业成，听其出堂自谋衣食”。[5]另外，该所很可能在开堂之初就已开办，因为

---

①《申报》14，第453页，光绪五年闰三月二十一日。

②《创设广仁堂折》，吴汝纶编：《李文忠公全书》奏稿卷四十三，页三十七。

③《申报》18，第121页，光绪七年正月初九日。

④《申报》18，第125页，光绪七年正月初十日。

⑤《创设广仁堂折》，吴汝纶编：《李文忠公全书》奏稿卷四十三，页三十七。

在光绪六年(1880)初,前往直隶放赈的经元善等人就曾亲自到过该所。[①]广仁堂迁到新址以后,工艺所亦得到了相当的扩充,据称不仅此时所内“各童所制器件,精美可观”,而且准备在光绪七年(1881)春间“添设号舍,兴讲农桑,并增雕刻、刷印等所”。[②]尽管不能确定其时间是否准确,但至少到光绪八年(1882),后列各艺确实已经得到了举办。[③]

由于当时国内其他善堂还没有出现像工艺所这样专门教授谋生技艺的处所,所以天津广仁堂的这个举动应当说是一个创举。就组织结构层面而言,该所在某种意义上是对新型专业性慈善组织的一种具体实践。早在光绪元年(1875)十月间,有人就在《申报》提出了这方面的详细设想,认为“应请于义塾之外,另设一手艺厂,招集弱冠,以内之穷民因材授艺。除下贱之役不令学习外,每艺各用一人以资取法,速则数月,迟则一二年,皆得自食其力”。[④]同年十二月初,《申报》上一篇题为《拯贫民论》的社论也提出,治本清源之拯贫方法是“开一收养之局”,局中“设各艺工匠每一人,使来者就学一年或二年。艺成而去,尤必交各工匠头人管束,数日到局一点名,五年之后,则必积有工资,而技艺亦愈精,始可任其自作自食”。[⑤]稍后,《申报》上的另一篇社论又将上述设想统称为“欲仿西法设立义院”,并建议应该于国内“各处地方皆设立义院,收养穷民,因之材力,教之技艺”。[⑥]从天津广仁堂工艺所的运作情形来看,与这些设想所构思的内容并无二致。

尽管广仁堂工艺所在某种意义上是对上述设想的实现,但是这些设想最早是通过江南人士才得到落实的。这是因为,谢家福等人在山东赈灾期间设立的抚教局,其实就已经开始实施“养必以教”的方针。而且广仁堂工艺所与山东抚教局之间还很有可能存在着较为直接的联系。光绪

①《申报》16,第473页,光绪六年三月二十六日。
②《申报》18,第125页,光绪七年正月初十日。
③《津河广仁堂征信录》卷一。
④《申报》7,第493页,光绪元年十月二十五日。
⑤《申报》7,第621页,光绪元年十二月初二日。
⑥《申报》8,第57页,光绪元年十二月二十二日。

三年(1877)十月间,原先与谢家福共同发起山东留养灾孩行动的苏州绅士袁遂就曾提出,欲“于抚教局中妙选人才,同运至津,设立艺院,一读书,一算,一医,一农桑,一杂技,一刻字,一写宋字”。[①]虽说目前还不清楚袁遂是否参与了设立工艺所的行动,但是他所设计的大部分内容确实都与工艺所的实际情形相符。虽然郑观应约在光绪四年(1878)间向李金镛和金苕人提出“仿照泰西章程”在该善堂内“设工厂”,[②]但从金苕人的回复来看,他和李金镛并未采纳“工厂”或是“工艺厂”的思路,基本上还是遵循了“教以工艺,使自食其力”的抚教之本意。[③]

天津广仁堂不仅成为江南善会善堂向华北移植最为成功的一个范例,而且成为“华北广仁堂系列”的起点。而这个系列的出现,则主要依靠在天津广仁堂发展过程中起过重要作用的盛宣怀的努力。光绪八年(1882)间,盛宣怀即在京师“会商同乡京官”,设立了京都广仁堂。[④]该堂的组织结构与天津广仁堂大体相仿,其弁言中即称:

> 是堂专为各省难孩流落而设,参照天津广仁堂成案,凡孤儿之无依无告者,均准收养。正额拟先以二百名为率,其资质优者立义学以教之,其次教以手艺,如刻字成衣之类,其蠢而有力者,如栽桑植蔬,皆可因材而施。仍其名曰广仁,盖示流分而源合之意。[⑤]

此外,该堂章程甚至规定,连每年征信录都要呈送天津广仁堂一份备案。光绪十八年(1872)间,前述业已破败的青州同善堂也因盛宣怀出任登莱青兵备道而迎来转机。因为盛宣怀在该堂基础上大加整顿,捐助经

---

① 谢家福:《齐东日记》,光绪三年十月十二日条。

② 夏东元编:《郑观应集》(下),第1137页。

③ 夏东元编:《郑观应集》(下),第523页。尽管夏东元先生业已对该条资料的时间进行了考证,不过他将之定为光绪七年似乎依然不太恰当。因为经元善在光绪六年时就已亲自到过这个工艺所了(虞和平编:《经元善集》,第21页)。

④《申报》42,第153页,光绪十八年八月初四日。

⑤《京都广仁堂章程》(光绪年间刻本),页一至三。

费一万五千两为该堂购地盖房之用,并将其更名为青郡广仁堂。不过,即便是在山东境内,青郡广仁堂也算不上独大了。盛宣怀除了另外创建与其不相上下的莱郡广仁堂外,又创建了规模更大的登郡烟台广仁堂。烟台广仁堂"分设十会十所,十会曰保婴、恤嫠、训善、因利、拯济、保熄、备棺、运柩、掩骸、惜字,十所曰施粥、栖贫、蒙养、慈幼、工艺、戒烟、施医、西法施医、养病、寄棺等名目",其完善程度为整个华北地区所罕见。而盛宣怀本人即明言,这三家广仁堂的出现皆是他"仿照京津成案"所为。①

值得强调的是,这个"华北广仁堂系列"与江南社会之间的密切联系维持了很久。在这方面,天津广仁堂依然是最显著的例子。尽管在光绪五年(1879)闰三月间,曾经出现过该堂"将由津绅办理"的传闻,②但是这一点在很久以后也没有成为现实,而南绅对天津广仁堂的主导权一直在延续。到光绪七年(1881)时,"主是堂者为阳湖盛杏荪方伯",鉴于当时的盛宣怀已经不再担任署天津河间兵备道,③因此说他这时属于南绅之列也不为过。光绪八年(1882),该堂经李鸿章鉴定的章程中甚至订立了"南人办理北事"的条款,从而正式确立了南方人士主导该堂事务的地位。④虽然没有更为详细的资料,但这个规定显然得到了维持。例如,光绪九年(1883),该堂首董是对次参加过义赈活动的江苏绅士杨培。⑤并且,他至迟到光绪十六年(1890)的时候还具有这个身份。⑥光绪二十一年(1895),该堂首董则是盛宣怀的族侄盛钟歧。⑦光绪三十二年(1906),时任直隶总督的袁世凯在给该堂的札文中还声明,该堂事务"向由南绅经理"。⑧

---

①《申报》42,第153页,光绪十八年八月初四日。

②《申报》14,第394页,光绪五年闰三月初六日。

③《申报》18,第125页,光绪七年正月初十日。

④《郑广权致盛宣怀函》,上海图书馆藏《盛宣怀档案》(未刊),编号00035643。

⑤《申报》23,第176页,光绪九年六月二十七日。

⑥《申报》37,第306页,光绪十六年七月初二日。

⑦《申报》50,第116、130、144、152页,光绪二十一年四月二十五、二十七、二十九、五月初一日。

⑧《郑广权致盛宣怀函》,《盛宣怀档案》,上图编号00035643。

民国初年，天津广仁堂中这种“南人办北事”的状况一度发生过改变。这是因为，在“鼎革之际，各省自为风气，以攘利噬肥为能事”，当时天津本地“各小团体即欲瓜分此堂，以便私图，朦蔽省长，用津人为总办，悉逐堂中之南人”。[①]不过，该堂中被逐的一些南方人士随即进行了有力的反击行动，说动了姜桂题、江朝宗、孙宝崎、陆征祥和周学熙等人出面呈请直隶省长“取消天津之总办，免其瓜分，复其旧制”。此请得到批准后，由当时作为天津商会董事的上海人王树善充任该堂总董，从而恢复了南人主持堂务的局面。[②]因此，无怪乎王树善在民国二年(1913)给直隶民政长的具禀中，依然能够毫不讳言来自南方的支持始终是该堂存在的重要条件：“本堂创立于光绪初年，叠经多数南绅群策群力，苦意经营，得以劝集经费，规模毕具……慈善基础巩固不摇，固由苏、浙、皖绅士热心义务，亦赖历任长官保护扶持之力，垂三十年而不替，诚为中国慈善也。”[③]

除天津广仁堂外，京都广仁堂和烟台广仁堂身上同样长久地保留了江南烙下的痕迹。尽管这两家广仁堂都是盛宣怀为官期间所创办，但是其与盛宣怀的联系并未因时局变换和后者身份的改变而中断。直到民国年间，也就是盛宣怀业已成为江南地区的一介平民之后，这两堂还是常常向盛宣怀甚至其后人寻求经费上的援助，而且该两堂此时的主持人也具有江南背景。[④]就此而言，纵然民国时的盛宣怀已不是一名传统意义上的地方绅士，但是在这种联系的背后，仍可依稀看出当初江南善会善堂向华北移植的脉络。

---

①《郑广权致盛宣怀函》，《盛宣怀档案》，上图编号00035643。

②《郑广权致盛宣怀函》，《盛宣怀档案》，上图编号00035643。

③ 天津市档案馆编：《天津商会档案汇编，1903—1911》，天津人民出版社，1989年，下册，第2124页。

④ 对此，见《盛宣怀档案》中的下列各件：《庄清华致盛宣怀函(1913年)》，编号00009727；烟台广仁堂公启(1922年)，编号00042077；《吴善治致盛宣怀、盛庄德华函(1912年)》，编号00062574。

结语

江南善会善堂向华北的移植现象表明,那种试图通过把握“小社区”内部脉络来分析“大社会”的做法,未免给人以先行画地为牢之感。这是因为地方性实践并非不可以跨地方进行,而地方性自身不是不具有自发向外流动的能力。本文虽然只从社会史的角度出发,但是“流动的地方性”这一概念仍然可以得到较为清楚的展示。并且这个概念应该有可能为我们的历史认知方式开出一条新的可行途径。自从美国学者施坚雅(William Skinner)使用较为严格的标准将中国分解以来,地方史研究视野中的地方空间呈现出边界越缩越小、封闭性越来越强的趋势,“破碎的历史”已经成为不争的事实,而地方史研究者们也大多失去了对社区外部的穿透力。目前,无论是所谓的“华北模式”“江南模式”“关中模式”还是“岭南模式”,显然都不能代表中国社会变迁的基本方向。而如果转换一下思路,注意到存在着“流动的地方性”这一线索,那么这些模式各自拥有的合理之处或许能够有杂糅到一起的可能性,因为它们不仅是共存于一个更大的独立空间而且是互动的。因此,这个概念具有在更广阔的范围内进行进一步检验的价值。

(该文原载常建华主编:《中国社会历史评论》第6卷,天津古籍出版社,2006年)

“丁戊奇荒”对江南的冲击及地方社会之反应

——兼论光绪二年江南士绅苏北赈灾行动的性质

作为晚清时期最为惨烈的一次灾荒，“丁戊奇荒”已在学界得到了相当多的注意。[①]正如这些研究表明的那样，虽然这场灾荒的发源地和主要打击区域集中在华北，但其造成的许多重大社会影响和后果都远远超越了华北地方空间的范围。与这种情况相对应，以往对这场灾荒的诸般考察基本上都是从宏观角度出发，同时在很大程度上忽视了位于微观层次的地方性视角。而忽视了这个视角，很可能会影响我们确切地认识和把握这场灾荒与社会发生互动作用的实践进程。对此，恰恰可以从对前述超越地方空间的社会影响和后果所作的考察中找到显著的例子。

早有研究者指出，正是这场灾荒期间出现了具有新兴意义的、以江南民间社会力量为主体的晚清义赈活动，从根本上突破了整个中国救荒机制的传统格局。[②]我们并不否认，晚清义赈的兴起的确不能套用通常那种地方史框架来理解。[③]可是在晚清义赈的具体起始点这个问题上，学界至今通行的看法并不令人信服。按照这种看法，晚清义赈主要是被这场空前灾荒激发出来的，而光绪二年(1876)底李金镛等江南士绅前往苏

---

① 朱浒：《二十世纪清代灾荒史研究述评》，《清史研究》2003年第2期。

② 对于晚清义赈的新兴意义，最早的论述参见李文海：《论中国近代灾荒史研究》，《中国人民大学学报》1988年第6期；虞和平编：《经元善集》，华中师范大学出版社，1988年。

③ 朱浒：《江南人在华北——从晚清义赈的兴起看地方史路径的空间局限》，《近代史研究》2005年第5期。

北赈灾的行动则标志着其发端。[①]由于缺失了地方性视角，故而持这种看法的研究者从未探讨与李金镛行动的具体背景相关的这样一些重要问题：江南社会是在何种情况下开始体察到这场灾荒的？在仅仅要面对这场灾荒的时候，江南社会究竟能够作出怎样的反应？这种反应又归属于怎样的关系脉络呢？而只要我们进入这些问题所处的历史场景，就可发现这种看法由于缺失地方性视角而存在着逻辑上的严重断裂。

一、"丁戊奇荒"对江南的具体冲击

尽管"丁戊奇荒"主要打击的区域是华北，但是我们不应忘记，华北与江南的地理空间距离其实并不遥远。况且，最晚从唐宋时期以来，可以说华北与江南就在中国的空间关系构架中形成了最重要也最密切的一组关系。正是基于这些状况，使得这场发生于华北的灾荒也对江南地区造成了相当大的冲击，而江南地方社会尚在自身乡土之内就能感受到这场灾荒的存在。在这样的基础上，我们亦可颇为轻松地观察到江南社会针对这场灾荒作出的反应。

"丁戊奇荒"影响江南的首要表现，便是北方灾区的大批饥民纷纷涌入江南地区，给当地带来了很大的不安因素。其实，对于北方难民的南来逃荒之举，江南社会并不陌生。特别是苏北地区的乡民南下趁荒之举，江南人士早已习以为常，正如时人所说的那样："惟江皖以北之地，每岁又多旱灾，耕获所得，断不能敷八口一岁之食，故每岁秋收之后，爰将其所有留老弱以守之，以待来春播种之需，壮者则散之四方以求食，春间方归，以事

① 关于这种看法较早的系统论述，参见李文海：《晚清义赈的兴起与发展》，《清史研究》1993年第3期；夏明方：《清季"丁戊奇荒"的赈济及善后问题初探》，《近代史研究》1993年第2期；刘仰东：《灾荒与近代社会》，中国人民大学博士论文，1995年，第67—86页。最近数年来，但凡涉及晚清义赈发端的研究者都沿袭着这种看法，对此可参见杨剑利：《晚清社会灾荒救治功能的演变》，《清史研究》2000年第4期；蔡勤禹：《国家社会与弱势群体——民国时期的社会救济(1927—1949)》，天津人民出版社，2003年，第47页；王卫平：《光绪二年苏北赈灾与江南士绅——兼论近代义赈的开始》，《历史档案》2006年第1期；周秋光、曾桂林：《中国慈善简史》，人民出版社，2006年，第237页。

西畴，谓之逃荒，此其相沿之习也。”[①]“每当秋收后，无论年之丰歉，总携家眷南下，名曰趁荒。到扬后，地方官必为之设立粥厂，俾作御冬。计较之在家，不无节省。”[②] 因此，当北方难民于光绪二年(1876)下半年刚刚在江南地区出现时，由于“丁戊奇荒”这时爆发未久，所以当地人以为这不过是苏北难民的又一次趁荒之举而已。[③]但不久，这场灾荒的影响就表现出来了——更多的难民很快来到了江南。光绪二年(1876)十月间，镇江就有人发觉，苏北逃荒到镇江的饥民“源源而至，几有日不暇给之势”。[④]另据同月间传到上海的消息，尚滞留在淮安府清江浦一带的饥民“已有六七万人”之多。[⑤]

根据江苏巡抚吴元炳的奏报，北方饥民南逃的情况在光绪三年(1877)初已经是非常严重了：“上年(即光绪二年)十月初间，江北饥民纷纷过江，流至苏州者十百成群，殆无虚日……其先过江者，则在苏州、常州等处分厂留养，并分拨松江、太仓各属安插。计苏城水旱各厂共留养一万六百余口，又前福建布政使潘霨、内阁中书冯芳植先后集资认养五千九百余口，派拨苏、松、太各属分养者八千数百口，常州收养三千一百余口，江阴收养四千六百余口，镇江收养三千数百口，扬州收养四万一千九百余口，又随时分起遣回、就地给赈者九千四百余口。”[⑥]仅据此奏折中所列数字，已有九万余人来江南地区就食。不过，吴元炳的统计数字恐怕还有缩水的成分。据时人在光绪二年(1876)底所作的一个估计，仅“江北被灾之老幼男女，出境就食者计不下二十万人”。[⑦]尽管这个估计也没有可靠证据，但是从后来很多难民根本没有得到安置的情形看，其总数无论如何都

---

①《申报》9，上海书店，1982年，影印本，第613页，光绪二年十一月十二日。

②《申报》13，第337页，光绪四年九月十二日。

③《申报》9，第473页，光绪二年十月初一日。

④《申报》9，第565页，光绪二年十月二十八日。

⑤《申报》9，第613页，光绪二年十一月十二日。

⑥《录副档》，吴元炳奏，转引自李文海、林敦奎、周源、宫明：《近代中国灾荒纪年》，湖南教育出版社，1990年，第357—358页。又见光绪三年三月初六日《京报》，载《申报》10，第422页。

⑦《申报》10，第141页，光绪二年十二月二十八日。

应该超过吴元炳上报的数字。

另外，难民的来源地也早就远远不止于吴元炳所说的苏北地区了。就苏州而言，虽然在光绪三年(1877)初业已遣送了一批来自山东兖州、沂州等府的灾民回籍，[①]但到了四月间，“苏城六门外所有沿城空地及荒废之基，半为山东、江北等处人搭盖草棚居住。”[②]十月间，依然有山东饥民直奔苏州而来，尤其是“浒墅关沿塘一带，近有饥民自北而南，或老或少，或男或女，或推小车，或撑小舟，或称山东人氏，或为江北口音，纷纷者不一”。[③]同年底，甚至山西难民的身影竟然也在江南出现了。例如，有“山西难民李炳华等七人”在上海租界内出没，结果被解送到巡捕房。[④]更让人惊讶的是，山西一个年仅十余岁的幼童，在“家中人俱已饿死”的情况下，居然沿途乞食到了扬州。[⑤]而另外一个重灾区河南虽然一时没有难民到达江南，但很可能那是两江总督沈葆桢在得知“豫省饥民纷纷南下，径抵徐州一带”的情形后，赶紧派员设法截留的结果。[⑥]

对于这股北来的难民潮，江苏地方官府举办了颇具规模的就地留养和沿途截留行动。早在光绪二年(1876)十月间，即北方饥民刚刚到达苏州时，江苏巡抚吴元炳“即派员在省城外择宽敞地方，分投设厂，尽数截留。灾民中扶老携幼、徒行而至者，归入旱厂，每日煮粥，给予两次，每大口约米八合，小口减半。其原来有船者，则编号归入水坞，按大小口给予钱米，听其自炊”[⑦]。同时，吴元炳还“通饬各属一体遵办”，使得这种就地留养措施在江南不少地方都得到了实施，就连上海县都留养了一千二百余人。[⑧]应该指出的是，这种留养活动并不意味着江南城镇对北来饥民

①《申报》10，第393页，光绪三年三月十九日。
②《申报》10，第433页，光绪三年四月初二日。
③《申报》11，第473页，光绪三年十月十一日。
④《申报》12，第53页，光绪三年十二月十四日。
⑤《申报》12，第473页，光绪四年四月二十四日。
⑥《申报》12，第325页，光绪四年三月初十日。
⑦《申报》10，第422页，光绪三年三月二十七日。
⑧《申报》10，第41、285页，光绪二年十一月二十八日、光绪三年二月十七日。

的接纳，因为官府的态度是，这些饥民在江南地区熬过冬季后，最终"均由县酌给口粮，遣令回乡"。①

与此同时，吴元炳还札派官员从扬州往北沿途截留，以便切断这股饥民潮的源头。②在扬州，当地官员于"便益门外五台山大营两旁旧有营基之处，修筑围垣，中留一门出入，外环以壕沟。即令已编在册饥民领取芦席稻草，搭棚铺草，栖止于内"。③到光绪三年(1877)初，扬州五台山共设收养粥厂十一所，截留饥民四万二千余人。④扬州之北的清江仅在光绪二年(1876)底就收养了四万五千余人，分住"十七厂，分散东北西三处，以防人众生疫滋事"。⑤再由清江而北，位于江苏最北部的徐州同样开展了截留行动。与扬州和清江的情况有所不同，此地最主要的截留对象是从河南流往江苏的难民。虽然徐州离江南地区还有一定的距离，但官方并未掉以轻心。因此，当徐州知府禀报当地"截留无款收养"时，时任两江总督的沈葆桢除札饬当地官员迅速劝捐接济外，甚至还"自捐千两"以为倡率。⑥

不过，江苏地方官府的这些就地留养和沿途截留措施，根本解决不了北来饥民问题。就苏州而论，尚在光绪二年(1876)十月末的时候，"统计在苏者共有八千余人，然所搭之棚厂止可容六千余名，实在无可安插。故苏府已饬知常熟、昭文两县令即设法分养，并饬元和邑尊派差妥为护送至常昭也。夫苏省之办赈方如此其难，而江北难民之来尚源源不绝。前日又有倒撑船四五百号，每船约容五六人，自北而南，胥门外官塘几为之塞，盖又到三千人左右矣。兹虽增设席棚，每日给粥两次，已需米二十余石，筹款位置，颇费周章。"⑦同年底，此种难以处置的情形更趋严重："实在苏

①《申报》10，第257页，光绪三年二月初九日。
②《申报》10，第422页，光绪三年三月二十七日。
③《刘瑞芬禀吴元炳稿》，上海图书馆藏《盛宣怀档案》(未刊)，上图编号00005504。
④《申报》10，第337页，光绪三年三月初三日。
⑤《申报》10，第337页，光绪三年三月初三日。
⑥《徐文达致盛宣怀函》，《盛宣怀档案》(未刊)，上图编号00005224。
⑦《申报》9，第557页，光绪二年十月二十六日。

垣厂内安置者，前本有万五千人，加以近日陆续到来，又有五六千光景。故现在统共在苏之民，约二万有零。”[1]这样一来，就难免造成许多难民流落在外，从而对江南地方社会的正常秩序构成了相当大的骚扰。

由于苏州是北方难民最早集中且人数可能也是最多的地方，所以这类骚扰事例也较早发生。例如，光绪二年十月十四日（1876年11月29日）下午，苏州城内“有男女老幼数十人负锅担灶，闯入朱家庄新火神庙栖住，屠两狗以作晚餐。彼处铺户恐其夜间不靖，速唤地保来逐，遂望枫桥一带而去”。[2]十二月中旬间的一天，在位于苏州养育巷慈悲桥边的裕成酱园，“突有灾民数十人拥至柜前，向乞盐菜，酱园不允，乃出洋银向买，岂知皆夹铜假版也。与之理论，灾民转众口喧嚷，七手八脚，硬自携取。酱园无可拦阻，急唤地保，各给以钱文，始共散去。”[3]并且，这种难民肆扰的情形很快扩展到了江南的其他地方。光绪二年（1876）底，逃至杭州的华北饥民“曾经大宪饬设立粥厂以赈济，旋因粥少人多，未能遍及，午后放粥时，饥民不由分说，一拥进厂，外之栅栏尽被挤倒，司事者不能阻止，遂至争先恐后，践坏多人，其粥亦狼藉满地。抚宪闻知即派兵弹压”。[4]光绪三年（1877）底，逃荒到宁波的难民甚至制造了白昼抢劫的恶性事件，尽管当事人是不是华北难民一时还不太清楚，但时人立即将此事归结到他们身上。[5]大约在同时，确实是一批来自苏北的流民在常州阳湖县南乡某村导演了一场哄抢当地村民的恶性事件。[6]而正是由于这些事件的发生，以至于上海设立的不少粥厂都不敢开锅了。[7]

除了北来难民造成的肆扰外，“丁戊奇荒”还对江南地区形成了其他一些不容忽视的影响。首先，江南的粮食问题就很可能因之出现了一定

①《申报》10，第141页，光绪二年十二月二十八日。
②《申报》9，第557页，光绪二年十月二十六日。
③《申报》10，第141页，光绪二年十二月二十八日。
④《申报》10，第222页，光绪三年正月二十九日。
⑤《申报》12，第53页，光绪三年十二月十四日。
⑥《申报》12，第53页，光绪三年十二月十四日。
⑦《申报》12，第53页，光绪三年十二月十四日。

的紧张。光绪二年(1876)底,上海一带就感觉到:“江北灾民陆续南下,米价渐长,似近于良贾居奇。”[①]而到了光绪三年(1877)底四年(1878)初,上海米价已涨至四元三角,而上年同时期仅二元八角。[②]光绪三年(1877)底,江苏也因“客米稀少,转须协济他省赈需,以至目下米梁市价比较上年昂贵”,而官方又据此要求当地粮户在完粮时“前项折收价值不能不酌核加增”。[③]米价上涨的现象并非仅出现于这两地,当时曾有人指出,由于晋豫之灾,使“去岁漕米拨截之外,又运客米,而北米商之能入江浙内地、转相接济者,已减去十分之五六,米价颇昂”。[④]

虽然谁都不能确定当时是否真的出现了粮食危机,但江南不少地方的官府显然从这次华北大饥荒中吸取了经验,那就是一些官员都借助华北灾荒强调本地的粮食问题。例如,宁波知府在劝办积谷的告示中称:“近岁西北各省连岁奇荒,饥民至数百万之多,死亡枕藉,人至相食,前车可鉴。殷鉴不远,岂得不思预防?”[⑤]在扬州,甚至出现了一个有点矫枉过正的情况:扬州城附近的农田原先半种瓜果,光绪四年(1878)五月间,甘泉县知县因山西灾荒的教训而出示劝谕“与其多种一亩之瓜,不如多种一亩之谷”,其理由则是“瓜只可解热,而谷可疗饥,其得失当共知之也”。[⑥]江苏巡抚吴元炳也鉴于“晋豫两省被灾之后,从前仓谷一施立尽,招商采运,节节阻艰,前车之辙,可不戒哉”,是故“通饬宁、苏两藩司所属各州县,于本年秋成之后,各就地方情形,其已设有仓廒者,接续办理,其口僻之处、尚未建仓者,一体劝谕绅富口口举办”。[⑦]很可能与这种对粮食的强调有关,当李鹤年和袁保恒向朝廷奏请借用江南各州县义仓的部分积谷

①《申报》10,第141页,光绪二年十二月二十八日。
②《申报》12,第109页,光绪四年正月初七日。
③《申报》12,第38页,光绪三年十二月初九日。
④《申报》12,第365页,光绪四年三月二十二日。
⑤《申报》12,第537页,光绪四年五月十三日。
⑥《申报》12,第545页,光绪四年五月十五日。
⑦《申报》13,第342页,光绪四年九月十三日。

以济河南赈粮之用时,[1]居然遭到了吴元炳的断然拒绝。[2]而颇具讽刺意味的是,吴元炳恰恰是河南人氏。[3]

其次,“丁戊奇荒”对江南的贸易也有不小的影响。在扬州,“向来扬城时近年节,即有北货等物由原贩肩挑贸易,沿途唤卖”,但直到光绪三年(1877)腊月底“尚未见有一人”,其主要原因是“北数省各物固患失收”,所以“客商大半裹足,到扬者殊觉寥寥也”。[4]从上海进口的“洋布各物因西北各省大灾,贩运者实鲜,故洋布等物之市亦大减于昔日,是不图华人之贸易大非昔比,即西商之贸易,除鸦片一物曾经长价,可以稍获余利外,其余各物恐贩运者亦非昔比矣”。[5]当时驻上海的英国领事也承认:“1876年,消费上海进口的大部分外国商品的华北地区同样遭灾,饥荒对此间的对外贸易影响很大,因为现在上海的重要性几乎全部应归之于它占有向北方和长江口岸转销的一个中心的位置,因为相对来说,上海本地区的商品消费量是很小的。”另外,他还认为鸦片贸易也未见可观,因为虽然“去年北方各省的旱灾几乎导致罂粟的彻底歉收,但它对价格的自然影响却被接着而来的饥荒所抵消”。[6]

最后值得一提的情况是,此次华北灾荒还对江南的某些产业造成了打击。例如,杭州锡箔一向为当地出产的一项大宗货物,“自开作设庄以及肩挑发磨各工作人等,城乡妇女磨纸者不下有数十万人藉此为活”,而由于“近日北省饥荒,居民饿死迁徙,不需此物,故向来箔业发山、陕、中州者,以至该各省到浙贩买诸客均因销路顿滞,无甚交易,而各工作皆停止不造,凡肩挑发磨者皆释担以嬉。向系宁波鄞、慈两县之人居多,现均陆

①《申报》12,第282页,光绪四年二月二十七日。

②《申报》12,第358页,光绪四年三月二十日。

③ 孙传鸬:《汴游助赈丛钞》,见《中国史学丛书》(第一辑),文海出版社,1986年,影印本,总第311页。

④《申报》12,第93页,光绪三年十二月二十六日。

⑤《申报》12,第109页,光绪四年正月初七日。

⑥ 李必樟译编:《上海近代贸易经济发展概况:1854—1898年英国驻上海领事贸易报告汇编》,张仲礼校订,上海社会科学院出版社,1993年,第397、408页。

续歇业而回甬上矣。似此情形,杭州生意中又缺一大宗进出矣”。由此导致的另一个后果是:“杭地居民闻北省饥荒,往往不信其若是之甚,今见及此,又亲见食物昂贵,日用艰难,亦各惶惶然而有戒心矣。”[①]由此可见,华北的这场灾荒甚至都让杭州居民在日常生活中感觉到威胁了。

二、从苏南到苏北:江南社会抗御难民潮的努力

正如以往大量的江南地方史研究一再揭示的那样,在关系到地方日常事务的问题上,以士绅为代表的江南地方精英自明清以来始终有着极强的能动性。特别是面对灾荒这样极为紧迫的突发事件,江南早已形成了一套优越于国内其他地区的地方性救荒传统。因此,在乡土安全遭到威胁的情况下,江南地方精英很快动员起来以维护本地社会秩序,就是一件顺理成章的事情了。不过,与此前江南地方社会的多次救荒活动相比,此次行动面临的情况却有所不同。那就是,这种威胁的根源并非出现在江南乡土范围之内。那么,江南地方精英能够作出何种程度的努力,而这种努力又是否完全脱离了江南地方性救荒传统的轨道呢?

由于北来的难民潮是最明显的不安定因素,所以在“丁戊奇荒”的最初阶段,江南地方精英的基本努力方向就是为了解决这方面的问题。作为这种努力的第一步,就是江南民间力量像江苏官府一样大力开展就地留养难民活动。其中最突出的地方,则是苏南地区中的苏州和常州两地。在苏州,早在北方难民刚刚抵达该地的光绪二年(1876)十月初间,江南著名善士谢蕙庭之子、当地绅士谢家福,[②]就和其他一些士绅一起“帮同端整灾民牌照”,并拟订“灾民产婴、给药、给棺、筹捐章程四则”。[③]此后直到次年二月上旬,前赴苏州盘门灾民厂中从事发赈工作几乎成了谢家福

①《申报》12,第337页,光绪四年三月十四日。

②《会稽孟葑谢氏宗乘》卷一,苏州博物馆藏稿本;《申报》7,第398页,光绪元年九月二十七日。

③ 谢家福:《欺天乎》,苏州博物馆藏稿本,光绪二年十月初八日条。

的一项日常性活动。[①]

常州士绅开办留养活动的时间大约与苏州相同，而其活动很可能更为得力。对此，《申报》在光绪二年(1876)十月下旬曾作了相当详细的报道：

> 先是，九月间灾民陆续渡江而来，经巨绅刘云樵、恽畹芗两观察、董云阶太守倡议城乡分别留养，拟议章程禀商府县，具禀各大宪，已蒙批准允行，并通饬一律照办。常郡现留养一千名，搭盖棚厂，按照查明册开各州人数，分别城乡安插。每人每日大口给米八合，小口六合，十日一放，并给盐菜，至明年四月间酌给川资，遣散回籍。又于千名外，凡遇过路灾民，其老病不能前进者，亦分别酌留，已有二百余名。其余路过灾民，临时查看形状，每人酌给百文或数十文不等，由东门外戚墅堰两次对票发给。似此层层照料，想路过及留常灾民自可不致路毙流亡矣。唯留养七月之久，断不止此千名，加以川资及各杂用，为费甚巨，计非五六千串不能竣事。幸由刘绅捐钱二千千，恽绅捐米四百石，盛绅捐钱五百千，无锡石塘湾孙姓亦赴常捐钱一百五十千，得有头绪。[②]

这则报道并非夸大其词，因为在此期间，此次活动的发起人之一常州绅士恽光业(即恽畹芗)致另一位常州绅士、盛宣怀之父盛康的一封信中就称，此时捐项"已获五千余千，七月支放无虞缺乏"。[③]常州绅士办理的救济活动显然在当时较为出色，所以在《申报》馆对此的评论中出现了这样的感叹："现在各州县皆有灾民，如宦绅等皆能广为设法筹济，勿使一夫失所，在常郡纵未能专美余前，而景仰欢欣者要岂仅常郡之流民也哉！"[④]

---

① 谢家福：《欺天乎》，光绪二年十月初九日以下各条。
② 《申报》9，第541页，光绪二年十月二十一日。
③ 《恽光业致盛康函》，《盛宣怀档案》(未刊)，上图编号00005758。
④ 《申报》9，第541页，光绪二年十月二十一日。

与此同时，江南士绅社会还向官方的留养活动提供了大力的支持。例如，苏州官办留养厂所需的不少款项就“出自绅商而悉由官办，委员均不给薪水”。[①]光绪三年（1877）正月间，因苏州天气连日严寒，各厂留养的北方灾民时有冻毙，“数日之间约有四十余人”，由于“既无尸亲认领，又无姓氏可稽”，所以“皆由善堂收敛从葬”。[②]在上海，早在光绪二年（1876）十一月底，当地官府刚刚开始举办留养活动时，益善堂就因这些难民“衣履单薄”，故“施送衣帽并稻草数百担，为御寒之具”。[③]而上海辅元堂则在官方遣送难民回籍时，向那些被留养的灾民“无分大小，每口给钱六百文”，益善堂亦“报明有隐名善士捐卡钱八百千，均俟难民到泰州时发给”。[④]而扬州留养活动开始后不久，就有“好善者三日中盖茅屋百间，令未收灾民暂避风雨。以后又有施稿荐八千条者，送衣裳与盐菜者。且虑柴薪之贵也，有运送来者，减价以售予灾民。又有一老者，运麦饼一船，每重二斤，上驶遇灾民船只，令其停泊上岸，大口给一枚，小口半之”。[⑤]

不过，由于官方举办的更大规模的留养都不足济事，所以江南士绅也不可能不去考虑别样的治本之策。同时，又由于苏北难民给江南造成了最深的印象，从而使江南士绅的视野开始越过本籍府县而投向苏北一带。在这方面，谢家福于光绪二年（1876）底在《申报》上发表的《拟上当事筹恤淮灾书》便是一个显明例证。[⑥]他认为，此次赈灾行动的入手点其实是苏北，而尤以整治水利为根本办法：“窃本年旱魃为虐，淮属告灾……显以开数百年之水利，默以收数十万之人心，是则疏河引水、修闸御卤、以工代赈三事，实为未雨绸缪、刻不容缓之计也。”显然，这个建议的核心就是要解决难民潮，因为其“以工代赈”的具体内容是：“宜招集流民，计口受工，以

---

①《申报》9，第557页，光绪二年十月二十六日。

②《申报》10，第213页，光绪三年正月二十六日。

③《申报》10，第41页，光绪二年十一月二十八日。

④《申报》10，第285页，光绪三年二月十七日。

⑤《申报》10，第337页，光绪三年三月初三日。

⑥《申报》10，第85页，光绪二年十二月十二日。该文署名为“望炊楼主人”，这是谢家福的自号之一，见陈玉堂编著：《中国近现代人物名号大辞典》，浙江古籍出版社，1993年，第910页。

工代赈，既使自食其力，又免辍耕而嬉。至灾民之中，丁壮尚可承工，老弱何由得食？除量为赈济外，宜导以土宜，使收地利。”很可能在这种思路的指引下，谢家福才进行了越出本籍地界救荒的尝试。光绪三年(1877)二月初，在“验放灾民出厂”后，他紧接着便和另外一些绅士承担起了押送江北灾民回籍之责，并一路押送至泰兴。但后来因“路多胶浅”，故而在就地发赈后即返回了苏州。①

对于上述江南士绅抵御难民潮所作的努力，在以往还甚少得到过注意。确实，就这种努力本身而言，除了其在地理空间上的跨度为此前江南地方史上所罕见外，并无值得给予太高评价之处。毕竟，这只是又一次地方性救荒活动而已，即便是在江南地方性救荒传统中都无法占据一个突出的位置。但是，如果在探寻晚清义赈起源的过程中忽视了这种努力，那就是一个极大的缺憾了。这是因为，这种努力与被视为晚清义赈之始的李金镛等江南士绅前往苏北开展的赈灾行动，具有相同的时空坐标。因此，这种努力不仅构成了李金镛等人行动的一个重要背景，而且足以为我们重新探究后者的性质提供重要的提示作用。

李金镛为道光、咸丰年间江南著名善士余治的及门弟子，从咸丰、同治年间起即为江南慈善圈子中的活跃人物。②有关李金镛等人前往苏北的动机和缘起，以往研究所依据的资料大多来自李金镛在《清史稿》《碑传集补》或《清史列传》的简略传记，迄今唯有王卫平先生使用了可以称得上是第一手的资料。不过，他使用的仅仅是沭阳县——这是李金镛在苏北首先开办赈济的地方——儒学训导黄亨业于光绪四年(1878)十月间所作的记载。按照黄亨业的说法，不仅李金镛来苏北完全是一个与前述抗御难民潮的努力无关的偶然事件，其主动性也大大落在了胡雪岩、顾容斋等江南士绅之后：“乌程陆君恂友来宰是邑，悯四境之饥馑，蠲租请赈……时则有武林绅胡观察雪岩、乌程绅顾司马容斋与邑侯为姻亲梓里，悯江北荒

① 谢家福：《欺天乎》，光绪三年二月初十日至二月二十一日各条。

② 谢家福：《李金镛行状》，光绪年间刻本。

旱，与二三同好，集赀数万，致书于邑侯，延诸善士赍衣与粟，来沭助赈。而总其成者，则为锡山绅司马李君秋亭也(按:李金镛字秋亭)。”①

幸运的是，我们并非仅有黄亨业提供的这个孤证，而且另外的资料也有力地证明黄亨业的说法并不确切。对此，在光绪三年(1877)五月间，某些肯定比黄亨业更贴近胡雪岩等人的上海人士就提供了另外一种说法。尽管这种说法也认为李金镛不是此次行动的最初发起人，却明确指出此次行动的基本出发点正与当时的难民潮密切相关:“去冬海州、沭阳、赣榆、宿迁等处荒歉成灾，田园尽白。凡强壮者逃至苏常等处，已有官绅留养，而老弱之不能出境者嗷嗷待哺，垂毙堪怜，是以胡雪翁观察与沪上绅商不忍坐视，慨发婆心，集凑足钱五万串，请常州李秋亭先生往彼办理。”②而来自李金镛本人光绪四年(1878)二月间提供的说法，则更为明确地表明了此次行动与难民潮的关系。这是因为，他正是在参与前述常州士绅留养难民行动的过程中才产生北上念头的:“光绪二年，江北旱灾，十月间，难民纷纷南下，常州绅士设厂留养。仆既备寒衣赈给之，复念少壮者可来就食，老弱必至坐毙。因赴沪上谋于江君云泉、胡君雪岩、周君味六、顾君容斋，具有同心，各输巨款，特苦无人往办。仆与金君少愚慨然身任，并邀袁子鹏、秦玮斋、庄小山、杨殿臣、朱寿崖、尹敏斋诸君星速就道。时适唐君景星亦有此议，倩瞿君星五同往。”③

尽管一时还难以确认究竟是胡雪岩还是李金镛首先提出前往苏北的建议，但是我们之所以相信后面两份资料比黄亨业的说法更为可取，是因为还有其他的佐证可以支持。首先，这从江南社会的反应中亦可稍见端倪。对于这次苏北赈灾行动，江南社会给予了相当热烈的响应。在上海，除了胡雪岩等人予以大力帮助外，上海果育善堂也曾“醵银千两，专派司事附入招商局唐、徐二君，速赴淮徐，相机接赈”。④在苏州，有一王姓绅

① 民国《重修沭阳县志》，江苏古籍出版社，1991年，影印本，卷十一，总第290页。

②《申报》10，第535页，光绪三年五月初二日。

③《申报》12，第273页，光绪四年二月二十五日。

④《申报》10，第406页，光绪三年三月二十二日。

士独力即捐助“五百金”。[①]在常州，该地巨绅刘翊宸（即前面《申报》报道中提到的刘云樵）、恽光业、盛康等人不仅在光绪二年（1876）底就向李金镛共捐资二千两，还于次年初，因李金镛告知沭阳各属“麦种暵乾，发芽者十仅二三，后复大雪四五尺，遂致寸余麦苗全行冻萎”后，复设法“采办大小芦粟菉荳二千石，运赴沭阳”。[②]据谢家福的说法，这场持续了三个多月的行动总共筹集了十三万两赈款。[③]如果说这样的反应与难民潮问题无关，那么就很难解释江南社会同一时期对于福建、江西两省灾荒的态度了。光绪二年（1876）五六月间，毗邻江南的福建、江西两省都发生了极为严重的水灾。[④]由于当时《申报》对两省水灾情形都进行了详细报道，所以江南社会不可能对之茫然无知。[⑤]然而在此两省没有大批灾民逃往江南的情况下，即便是苏松太道刘瑞芬于光绪三年（1877）五月间发出劝赈福建水灾的告示，[⑥]《申报》亦于同年八月间刊出《劝赈江西南昌灾民》的公启，[⑦]却看不到江南社会有过任何针对性举措。

其次，李金镛在苏北的某些举动也表明，其更为关心的是难民潮问题。原来，李金镛到达苏北后，深感当地“赈务之不振”，以及官赈程序之弊端，于是自行制订了一套“破官赈之范围”的放赈办法，这就是《海州查赈章程》。[⑧]曾有研究者认为，这是社会欲与官府抗衡并试图打破传统荒政体制的新型赈灾方法。[⑨]其实，李金镛本人就承认，这个章程的核心原则即“亲查亲放”乃是他师法道咸年间江南著名善士余治的结果。[⑩]更重

① 谢家福：《齐东日记》，苏州博物馆藏稿本，光绪三年四月二十一日条。

②《刘翊宸、恽光业、盛康等呈口口口文》，《盛宣怀档案》（未刊），上图编号00062614。

③ 谢家福：《李金镛行状》，光绪年间刻本。

④ 李文海、周源：《灾荒与饥馑：1840—1919》，高等教育出版社，1991年，第125—127页。

⑤ 关于福建水灾的报道见《申报》光绪二年五月二十九、闰五月初三日；江西见《申报》光绪二年闰五月初九、十五、二十四日。

⑥《申报》11，第53页，光绪三年六月初五日。

⑦《申报》11，第326页，光绪三年八月二十七日。

⑧《申报》12，第273、278页，光绪四年二月二十五、二十六日。

⑨ 夏明方：《洋务思潮中的荒政近代化构想及其历史地位》，《北京档案史料》2002年第2期。

⑩《申报》12，第273页，光绪四年二月二十五日。

要的是，他此时采用这种办法很可能是为了使办赈活动更加有效的临机策略，并非一定出于一种与官方对立的意识。不然，就很难解释海州工赈的情况了。光绪二年（1876）冬间，海州知府徐达泉在接到吴元炳"就地筹捐，以工代赈"来安辑当地灾民的指令后，始"有捐挑甲子河之议"，而当地"公私交敝，醵钱兴役，事同团沙"，适逢李金镛等人路经此地，"目睹州境困穷之民，亦思有以抚恤而拯救之也"，于是"议以万缗助州中江赈之用，续又助二千三百金"，并与徐达泉一起"相度勘估，博兴工役"，使此次官府发起的工赈行动终于克期完工。[①]由此可见，只要是官府举办的措施确实有利于防止难民的产生，李金镛等江南士绅并不会不加理会。

不过，有人肯定会指出，将李金镛的苏北赈灾行动视为晚清义赈之始并非是当代研究者才形成的看法，与李金镛处于同一世代的一些人就曾作出过这种表达。对此，我们首先可以排除《清史稿》《碑传集补》和《清史列传》中的说法。这是因为，这些说法不仅出现得较晚，而且多属相互转引，并不具有原始记录的性质。而较具独立性且出现较早的表达其实只有两个：其一是，李鸿章在光绪十六年（1890）十一月间为李金镛请恤时曾称："光绪二年，徐海一带奇旱，官赈不能遍及，该道首倡义赈，南绅闻风竞起。"[②]其二是，长期作为义赈主持人之一的经元善在光绪十八年（1892）间亦称："粤自丙子、丁丑，李秋亭太守创办沭阳、青州义赈以来，遂开千古未有之风气。"[③]那么，这两个说法是否就可靠呢？

首先可以肯定，李鸿章所说的"首倡义赈"并不含有创始义赈的意思，因为他同在光绪十六年（1890）为淮军将领、前湖南提督周盛传奏建专祠时，亦称："光绪三年，直境旱荒，该提督首倡义赈，全活万众。"[④]由此可见，李鸿章对"义赈"的理解非常宽泛，因此他的说法并不能被当作确证。

---

① 闵广纶辑：《李阁学政迹录》，光绪年间刻本，页十八至二十。

②《李金镛请恤折》，吴汝纶编：《李文忠公全书》奏稿卷六十九，文海出版社，1980年，影印本，页四十。

③《筹赈通论》，虞和平编：《经元善集》，第119页。

④《周盛传建专祠片》，吴汝纶编：《李文忠公全书》奏稿卷六十八，页十四。

其次，经元善的说法同样不是确凿无疑的。一方面，经元善是从光绪三年(1877)底开始的江南社会助赈河南的行动中才开始加入义赈行列的，[①]而这个时间其实是比较晚的。并且到目前为止，我们还没有发现他此前就与李金镛结识的证据。这样一来，就使他对义赈早期情况的了解要打一定的折扣。另一方面，从光绪二年(1876)起就在赈灾事务中与李金镛始终保持密切联系的谢家福则明确指出，江南士绅于光绪三年(1877)开始助赈山东的行动而非此次苏北赈灾行动才是晚清义赈的真正开端。[②]

根据以上论述，可以肯定李金镛此次行动的基本性质，与后来被公认为晚清义赈的那种赈灾机制，有着根本性的区别。按照以往研究的归纳，晚清义赈从生成之初就具有的一个基本特征，就是对救助对象的选择不受地域限制，而主要以灾情轻重为标准。然而李金镛的这次行动归根究底还属于江南社会应对外来难民潮的努力中的一个部分，所以其根本目的依然没有越出护卫乡土的范围。在很大程度上，这就可以解释为什么李金镛的这次行动与其后来办理山东、直隶等处赈务得到的社会关注大不相同。从目前掌握的情况来看，直到苏北行动结束，不仅江苏官方没有为之向朝廷请奖之举，甚至连《申报》上都没有刊登一篇与之有关的评论。而对于李金镛不久后去山东和直隶办理的赈务，除《申报》上经常进行相关报道外，山东巡抚李元华和直隶总督李鸿章都曾以“隔省”助赈为由专门为之请奖。[③]因此，这样的差别显然不是一个可以轻易忽略的问题。

三、江南社会针对华北灾荒的地方本位主义

当然，否认李金镛苏北之行是晚清义赈之始，还不足以反驳把“丁戊奇荒”作为义赈直接诱发因素的观点。例如，有人或许会认为，江南社会

---

① 虞和平:《经元善集·前言》，载虞和平编:《经元善集》。

②《齐豫晋直赈捐征信录》卷一，光绪七年刻本，“东齐孩捐收支录”，山东留孩征信录弁言。

③《李元华奏折》，《申报》，11册410页，光绪三年九月二十一日。李鸿章奏折见吴汝纶编:《李文忠公全书》奏稿卷三十三，页四十四。

在光绪二年(1876)底、三年(1877)初之所以全力应对北来难民潮问题,是否与其尚未全面了解这场灾荒不无关系呢?事实上,这样的疑问并不成立。对此,我们可以从光绪三四年出现在江南的社会舆论中得到极为明确的证据。在这个时候,主要经过《申报》《万国公报》等报刊的宣传报道,关于"丁戊奇荒"肆虐华北各地的消息已经广为人知,并且成为江南社会中的一个热点话题。而在这些公开发表的议论中,最盛行的便是一种基于江南地方本位的思路。

所谓"地方本位"思路,是指这些议论者在认识到江南与华北空间有别的前提下,明确意识到这场灾荒是属于华北的灾荒,并且试图站在江南立场上来理解这场灾荒。大体上,这种思路包含两层意思:首先,它倾向于把华北的灾荒与当地的某些行为特征联系在一起,从外部为华北建构一种因果关系;其次,它对于华北灾荒的关注,归根结底是要以之为参照系来进一步保护江南的利益。换句话说,在这种思路的指导下,江南人更多考虑的是如何利用华北灾荒中的因果关系来强化自身的地方性认同,而很少提出江南社会应该在灾荒肆虐华北的过程中做出多大贡献的问题。当然,这并不意味着下面提到的每个议论都完整地表现了上述思路,因为许多议论往往都是针对某些局部问题而发的。但从其表述逻辑上来看,它们都能够被毫厘不爽地嵌入这种思路的整体构架之中。

江南社会关于这场灾荒与华北地方社会之间的因果关系的看法,主要是通过其对灾因的判断表现出来的。这方面的首个事例出现在光绪三年(1877)底,有位自称"仓山旧主"的人士便认为,"晋饥独重"的原因乃是由于"晋人开汇票庄,散布天下,放印子钱亦晋最多,种植罂粟,贻害世人,故致天降巨灾若此"。[1]光绪四年(1878)四月间,《申报》的一篇社论中也给出了大致相同的说法,"中国之富首推山西,然至今日,其全家饿殍,异地流离之苦,亦首推山西",这是因为"大抵晋人平日仅重银钱,人人收藏

①《申报》12,第41页,光绪三年十二月初十日。

以图利息，至于粮食无人积储，故一旦遇灾，以至困苦如此耳”。[①]这种判断逻辑当然不会仅仅适用于山西一省，随着华北灾情在江南被进一步披露，这种判断变得更为系统，覆盖面亦大大扩展。光绪四年(1878)六月间，《申报》刊发的一篇社论便是这方面最显著的例子。该文认为，“迩来天灾迭见，秦燕晋豫饥馑相仍”的主要原因，“虽曰天数使然，未始非人事之不臧有以感召之也。”至于此四省中所谓“人事之不臧”的情形，则主要表现在：

> 直隶近于皇都，民多舍本而逐末，平安之日，舟车辐辏，易于获利，以为可以长享，每每习于游惰，而且作奸犯科，所在多有。秦俗强悍，类多攘夺颠越之举。而山西一省，半因贸利而种莺粟，弃其稼穑之本业，顾目前之利而不顾后日之患，一遇凶年，家无积谷，顾此莺粟，不可以代米麦之用而果腹焉，则悔之无及矣。豫省本多务本之人，近年以来，亦渐流于游惰，莺粟之种虽不如晋，而其浆亦有流传于他处者，则亦不为少也。积久不返，天怒神怨，乃大降罚，旱魃为虐，以代铁钺，盖其所以惩之者，果矣。[②]

一位上海人士也认为，晋豫奇荒乃是因“饥省之民不重五谷……贪眼前之厚利，不思久远之良谟，所以上天降此大灾，令彼饥黎饿殍载道”。[③]更有甚者，对于这种“作不善有以召之”的观点，还有人从华北人的生活习惯中来寻找进一步的证据。一位自称“吴中人”的江南人士就称，北方人不珍惜食物的做法是其遭灾缘由之一：“余游历北省数十年，每尝与北人交接。见其每食后，碗中必遗弃不尽食，食毕必用凉水漱口，后必吐其所食之余沥，此中难保无米麦之余滓。一人如是则有限，人人如是则不可胜数，一日计之尚无多，一年计之则更无数矣。民以食为天，人既自绝于天，

---

①《申报》12，第465页，光绪四年四月二十二日。

②《申报》13，第45页，光绪四年六月十四日。

③《珍惜谷米》，《万国公报》，华文书局，1968年，影印本，总第5576页。

能不上干天怒乎？”[①]次日，此人又指出北方人不惜字纸的习惯同样有可能是致灾根源之一：“字之为用，隔千万年可如接席谈心，隔数万里可如促膝而语，仕农工商，非字不行，宜如何宝贵之至。乃西北各省，或以裹物糊窗，或以揩台擦桌，轻亵污秽，弃掷坑厕。灾荒迭至，未必不因乎此。”[②]

应该指出，对于华北遭灾原因的这种判断终归太过武断，因此江南社会中并非没有不同声音。例如，有人就针对“仓山旧主”的看法提出了这样的质疑：“果如仓山旧主所言，不过《商书》所谓‘作不善降之百殃’之义也。顾何以作不善者为富人，而受大殃者又为贫民耶？是诚所谓天道难测耶？是真不可解矣。”[③]光绪四年（1878）八月底，《申报》上的一篇社论更是根据“水旱之灾，往往而有，惟在某国某地则无定向”的近代地理学知识，对“作不善降之百殃”的看法表示了反对：“比年中土多旱灾，晋豫尤大祲，是非晋豫人作恶而降灾独酷也，适逢其偶耳。”[④]不过，这种不同声音在当时总的说来是相当微弱的，并且没有触及潜藏在这种判断之下的江南本位主义和优越感，因此在遇到那些将华北灾荒对江南社会的参照作用放在首要位置的议论时，也就无法作出有力的回应。

与上面那类议论不同，强调华北灾荒对江南社会具有参照作用的议论不仅很少使用带有过强主观印象的依据，而且往往在表面上显示出一种颇为客观的立场。也就是说，这些议论绝不像上面那些议论那样对华北人进行带有人身攻击意味的批评，反而对江南人和江南社会时有微词。在这方面，《申报》上的一组社论是最典型的代表。另外值得注意的是，虽然南北之别早已不是一个新鲜的话题，但是这组社论从灾荒的特定背景出发来揭示这种区别之所在，则是一个甚为罕见的现象。而由于这些社论的出现，此时其他议论中潜含的江南和华北的空间分野意识也在很大程度上被明朗化了。

---

①《申报》15，第150页，光绪五年六月二十日。

②《申报》15，第154页，光绪五年六月二十一日。

③《申报》12，第41页，光绪三年十二月初十日。

④《申报》13，第293页，光绪四年八月二十八日。

光绪四年二月十七日(1878年3月20日),《申报》刊出了一篇题为《论南北民风》的社论。初看起来,该文立场似乎倾向华北。这是因为,对于江南与华北两地民人在上年灾荒中的表现,该文明显地持有贬南扬北的态度。它开宗明义地指出:“南北各省,风俗民情本不相同,今至于灾荒之时则更见。去岁南北水旱荐臻,则南省之人,乘灾而流为盗贼者有之,流为拐匪者有之,若北省则尚未之前闻,虽间有强悍之人亦流为贼匪之类,亦不如南省之各处皆有也。”[①]那么,此文果真是站在江南的对立立场上吗?实际上,我们决不能仅仅就此文论此文地看问题。一旦将其与三月初一(4月3日)、初七日(4月9日)发表另外两篇社论即《易俗论》和《论弭灾宜上下交儆》联系起来,便可发现《论南北民风》一文最终关心的其实正是江南地方的安危。

《易俗论》一文中指出,基于南北民风的不同,“南人之贪而无耻”的习俗之所以令人忧心,主要在于“假令目前之灾易为南数省,其祸尚可言哉”的问题。至于其对策则是必须仿照“北人之俭而知守”的习俗来改造江南:“现当北数省灾困之极,办赈诸公亲见其风俗人情,推求其故,而知南人之必不可不以此治之。”[②]在《论弭灾宜上下交儆》一文中,华北灾荒对江南的这种警示作用则得到了更为直接的强调:

> 吾辈身长南方,地腴岁稔,人情好奢,饮食起居辄同贵介,在平时已为北省人所歆羡,况值此时北人居无屋,食无米,卖子鬻女,扶携迁徙,面目黄槁,手足疲弱,日与饿莩为邻。而吾南人衣锦食肉,处华屋,坐安舆,儿女团圆,仆从侍立,又有娱耳之声,悦目之色。即至下等肩贩营生,勤动终岁者,亦啖白米饭,披厚棉袄。试自顾其身,而还念北人之苦,安危何啻天壤!夫天何厚于南人而薄于北人?地何私于南人而恶于北人?乃竟降此奇灾,使北人几无噍类。而南人乃不

---

①《申报》12,第245页,光绪四年二月十七日。

②《申报》12,第293页,光绪四年三月初一日。

知所苦，优游暇逸，以享太平，此其故亦可思矣……故念及北方而可以自幸，念及今日而亦可自危。[①]

由此可见，《论南北民风》文中的说法不过是对江南爱之愈深、责之愈切罢了。不然的话，就难以理解二月十九日（3月22日）同样出自这位作者之手的另一篇社论即《论南北田制》一文中，其立场为何忽然转向了江南一边。[②]该文开篇即指出："昨论南北民风，彼此各异，故其畏官守法，耐苦安贫，北人较胜于南人。彼其土产之物，人力所耕，北地反不及乎南地。"即使两方都遭遇灾害时，南方物力强于北方的态势也不会改变。其根本原因则在于，"南人之力农者，必须天时、地利、人和三者各尽其道，而北人之力农者仅恃天时地利，而人和未尽得宜焉。"为了证实这个观点，此人还提供了一个饶有趣味的反例，即北方某些物产较好的地方所使用的恰是"南方之法"。据此人所见，除绍村外，玉田、丰润、雄县、赵北口等处"均有南方景象"，而从居庸关至张家口沿途遍布明代巡道王公德政碑的原因，则是"此公居官时，引桑乾之水，仿照南方之法以兴水田之利，民至今犹赖之"。

虽然江南优越于华北是个不争的事实，但是这并不等于说这种优越性单独就能够成为江南应该救助华北的理由。这方面的一个代表性例证是，当有人提出"天下之势，东南肥而西北瘠，必以东南赡西北者，天道也，地势也"的观点时，[③]却立即遭到了一些相当激烈的反对。例如，有人就指出，这种观点和做法未免太不为江南社会考虑了：

上年山左右及陕省迤东诸路，岁皆不熟，道馑相望。自今年春至今，江浙之米运往救饥者，月数十万石……以江浙之米谷往济其艰，好善乐施，在东南绅富固大拥其名，而且实有其事，无如江浙民

①《申报》12，第313页，光绪四年三月初七日。
②《申报》12，第253页，光绪四年二月十九日。
③《申报》11，第85页，光绪三年六月十六日。

间以平岁额收之米，多养数百十万之饥民，就令尽出其藏，悉以易银，而至明年秋获之时，几有一年之久，不将以己食分人食之，终至于自不得食乎？……今不顾江浙民间之食，而徒为移粟河内之举，不亦慎乎？……江浙绅富不顾本省粮底之匮而勇于乐善好施，民间反不能自食矣……今捐赈之人但知好义而已，何尝于江浙民间之食通盘筹算哉！①

显然，只要持有这种狭隘的地方本位主义态度，就会把救助华北视为一个次要问题。况且有人还进一步表达了这样的担心：

捐银者与售米者皆不知为东南之民计，罄我所有，益彼所无，今岁输将，明年转运，在饥民固大沾实惠，而东南米谷渐形空匮，转瞬之间，青黄不接，吾恐欲救人而适以自馁矣……解东南绅富之囊以买东南民间之米，其银尚流通于东南，而以东南民间之米供西北灾黎之食，其米已暗缺于东南。②

有人则进行相当实际的计算来支持这种地方本位主义的反对意见："西北之豫晋、东南之闽广均向三江采买运往，初则尚为上年之积蓄，后则已系本届之收获。而轮船上至九江，下至镇江，累月连日，不知运其多少。今春开冰之后，即不运往北方，当青黄不接之时，三江之米价必至日增一日。何况北方尚未必即能停运乎？势必至南省之米尽数搬空，北省之民仍难图饱。"③更有人作出了这样的断言："以一省救一省，遂至空乏，岂以东南救西北，反能盈余乎？此固必无之事也。为今之计，仅图目前之便，不顾日后之忧，运东南之米赈西北之饥，必至东南亦困。"④由此可见，江

①《申报》11，第509页，光绪三年十月二十二日。
②《申报》11，第569页，光绪三年十一月初九日。
③《申报》12，第109页，光绪四年正月初七日。
④《申报》12，第165页，光绪四年正月二十四日。

南社会对“丁戊奇荒”的整体状况愈发了解，这种狭隘地方本位主义的思路和立场却越发盛行。

最后应该指出，尽管晚清义赈在这一时期已经兴起，但它并未能够克服这种地方本位主义意识。对此，义赈同人在这一时期向社会劝捐而遭遇的一种尴尬情形即是证明。光绪三年（1877）四月初，上海果育堂曾在一份劝捐赈务的公启中称：“普天之下，莫非王土，率土之滨，莫非王臣……我等一介齐民，同在帡幪，幸能温饱，而闻此蒿目伤心之众，苟分畛域，不思有以补救之，其何以答天庥而居盛世乎？”[①]光绪四年（1878）五月间，经元善等上海协赈公所同人也使用过这种试图消除畛域之见的劝捐话语：“窃思我等同处宇内，有分地无分民。”[②]可是在整个“丁戊奇荒”期间，这种以“大义”为基调的普遍性话语根本没有引发出多少共鸣。直到义赈同人采用一种将助赈华北之举与对江南的地方认同感联系起来的策略后，才出现了江南社会大力捐助义赈的热烈场面。[③]当然，由于本文主题关系，有关义赈后来如何摆脱这种地方本位主义制约的问题，已非这里所要讨论的了。

结语

通过以上论述可以看出，在单纯面对“丁戊奇荒”的情况下，无论是江南地方精英在乡土范围内发起的救助外来灾民的行动，还是江南社会被激发出来的那种狭隘的地方本位主义话语，其内在脉络是一致的，即都贯穿着捍卫乡土安全的地方性立场。而由于忽视了地方性视角，以往研究当然未曾对这种立场及其在这场灾荒期间的各种表现给予注意，也就无法准确把握光绪二年（1876）底江南士绅的苏北行动的具体背景和实际性

---

①《申报》10，第457页，光绪三年四月初九日。

②《申报》12，第533页，光绪四年五月十二日。

③ 朱浒：《江南人在华北——从晚清义赈的兴起看地方史路径的空间局限》，《近代史研究》2005年第5期。

质。事实上，江南士绅这次行动的直接动机，仍是应对当时外来难民潮的一种努力。这就使此次行动不过是江南地方性救荒传统的某种延伸，而与那种“不分畛域”的跨地方义赈行动还有相当大的距离。因此，如果把这次苏北行动视为“近代义赈”之始，那么又该对自明清以来就已成型的江南地方性救荒传统给出怎样的性质判断呢？而这反过来也提醒我们，在理解近代中国的社会变迁时，切不可过于低估内在传统资源的能动作用。最后应该指出，本文所作的考察当然不足以全面展示“丁戊奇荒”与社会之间发生互动作用的实践进程，而只是试图从一个具体的场景出发，表明以往相关研究对该进程还缺乏足够的认识。至于该进程蕴涵的其他许多重要社会脉络，特别是晚清义赈的兴起过程，本人将在另外的研究中加以阐明。

（该文原载《社会科学研究》2008年第1期）

三、经济与社会的交融

甲午战争以前清政府的铁路政策

长期以来,甲午战争以前的铁路问题因不为史学界所重视而一直晦暗不明。目前的近代史研究几乎一致认为甲午战争的失败直接刺激了铁路建设,中国铁路自此有了一个大发展,甲午以前的铁路建设则无足轻重。但是如果没有甲午战前的政策基础,仅仅靠一次战争的刺激能够立刻从无到有吗?甲午战前的铁路事业绝不是中国铁路史上可有可无的一段历史,甚至也不是中国近代史可以随意忽略的一笔。本文正是试图论述铁路的这段历史,来揭示清政府在近代化道路上所作的努力。

由于对早期铁路史不够重视,自然对甲午战前清政府所推行的铁路政策缺乏深入分析。从朝廷中开始讨论修筑铁路事宜到中法战争爆发的二十余年中仅有九公里的铁路;自中法战争结束到醇亲王奕譞去世的五年多时间中,已建成铁路二百余公里。铁路只有在中央政府加力推动的时候,它才能真正获得长足发展。那么在甲午战争以前,清政府究竟采取了哪些政策,采取这些政策的理由是什么,又对中国的铁路建设产生了怎样的影响呢?

李国祁认为,由光绪初年到甲午战争,是李鸿章当权时代,在他的筹划之下,铁路事业一直在进行;而且认为中法战争后兴办铁路,与其说是受战争失败的刺激,不如说是受中法战争的延误。[①]也就是说,当时中国修建铁路的努力是未曾中断的。这种说法值得商榷,中法战争以前和以后的铁路措施是截然不同的,因此作为中央政府来说并不存在这种连续性。

---

① 李国祁:《中国早期的铁路经营》,"中央研究院"近代史研究所,1976年,第37、57页。

宓汝成先生认为:“清朝封建统治集团从70年代起,对于创设铁路,经历了从‘筹办’‘试办’,到‘毅然兴办’的过程。”[①]这是晚清铁路政策的三部曲。这里给人一种感觉,好像是清政府随着对铁路认识的加深而逐步强化对铁路建设的政策,是一个连续的发展过程。实际上,这个三部曲跨越了许多断裂,并不能构成一个有机有序的连续性过程。从时间上划分,“筹办”是在奕䜣主政时期,“试办”和“毅然兴办”是属奕譞当国时期,这里隐去了两者的不同,而把他们看作一个整体,给人一个直线发展的观感,从而略去许多迂回曲折之处。

一

从“辛酉政变”到“甲申易枢”的二十余年中,朝廷中对于铁路的意见并不是始终如一的。以往的研究给人的印象基本上是朝廷一概排斥修铁路之议,以至于铁路建设在这段时间内寸步难行。实际上情况要复杂得多。大致说来,朝廷对铁路的态度类似一个“U”形曲线,是一个从拒斥到有些松动再到不议的过程。那么,这个过程是怎样的一个过程,又是基于什么样的原因呢?需要指出的是,这个过程并非一个连续的变动过程,因为当时铁路问题并没有成为国家的重点问题,而始终居于次要的位置。如此一来,有关铁路的问题在朝廷中没有成为一个独立的政策性讨论,这一点是在讨论前要加以注意的前提。

同治初年,以奕䜣为首的总署对待铁路的态度是坚决而明确的,那就是,决不允许在中国修建铁路。同治二年(1863)上海洋商禀请造上海至苏州的铁路时,总署即指示李鸿章:“铁路与发铜线,事同一律,万难允许”,并要求“密致通商各口岸,一体防范。”[②]同治四年(1865),又通饬地方大员:“开设铁路一事,屡经各国公使晤时提及,均经本衙门理阻各在

① 宓汝成:《帝国主义与中国铁路》,上海人民出版社,1980年,第53页。

② 宓汝成编:《中国近代铁路史资料(1863—1911)》第1册,中华书局,1963年,第4、19—20页。

案”，然而“恐各国洋人不向地方官禀明，私行设立铜线等事”，所以命“所有本处先后阻止各国情形，专肃布闻，即希密为转饬所属，嗣后各国领事如有向地方官请立铜线暨开铁路等事，须查照本处办法，力为设法阻止，以弭衅端而杜后患”。[①]尤其是在如何应付同治七年（1868）与各国修约事宜时，这种态度更为明显。“如开铁路，发铜线……数事，皆约内所无，时时前来饶舌”，总理衙门“叠次驳回”，[②]但是担心在修约时外国“群起交争”，所以总署先准备了一个意见与各省督抚将军讨论。不过要讨论的是“应若何先事规画，临事折冲，俾其不便请行”，[③]因为前提已经设定：“无论如何哓渎，总不轻易允许。”[④]果然，在修约交涉中，各国公使屡次提及修建铁路，而总署唯“以不便于民覆之，以绝其念”。[⑤]

当时的总税务司赫德以“客卿”身份于同治四年（1865）递呈《局外旁观论》，内称“做轮车以利人行”为四条好法之一，中国“应学应办”。[⑥]同治五年（1866）正月，英使馆参赞威妥玛呈递《新议略论》，亦劝中国开设铁路。[⑦]总理衙门关于铁路等事，“屡经辩驳”，认为“未便遽为置议”。[⑧]

上述各事主要是针对外国的请求而予以坚拒。但同治四年（1865）中，上海曾风言李鸿章有办铁路之意，总理衙门立即专门驰函查询，李鸿章解释说：“自是彼族设此訾言。无聊尝试，原可置之勿理。”[⑨]总理衙门这才算罢。由此看来，不论谁提出修建铁路之事，一概不许。

总署反对修筑铁路的理由主要有以下几点：第一是中国与外国情况

---

① 宓汝成编：《中国近代铁路史资料（1863—1911）》第1册，第4、19-20页。

②《筹办夷务始末》（同治朝）卷49，沈云龙主编：《近代中国史料丛刊》（611），文海出版社，1966，第6—7页。

③《筹办夷务始末》（同治朝）卷50，第32—33页。

④《筹办夷务始末》（同治朝）卷50，第25页。

⑤《筹办夷务始末》（同治朝）卷63，第7页。

⑥《筹办夷务始末》（同治朝）卷40，第20、31页。

⑦《筹办夷务始末》（同治朝）卷40，第20、31页。

⑧ 宓汝成编：《中国近代铁路史资料（1863—1911）》第1册，第14、19页。

⑨“中央研究院”近代史研究所编：《中国近代史资料汇编·海防档》丁《电线》，“中央研究院”近代史研究所，1957年，第22页。

有所不同,“倘任其安设飞线……开设铁路,洋人可任便往来,较之尽东其亩,于大局更有关系”,[①]害怕洋人进入中国太深,以致多生枝节,制造隐患;第二是铁路会使中国险阻尽失;第三是有害民间田地、庐舍,尤其有碍风水;第四是妨碍民间生计,势必会引起纷争。

其实,抛开总署的理由而探索深层的客观原因的话,会发现他们拒绝铁路是其来有自的。我们不应忘记这样一个事实,此一时期国人对铁路所知极为有限,即便是亲身乘坐过火车的官员们尚不能通晓其功用,又何况对铁路连感性知识都没有多少的朝廷大员呢?所以这只是情急之余的借口。不仅在朝中的重臣对铁路所知甚少,各地方大员糊涂观念也不少,最明显的如左宗棠认为:“轮车机器、造铁机器,皆从造船机器生出,如能造船,则由此推广制作,无所不可。”[②]铁路究竟是怎么回事都不清楚,何谈见识?连李鸿章也认为铁路“有大利于彼,有大害于我”。[③]在这样的一个知识背景下,不可能进一步探询铁路问题。

另外一个重要原因是出于对洋人的疑虑,这种心理情结导致了对铁路的猜忌,“铜线铁路……皆其处心积虑,志在必遂者,平日屡次饶舌,均经坚持定议,再四折辩,未肯稍涉依违。”[④]在地方大员的覆奏中,也充斥着对洋人的怀疑,正与总署意见互为表里。铁路要么是“彼族故神其说,以冀耸听,尚非其最要之务”;[⑤]要么“其显而易见者,则垄断牟利也,其隐而难窥者,则包藏祸心也”;[⑥]或者是“益令彼之声息易通,我之隘阻尽失”,[⑦]或者是“轮车铁路者,是欲广通其路于中国也,以中国之中,而皆有该夷之兵,皆有该夷之民,皆为该夷任意往来之路”。[⑧]总之,“洋人可任

---

① 宓汝成编:《中国近代铁路史资料(1863—1911)》第1册,第14、19页。

② 左宗棠:《覆陈筹议洋务事宜折》,中国史学会主编:《中国近代史资料丛刊·洋务运动》(一),上海人民出版社,1961年,第18页。

③《筹办夷务始末》(同治朝)卷5,第13页。

④《筹办夷务始末》(同治朝)卷50,第25—27页。

⑤《筹办夷务始末》(同治朝)卷41,第27页。

⑥《筹办夷务始末》(同治朝)卷41,第42页。

⑦《筹办夷务始末》(同治朝)卷41,第44页。

⑧《筹办夷务始末》(同治朝)卷45,第46页。

便往来”实是可堪忧虑，且其心内必有所图，将大不利于中国。

还有一个令总署反对修建铁路的原因，即各省将军督抚的态度。封疆大吏们在覆奏总署时纷纷表示铁路绝不可行。首先是铁路需费太大，对中国来说是“徒事虚糜”。持此观点的是李鸿章、毛鸿宾。其次是扰民生计，容易诱发社会变乱，这种意见以曾国藩最具代表性。他说“创办电线铁路，则车驴任挚旅店脚夫之生路穷矣”，万一“中国亿万小民穷极思变，与彼为仇”，[①]实在是不堪设想之局面。丁宝桢说：“此事为害过大，使我之国计民生日耗日削于冥冥之中，不堪设想。”[②]刘坤一也认为：“是专吾利以毒吾民，而虑民之群起为难。”[③]第三是与民为难，官府不能为之防护。李鸿章说：“百姓必群起抗争拆毁，官不能治其罪，亦不能责令赔偿，致激民变。”[④]虽然总署说明洋人曾表示自能派人看守，然而沈葆祯驳道：“彼虽曰自能派人看守防御，设其人为百姓所戕，彼能晏然不问乎？设我百姓为其人所戕，我能晏然不问乎？万事皆可从权，民心必不可失。”[⑤]第四是国家刚从社会动乱中稳定下来，中国此时“寇氛未尽肃清，军务省分，险隘未尽解严”，[⑥]且“内地股匪未靖，伏莽滋多，遇此等惊世骇俗之举，乘机煽动，作梗生端，即外国人之在中国者，亦断不能平安无事”。[⑦]

光绪二年（1876）十二月，福建巡抚丁日昌上奏请办台湾铁路，总理衙门的意见是：“举办轮路为经理全台一大关键，尤属目前当务之急。并请饬下丁日昌，审度地势，妥速筹策，务当力为其难，俾安内攘外，均有裨益。”[⑧]光绪五年（1879），奕䜣又奏称：“电线铁路各事……应由该督等随时酌度情形，奏明办理。”[⑨]这种态度与前面相比，实在令人诧异。为什么

---

①《筹办夷务始末》（同治朝）卷54，第1-4页。

②《筹办夷务始末》（同治朝）卷52，第27页。

③《筹办夷务始末》（同治朝）卷54，第13页。

④《筹办夷务始末》（同治朝）卷55，第13页。

⑤《筹办夷务始末》（同治朝）卷53，第5页。

⑥《筹办夷务始末》（同治朝）卷54，第19页。

⑦ 宓汝成编：《中国近代铁路史资料（1863—1911）》第1册，第20页。

⑧ 丁日昌奏，《中国近代史资料丛刊·洋务运动》（二），第346页。

⑨ 奕䜣等奏，《中国近代史资料丛刊·洋务运动》（一），第203页。

会有这种变化呢?

十九世纪七十年代中期以后,铁路已为更多的国人所了解,并且认识亦深化。不仅因为中外往来日多,风气日开,更多官员亲自见识了火车铁路,而且当时传入中国的相关知识也更为确切、真实。在传教士和一般西人所办的刊物中,频频出现介绍铁路的文字,且已非简短描述,而是详尽介绍其工程及样式,如《万国公报》《格致汇编》《中西闻见录》等刊物中所载。如此,则对朝中大臣了解铁路亦有一定帮助。

再者是朝中已有人敢于提出修建铁路的意见,而且奕䜣亦表示赞同,此人便是李鸿章。同治十三年(1874)的海防议中,他提出"倘如西国办法……有内地火车铁路,屯兵于旁,闻警驰援,可以一日千数百里,则统帅当不至于误事"。[①]是年冬李鸿章见奕䜣,"极陈铁路利益",奕䜣"意以为然"。[②]只不过他不愿再成为众矢之的,因而只是暗中采取一些松动策略。这一点在吴淞铁路事件中已经有所流露。光绪二年(1876)三月,总署在奏片中称:"中国于此事无论害多利少,窒碍难行,即欲仿照西法办理,亦当权由自主……如中国将来以铁路为有益,仍听中国自主。"[③]吴淞铁路的交涉更多涉及政治意味,尤其是买回铁路后,拆毁铁路更含有一种维护道统和意气用事的意思。[④]

第三方面的理由则是来自于台湾本身。同治十三年(1874)日本进犯台湾后,引起了朝廷对台防的重视。丁日昌抵台后,以台湾为四面环海,

---

① 吴汝纶编:《李文忠公全书》,《奏稿》卷二十四,沈云龙主编:《近代中国史料丛刊续编》(691—698),文海出版社,1980,第22—23页。

② 吴汝纶编:《李文忠公全书》,《朋僚函稿》卷十七,第12—13页。

③ 王彦威纂辑:《清季外交史料》卷5,书目文献出版社,1987年,第19—20页。

④ 柯文(Paul Cohen)说:"在另外一些情况下,中国人反对西方影响带来的革新……由于种种原因在政治上是无法接受的……沈葆祯在1876—1877年收购并拆除外国建造的吴淞铁路一事。这一种行动表面似乎是由于反对西方技术的保守情绪所引起,但最近的研究沈氏的真正动机带有更多的爱国色彩…… 对他说来,吴淞铁路的问题在于这条铁路是由外国商人未经中国授权制造的。"[美]柯文:《在中国发现历史——中国中心观在美国的兴起》,林同奇译,中华书局,1989年,第26—27页。认为沈葆祯意气用事的看法,见李国祁:《中国早期的铁路经营》,第44页。

交通不便，并与内地情形不同为由上奏请开铁路以利台湾防务，给了总署一个借口，于是总署上奏建议批准台湾筹办铁路。

在总署的这些行动引领下，进言请开铁路的上奏也多了起来。光绪五年(1879)六月，贵州候补道罗应旒奏："火轮车、电线之类亦当设法次第添设，通数千里之声气如咫尺，致数千里之货物于须臾，于用兵、救荒及平物价、治盗贼各政事无所不便。"[①]翰林院侍读王先谦奏："至于水雷、炮台、电线、铁路，防海所不可少，皆当次第筹办。"[②]左都御史志和等也称："各国以铁路调兵，以电线通军报，亦曰兵贵神速也。中国无铁路，则征调难，已吃亏一著。"[③]这些职位不高的官员能如此上奏，本身就是一个重大的变化，亦可略窥朝廷态度松动之一斑。不过，这时的政策恐怕也只能称作松动而已。这表现在：一来，吴淞铁路终究予以拆除，没能加以利用；二来，台湾铁路也终于没有办成。所以此时的铁路建设虽提上日程，却也仅停留在纸面与口头上。

光绪六年(1880)底到七年(1881)初，由于刘铭传上奏请开铁路而引发了朝内一场关于要否办铁路的辩论。此次论战一般已被作为"洋务"和"顽固"对立的一个典型事例提及，不过这里并不是对双方孰是孰非作出评价。如果换一个角度，把问题的焦点集中于铁路问题本身时，就会发现另外一些值得注意的地方。

以前在讨论铁路问题时，并没有把它作为一个主要问题处理。如同治年间铁路是作为修约内容之一项而述及，光绪初年则是作为台湾海防的辅助措施才得以批准。但这次在朝廷中的争论却是把铁路专门作为一项政策问题来处置的，这体现了朝廷上下已经开始重视铁路问题的存在。

刘铭传，包括李鸿章，在这次提出筹造铁路的时候，也颇具策略性，此次具有以下几个特点：

首先，是由于客观实际情况的需要，主要是来自俄、日的威胁。刘铭

① 中国史学会主编：《中国近代史资料丛刊·洋务运动》(一)，第178页。
② 中国史学会主编：《中国近代史资料丛刊·洋务运动》(一)，第199页。
③ 中国史学会主编：《中国近代史资料丛刊·洋务运动》(一)，第211页。

传认为："俄自欧洲起造铁路，渐近浩罕，又由海参崴开铁路以达挥春。此时之持满不发者，以铁路未成故也，不出十年，祸将不测。日本一弹丸国耳，其君臣师西洋之长技，恃有铁路，动逞蜕螂之臂，藐视中华，亦遇事与我为难。"[①]李鸿章也赞同这一点，并认为："中国与俄接壤万数千里，向使早得铁路数条，则就现有兵力，尽敷调遣；如无铁路，则虽增兵增饷，实属防不胜防。盖处今日各国皆有铁路之时，而中国独无，譬犹居中古以后而屏弃舟车，其动辄后于人，必矣。"[②]光绪五年(1879)底日本挑起的琉球事件和光绪六年(1880)与俄国的伊犁交涉都是很现实的问题，因此朝廷不能不对铁路重视起来。

其次便是将铁路问题与自强运动联系起来。刘铭传说："自强之道，练兵、造器固宜次第举行，然其机括，则在于急造铁路。"[③]李鸿章认为"西洋诸国所以勃焉尚起者，罔不慎操此术，而国计、军谋两事，尤属富强切要之图"，[④]"中国有可富可强之资，若论切实办法，必筹造铁路而后能富能强，亦必富强而后可以居中驭外，建久远不拔之基"。[⑤]

再次，铁路对国防军事利用极大。关于这个方面，刘铭传说得极为详尽、透彻，"于用兵一道，尤为急不可缓之图"，因为"惟铁路一开"，"虽万里之遥，数日可至，虽百万之众，一呼而集，无征调仓皇之过，无转输艰阻之虞。"[⑥]李鸿章的意见是："兵合则强，兵分则弱，中国边防海防各万余里，若处处设防，非特无此饷力，亦且无此办法。苟有铁路以利师行，则虽滇、黔、甘、陇之远，不过十日可达。"[⑦]无论海防塞防，有铁路周转都可讲求，这实在是一个颇具诱惑力的理由。

---

① 陈澹然编：《刘壮肃公奏议》卷2，沈云龙主编：《近代中国史料丛刊》(196)，文海出版社，1968，第1—3页。

② 吴汝纶编：《李文忠公全书》奏稿卷三十九，第20—26页。

③ 陈澹然编：《刘壮肃公奏议》卷二，第1—3页。

④ 吴汝纶编：《李文忠公全书》奏稿卷三十九，第20—26页。

⑤ 吴汝纶编：《李文忠公全书》译署函稿卷十二，第2页。

⑥ 陈澹然编《刘壮肃公奏议》卷二，第1—3页。

⑦ 吴汝纶编：《李文忠公全书》奏稿卷三十九，第20—26页。

也正是基于这种策略，慈禧才肯定为之所动。然而辩论的结果却是以"叠据廷臣陈奏，佥以铁路断不宜开，不为无见。刘铭传所奏，著无庸议"告终，[1]铁路动议最终没有获得通过，这又因为什么呢？

首先值得注意的是在整个讨论过程中，看不到总理衙门的意见。刘铭传上奏请旨饬下总理衙门议覆，但我们所见到的档案中，只有上谕与廷臣奏议直接联系，而且上谕中根本没有提及总理衙门有无相关意见。由此看来，总理衙门，尤其是奕䜣，很有可能只当了个传声筒，却将自己置身于此事之外。与请筑台湾铁路时相比，总署的确是一点作用都没有发挥。

另外一个原因则是在南北洋大臣身上。北洋大臣李鸿章虽然一直讲求铁路，但是可能由于以前的经验，这次表现得很慎重。他认为"今尚非其时，倾须俟诸数十年之后"，[2]认为刘铭传此意不过是"盖欲先创规，以为发轫之端，庶将来逐渐推广"。[3]另外他担心借洋债有三弊："恐洋人之把持而铁路不能自主也"，"恐洋人之淹谋，而铁路为所占据也"，"恐因铁路之债，或妨中国财用也"。[4]南洋大臣刘坤一虽然表示"欲仿造铁路火车，实与李鸿章、刘铭传有同志"，但同时又认为"有妨民间生计""内地税厘，将归乌有"。[5]这样的意见，很难让慈禧抉择，铁路之议就此作罢论。

二

光绪十年三月十四日(1884年4月9日)，朝廷中发生了一次重大的人事变动。正在中法战争进行当中，执掌中枢达二十余年的恭亲王奕䜣被开去一切差使，代之以醇亲王奕谖遥领军机。此事史称"甲申易枢"。在此之后，朝廷对于铁路的态度发生了急剧的变化。

---

①《清实录》第53册，《德宗景皇帝实录》卷126，中华书局，1987年，第815页。

② 吴汝纶编：《李文忠公全书》译署函稿卷十二，第2页。

③ 吴汝纶编：《李文忠公全书》奏稿卷三十九，第20—26页。

④ 吴汝纶编：《李文忠公全书》奏稿卷三十九，第20—26页。

⑤ 欧阳辅之编：《刘忠诚公遗集》，《奏疏》卷17，沈云龙主编：《近代中国史料丛刊》(251-259)，台北：文海出版社，1968，第8页。

更换中枢之后发生的三件有关铁路的事件足以说明这个变化。

第一件事是光绪十年(1884)五月,詹事府代递左中允崔国因奏称:“建设铁路,则调兵转饷运漕,均可迅速,且通商惠工,可夺外洋之利。”[①]慈禧下谕:“铁路一事,前经李鸿章等会议,以需费至钜,未即兴办。惟此等创举之事,或可因地制宜,酌量试办。著总理各国事务衙门会商李鸿章,详加酌覆,妥筹具奏。”[②]这里很耐人寻味,对此周盛传认为:“今此议发自京员,又奉有酌量试办之谕旨,且不发交南洋,而独命中堂会商,总理衙门不欲旁挠之意,盖可想见,此诚难得之机遇。”[③]当时上海天津各西报也报道中国将兴建京津铁路,[④]而李鸿章也确曾命驻德公使李凤苞订购一百二十里铁路器材,[⑤]说明可能有所行动。另外一个佐证是光绪十年六月二十四日(1884年8月14日),美国使馆参赞何天爵(C. Holcombe)致函总理衙门称:“贵衙门须行奏明中国现造铁路,拟向美商总借中国库平银二千万两……所有入奏折稿及奉准朱批,须由贵衙门用印文送交何参赞,以便向美商商借,而凭取信。”[⑥]说明总理衙门方面可能也确与美使进行过接洽活动。

第二件事是光绪十年(1884) 十月、十一月间,京师传闻“神机营王大臣等拟借洋债五百万两,修置铁路,自西山起至芦沟桥止”,[⑦]以便运煤供神机营炮厂之用。另一说是“嗣闻用机器取煤,借款五十万,自西山开铁路至德胜门,以便运煤,造机器”。[⑧]此事并未找到确证,但言官们对此攻

①《清实录》第54册,《德宗景皇帝实录》卷184,第566页。

②《清实录》第54册,《德宗景皇帝实录》卷184,第566页。

③《请开清江铁路禀》,周家驹编:《周武壮公遗书》卷1,沈云龙主编:《近代中国史料丛刊》(383),文海出版社,1969年,第149—150页。

④《中法越南档》第834号文,光绪十年闰五月四日。转引自李国祁:《中国早期的铁路经营》,第59页。

⑤《西国近事汇编》甲申卷2,译光绪十年闰五月二十二日至二十八日西报。转引自李国祁:《中国早期的铁路经营》,第59页。

⑥ 宓汝成编:《中国近代铁路史资料(1863—1911)》,第1册,第64页。

⑦ 中国史学会主编:《中国近代史资料丛刊·洋务运动》(六),第169页。

⑧ 中国史学会主编:《中国近代史资料丛刊·洋务运动》(六),第174页。

讦甚急，尤其是内阁学士徐致祥，连续上折攻击办铁路之举，甚至说：“倡导此说与赞成此说者，非奸即谄，而置国家之大害于不顾也。借夷之款以增夷之利，用夷之法以遂夷之计。”[①]十一月二十五日(1885年1月10日)，上谕：“徐致祥此奏，并不平心论事，辄敢肆行訾诋，殊属妄诞，著交部议处。”继准吏部议：“降三级调用，不准抵销。”[②]因进言反对修铁路而获咎处分，这在朝中还是第一次。

第三件事是在中法战争期间，双方试探进行和谈的时候，盛宣怀与林椿酌议，法国借银二千万，以一千万购法国船械及铁路料，一千万现银，借作整备海、陆军及造铁路。[③]此议一出，朝中言官交章谏阻。徐致祥奏：“无论竭中国之力不足以应，而以彼之款专开铁路，并监工匠头俱用伊国之人，则千万之资耗于中国，而铁路之利收自洋人，造成后断不能禁彼之不行也。”[④]周德润奏：“法以一千万两现银，听中国自造铁路，雇法工匠，是铁路之外不得用此项银两，工匠之中不得用别国之人。既开铁路于中国以便其私图，复收现银回本国以坐享厚利，明言通融，暗实攘夺。”[⑤]总之，一不可借法款，二不可造铁路。但是清政府最终同意“由法国在北圻一带开辟道路，鼓励建设铁路。彼此言明，日后若中国酌拟创造铁路时，中国自向法国业此之人商办，其招募人工，法国无不尽力襄助”。[⑥]除借款之议未予应允外，还是将其他有关铁路动议写进了正式条款，这也是清廷在外交中第一次在铁路修建方面作出的让步。

上述三事表明朝廷在铁路上的态度已发生了极大的转变。虽然这时还谈不上有正式的铁路政策，但是这一转变已经体现了奕譞时期在铁路方面不同于奕䜣时期的动向。这个趋势在中法战争以后更加明显。

---

① 中国史学会主编：《中国近代史资料丛刊·洋务运动》(六)，第172页。

② 朱寿朋编：《光绪朝东华录》，中华书局，1958年，总第1862、1867页。

③ 顾廷龙、叶亚廉主编：《李鸿章全集》电稿(一)，上海人民出版社，1985年，第312页。

④ 中国史学会主编：《中国近代史资料丛刊·洋务运动》(六)，第26页。

⑤ 中国史学会主编：《中国近代史资料丛刊·洋务运动》(六)，第30页。

⑥《中法越南条约》第七款，中国史学会主编：《中国近代史资料丛刊·中法战争》(七)，上海人民出版社，1957年，第424页。

中法战争结束以后，朝廷下诏各臣工切筹善后，铁路问题立即被作为一项重要内容提了出来。李鸿章言："法事起后，借洋债累二千万，十年分起筹还，更无力筹水师之岁需。开源之道，当效西法采煤铁、造铁路、兴商政。矿藏固为美富，铁路实有远利……非圣明主持于上，谁敢破众议，以冒不韪。"[①]光绪十一年（1885）七月，闽浙总督左宗棠病故，临终遗疏言："铁路宜仿造也。外洋以经商为本，与中国情形原有不同，然因商造路，治兵转运灵通，无往不利。其未建以前，阻挠固甚，一经告成，民因而富，国因而强，人物因而倍盛。有利无害，固有明征。天下俗论纷纷，究不必与之辩白……请俟海防大臣派定之后，饬令议办。"[②]左宗棠以前对铁路的态度并不积极，而今也认识到铁路"有利无害"，并请朝廷商办。他的意见对朝廷产生了相当大的影响。

奕譞在复出以后一直就是建设铁路的热心支持者，并且海军衙门成员中，奕劻、善庆唯奕譞是从，李鸿章、曾纪泽都是力倡铁路之辈，可以更加顺利推进铁路建设。光绪十二年（1886）四月，又由李鸿章奏请将铁路事务统归海军衙门管理，使铁路事宜有了正式的行政管辖，也使铁路建设有了主持机构。[③]从此，对朝廷来说，铁路已不是要不要建的问题，而是如何建，以及在何处建。

唐胥铁路的公开及合法化是对这一说法的第一个注脚。李鸿章在光绪六、七年间暗中修造的短短小铁路如今不仅得以保留，甚至可以公开招股续接至阎庄。

开平铁路的接修仅仅是个试探，并且工程进展得也很顺利。在这种情况下，海军衙门于光绪十三年（1887）采取了公开的步骤，奏请修筑津沽铁路和台湾铁路，并得到慈禧的批准。不仅如此，海军衙门在上奏中还请

---

① 赵尔巽等撰：《清史稿》，中华书局，1977年，总第4428页。

② 关庚麟：《交通史路政编》第1册，交通铁道部交通史编纂委员会，1935年，第38页。

③ 曾鲲化：《中国铁路史》，沈云龙主编：《近代中国史料丛刊》（973），文海出版社，1973年，第44页。

求“设合用无弊，拟将京外开矿各处，均次第仿照兴办”，[1]为将来续修津通路打下伏笔。这样，中国铁路建设进入第一个加速发展时期。

这个时期的铁路建设能够形成如此规模，取得如此进展的原因首先得力于海军衙门成立并主持统办全国铁路事务。奕譞、李鸿章、曾纪泽等提倡建筑铁路之人主持海军衙门，推行政策灵活有力，少了许多掣肘之处。另外便是将铁路建设与海防建设联系起来。关于铁路与海军相辅相成的建议，李鸿章在光绪九年（1883）就已提出：“倘海多铁舰，陆有铁道，此乃真实声威，外人断不敢轻于称兵恫喝。”[2]在中法战争期间，盛宣怀进言：“倘不谋自强之政，先为不教之战，海无铁舰以冲锋，陆无铁道以征馈。”[3]这仗根本就没法打。刘铭传在申请修办台湾铁路时也称：“如遇海疆有事，敌船以旱队猝登，隔绝南北声气，内外夹击，危迫将不忍言。若修铁路既成，调兵极便，何处有警，瞬息长驱，不虑敌兵断我中路。”[4]铁路原来仅作为有裨于国防而提出，现在铁路最重要的功用被强调为它的国防作用。

奕譞时期在铁路政策方面取得的最大成就是完全确立了铁路建设的国策地位，同时彻底结束了长达十年之久的朝廷中的铁路论战。这个结果是围绕津通铁路的争议展开而取得的。

光绪十四年（1888）至十五年（1889），朝廷中爆发了一场关于铁路问题的激烈论争，其导火索是慈禧批准了修建津通铁路的请求。这次论争波及面之广、规模之大、程度之激烈是为诸多铁路史著作反复提及的，也是一直被作为“顽固派”和“洋务派”关于要不要学西方之“用”进行论战的范例。然而事实上，这里有些东西恐怕是被误读了，为众人所反对的是津通铁路而不是铁路本身，这个区别应当予以注意。当然不是没有人要求停办铁路，但更主流的意见是改建他处铁路，因而将津通铁路之争依然看

① 中国史学会主编：《中国近代史资料丛刊·洋务运动》（六），第188页。

② 吴汝纶编：《李文忠公全书》译署函稿卷十四，第25页。

③ 丁进军：《盛宣怀关于中法战争之说帖》，《历史档案》1989年第3期。

④ 陈澹然编：《刘壮肃公奏议》卷5，第20页。

作是否应办铁路的问题，恐怕是不太妥当的。

例如，在朝诸臣所上奏折中，军机处共发下八件供讨论，其中：

山西道监察御史屠仁守奏："北洋大臣李鸿章必欲肇始于津沽，而遂接办于通州，则失策莫此为甚矣……窃以议铁路于今日，惟自京师达清江，于国家大计有宜筹者。"①

户部尚书翁同龢等奏："铁路势必举办，然此法可试行于边地，而不可遵行于腹地……津通铁路宜暂缓办，俟边远通行，民间习见，然后斟酌形势，徐议及此。"②

翰林院侍读学士徐会沣等奏："请停津通路，宜设德州至济宁铁路，俾通南北运河，不通洋人码头，我可独专其利。"③

另有国子监祭酒盛昱奏："窃以为施之荒漠广远之区则有利无害，施之人烟辐辏商贾通行之路则有害无利。今闻由天津至通州将设铁路，愚民震骇，咸谓非便。"④

上述诸人的意见是铁路可办，但津通之地不可办。给事中洪良品等会奏、屠仁守等会奏、礼部尚书奎润等会奏、左庶子朱琛奏中主要着意之点是反对由津至通开铁路。只有河南道监察御史余联沅、仓场侍郎游百川、内阁学士文治三人上奏坚决反对办铁路。⑤如果说在朝内言官中反对办铁路的意见还略与赞成者持平的话，那么在接下来地方将军督抚的意见中，反对办铁路的人已是微乎其微。

慈禧谕令军机处著庆裕等十三人覆奏，除裕禄未见覆奏外，在其余十二人中，刘铭传表示支持办津通铁路，主张修铁路但非津通的有四人，王文韶认为可"或者移置黄河北岸，自陶城埠起，经东昌府至临清州止"。德

---

① 中国史学会主编：《中国近代史资料丛刊·洋务运动》（六），第201—202页。

② 中国史学会主编：《中国近代史资料丛刊·洋务运动》（六），第213页。

③ 转引自李国祁：《中国早期的铁路经营》，第77页。又见李鸿章驳京僚谏阻铁路各折函，吴汝纶编：《李文忠公全书》海军函稿卷三，第22—27页。

④ 中国史学会主编：《中国近代史资料丛刊·洋务运动》（六），第200页。此奏未由军机处发下。

⑤上述各奏折见中国史学会主编：《中国近代史资料丛刊·洋务运动》（六），第201—218页。

馨提出："计不如先就南北适中之处，自保定以达王家营，先行安设试办，既免外人窥伺，并可独擅利权。"张之洞主张："似宜先择四达之衢，首建干路以为经营全局之计，以立循序渐进之基。至津通一路，其缓急轻重之宜，尚有宜加审察者……臣愚以为宜自京城外之芦沟桥起，经行河南，达于湖北之汉口镇。"黄彭年的意见是："臣窃观天下之大势，铁路之宜先办者二，可缓办者一，不妨试办者一，"津通铁路即属不妨试办者。[①]

在余下七人中，反对修铁路的有二人（奎斌、卞宝第），另有四人含糊其词（曾国荃、崧骏、陈彝、庆裕），一人称毫无所知（定安）。很明显要不要铁路已不是问题。经过转圜，后来朝廷批准了张之洞改建芦汉铁路的意见，而朝中再无异议，也可看出此次争议确有对人不对事的味道。

在对待西方各国要求打进中国铁路市场的问题上，这一时期的处理也颇有可称道之处。

吴淞铁路事件之后，西方对中国铁路采取了"等待"的策略，一时间显得颇为沉默。但是在中法战争之后，"1885年间，建造铁路之说甚嚣尘上。'欧洲已经组成了一些大的联合企业，预计在对法战争以后，中国的市面将完全兴旺。'……英国的重工业非常需要这样一种刺激"；"铁路建造这门工业当本国的铁路线一旦建成以后，就不得不向外输出。这时，中国这个地方正被以为可进行这样的大规模的铁路建造，以'复兴英国的整个钢铁业。'"[②]恩格斯在1886年也认为："商业复苏的唯一希望——这至少对制铁业来说是直接的，对其他部门则是间接的——在于中国还有可能为修建铁路而开放。"[③]"最后一个新的市场是中国，这一市场的开辟可以使英国的贸易暂时恢复繁荣。因此，英国资本极力要修建中国的铁路。"[④]总的说来，由于中国已经开始建造铁路，使外国资本在中国铁路上

---

① 宓汝成编：《中国近代铁路史资料（1863—1911）》，第1册，第166—167页。其他见中国史学会主编：《中国近代史资料丛刊·洋务运动》（六），第234—256页。

② [英]季南：《英国的对华外交（1880—1885）》，许步曾译，商务印书馆，1984，第270页。

③《致奥古斯特·倍倍尔》，《马克思恩格斯全集》第36卷，人民出版社，2016，第456页。

④《致尼古拉·弗兰策维奇·丹尼尔逊》，《马克思恩格斯全集》第38卷，第467—468页。

的竞争又活跃起来，然而在这一时期它们的所有努力都只是中国铁路建设的一个注脚。

中法战争结束后的谈判中，法国就一再企图在铁路问题上打开缺口，李鸿章的回答是："日后中国自造铁路，如果法国工料较廉，中国自可向其购办，否则，仍令他国人办理。"①光绪十二年(1886)间，德国一些资本家和制铁业代表派人到中国竞争铁路时，得到的回复是："我们将在我国能自己制造材料时建筑铁路。"②光绪十四年(1888)五月，天津有报纸报道"准洋商包办铁路，由津到通"的消息，德国公使巴兰德立即照会称"德商愿较优劣"，③对此，李鸿章断然否认有令洋商包办铁路之说。④

法国恃有《中法新约》中的正式条款，在揽办中国铁路的活动中最为积极。光绪十五年(1889)八月，清廷决定兴办芦汉铁路后，法国公使李梅急忙会晤李鸿章并照会总理衙门，要求与法国商办。⑤李鸿章致函奕譞："将来如果采购外洋钢轨、铁桥、机器、车辆，法国必执约争购。但须货精而价较廉，或与他国货价一律，方能允行，断不能任伊把持垄断也。"⑥

光绪十七年(1891)，关东铁路兴工后，法署公使林椿照会总理衙门，荐法国各铁厂承办铁路工程。总理衙门转饬李鸿章，李鸿章复："是中国铁路如有借助法商之处，自可逞与该商议订，不必定由贵国官员介绍。如取材他国，法商不得有异辞。"⑦十二月，李梅回任，指责中国违背条约，总理衙门回文称："本衙门查中国建造铁路，虽购买外国物料，岂能遽损自主之权？但求货价合宜，无论何国，均可购买。此铁路公司一定办法，各国皆然。"⑧否认有违约之责。

---

①《李鸿章、戈可当问答纪要》，《中法越南交涉始末》，中国史学会主编：《中国近代史资料丛刊·中法战争》(七)，第56页。

②宓汝成编：《中国近代铁路史资料(1863—1911)》，第1册，第73页。

③顾廷龙、叶亚廉主编：《李鸿章全集》，电稿(一)，第968页。

④顾廷龙、叶亚廉主编：《李鸿章全集》，电稿(一)，第968页。

⑤"中央研究院"近代史研究所编：《中国近代史资料汇编·海防档》戊《铁路》，第60页。

⑥"中央研究院"近代史研究所编：《中国近代史资料汇编·海防档》戊《铁路》，第61页。

⑦"中央研究院"近代史研究所编：《中国近代史资料汇编·海防档》戊《铁路》，第87页。

⑧"中央研究院"近代史研究所编：《中国近代史资料汇编·海防档》戊《铁路》，第120页。

从上面各事可以看出，在中国开始自建铁路的高潮后，各国处心积虑地要求进入其中。但是一直到甲午战争爆发，中国很好地维护了主权，在铁路建设中始终坚持自主的原则，从而使这一时期的铁路发展处于比较健康的状态。

还有一点应予以解释的是这个时期的铁路外债问题。光绪十三年(1887)，津沽铁路招商资金不足，李鸿章向英怡和洋行贷款六十三万七千余两，德华泰银行四十三万九千余两，后来为修建津通铁路又先借英汇丰银行十三万四千五百余两。[①]这些借款与甲午战后的外债有极大的不同，不仅全部予以归还，而且是由北洋大臣出面向外商商借，尽量避免与中央政府直接相关，从而使这种借款限定在纯经济的范围之内。对待牵涉到政治性质的借款则不仅一概加以拒绝，就连贷款条件不如意的借款，也不予以松动，如光绪十六年(1890)与奥商伦道呵商借贷款时，伦道呵曾提出"借债、购件、雇洋人、造工、在洋设公司，俱由伦代办。其价、货与他人同，并准伦父子在洋设公司专为中国办事"和"倘中国将来派员在洋专办银务，即委伦或伊子充是缺"。[②]李鸿章回电："所包太广，恐有流弊。在洋设公司，专为中国办事，必骇各国听闻，群起争论，断难允行"，指示陈季同"将以上要求各端删去，方可画押"。[③]

综上所述，自"甲申易枢"之后清政府的铁路政策有了根本性的转变，这种转变促成了中国铁路发展的第一个高潮。而且这个发展还是在完全自主的情况下进行的，相较于甲午战后的情况不啻有天壤之别。也正因为此，我们更应该关注一下这个时期的自强运动。与其说是由于甲午战争的失败刺激了中国铁路的发展，倒不如说是因为甲午战争的爆发打断了中国铁路发展的正常进程。

（该文原载《清史研究》1999年第2期）

---

① 吴汝纶编：《李文忠公全书》海军函稿卷三，第28页。

② 顾廷龙、叶亚廉主编：《李鸿章全集》，电稿（二），第313页。

③ 顾廷龙、叶亚廉主编：《李鸿章全集》，电稿（二），第314页。

晚清义赈与中国近代彩票的起源

随着社会主义市场经济的进一步发展,在借鉴和吸收一些发达国家经验的基础上,中国自二十世纪九十年代以来陆续创设了一批大型彩票,如福利彩票、体育彩票和足球彩票等。并且,彩票业在很短的时间内便发展成为一项颇具规模的产业。如今,各类彩票销售点已经遍布国内许多地方的街头巷尾,中央和各地电视台频频推出各种彩票专题节目,不少有影响的报刊都开辟了彩票信息专栏,“彩民”也成为一个耳熟能详的专有词汇。所有这些情况都有力地表明,彩票已经构成当代社会生活中一道独特的风景线。

不过,这种彩票风行中国的盛况并非为今日所独有。早在晚清时期,就曾掀起过中国历史上首次彩票风行的浪潮。并且,这一时期的彩票不仅同样进入了民众日常生活的层面,而且有着绝不亚于当代彩票的社会声势和影响。就其发展历程的持续时间和复杂程度而言,甚至比今日有过之而无不及。那么,晚清时期这次彩票浪潮的发生机制是什么,又是在怎样的社会情境中形成的?其与当代彩票之间是否有着本质上的不同呢?尽管晚清彩票与当代彩票相距近百年时间,然而探讨这些问题仍然具有不容忽视的意义。因为这一方面可以重现中国彩票发展史中一段相当关键却长期湮没的历史,另一方面也完全能够为加深理解当代中国彩票事业提供一定的帮助。

一

大概出于彩票终归是一种难登大雅之堂的事物的缘故,在很长一段时间中，整个中国彩票史都没有真正进入历史学者的研究视野。直到国内彩票略具气候的2000年以后，才陆续出现了十篇左右有关中国彩票史的专题文章。而在这些文章中，除了一两篇属于严肃的学术研究外，大多只是些泛泛而论的介绍性文字。在这种情况下，固然这些文章大多都明确地以中国近代彩票作为论述的重心，但其中许多重要问题实际上尚未得到根本解决。而中国近代彩票的起源，正是最迫切需要解决的问题之一。

为界定本文的论述主题起见，首先应该说明的是，这里所谓的"中国近代彩票"有着自身特定的意涵，即主要指那些与中国近代化进程发生直接关联的彩票。因此，对其起源问题的探讨就既不必对彩票本身进行原始追溯，亦无须涉及中国本土射彩之法的初始发展。而构成中国首个彩票浪潮的主体，便位于中国近代彩票的范围之内。也就是说，这些彩票并不包括同时期出现在中国的所有彩票。例如，有这样两类彩票就不能赋予"中国近代彩票"的性质：其一是那些虽在近代中国发行却具有国外资本背景的彩票，因为这完全是西方近代彩票体系的延展；其二则是这一时期从中国本土射彩之法中衍生出来的彩票。

另外，如果不对排除第二类彩票的原因作出进一步的说明，恐怕难免引起一些不必要的混乱。例如，有人就认为，道光以后在广东一带开始流行的"闱姓"博弈，"实际上和我们今天的彩票相差无几，特别是体育彩票的一种。"[①]另有人则更为明确反对那种将彩票视为舶来品的看法，指出自乾嘉时期就开始在粤东流行的白鸽票可以说是我国最早的彩票形式之一，且如今香港六合彩中就有白鸽票的影子。[②]据此而言，本文似乎不能排斥这些彩票。事实上，这样的看法显然是将形式与内容混为一谈了。也就是说，如果单以形式而论，无论是"闱姓"票或是白鸽票都不能说是中国最早的彩票。杨联陞先生早已指出，中国至少在十三世纪就出现了"拈

① 皮志强：《张之洞与广东"闱姓"》，《广州大学学报》（综合版）2001年第9期。

② 赵利峰：《中国最早的彩票形式之一——白鸽票考述》，《西北民族大学学报》（哲学社会科学版）2003年第3期。

阄射利”的抽奖票，从广义上讲，这种方式与近代以后的彩票并无多大差别。[1]那么，我们是否应当从十三世纪开始讨论中国近代彩票的起源呢？

对这个问题的回答当然是否定的。正如杨先生本人承认的那样，这些抽奖票与十九世纪后期开始风行中国的那些彩票并无直接的关系，也是完全不同的事物。至于包括“闱姓”和白鸽票在内的本土射彩之法与本文所谓的“中国近代彩票”之间的最关键区别，则在于后者赖以立足的基础是近代资本运行体系，而且在很大程度上受到了西方的影响。可以说，彩票真正在中国成为一种较为系统化的日常性行业，一方面是中国近代行业演化过程中才出现的事情，另一方面是以模仿国外彩票为起点而发展起来的。因此，我们就不能仅仅依据形式上的雷同来确定某种彩票的基本属性。

就中国近代彩票的起源问题来说，闵杰先生应是第一位对之进行认真探察的学者。[2]至于其他人的一些说法，则由于缺乏论证和证据，因此这里无须论及。应当说，闵先生的《论清末彩票》一文是中国彩票史研究领域中迄今为止最具学术价值的文章。该文依据较为丰富的史料，对晚清彩票发展过程中的许多问题都作出了正确论述。不过，他在这个起源问题上的论述却相当简单。从其行文中可以看出，他认为中国近代彩票的起点应是1899年由上海广济公司发行的“江南义赈彩票”（通常简称为“江南票”）。其根据在于，这是首家经官方正式批准发行、由中国商人单独承办、以吕宋票为原型的大型彩票。

由于清人徐珂编辑的《清稗类钞》一书中就有“我国之有发财票，自粤商江南票始”的明确说法，[3]那么再来探讨这一问题岂非多此一举吗？实际上，尽管闵先生准确地指出广济公司是以赈灾的名义打开了发行彩票的突破口，但无论是他，还是《清稗类钞》中都没有进一步提及这样一些相

---

① 杨联陞：《中国制度史研究》，江苏人民出版社，1998年，第188—190页。

② 闵杰：《论清末彩票》，《近代史研究》2000年第4期。

③ 徐珂辑：《清稗类钞》，商务印书馆，1917年，第22页，转引自雷玲《清代的彩票》，《四川文物》2001年第4期。

当重要的问题:江南票为什么要以"义赈"为旗号?而义赈又是一种什么样的事物,居然可以为这家彩票的发行提供必要的社会支持?再者,彩票与义赈之间究竟为什么会发生关联,又是怎样关联起来的?显然,如果对这些问题不加解释,还不能说就圆满解决了中国近代彩票的起源问题。而一旦触及这些问题,我们就会发现,1899年江南票的出现其实只标志着中国近代彩票的一个重要发展阶段而非其源头,在此之前,中国近代彩票的发展已经得到相当可观的积累了。

二

晚清义赈的出现是中国救荒史上的一个新鲜现象,也标志着中国近代救荒史发生了一次重大的变动。关于晚清义赈的特性,李文海先生指出,由于晚清时期严重的灾荒、荒政的衰败,以及社会经济结构的巨大变动,民间自发兴起了这种"民捐民办",即由民间自行组织劝赈、自行募集经费,并自行向灾民直接散发救灾物资的跨地域救荒活动。它是一大批江南绅商的联合行动,一方面与江南慈善传统有着极为密切的关系,另一方面又在很大程度上超越了传统的地方性慈善事业。[①]而这种超越性的最重要表现,就在于义赈是一种跨地域的地方性救荒实践,也就是说,义赈在其救助对象指向全国范围内灾荒的同时,又始终立足于江南地区,其表现出来的地域意识、主要依靠的社会资源及具体运用的救荒方式,无不带有强烈的江南地方色彩,从而形成了自身独特的运行机制。[②]

不仅如此,以十九世纪七十年代后期爆发的"丁戊奇荒"为契机,晚清义赈在诞生后不久便迅速成长为一股不容忽视的社会救荒力量。并且随着晚清时期灾荒的频繁发生,其活动也连绵不断,到九十年代时就已"风气大开"了。更重要的是,由于义赈的资源主要来自民间,运作机制较为

① 李文海:《晚清义赈的兴起与发展》,《清史研究》1993年第3期。

② 有关这方面的详细论述见朱浒:《晚清义赈研究》,中国人民大学博士论文,2002年,第五章。

灵活，而且在相当程度上针对当时中国赈灾机制的主体即官赈中的弊端来实施救灾行动，因此很快就赢得了从国家到社会的广泛信任，并对官赈产生了极大的冲击。正如义赈重要发起人之一的经元善在1892年所说的那样，当时已是“海内成为风气，一若非义赈不得实惠”。①

当然，义赈的社会影响力固然非凡，却并不意味着其他人可以随意攀附骥尾来实现别样目的。事情要是这么简单，那么另外许多射彩之法同样可以借用义赈的名声来谋求自身的合法化。可为什么只有江南票顺利地与义赈挂起钩来了呢？事实上，这种挂钩绝非是广济公司经理人的灵机一动，而是因为彩票与义赈之间早就发生了直接的关联。并且很可能由于仅仅是义赈与彩票之间有着这种关联，从而为江南票的做法提供了某种铺垫，同时使得其他射彩之法没有多少可乘之机。

值得强调的是，彩票与义赈的最初关联，还是出于义赈方面的主动性。至于这种动力的主要来源，则是义赈为筹集赈灾资金而开展的募捐动员。与以往那种主要依靠民间绅富捐助的救灾活动不同，义赈发起的筹赈活动也是对中国传统募捐机制的超越。也就是说，无论是其社会动员的广度还是深度，义赈的募捐都达到了空前的层次。早在光绪四年(1878)四月间，时人就曾对义赈引发的热烈筹赈场面发出过这样的感叹：

> 各赈局善堂常有妇女施助金簪首饰者，是闺阁之心尽矣。各处开行开铺商人，无论店铺大小、本钱多寡，各有施将，是商人之心尽矣。绅衿之救灾恤邻者，亦各量力施助，是缙绅之心尽矣。妓女有不愿烧香而愿助赈者，接踵而至，是青楼之心尽矣。东西两洋尚非与我同土，而捐助者甚众，是外国人之心尽矣。各口轮船设柜劝捐，每次各行旅捐者一元数元，无不尽力慨助，是行客之心尽矣。乞丐某蓄积十余年，只有八百文，竟肯尽数助赈；尚有沿门托钵，讨得数十钱而一

① 虞和平编：《经元善集》，华中师范大学出版社，1988年，第118页。

半付与捐局者，则乞丐之心皆尽矣。[①]

在这种形势的激发下，向义赈的捐助益发踊跃，不仅是有钱的出钱，甚至还有许多人把价值不菲乃至略可变价的物品都直接捐给了义赈组织。然而这些物品毕竟不是可以立即利用的款项。随着各家赈所接受的助赈物品愈积愈多，如何将之尽快转化为赈款就成了一个相当迫切的问题。而率先设法解决来这一问题并找到一条便利途径的，则是上海协赈公所中的义赈同人。与此同时，由于当时上海是首家进入中国的大型国外彩票即吕宋票最集中的销售地，故而上海义赈同人很快便想到了仿效吕宋票形式来处理助赈物品的途径。光绪五年八月初八日（1879年9月23日），上海协赈公所在《申报》上特地发布了一则《变资助赈彩票》的告白，内中称：

近日捐助衣裘、珠玉、玩器、书画充赈者，大小不一，急切不能售价，不得已仿照彩票法，以物价高下定彩等差。计估价二千元，拟制彩票二千张，每张一元。有乐助者请至南市升茂钱庄、城里果育堂、辅元堂、保婴局、英租界大马路保安堂、法租界浦滩太古公司内协赈公所买票。自一张以至十百，不拘多少。俟张数售完，当定期登报，请至邑庙内园当众拈阄。得彩者虽无十分奇赢，然头二等彩利亦四五十倍，降而至于百号以次，亦值一元者尚多，即最下者亦有书画等件，譬诸买一价目过昂之物，并不虚费。借此成全善举，可救数千饥民之命。想好善君子必乐于玉成也。[②]

虽然其采用的开彩形式是"在城隍庙戏台上延请耆儒一位，童子两人，对越神明，秉公拈阄。初七日在罗神殿保婴总局凭票对号，照发所有

---

①《申报》12，上海书店，1982年，影印本，第450页，光绪四年四月十七日。

②《申报》15，第338页，光绪五年八月初八日。

号数物件。一经掣定，即缮具总单，实贴庙中大殿。如有怀私，天厌之”，[1]但是这次活动在整体上仍属一种新式筹赈手法。而且对于这里所说的“彩票法”，义赈同人后来明确地说就是“吕宋彩票之法”，[2]因此这次活动遂成为国内首次对吕宋票的公开仿效。另外，此次赈彩的销售大概颇为顺利。这表现在，不仅这次活动在原定的九月初六日（10月20日）如期开彩，而且一月之间该赈所的二千号彩件便仅剩三十余号。[3]嗣后，在上海赈所这次活动的启发下，扬镇赈所在同年十一月间处理本所的助赈物品时也如法炮制了一次。[4]

尽管“丁戊奇荒”期间义赈售彩助赈之举仅此两例，但是倘若与当时彩票在中国的命运联系起来，便可发现这种举动在中国近代彩票发展史上有着非同凡响的意义。由于很久以前的抽奖票就被当作一种赌博形式，[5]所以禁赌极严的清代官方虽说控制不了吕宋票，但一直照赌博例禁止国人仿办同类形式的彩票。就在义赈同人首次举办赈彩售物的次年，上海县官府还出示禁止“仿照吕宋发财票号数、设绸绉台凳卖票者”，并于是年六、七两月间分别处理了两批托寄洋商名下私制彩票之人。[6]直到光绪十五年（1889）间，汉阳官府还发布了严禁彩票的章程，其惩罚也极为严厉：

> 主使发贴吕宋票之人，照造卖赌具例，发边远充军；伙同代贴者，照贩卖赌具例，杖一百，流三千里；买回得彩者，照为从例，杖一百，徒三年；窝顿容隐不首之犯，分别照例革究枷示。[7]

①《申报》15，第430页，光绪五年九月初二日。
②《申报》15，第574页，光绪五年十月初八日。
③《申报》15，第574页，光绪五年十月初八日。
④《申报》15，第707页，光绪五年十一月十二日。
⑤ 杨联陞：《中国制度史研究》，第188—189页。
⑥《申报》17，第141、173页，光绪六年六月三十、七月初八日。
⑦《申报》34，第313页，光绪十五年二月初五日。

可以说，汉阳官府的这种做法正是清律一贯精神的反映。而照此情况来看，国人自办彩票欲在中国取得合法地位可以说是困难重重。然而由于义赈同人在光绪五年（1879）的公开售彩之举没有受到官方的任何干预，这就预示出彩票完全能够在中国找到一个可靠的突破口，后来的事实也证明了这一点。

不过，光绪五年（1879）的售彩活动在整体运作上还相当简单，并且在义赈初期仅此两例，所以这种举动还只能算是权宜之计。而到义赈活动在光绪七年（1881）再度兴起之后，义赈同人甚至开始尝试着将售彩助赈之法发展为其正式运用的募捐手法之一了。这主要表现在，义赈同人不仅更多地运用这种手法筹赈，而且大大加深了对正规彩票发行方式的借鉴程度。在这方面，光绪八年（1882）义赈绅士谢家福等人所制定的“元魁夺彩会”筹赈法虽然与吕宋票形式有一定的差别，却从一个侧面表明后者首次真正引起了义赈同人的重视。所谓“元魁夺彩会”的意图是趁当年举行乡试之机售彩筹赈，其具体做法是：

> 一、是会为急筹皖赈起见，而于新贵诸君北上会试，亦足少壮行色。与其将来广分硃卷，何如此际筹捐助会，较为事半功倍？即使家道殷实，亦可将程仪分赠同年寒士，与不伤惠，取不伤廉，与广东闱姓、吕宋彩票情节迥异。想赴试诸君无不欣然乐助也。
>
> 一、凡乡试诸君，不论何省均可与会，每会自助一员，募赈九员，尽七月杪截止。寄至苏州王枢密巷电报局内皖赈公寓守取收票，并登《申报》为凭。约以一万会为率，计收皖赈洋九万员，立即解交办赈诸君散放，此外程仪洋一万圆，暂存上海汇丰银行。
>
> 一、助会诸君高中解元者，得程仪洋五百员，魁选得程仪洋四百员，举人得程仪洋三百员。倘中数过多，则尽数分摊。一人而助数会者，程仪衹得一分。
>
> 一、与试诸君送交会洋时，须照学册履历开明，以便填明票根。一俟高中，凭票取洋，毫无折扣。

一、凡与会诸君高捷南北两闱者，业已托定天津、江宁友人于发榜之日，即将诸君名次电报，敝处立即奉闻，省城内外当日即可得信，外府郡县亦即专足函达。所有报费均由同人捐备，不取新贵分文。[①]

显然，谢家福等人正是因为意识到了彩票发行方式的重要性，才意欲在借鉴广东"闱姓"抽奖票和吕宋票形式的同时，另创一种新的博彩方法。但令人失望的是，该会开办两月后却"收数寥寥，十不偿一"。[②]而该会不成功的主要原因，正与其发行形式有很大关系，就连谢家福自己都承认"元魁会章本欲与闱姓、彩票稍分蹊径，故立法失之呆板"。[③]此后，虽然还有人在该会基础上提出诸如"元魁得意会"[④]和"元魁夺标会"[⑤]的建议，然而义赈同人再也没有采用过这类方式来售彩筹赈。

在某种意义上，"元魁夺彩会"的失败很可能使义赈同人更深刻地认识到了吕宋票形式的优越性。毕竟，元魁会在发行时机和销售对象方面都受到太多的限制，吕宋票形式却可以随时向极为广泛的人群开放。因此，无怪乎义赈同人从光绪九年(1883)起对售彩手法的运用会更加彻底地模仿后者。例如，光绪九年(1883)底，当售彩手法继"元魁夺彩会"之后再次出现在义赈活动中时，虽然其发起人、上海丝业会馆赈所主持人施善昌的意图与光绪五年(1879)上海义赈同人一样，都是为了将助赈物品变现为赈款，但前者的运作几乎更是一次正规彩票的发行：

敝会馆代收赈捐以来，仰蒙各善士急公好义，除助捐银洋外，兼有……珍贵之品……当此时势，出售价难平允，而赈款又刻不待缓，爰汇同人公议，仿照洋人摇彩格式，额定二千号，每号收洋两元。俟

①《申报》21，第262页，光绪八年六月三十日。
②《申报》21，第518页，光绪八年八月十四日。
③《申报》21，第560页，光绪八年八月二十一日。
④《申报》21，第590页，光绪八年八月二十六日。
⑤《申报》35，第176页，光绪十五年七月初一日。

售满额号，登报定期在敝会馆关帝神前当众拈阄开彩……计得彩票二百号，开列于左：

头彩二张，每张得物值洋二百五十元；二彩二张，每张得物值洋一百四十元；三彩二张，每张得物值洋一百元；四彩二张，每张得物值洋七十元；五彩八张，每张得物值洋三十元；六彩二十张，每张得物值洋二十元；七彩念四张，每张得物值洋十五元；八彩三十二张，每张得物值洋十元；九彩四十张，每张得物值洋七元；全彩六十张，每张得物值洋五元；附头彩上下四张，每张得物值洋三十元；附二彩上下四张，每张得物值洋十五元。①

可以说，施善昌这次行动的出现，不仅反映出义赈处理助赈物品的赈彩手法发展到了相当完备的程度。在此之后，由义赈发起的历次赈彩售物的活动中，其形式都与施善昌上面的做法基本相同，而不再像光绪五年(1779)那样简单地票票有彩了。

三

尽管施善昌的上述行动并不具备任何商业资本的背景，但在某种意义上来说，这终究意味着吕宋票的发行机制在中国得到了较为完善的移植。况且其与正规彩票之间也仅有咫尺之遥了。因此，毫不令人意外的是，正是在义赈同人将赈彩售物之法发展完备以后，中国近代彩票业也终于展开了第一轮正式攻势。至于这种攻势的第一个表现，便是首批明确作为经营活动的国内正规彩票的开办。我们之所以说这批彩票得以开办的基础是义赈的赈彩售物之法，其主要理由是，这些彩票除了都打着“筹赈”的名义问世外，还毫不例外地都把奖项设为彩物而非彩金。由于设立彩金才是彩票的一个基本特征，所以这批彩票很显然都是模仿义赈的做

①《申报》24，第26页，光绪九年十二月初八日。

法以避免被官方视为违禁之举。

那么这些筹赈彩票为何又被视为一种经营活动呢？这是因为：首先，这批彩票设立的虽然都是彩物而非彩金，但是所有这些彩物都具有明确的商品属性，并且头几彩的总价值相当不菲；其次，这些彩票不仅在发行量上都大大超过了义赈发行赈彩的规模，而且都是以定期发售、长期发行的形象问世的彩票，这就与义赈那种为处理助赈物品而临时举办赈彩的情形拉开了距离。另外值得强调的是，由于官方并没有表示出明显反对的迹象，所以这些筹赈彩票才应该被称作最早的一批中国近代彩票。

颇为有趣的是，这批彩票的创办者皆为在上海开办的书局，其所设彩物也都是书籍，故而这些彩票通常又被称为“书彩筹赈票”。首家书彩筹赈票的发行者是翰宝阁书坊，其于光绪十三年（1887）九月在《申报》上发布章程云：

> 是票共一万张，每张四号，每号洋三角。头彩得《图书集成》一部，新印《经史子集题解统编》八十部……《详注渊鉴类类函纂要》廿部……二彩得《廿四史》一部，《题解统编》四十部，《渊鉴纂要》十三部；三彩得《皇朝三通》一部，《题解统编》廿部，《渊鉴纂要》八部。共计正彩九百廿四号，副彩一千八百四十八号，附彩三万七千二百廿八号。开彩后，除三大彩送交外，其余在上海积山局领书。一切章程，详于售出彩票中。一票四号，未便拆售。外埠寄洋售票，须加信力。售处在上海棋盘街恒德里，分售在苏州观前来青阁书坊、镇江西门外大街申昌、扬州多子街颐寿堂药铺、无锡北门内大街和泰夏布洋货号。①

由于翰宝阁后来还表示要在初次开彩后继续发行，所以这家彩票的

---

①《申报》31，第786页，光绪十三年九月十五日。

设立显然不是一种临机的行为。[1]不过，这家彩票并未明言它是否具有资助义赈的动机。或许由于它的确更多具有投机性质而未能赢得社会认同，所以其在次年二月后便消失了踪影。

光绪十三年(1889)十二月间，另外一家书局——森宝书局发行了规模更大的书彩筹赈票。与翰宝阁不同的是，森宝彩票更为明确地将自己的出现与当时义赈正在开展的赈灾行动联系在了一起：

> 本局专为河南灾重起见，爰将所藏石印等书画、碑帖合成捌千元，照售书例，共设筹赈售书彩票贰万张，每张两号，计洋四角。得彩书目及筹赈章程具详票中，逐次按交赈款，概由收赈处登报申明，并于票上加硃印“吞没赈款，雷殛火焚”字样，以昭征信。号彩共有二千七百捌拾之多。惟四大彩送交外，长江等处向镇江申昌书画室领书，其余概由上海宝善街北首尚仁东里第肆石库门本局售票处取书……分售处扬州天生源绸缎庄、淮安周升豫布号、外埠各申昌，远处信购，原班回件。[2]

不仅如此，该书局在推销彩票时亦称：“现拟赶交赈款，务望各省同善诸君从速购买，与不伤惠，取不伤廉。明知杯水车薪，然聚沙亦可成塔，筹赈中不无小补云尔。”[3]并且，该局还宣布其仅于“售价内提四分之一，除去报费，尽数助赈”。[4]

上述做法很可能是森宝书局彩票的命运不同于翰宝阁彩票的关键所在。其于光绪十四年(1888)底首次顺利开彩后，立即发行了第二次彩票，并在每张价格不变的情况下，将发行量提高到了四万张之多，[5]从而成为

① 《申报》32，第330页，光绪十四年正月二十一日。
② 《申报》32，第106页，光绪十三年十二月初五日。
③ 《申报》32，第330页，光绪十四年正月二十一日。
④ 《申报》33，第614页，光绪十四年八月二十六日。
⑤ 《申报》33，第614页，光绪十四年八月二十六日。

中国第一家实现正常运营的近代彩票。此外不容忽视的一点是，森宝书局彩票还是国内首家把自己的开彩活动完全与吕宋票挂钩的彩票：

原定照今年英四月份吕宋票对号单开彩，以昭公允，业蒙诸善长争先乐购。嗣因英二三月份吕宋票重改新章，以致购者怀疑观望，及英四月票到后，虽购者依然深信，而存票尚未售罄，若即开彩，恐日期已促，远处不及来购，未免彼此缺憾。爰请展缓四个月，照英八月份吕宋票对号单，于华本年六月终开彩。[①]

森宝彩票采取这种做法固然是为了表明中奖号码非自己所能操纵，却无疑使其性质与吕宋票之类的正规彩票之间仅隔最后一层窗户纸了。而且后来也正是森宝彩票自己率先捅破了这层窗户纸。关于这一点，后面将作进一步的说明。

以森宝彩票的初步成功为先导，开办书彩筹赈票一时蔚然成风。从光绪十四年(1888)四月到十五年(1889)四月的一年间，在上海又涌现出了四家这种类型的彩票。它们分别是：榜花书局开办的"抡元筹赈书彩票"，[②]义昌书局发行的"筹赈书彩票"，[③]成美书局发行的"筹赈书彩票"，[④]以及上海大马路义赈书彩处发行的"义赈书彩票"。[⑤]这四家彩票在规模与价位上与森宝彩票之间略有差异，然而在运作形式和基本性质方面并无任何不同。不过，书彩的市场容量显然有限，所以它们后来的结局都与最早的翰宝阁彩票一样：由于发行情况都很糟糕，因此这四家彩票很快就偃旗息鼓。这样一来，无论是对义赈还是对中国近代彩票业，书彩筹赈票就整体而言并未产生太大的实际效果。

---

①《申报》32，第510页，光绪十四年二月二十日。
②《申报》32，第786页，光绪十四年四月初七日。
③《申报》32，第808页，光绪十四年四月初十日。
④《申报》33，第94页，光绪十四年六月初六日。
⑤《申报》34，第796页，光绪十五年四月二十四日。

四

看起来，绝大多数书彩筹赈票的糟糕结果似乎宣告了中国近代彩票业第一轮攻势的失败。实则不然。这是因为，正是随着书彩筹赈票的纷纷出现，国人自办彩票的问题也真正引起了社会上的注意，甚至连相关社会舆论都朝着有利于彩票业的方向发展，这就构成了彩票攻势的第二个也是初具成效的重要表现。当然，在这种表现的背后，仍然离不开从义赈那里获取的社会支持。

光绪十四年(1888)十月，有位号称“杞忧子”的人士鉴于当时义赈活动筹赈艰难而提出，应该仿照吕宋票专设长期发行的彩票以助赈，并且由义赈人士来办理此项事宜：

> 忆自吕宋彩票盛行于中国者，十余年于兹矣。内中虽有巨彩可获，因而成富者，间或有之，然利源之流之外洋也，日积月累，不知凡几，不待智者而后知也。闻彼国因有偏僻一方，地瘠民贫，籍此每月之余资作该处之抚恤，亦善举焉。但中国近以水旱偏灾连年不息，筹赈诸公舌敝唇焦，几于募不胜募，劝不胜劝……各赈所疲于奔命，势或强弩之末，鲁缟不穿。胡勿仿照吕宋票章程，另设票纸若干，每月开彩一次。倘虑票多消滞，不妨两月一开，当众摇彩，一秉至公，或即借彼国对号单为凭。董其事者，愚意非施少钦封翁、陈竹坪善士不办。盖办赈多年，众望相孚，实事求是，早在四民所敬仰，诚信毋欺。历年以上千万之赈银交付转运，亦凭一纸收条尚能取信，刻下买票者区区数洋，断无猜疑之理……赈所但以逐月彩余之款分解灾区，既可源源不绝，亦能有所指望。况近年灾区之广，办赈恐无已时，募捐一道，后难为继。此举若行，则赈务一日不完，此票一日不停。即使吕宋百姓因碍彼国消(销)路，啧有后言，而吾以本国之财办本国之善

举，况同一救灾抚恤，何必一定舍近而就远耶？[①]

表面看来，“杞忧子”的建议很快就遭到了《申报》的质疑。因为该报在三日后的社论中指出，这个办法很可能“难行于中国”。[②]事实上，由于该报早在光绪九年（1883）的一篇社论中就称吕宋票“初意原为救荒而设也”，[③]所以该报对彩票本身并无恶感，也并不反对运用彩票之法以收取筹赈之效。其真正担心的是，中国的现实条件根本不足以保证发行彩票的流弊能够被完全克服。例如，该报在前一篇社论中就认为，即“令素办赈捐、久孚众望者经手开彩，至公至正，无嫌无猜，而其左右亲近之环而伺者，百出其计以相口，假票冒领之弊，不一而足，势所必然”。正是基于这种担心，它最终得出的结论其实是“斯策也，其终行消未广、窒碍难行矣乎”，而没有把彩票本身当作一种不良现象。

不过，筹赈到底是非常急迫的现实问题，因此有人在光绪十四年（1888）底再次建议，由当时义赈的两位头面人物即施善昌与陈竹坪出面承办，“仿照吕宋发财票之例，一切章程不必另立新法”，然后“禀请当道，从此畅行。如遇灾年可以无虑，如水旱皆无，即将此款存官以备不时之需。又，此策为赈济饥民起见，与孳孳为利者有别，不但于吕宋之本票无碍，即吕宋国亦无不可原谅也。又，乞请当道照会吕宋一声，亦殊得体”。[④]而这一次，《申报》不仅没有表示任何不同意见，而且还对赈捐彩票可以从吕宋票等外国彩票那里为中国争利的意义进行了进一步的阐发：

我中国与泰西开关互市，立约通商，银钱之输于外洋者，岁不可以数计……自行吕宋票以来，中国之失利也久矣。既不能禁而绝之，

①《申报》33，第844页，光绪十四年十月初四日。
②《申报》33，第863页，光绪十四年十月初七日。
③《申报》22，第477页，光绪九年三月初二日。
④《申报》34，第122页，光绪十四年十二月二十四日。

则不若效而为之。彼固为地方善举起见也，今河工之需款浩繁，荒赈之筹捐尤亟，夫独非地方善举乎？其异于吕宋票者，我中国正大光明，损人利己，岂屑为之。吕宋不准本国人自售，而售之于他邦，我则以中国之票售之于中国之人，于吕宋票无涉也。吕宋君主亲自为之，而请之于诸大国，我则创之于商民而请之于官宪，于诸大国无预也。名之曰“筹赈彩票”，抽其余利，悉数充赈，月计岁计，谓非巨款也哉！其犹有诋之为言利者，是不知利民之异于自利也已，请质之有心时事者。①

在很大程度上，上面这些舆论无异于为国人自办彩票的合法性所作的辩护。也正是继这些辩护出现之后，中国近代彩票业逐渐兴起了第二轮攻势。这主要表现在，此后国内以“筹赈”为旗号的彩票不但继续得以发行，甚至还从彩物阶段过渡到了彩金阶段。至于第二轮攻势兴起的最初标志，便是前述那家森宝书局彩票从光绪十五年（1889）五月起将自己的彩头由书籍换成了彩金，②从而成为国内首家与西方彩票正式接轨的彩票。应该指出，前述那些书彩筹赈票之所以大多因销售困难而停止，很可能就与它们将书籍设为彩头有着很大关系。而森宝筹赈票在旧瓶装新酒后，却一直坚持到光绪十六年（1890）二月间还能够继续出售彩票。③

由于森宝票的转型并未遭遇到什么阻碍，第二轮彩票攻势可以说是初见成效。此后，即便公开以经营活动的面貌出现，筹赈彩票的发行亦畅通无阻。例如，光绪十五年（1889）冬间，金阳（大概为江苏省金坛、溧阳一带）赈局创办的助赈彩票不仅完全是一家正规彩票，还于次年初打入了上海市场：

启者：金阳赈局筹赈彩票去冬创办，蒙诸同仁慷慨购票，得彩助

①《申报》34，第357页，光绪十五年二月十二日。
②《申报》34，第884页，光绪十五年五月初八日。
③《申报》36，第369页，光绪十六年二月二十日。

赈者甚多。现在青黄不接,饥民仍嗷嗷待哺……因变通推广,分设上海,按月出售筹赈彩票,每张售洋五元,分条六角。头彩得洋四万五千元,二彩得洋二万元,三彩得洋一万元,其余得彩数目并开彩章程,阅票自悉。得彩即兑现洋,除给发红彩外,下余之款全解灾区,散给灾民。得彩章程照吕宋每月对号单码号向后顺数十号,为金阳彩票得彩之号。①

光绪十六年(1890)三月初,甚至还出现了试图与吕宋票直接竞争的彩票,这就是由齐青筹赈局发行的“齐青筹赈彩票”:

启者:齐青筹赈彩票专为救灾济荒。今售英五月份即华三月份票,华历三月二十日开彩。全张售洋五元五角,条头六角,批发另议。得彩即兑现洋,下余之款全解灾区散放。至得彩号码,照吕宋每月对号单给彩。敝局新章,加添二千号码。查吕宋票得彩只有一千号码,今于一千号码上下各加副彩一张,连同得彩正号并算,共有三千号。得彩之数:头彩得洋二万二千五百元,二彩得洋一万元,三彩得洋五千元。其余得彩数目及增号得彩数目,详列仿单。号数增多,诸君得彩较易,既可得彩,又可助赈,一举两得。②

遗憾的是,齐青筹赈彩票远远没有实现与吕宋票竞争的目标。就在其发布了准备第二次开彩的告白后,③《申报》上却再也没有出现与之有关的消息。

虽然森宝、金阳彩票的最终结局很可能不会比齐青彩票好很多,但它们的出现不仅使西方式彩票体制实现了向中国的完整移植,而且使中国近代彩票获得的第一块阵地得到了很大的巩固,从而为广济公司发行“江

①《申报》36,第369页,光绪十六年二月二十日。
②《申报》36,第642页,光绪十六年三月初五日。
③《申报》36,第1000页,光绪十六年五月初三日。

南义赈彩票"作出了良好的铺垫。也就是说,这大概是江南票基本上没有在社会上引起意外反响的一个主要原因。而在江南票的鼓舞下,光绪二十七年(1901)初又突然涌现出了三家打着义赈旗号且都经官方批准的彩票。以时间为序,这三家彩票分别是:由普济公司开办的"顺直义赈彩票",其声称系"奉总办顺直筹赈局宪谕,禀蒙北洋大臣、商务大臣专折奏办";[①]由安济公司开办的"协助秦晋义赈彩票",其在《申报》上刊发的广告中称"本公司奉皖抚宪王咨蒙陕抚宪奏办协助秦晋义赈彩票,札委承办,以济赈需";[②]由广益公司开办的"筹办山西义赈彩票",该公司宣称得到了山西巡抚岑春煊的支持。[③]不幸的是,中国近代彩票开始泛滥的序幕亦从此拉开。当然,由于此后的彩票泛滥态势既大大违背了义赈最初利用彩票方式的初衷,又不再依靠义赈作为自己的主要阵地,故而这种态势已不是义赈所能负责的了。

五

从以上论述可以看出,中国近代彩票的起源虽然只是一个通常意义上的小事件,其中蕴含的关系脉络却牵涉到了近代中国社会变迁中的一些重要图景。它至少在以下两个方面具有不容低估的提示作用:

首先,对于近代社会变迁中发生在微观层面的系统整合进程,即不同社会机制之间的互动关系及其意义,中国近代彩票的起源提供了一个较为典型的事例。也就是说,中国近代彩票的产生正是这种互动关系导致的一个结果:一方面,由于中国本土射彩之法本身就不具备合法性地位,所以中国近代彩票的合法性基础只能依托于其他正当社会机制来获得;另一方面,作为超越中国传统赈灾体系的社会实践,晚清义赈迫切需要动员起更多乃至更新的社会资源,而近代彩票在某种程度上恰恰可以为这

---

①《申报》67,第606页,光绪二十七年三月初一日。

②《申报》68,第74页,光绪二十七年三月二十五日。

③《申报》68,第75页,光绪二十七年三月二十五日。

种动员的具体落实做出贡献。

其次，这段历史的廓清还有助于警惕“中国中心论”的陷阱。近年以来，所谓中国近代史研究的“内发视角”日益出现了向“中国中心论”发展的倾向，即弱化外因作用而着重从中国内部来打通传统与近代的通道。那种将近代彩票与中国传统博彩法视为一个整体，以及反对将中国近代乃至当代彩票视为舶来品的意见，与这种倾向的影响不无关系。事实上，中国本土的博彩业既没有为近代彩票的出现提供多少有效的资源，也没有能力实现自身的近代转化。因此，中国近代彩票的基本性质乃是西式近代彩票的本土化，而非本土博彩法对西式近代彩票的消化和吸收。

[该文原载中国社会科学院近代史研究所编:《中国社会科学院近代史研究所青年学术论坛(2004年卷)》,社会科学文献出版社,2005年]

从赈捐报效到义赈基金
——轮船招商局十万两赈灾款项的来龙去脉及其意义

根据《轮船招商局第18届帐略》的记载,该局在光绪十七年(1891)间,由李鸿章向朝廷奏准,从该局公积金内提银十万两,以作“预备赈济之用”。[①]对于这笔支出,历来研究者都给予了否定的评价,认为这是一笔被迫向官府拨付的“报效”款,是官方勒索洋务企业的重要表现之一。我们当然不否认清政府对招商局等洋务企业屡有财政勒索之举,但是关于这笔支出何以成为“报效”款的理由,以往的研究者们始终没有给出清楚的说明。本文的研究表明,对于这笔支出,以往作出的论述并未准确地揭示其实际用途和根本性质,因此它们给予的否定性评价是值得商榷的,而这笔支出的作用和意义都应得到重新评价。

一

自从有研究者论及这笔支出以来,将之视为负面事例的看法几乎已成定论。例如,最早注意到这笔支出的著名经济史学家张国辉先生就认为,这是清政府对官督商办企业进行财政勒索的一个典型证据。[②]张后铨主编的《招商局史(近代部分)》一书中述及这笔款项时,更是直接将之称为招商局对清政府的“报效银”。[③]直到1999年,提及这笔支出的研究者仍然认为,这是对民用洋务企业的无偿勒索,在很大程度上损害了企业

---

①《轮船招商局第18届帐略》,第4页。转引自张后铨主编:《招商局史(近代部分)》,人民交通出版社,1988年,第186页。

② 张国辉:《洋务运动与中国近代企业》,中国社会科学出版社,1979年,第334—335页。

③ 张后铨主编:《招商局史(近代部分)》,第186页。

自身的资本积累。[①]

不过，细究以往这些论述，不难发现其立论其实都依据了这样一个逻辑：他们仅仅在看到由李鸿章出面奏准从招商局公积金中提取这笔款项的情况下，就推想这是李鸿章给予招商局的"强令"，进而又断定这笔支出是官方勒索的"报效"款。显然，这种逻辑存在着极大的漏洞，因为它至少回避了这样两个必须解释的问题：第一，虽然这笔支出由李鸿章出面奏拨，但是何以证明这一定是出于他的"强令"，而没有其他动因呢？其次，要断定这笔支出最终交由官方全权支配，我们当然不能仅靠某种推想，而必须有确实的证据以说明其具体去向和用途。由此可见，以往研究给出的负面评价实属失之过早，而我们也需要更为清楚地了解这笔支出的来龙去脉，才能对其性质作出准确判断。

应该承认，这笔支出的起因很可能与报效有一定的瓜葛。光绪十五年（1889）秋间，浙江全省和江苏南部发生了相当严重的大面积水灾。[②]是年十一月间，时任护理江苏巡抚的黄彭年向李鸿章发电求助，称江苏省赈务"为日长，需款巨，蠲减普且多，只得集捐"，并提出"招商局能筹数万更妙"。[③]由于大约在此之前，招商局于"官款缴清"之际，该局管理层曾与李鸿章商定，该局此后"本有提银备缓急之议"，所以李鸿章指示时任该局督办的盛宣怀赶往上海，与会办马建忠筹商，"来春由局酌筹苏、浙济赈银各若干具报。"[④]盛宣怀则根据自己掌握的情况，认为"查苏灾不重，浙亦较山东轻，若多捐，恐年年各省援为例"，因此向李鸿章提出："商局原议报效十万，分五年缴。昨与马（即马建忠——作者注）等商定，明春交二万，即解江、浙赈局统收分解，庶可有赈必捐，不致极盛难继。"[⑤]

---

① 夏明方：《中国早期工业化阶段原始积累过程的灾害史分析——灾荒与洋务运动研究之二》，《清史研究》1999年第1期。

② 李文海、林敦奎、周源、宫明：《近代中国灾荒纪年》，湖南教育出版社，1990年，第526—527页。

③ 顾廷龙、叶亚廉主编：《李鸿章全集》（二）电稿二，上海人民出版社，1986年，第165页。

④ 顾廷龙、叶亚廉主编：《李鸿章全集》（二）电稿二，第165—166页。

⑤ 顾廷龙、叶亚廉主编：《李鸿章全集》（二）电稿二，第172页。

盛宣怀在这里提到的“报效十万”，与招商局于1891年拨付的十万两赈捐款项是否为同一事，尚无资料可以说明。但是根据目前掌握的情况，这笔“报效十万”在1890年拨解江、浙二省共二万两后，再未发现曾经提出使用的记录。而到了1891年初，盛宣怀突然又向李鸿章提出，他已“劝令招商局商人报效十万两，详请中堂奏明在案”。[①]可以想象，仅仅在一年的时间中，如果要从招商局中提取两笔总数达二十万两的报效款，其可能性微乎其微。况且，在招商局的档案中，除1890年拨解江浙春赈二万两和1891年支付十万两赈捐外，亦未发现整个九十年代别有他项报效的记载。据此可知，“商局原议报效十万”在提用二万两之后，极有可能被提前征用，又凑成了盛宣怀1891年所说的“报效十万两”。

既然1891年的这笔十万两赈捐款项被盛宣怀赋以“报效”之名，其被官方征索的性质似乎是无甚疑义了。可奇怪的是，盛宣怀就这笔资金而给李鸿章的禀文中，对其宗旨作出了这样的说明：

> 窃为治之道，莫贵于先事预防，而于救荒，尤为第一义。自光绪初年创办义赈，迄今十数年，非不闻灾驰救，而转辗劝募，待款稍集，然后往援，死者已不可复生，不过为善后之计。每与放赈义绅与言及此，未尝不恨缓[不]济急，不能真救民命也。口口劝令招商局商人报效十万两，详请中堂奏明在案，发上海协赈公所义绅口口口等公同具领，存汇丰银行生息。遇有各省水旱大灾，作为垫款，先行驰赈，然后筹还，或由各省大吏电请借拨，限期劝捐交还公所，仍存银行归垫生息，永远为备赈之用。口口以为有此十万备赈，将来陆续劝筹，集成巨款，庶义赈不致中辍，而灾民亦可救急。[②]

按照上述宗旨，这笔资金事实上成为义赈活动的一笔备赈基金。应

① 《经元善致盛宣怀函》附件一，上海图书馆藏《盛宣怀档案》（未刊），编号00042855。
② 《经元善致盛宣怀函》附件一，上海图书馆藏《盛宣怀档案》（未刊），编号00042855。

该说，这绝不是盛宣怀的泛泛空言。这是因为，为了切实保证这笔基金的备赈效用，盛宣怀与义赈同人经过切实磋商，制订了一份关于这笔基金管理办法的六条章程。从这份章程中可以看出，具体管理这笔基金的职责的确主要是由义赈活动的领袖们来承担的：

一、蒙北洋大臣李傅相拨交招商局认缴官款息银十万两，以备各省水旱灾荒一时募捐不及、为义赈开办垫款之用，其银发交汇丰银行，长年口厘生息。

二、银行存券簿据，应仍交招商总局收藏，对年算息时，由协赈公所义绅谢家福、严作霖、施善昌等至招商局取券，会仝招商局总办向汇丰银行核结，逐年禀报。

三、一闻各省灾信，协赈公所访确后，倘款难猝集，即由谢、严、施三义绅电禀北洋大臣，电示遵行，并候分饬招商局、汇丰银行凭电照付，以期迅速，然后补禀北洋大臣，据情入奏。

四、各省官吏或公正义绅，如遇地方急赈、欲借此款者，亦须电禀北洋大臣，候电饬谢、严、施三义绅议覆奉准后，再电饬招商局、汇丰银行照付。该省官绅除补禀北洋大臣外，并须备具公牍、印领，派员赴沪向领，其领纸存招商局归卷。

五、此项备赈银两只可暂借应急，无论上海协赈公所及各省官绅领借后，亟须募捐归还，至迟不得逾三个月，俾利息不致久耗。

六、培养查赈善士，须择夙有善念、勤敏耐劳之才。欲求历久不渝者，颇难其选，应由谢、严、施三义绅随时随地物色访求，延请定后，应将衔名禀明北洋大臣存记。救灾如救焚，一遇各省灾赈，即须立刻成行，庶可多救民命。每位每月酌送薪膳洋陆元，以十位为率，此款可在次一年息金生息项下支给。①

①《经元善致盛宣怀函》附件二，上海图书馆藏《盛宣怀档案》（未刊），编号00042855。

由于这份章程大约在光绪十七年(1891)八月间得到了李鸿章的批准,这就意味着这笔资金正式成为义赈的活动基金。[①]尽管目前掌握的资料有限,但是依然能够证明这笔基金后来的确在多次赈灾活动中发挥了作用。例如,光绪二十二年(1896)湖南遭灾,谢家福、严作霖和施善昌即会商盛宣怀,从中借垫四万两本金以为义赈之用。[②]光绪二十五年(1899),又划垫一万两本金赈济山东。[③]在不少时候,这笔基金的息银还被直接用作助赈之需。例如,光绪二十一年(1895),其息银二万一千两捐助奉直水灾;[④]次年,提息银一千八百两捐助湘赈;[⑤]二十三年(1897),提息银一千八百两济助各处赈需;[⑥]二十四年(1898),复提息银一千零八十两助赈;[⑦]二十五年(1899),提九百两助赈山东。[⑧]不仅如此,其息银还常常能够派上其他用场。例如,光绪二十二年(1896),经元善等人创设同仁公济堂,就从此项息银中得到了一千两的捐助。二十四年(1898),经元善创办中国女学堂时,也曾希望盛宣怀能够从此项息银下暂时拨助三千两。[⑨]另外,有些贫困善士也从中获益。例如,常年办理义赈的绅士刘芬因生活窘迫,便由此项息银下每年拨助三百两以为贴补之用。[⑩]后来,担任同仁公济堂董事的钟天纬也因生活问题,得到了"在备赈余息内,月贴三十两"的待遇。[⑪]遗憾的是,这笔基金最终因"历年垫办顺直、山西、山

---

①《盛宣怀致谢家福函》,陈旭麓、顾廷龙、汪熙主编:《轮船招商局——盛宣怀档案资料选辑之八》,上海人民出版社,2002年,第341页。

②《盛宣怀咨黄祖络文》《黄祖络咨盛宣怀文》,上海图书馆藏《盛宣怀档案》(未刊),编号00025285、00025286。

③《盛宣怀详蔡钧文》,上海图书馆藏《盛宣怀档案》(未刊),编号00025295。

④《盛宣怀咨黄祖络文》,上海图书馆藏《盛宣怀档案》(未刊),编号00043852。

⑤《黄祖络咨盛宣怀文》,上海图书馆藏《盛宣怀档案》(未刊),编号00043854。

⑥《盛宣怀咨刘麒祥文》,上海图书馆藏《盛宣怀档案》(未刊),编号00043860。

⑦《盛宣怀咨蔡钧文》,上海图书馆藏《盛宣怀档案》(未刊),编号00025294。

⑧《盛宣怀咨李光久文》,上海图书馆藏《盛宣怀档案》(未刊),编号00025297。

⑨ 虞和平编:《经元善集》,华中师范大学出版社,1988年,第214—216页。

⑩《杨廷杲、口庆微禀盛宣怀文》《杨廷杲致盛宣怀函》,上海图书馆藏《盛宣怀档案》(未刊),编号00024373、00063116。

⑪ 虞和平编:《经元善集》,第179—180页。

东、奉天等处义赈”,却往往难以按数收回,[①]到光绪二十五年(1899)之后即失去了踪影。

二

虽然上文承认轮船招商局这笔十万两资金的产生及其被划归义赈管理,在很大程度上都出于官府的指令,但是这不意味着以往那种将这笔资金仅仅视为官府无偿报效的负面评价是合理的。这是因为,随着这笔资金最终确实转化为义赈活动中的赈灾基金,其性质已不宜再被视为完全归官方支配的一笔赈捐款项。而要准确把握这种转变的意涵,则必须对这种义赈活动的社会属性作出较为清楚的揭示。

这里所提到的义赈活动,是晚清时期新兴的一种民间救荒机制。光绪二至五年(1876—1879),华北地区爆发了晚清时期最为惨烈的一次旱灾即“丁戊奇荒”。尽管清政府为赈灾行动投入了巨大的人力、物力和财力,可是成绩十分令人失望。[②]在此情况下,以李金镛、谢家福、严作霖和经元善等江南绅商为首的社会力量,自发动员起广泛的社会资源,建立了以协赈公所为中心的组织体制,掀起了民间自行赈济华北灾民的行动。这次行动从1876年一直持续到1880年,总共募集并散放赈款一百多万两,历赈山东、河南、山西、直隶四省五十余州县,救济灾民总数超过百万,远远超越了此前的民间赈灾活动,从而成为晚清义赈之始。[③]此后,随着灾荒的频繁发生,义赈活动也不断举办,迅速发展为一种具有广泛社会影响和强大活动能力的赈灾机制。到十九世纪九十年代之前,义赈活动已是无年不举:1881年对扬州、镇江一带潮灾的赈济,1882年对皖南水灾的

---

① 虞和平编:《经元善集》,第216页。

② 何汉威:《光绪初年(1876—1879)华北的大旱灾》,香港中文大学出版社,1980年,第五章,“救灾成效的检讨”。

③ 朱浒:《江南人在华北——从晚清义赈的兴起看地方史路径的空间局限》,《近代史研究》2005年第5期。

赈济,1883年对山东水灾的赈济,1884年对山东、直隶、江西等地水灾的赈济,1885年对两广、山东、直隶等地水灾的赈济,1886年对山东、直隶水灾的赈济,1887年对河南、安徽黄河水灾的赈济,1888年对河南、安徽、奉天水灾和江苏旱灾的赈济,1889年对奉天、江苏、浙江、福建等地水灾的赈济。①

晚清义赈活动的新兴性质绝不仅仅是当代研究者的归纳,而是当时人就有的感觉。早在光绪五年(1879)四月间,《申报》上的一篇社论就称:"江浙诸善士共恢恻隐,慨谋施济,纷纷集资解往赈济……盖灾本为从来未有之灾,赈亦为从来未有之赈。"②在光绪十三年(1887)正月的一篇社论中,《申报》又强调义赈乃是"谢、严、金、李、经、熊等诸君子奋然而起,创千古未开之义举,为从来未有之经纶"。③这就无怪乎晚清义赈创始人之一的经元善曾自信地说:"从前未兴义赈……自丙子(1876)、丁丑(1877)创办沭阳、青州义赈以来,开千古未有之风气。"④

至于晚清义赈活动新兴性质的具体表现,大体可以概括为两个主要方面。首先,这是一种在很大程度上实现了社会化的赈灾机制。正如经元善所说的那样,此种义赈乃是"民捐民办,原不必受制于官吏,而听其指挥"。⑤根据李文海先生的研究,这种"民捐民办"的具体内容是"由民间自行组织劝赈、自行募集经费,并自行向灾民直接散发救灾物资",⑥从而突破了官赈定于一尊的国家集权式赈灾体制。其次,晚清义赈也远远超越了传统的民间救荒活动。以往研究表明,自明清以来,民间赈灾活动始终是地方精英局限于地方社会空间内部开展的"社区赈济"行为。⑦而晚

---

① 对此,参见朱浒:《晚清义赈研究》,中国人民大学博士论文,2002年,附表"1876——1901年义赈活动一览表"。

②《申报》14,上海书店,1982年,影印本,第511页,光绪五年四月初五(1879年5月25日)。

③《申报》30,第169页,光绪十三年正月十三日(1887年2月5日)。

④ 虞和平编:《经元善集》,第121、326页。

⑤ 虞和平编:《经元善集》,第12页。

⑥ 李文海:《晚清义赈的兴起与发展》,《清史研究》1993年第3期。

⑦ 吴滔:《清代江南社区赈济与地方社会》,载复旦大学历史地理研究中心主编:《自然灾害与中国社会历史结构》,复旦大学出版社,2001年。

清义赈则彻底打破了这种限制，正如光绪十六年(1890)六月《申报》上一篇社论所说明的那样："自来办赈者，率皆以本地之人办本地之振(按："振"同"赈")，所募捐资亦不过向本地铺户、本地绅富多方劝募，量力乐输，从未有以此省之人办彼省之振，广收捐款，巨细靡遗，如今日办赈之出力也。"①

既然义赈属于一种民间自发兴起、民间自行开办的赈灾机制，那么官方为何要把轮船招商局支付的这笔十万两款项交给义赈管理呢？

原来，由于晚清时期灾荒的频繁发生和国家救荒力量的衰落，义赈迅速发展成为一股对官赈形成强烈冲击的力量。②最晚到光绪十一年(1885)间，社会上就已出现了认为义赈的作用绝不亚于官赈的看法：

> 自东南各善士办理赈务以来，历有年所，而南北数省之地，凡有灾区，均沾实惠，实足以辅官赈之所不逮。而近年以来，直隶及山东赈务犹未能止，再加以镇海筹捐，似乎财源将匮，殊有为难之势。然而灾荒连年不绝，而各省灾黎，绝未闻有某处迫于饥荒，以至滋生事端、猝有变故者。一则由于本朝深仁厚泽，有以入人之口，浃乎髓而沦乎饥；一则由于东南各善士义粟仁浆，赶先口助，俾中泽哀鸿得以安集，不使铤而走险。盖自古办赈以来，从未有如今日者矣。③

更重要的是，义赈因其"救人救彻"的原则和实心实力的态度，从而形成了对官赈的优越性。对此，经元善曾有非常明确的说明：

> 凡遇各省被灾，一经疆臣入告，朝廷截漕发帑，无不立沛恩施。然闻诸老于赈务之实心实力者佥云，凡极苦重灾，非义赈不能生死肉骨。因北省饥民久惯吃赈，胸中横亘皇恩皆可叨沐之念，官赈不服细

①《申报》37，第157页，光绪十六年六月初五日。

②李文海：《晚清义赈的兴起与发展》，《清史研究》1993年第3期。

③《申报》26，第541页，光绪十一年三月初一日。

查，必多冒滥。地方有司又虑激变生事，只得照册普赈。以中国四百兆人丁计之，每县约有三十余万，倘阖邑全灾，在大宪发款至二万金已觉不菲，而按口分摊，每口得银不过五六分，何能济事！若义赈，则饥民知系同体援溺，彼丈夫也，我丈夫也，见之尚有愧怍之心，不能不服查剔。查户严，则不应赈者删愈多，极贫苦者赈愈厚。①

并且这种认为义赈优于官赈的看法，甚至得到了官方人士的承认。光绪十八年（1892）十月间，《申报》上的一篇社论中便指出，浙江巡抚崧骏和李鸿章都因"实见夫赈捐之事，一经官场经手，未有不坏者。不特散放之时难，查户之事更难。义赈之查户，皆亲自稽核，不假手于他人。官赈则无非由地保开报，差役复查，其中弊窦即自此而生。查户既有弊窦，则散放之时，岂能均沾实惠？……故不信官赈而信义赈"。②而基于这样的认识，在光绪十七年（1891）之前，官方主动采取"化官为义"即使官赈向义赈看齐的做法已不鲜见。正如是年正月初《申报》的一篇社论所说的那样，"近来办赈，即官赈亦多参以义赈之法，不假手于胥吏"，其间的主要差别不过是"官赈则委员等俱有薪水，未免于赈款稍有所耗。若义赈则办理诸人无不自备资斧，即或司事诸人稍给薪水，亦不从赈款中开销"。③也正是基于这种状况，才出现了"海内成为风气，一若非义赈不得实惠"的局面。④因此，李鸿章同意由义赈来管理轮船招商局的这笔款项，在某种意义上完全可以说是当时这股"化官为义"潮流的一个表现。

三

由于上述这种"化官为义"的潮流显然有助于建立一种多元化、社会

①《申报》42，第123页，光绪十八年七月三十日。

②《申报》42，第575页，光绪十八年十月十三日。

③《申报》38，第229页，光绪十七年正月初九日。

④ 虞和平编：《经元善集》，第118页。

化的赈灾体系，所以招商局这笔资金从赈捐报效到义赈基金的转化，也就成为传统官赈发生近代化演变的一个反映。不过，这只是应该给予这笔资金以积极评价的一个方面。至于这种积极评价的另一方面的依据，则来自从义赈的角度出发所作的观察。也就是说，义赈接受这笔资金并非是从官府那里得到了一笔普通的"化官为义"款项，而是在客观上也符合了自身进一步发展的需要，尤其对其募捐机制的结构变化和组织机构的常规化具有不容低估的意义。

众所周知，1880年前，即义赈刚刚兴起的时候，中国近代工业化进程虽已起步，然而发展甚为微弱。在洋务派开办的军事工业中，绝大部分企业连经费都时时堪虞。况且，这些工业又根本不是按照商品生产的价值规律运营，连利润都无从谈起，[①]更遑论其他。至于民用洋务企业，在1880年以前投入正常运营的仅有轮船招商局一家。该局在此时期尽管有一定的营业利润，可是仅仅对官方要求的赈需就难以应付了。[②]至于这一时期出现在上海的全部民族企业，不过是几家规模甚微的小型工厂。[③]这就使近代产业很难为中国的救荒事业做出多大的贡献。在这种情况下，义赈初兴时经费的主要来源，只能更多依靠传统成分。虽然义赈同人在"丁戊奇荒"期间使用了多种多样的募捐手法，也确实一度取得了相当可观的效果，可是刚到"丁戊奇荒"后期，他们便不得不屡屡发出"捐款已成弩末"的感叹了。究其原因，他们所能指望的传统成分大都源自民众的日常生活之中，自然难以一而再、再而三地接济筹捐事务。从当时义赈同人刊行的《上海经募直豫秦晋赈捐征信录》和《齐豫晋直赈捐征信录》中可以看出，义赈能够收到的大额捐款为数极少，绝大多数都是零零碎碎的小额捐款，甚至还有许多捐款仅为数十文或几文钱，真可谓"罗掘已尽"了。

随着义赈活动在十九世纪八十年代后因客观需要而无法停止，如何

① 张国辉：《洋务运动与中国近代企业》，第一章的第一节、第二节。

② 张后铨主编：《招商局史（近代部分）》，第74—76页。

③ 徐新吾、黄汉民主编：《上海近代工业史》，上海社会科学院出版社，1998年，第44—46页。

尽可能广泛地筹集赈款也就成为一个重点问题。而恰恰从十九世纪八十年代初开始，中国近代工业化建设出现了一股颇为良好的发展势头。至于这股势头的主要表现，则是当时不仅大批近代企业得到了创建，它们所发行的股票亦大受欢迎。光绪八年(1882)六月末，《申报》上对当时上海市场投资近代企业的热情作了这样的描述："现在沪上股分风气大开，每一新公司起，千百人争购之，以得股为幸。"①是年底，《字林沪报》上亦报道了招股的盛况："自春徂冬，凡开矿公司如长乐、鹤峰、池州、金州、荆门、承德、徐州等处，一经禀准招商集股，无不争先恐后，数十万巨款，一旦可齐。"②

近代企业招股活动的巨大成功，显然给义赈的募捐活动提供了某种启示。也就是说，义赈完全可以通过这股投资近代企业的热潮，来拓宽自己筹集赈款的渠道。光绪八年六月十一日(1882年7月25日)，《申报》就鉴于当时筹赈维艰的情形，提出"近来股分票大开风气，凡有一公司出，莫不争先恐后，竞相购买股分，惟恐不得，即每股略加些须，亦未必因此裹足"，所以"倘劝令买股诸人，每股捐银一二两，在买股者意在得股，决不吝此区区，而集少成多，统共计算，亦可得银三四万两"。③义赈同人很快接受了这个建议，他们在同月底发出的《抽增股分银助赈启》中称：

> 灾区既广且重，一杯之水，尚济车薪。窃思现在沪上股分风气大开，每一新公司起，千百人争购之，以得股为幸。同人汇商，拟奉劝各公司于派股时，每票劝捐一二金，在输捐者为数细微，轻而易举，积而成巨，颇亦可观。除已成之局、票散在外者，已难按图索骥，将成未成之局，如造纸公司、保险公司、电线公司、贵池矿务公司、玻璃公司及尊处三源公司，统计二百余万，每股捐银一二两，即可得三四万之款，

①《申报》21，第254页，光绪八年六月二十九日。

②《字林沪报》，光绪八年十二月十四日，转引自张国辉《洋务运动与中国近代企业》，第300—301页。

③《申报》21，第145页，光绪八年六月十一日。

可救数万人之命。[1]

不仅如此，有些义赈同人还亲身尝试了这类行动。光绪八年（1882）间，经元善在出任华兴玻璃公司董事时，即称自己的一个主要动机是"因欲劝募每股赈捐一两，勉事承乏"。[2]是年底，安徽池州矿务局也在续招股份时声明："拟照沪上股票章程，每百两捐助赈款银一两。"[3]而经元善之弟经元仁任会办的顺德铜矿也在集股之初，规定"每股各带赈捐规元五钱"。[4]

不幸的是，这种建议和行动并未取得多少成效。其中最重要的原因，就是光绪九年（1883）发生了严重的金融风潮，造成上海股市大坏，最终使中国第一轮投资热潮成为投机热潮。这样一来，这种"抽股助赈"的构思也就成为彻底的空想。在此之后，义赈从中国近代工业化进程中获得的最大支持，不过是从轮船招商局和电报局那里得到减免水脚和免收报费的待遇。尽管这种待遇为义赈节省了一定的交通运输和通讯费用，从而具有间接上经费支持的作用，但是这种作用显然不足以使新兴资源在义赈的经费构成中占有重要的一席之地。

在这种情况下，义赈于1891年从招商局得到这笔十万两款项，对其募捐机制而言就具有了两层含义：其一是，这意味着义赈从新兴资源中获取经费的努力绝不是错误的方向，而近代企业终究也是有能力为义赈的筹款事业做出重大贡献的；其二是，这标志着义赈经费的构成发生了显著的改变。要知道，这笔资金是义赈自兴起以来收到的最大一笔单笔捐款，基本上相当于十九世纪八十年代以来义赈从其他渠道好几年才能筹集的数额，从而在很大程度上改变了此前新兴资源在义赈经费构成中无足轻重的局面。

---

①《申报》21，第254页，光绪八年六月二十九日。

② 虞和平编：《经元善集》，第39—40页。

③《申报》22，第116页，光绪八年十二月十三日。

④《申报》24，第169—170页，光绪十年正月初九日。

另外，也正是因为有了招商局提供的这笔款项，义赈组织常规化发展的一个计划才得到了实现的机会。原来，义赈活动在兴起后的最初数年中，基本上处于遇灾而起、灾停则散的状况。几乎每一次开办赈灾行动，都要重新进行设立组织机构、募捐、选派人手等一系列工作程序。这当然既不能满足当时救荒事业的客观要求，也不利于自身的长远发展。鉴于这种情况，有位自号“滋大典主人”的人士在光绪九年（1883）间向义赈提出了这样一个备赈的建议：“慨念夫天灾之未已，民命之难全，拟集十万金，专为备赈之用，并愿首捐万金为之倡。”[①]后来的情况表明，义赈同人很可能受到了这个建议的启发。大约是在光绪九到十年（1883—1884）间的某个时候，义赈同人在上海陈家木桥赈所为此问题进行了集议，并提出了成立一个“备赈公所”的计划。从这个“备赈公所”的十二条章程来看，可以说义赈作为一种常规化救荒机制的思路已经成为义赈同人的共识。由于这份资料从未面世，现将其抄录如下：

一、救灾如救火，若闻信后筹捐往救，恐灾民迫不及待，难免落后。兹同人议集〇银〇万两，设一备赈公所，一遇紧要，即先代各捐户于公所内借银垫赈，一面收捐归还，务使陆续捐寄之款，涓滴皆为救命之钱，庶风闻四方，捐款更形踊跃。

一、公所备银若干万两，为赈济要需，应公议慎择殷实可靠之当典、银号、银行，或分存，或全放，议定月息，禀明南、北洋大臣立案，以昭慎重。

一、银款公择妥放，各绅董遇有闻赈会议事件，即在陈家木桥筹赈处公议。

一、公所须公举公正之绅董八人，四人为驻局绅董，经理款项出入、本息赢绌，四人为办事绅董，遇有要赈，即刻携带人款，赴灾区赈救。

①《申报》23，第234页，光绪九年七月初六日。

一、绅董举定，须延请熟悉办赈之司事十二人，常川在沪，以便闻信即行。薪水另行筹给，不得动支公所赈款。

一、公所遇赈提款，须驻局绅董四人公议酌提，画齐花押，方得提款。如其中有一人不在沪，则三人画押，两人不在沪，则公请办事绅董一人与议，不得再少，并于提银公牍或信内声明某绅所以未能与议画押之故。

一、公所须将绅董八人姓名暨提银画押章程，先期知照存银之典号、银行，以免舛错。

一、公所原取有备无患之意，故即遇要赈，亦不得全行借垫，至多以提出五成为度，并即赶紧筹还，庶备赈善举可以历久不敝。

一、公所闻某处待赈，或接电报，立即提银数千两，由驻局绅董约请办事绅董一人，带司事二人，携款前往查看。如果待赈属实，即将原带人、银先行查放，一面电请公所添人添款，驰往速救。如灾势并不见重，即将原款带还归垫。绅董、司事往返川资均于息银内开支，不得动用正项。

一、公所垫银若干两，必须照数筹捐归还，方能持久。或者谓捐赈所以救命，各户书捐，原恐无钱往救之故，今已有备赈公所救命矣，且知尚有五成留于公所未动，恐捐户从容观望，转不上紧。不知公所款项之盈虚，实关灾民之元气，从速捐缴归垫，即隐培命脉于无穷，善莫大焉。且各户陆续捐缴之款，得公所先为借垫救急，则一钱更得一钱之力，捐款必更踊跃，断无观望之理。故公所垫银后，即将实数登报，冀各处见报捐还。

一、备赈公所之款，只能救一时之急，既须协赈公所筹还，并须协赈公所另款往办，故两公所仍系一家，须一气呵成，不分畛域。

一、息钱三个月一结，总数仍于原存之典号、银行内存放，作为正本，按月起息。仍须续筹添款，以期扩充。各处善士有愿捐添公所存款者，公所幸甚感甚。①

①《谨拟备赈公所章程十二条》，上海图书馆藏《盛宣怀档案》（未刊），编号00035722。

很可能由于上述计划中用于备赈的原始资金迟迟未能落实，所以这个“备赈公所”从未在公开的义赈活动中留下蛛丝马迹，而本人见到的这份章程也只是藏于盛宣怀未刊档案中的一份草稿。由此可以推测，这个“备赈公所”很可能最终没有成立。然而这并不意味着这个计划完全落空。从其内容中可以看出，这份“备赈公所”章程与前述那份于1891年制定的、管理招商局支付的十万两款项的章程，在资金管理原则上基本相同，因此前者在很大程度上构成了后者的原型。而反过来说，正是由于从招商局得到这笔十万两基金，这个“备赈公所”计划才终究在某种意义上得到了实现。

小结

根据以上论述，尽管招商局1891年拨付的这笔资金最初与报效问题颇有渊源，但是并不能仅仅放在官府勒索洋务企业的负面脉络里来理解。从其实际去向和用途来看，我们应该将之与中国救荒事业的近代化联系起来，才能更加全面地认识其意义。可以说，这笔资金对中国救荒事业的近代化是具有促进作用的：它既是官赈出现社会化因素的一个表现，又在客观上符合了晚清时期新兴救荒机制即义赈的发展需要。就此而言，其正面效果绝不亚于对招商局资本积累造成的某种损失。另外，这个事例也提醒我们，对洋务企业的研究显然有必要进一步拓宽。众所周知，以往更多的是从政治、经济的角度出发来评价洋务企业，而对其在社会方面的影响和意义关注不够。本文的这个例子则表明，与洋务企业相关联的社会内容尚需进行深入挖掘，也只有充分掌握这部分内容，才能对洋务企业做出更为合理的评价。

（该文原载虞和平、胡政主编：《招商局与中国现代化》，中国社会科学出版社，2008年）

经元善

——从旧式商人到新兴绅商的新陈代谢之路

经元善，浙江上虞人，生于道光二十一年(1841)，卒于光绪二十九年(1903)。作为晚清时期工商业界的一个重要人物，经元善在二十世纪七八十年代开始得到学界注意，其后更涌现了数量可观的研究成果。大体上，学界对经元善的定性可以归纳为两种取向。第一种取向侧重经元善身上趋“新”的一面，强调他是从旧式商人转化为近代绅商的代表，[①]但往往忽略了其何以能够实现这种转化的问题。第二种取向则更为注重经元善身上对“旧”的传承，认为其活动中贯穿了中国本土商人的经世传统，[②]却无力解释经元善如何能够将此种传统与外来的新生产力加以融合。因此，无论是喜“新”还是念“旧”，都不足以揭示经元善所蕴含的复杂性。而要把握这种复杂性，亦远非仅仅依靠那种“在商言商”的单一线索所能做到。

一

经元善是以旧式商人上层人物的面目跃上历史舞台的，不过，在关于他何以能够有此出身的问题上，以往学界多拘泥于从商业范围内来解释，而很少注意到其父经纬为之打下的其他社会基础所起到的重要作用。

① 持此取向的代表性学者是张国辉(《洋务运动与中国近代企业》，中国社会科学出版社，1979年，第367页)、虞和平(《经元善集·前言》，见其编：《经元善集》，华中师范大学出版社，1988年)、马敏(《官商之间：社会剧变中的近代绅商》，华中师范大学出版社，2003年，第114—118页。该书首版由天津人民出版社于1995年出版)。

② 持此取向的主要代表为刘广京[《商人与经世》，(台北)《近代中国史研究通讯》第6期]和王尔敏(《经元善之身世与思想及其上书保皇招祸经过》，见其著：《近代经世小儒》，广西师范大学出版社，2008年，第351—367页)。

经氏家族的商贾背景始于经纬，经纬亦堪称其家族中第一位获得较高社会地位的商人。经氏一族自定居上虞后，数世皆以耕读为业，至经纬出生后，家境益贫，甚至宗祠基地一度都被族人出卖。嘉庆二十三年（1818），经纬年仅十五岁即"贸迁上海"，因"性勤慎，言笑不苟，戚党交器之，举司会计日赢"，故而"业愈廓"。[①]其经营最为成功的产业有二，其一为仁元钱庄，其二为经正记沙船行。仁元钱庄是当时上海北市的汇划庄即大钱庄之一，[②]曾于咸丰六年（1856）发行过清代上海最早的银币。[③]经正记沙船行也颇具规模，为咸丰年间"船商之最著者"之一。[④]经纬之商业经营最盛时，"积财至四五十万"之多，但因沙船业衰落和其他多方面因素，当经纬去世之时，其留下的财产数目，"不过二十之一矣"。[⑤]也就是说，经元善从父亲那里继承的有形资产是十分有限的。

当然，经纬留下的遗产并不仅限于有形资产。这是因为，经纬在作为一名成功商人的同时，还从事了其他许多社会活动，形成了相当丰富的无形资产。其中首先值得注意的一笔无形资产，便是经纬在上海长期积极参与的慈善活动。道光二十七年（1847），经纬被推举主持辅元堂，"时经费绌，悉心筹划，出己赀以广劝募"。次年兼办同仁堂事，于开办施医、义学及恤嫠、义冢诸善举外，"并禀办阖邑四乡掩埋"。未几又任育婴堂事，"集赀扩充，收婴至数百口"，且"早暮驻堂，察饥寒饱暖，甚至著有《恤婴刍言》一卷"。[⑥]咸丰三年（1853），上海小刀会起事，经纬因育婴堂内数百婴孩、乳母"急切无可迁避"，竟以"全家作孤注"，誓与共存亡。[⑦]同治二年（1863），经纬鉴于同仁、辅元、育婴三堂"无恒产，经久为难"，乃首倡募捐，

---

① 朱兰：《朱久香阁学撰家传》，见经元善编：《趋庭记述》卷1，光绪丁酉（1897）刻本。

② 中国人民银行上海市分行编：《上海钱庄史料》，上海人民出版社，1960年，第33页。

③ [日]松浦章：《清代上海沙船航运业史研究》，董科、王亦铮、杨蕾译，江苏人民出版社，2012年，第220、225页。

④ 沈宝禾：《忍默恕退之斋日记》，见上海人民出版社编：《清代日记汇抄》，上海人民出版社，1982年，第240页。

⑤ 经元善：《五誓斋记》，见其著《居易初集》卷2，光绪癸卯（1903）增订再版本。

⑥ 朱兰：《朱久香阁学撰家传》，见经元善编《趋庭记述》卷1。

⑦ 史致晖：《史吉人广文补遗轶事》，见经元善编：《趋庭记述》卷2。

于华亭、金山两县购田五千余亩，作为永久堂产。[①]由于经纬在慈善方面积累的名声，就连当时江南专以行善而著名的善士余治都主动来信表达了结交之意。[②]

经纬所积攒的另一笔重要无形资产，则是其与官府之间的密切关系。中英《南京条约》签订后，苏松太道宫慕久委托经纬办理善后捐事务，经纬亦“慨助千金为创，款遂集，叙功得太常寺典簿衔”，由此成为一个亦商亦绅的人物。咸丰五年(1855)初，清军收复上海县城后，经纬又受江苏巡抚吉尔杭阿“委办善后事宜”。[③]是年冬，苏松太道蓝慰雯等在上海倡建救生栖流局，复以经纬董理其事。[④]次年，因海盗劫掠商船，经纬又受命“总董缉捕局”，并作为主要经手人从西商手里购买了“天平号”巡缉船。[⑤]同治元年(1862)，经纬曾“募粮数千斛”解送左宗棠在浙江严州、衢州一带的大营。李鸿章克复苏州后，曾有意委派经纬办理“善后局事”，以他故禀辞。左宗棠收复浙江后，以关系江浙两省水利的海宁塘工久废，于同治三年(1864)间札委经纬办理。此次工程任重费巨，经纬多方筹捐，亲临办理，次年初竣工。然经纬亦因此役而积劳成疾，不久之后即告病故，浙江巡抚马新贻为之“奏请赐恤，赠知府”。[⑥]可以肯定，经纬这种急公好义的精神，对于经元善的成长产生了极大影响。

二

经元善除在少年时代因战乱而一度颠沛流离外，自十七岁开始跟随父亲正式学习经商以后，其生活是相当安稳的。而在经纬去世后的十余年中，经元善的生活之路可谓既平坦又平淡。称其平坦，是因其作为家中

---

① 应宝时：《应敏斋廉访仓房征信录序》，见经元善编：《趋庭记述》卷1。

② 《事贤友仁录》，见经元善编：《趋庭记述》卷2。

③ 朱兰：《朱久香阁学撰家传》，见经元善编：《趋庭记述》卷1。

④ 蓝慰雯：《蓝子青京卿救生栖流局记》，见经元善编：《趋庭记述》卷2。

⑤ 史致晖：《史吉人广文补遗轶事》，见经元善编：《趋庭记述》卷2。

⑥ 朱兰：《朱久香阁学撰家传》，见经元善编：《趋庭记述》卷1。

长子，顺理成章地继承了父亲留下的多方面遗产，除仁元钱庄外，也承袭了知府的官衔，以及同仁辅元堂的董事之职，从而顺利跻身上海绅商界的上层之列。说其平淡，则在于他在这一时期始终是一名中规中矩的普通商人和地方善士。直到年满三十二岁，他才尝试过一次自独立经商以来的最大手笔，即聚资五万两前往扬州，试图购买当时获利丰厚的盐票，最终却是一番徒劳。[①]因此，直到年近不惑之际，他身上亦未显露出能够做出超过其父业绩的迹象。

经元善的生活道路发生重大转折的契机，是光绪二年（1876）华北地区大旱灾即“丁戊奇荒”的爆发。这是清代历史上最酷烈的一次灾荒，旱情延续近四年之久，席卷了山西、河南、陕西、直隶、山东及苏北、皖北、陇东、川北等广大地区，死亡人数在千万以上。面对如此奇荒，清政府因其财政能力的不足和传统官赈机制的限制，以致“竭全国之力而不能救其十一”。[②]在这种情况下，民间助赈活动纷纷兴起，其中表现最活跃的便是江南地区的绅商社会。在无锡绅商李金镛于光绪二年（1876）底率先聚资前往苏北灾区开展救灾活动后，苏州绅士谢家福、扬州绅士严作霖和上海果育堂董事瞿世仁等人又与李金镛联合，继续举办了赈济山东灾民的行动，由此逐渐形成了一种以江南社会力量为主体的、很快具有重大影响的新型民间赈灾机制——近代义赈活动。[③]

光绪三年（1877）底是义赈活动发展的一个重要阶段，更是经元善生命历程中的一个关键时刻。是时，刚刚结束山东赈务的苏州义赈同人率先发起了助赈河南的行动，并联合上海同人在报刊上展开了广泛的募捐宣传。经元善正是在这个时候通过报刊开始注意到这场灾荒，遂主动协助果育堂开办助赈活动。[④]借助于自己长期从事慈善事业的背景，他很快适应了义

---

① 经元善：《富贵在天说》，见其著：《居易初集》卷1。

② 夏明方：《清季“丁戊奇荒”的赈济及善后问题初探》，《近代史研究》1993年第2期。

③ 有关近代义赈活动兴起的详情论述，可参见朱浒：《地方性流动及其超越——晚清义赈与近代中国的新陈代谢》，中国人民大学出版社，2006年，第一章。

④ 经元善：《沪上协赈公所记》，见其著：《居易初集》卷2。

赈活动的要求,从而在步入义赈行列不久便迅速成为一个重要人物。

从光绪四年(1878)初到六年(1880)这段时间,是经元善办理义赈的名声急剧上升的时期。四年(1878)春,瞿世仁病故,经元善则因此前活动中的突出表现,被上海同人一致推举主持收解赈款事务。四月(5月)间,上海同人又聚议添办秦赈(按:实为赈济河南接壤陕西地区的饥民),"公举元善总司后路赈务",经元善以"喻义喻利,二者不可兼得",乃毅然将仁元钱庄暂时停业,"专设公所,壹志筹赈"。[①]这是上海地区出现的第一个协赈公所,更是一个非凡举动,经元善亦因此成为上海义赈最重要的主持人之一。继豫赈之后,他又和郑观应等人一起先后主持了上海助赈山西、直隶的活动。到"丁戊奇荒"末期,他已成为整个义赈活动中可与谢家福、严作霖比肩的人物。

从光绪九年(1883)起,随着义赈活动的中心从苏州转移到上海,经元善作为整个义赈活动的领袖人物之一的地位亦稳固下来。从此直至甲午战争爆发前,经元善积极了多次大型义赈活动,在先后设立的许多重要赈所中都担任了重要角色,其参与的助赈活动区域覆盖了从东北到广东的广大地区,募捐地域范围则遍及国内大部分地区,以及欧美、日本和南洋等地。其前后历办各省赈捐,"募款达数百万,传旨嘉奖者十有一次。"[②]就此而言,在义赈活动从兴起到发展为一项极具影响的社会事业的过程中,经元善起到的重要作用是毋庸置疑的。而从另一方面来说,也正是有赖于义赈作为"第一桶金"的作用,他才得以在超越传统地方善士和普通旧式商人的道路上迈出了第一步。

三

事实上,义赈对于经元善发挥"第一桶金"的作用,还在"丁戊奇荒"后

① 经元善:《沪上协赈公所记》,见其著:《居易初集》卷2。

② 民国《上海县续志》卷21《游寓》,页十五。

期就已开始展现。简言之，正是通过义赈活动提供的机会和渠道，经元善才得以跻身于另外一项具有超越意义的新事业，即洋务企业。

众所周知，以轮船招商局的创办为标志，洋务运动从十九世纪七十年代初进入了一个新阶段，即民用洋务企业的建设。然而到七十年代末，由于人员和资金等方面出现了诸多困境，民用洋务企业的建设陷入了一个瓶颈期，尤其是李鸿章主导下的许多计划项目都进展甚微。[①]通过义赈活动而名声大噪的李金镛、谢家福、郑观应和经元善等人，既以实心实力的精神赢得了广泛的社会信任，也显示出了非凡的社会融资能力，这无疑为洋务企业建设提供了非常急需的资源。此外，也恰恰是通过赈务，他们又很快得到了加入洋务企业的机会。

光绪五年(1879)夏，在上海广肇公所举行的一次义赈筹赈聚会上，经元善遇到了当时已经成为李鸿章手下洋务干将的盛宣怀。这是经元善初次结识盛宣怀，后来证明也是他得以进入洋务企业的最初机缘。次年春，经元善受义赈同人委托，亲自携款前往直隶办理散赈事务，再次与当时总办直隶筹赈局事宜的盛宣怀多有结交，并得到了晋见李鸿章的机会。[②]此时，业已筹办数年的上海机器织布局正陷于进退维谷的窘境。在郑官应、李金镛等人的举荐下，到此次赈务告竣之际，李鸿章决定委派经元善进入织布局。经元善经过慎重考虑，接受了这项任命，从而在自己的不惑之年转变为一位新兴工商业的经理人。[③]

不过，经元善的纺织业生涯可谓是高调开局、黯然收场。先是，他返沪后即被机器织布局同人公举主办向社会招商事宜，随即便创造性地提出了一套公开集股办法，即“以筹赈平实宗旨，变而通之，凡所招股本，户名银数，及收款存放何庄，每月清单，登报广告”。这套办法的效果是十分显著的，因为该局“初拟章程招四十万，后竟多至五十万，尚有退还不

① 朱浒：《从赈务到洋务——江南绅商在洋务企业中的崛起》，《清史研究》2009年第1期。

② 经元善：《致郑、杨、董三君论办女公学书》，见其著：《居易初集》卷1。

③ 经元善：《中国创兴纺织记》，见其著：《居易初集》卷1。

收”。[1]正如张国辉先生所说，这是近代企业在资本筹措方面实现重大突破的一个标志。[2]也正是以这次集股活动为发端，上海地区第一次形成了投资近代企业的热潮。可是该局官方代表戴恒和龚照屿以“此系商务，非办赈，收款何必登报”为由，对这套办法以及经元善本人都表示不满和妒忌。在郑官应苦心调停无果后，经元善出于道不同不相为谋的态度，于光绪七年(1881)春借故退出了机器织布局。其后他又有两次涉足纺织业的机会，但仍然基于其中“官气太浓”的氛围而浅尝辄止。[3]

正所谓“失之东隅，收之桑榆”。就在经元善被迫退出机器织布局时，恰逢盛宣怀主办的电报局刚刚上马，从而使经元善终于得到了大展身手的机会。[4]确实，参与电报局的经营是经元善洋务生涯中最成功的一笔。直到被迫逃亡的光绪二十五年(1900)底，他始终担任上海电报局总办之职，而且在他的多方努力下，该局亦始终是中国电报局中效益最好的一个分局。[5]可以说，正是依靠在电报局中的地位和业绩，经元善才得以成为名声卓著的洋务企业经理人和新兴商人群体的重要代表之一。

四

甲午前后，虽然经元善的洋务生涯还在继续，与盛宣怀、张之洞等洋务要员的关系依然密切，其社会意识和社会角色却发生了重大转变。

这次转变的第一个契机，是他开始尝试着在义赈活动之外开辟新的社会公益事业。自光绪九年(1883)之后，义赈活动已处于“风气大开”的局面，成为上海绅商界一项具有重大公共影响的社会事业，许多绅商都积极投身其中。特别是施善昌、李朝觐、陈竹坪等人，对于义赈活动的专注

① 经元善：《中国创兴纺织记》，见其著：《居易初集》卷1。
② 张国辉：《洋务运动与中国近代企业》，第368—369页。
③ 经元善：《中国创兴纺织记》，见其著：《居易初集》卷1。
④ 经元善：《致郑、杨、董三君论办女公学书》，见其著：《居易初集》卷1。
⑤ 虞和平：《经元善集·前言》。

程度,在某种程度上都超过了经元善。在这种情况下,经元善“因思宇内愿力,只有此数,沪上滨海一隅,似不必务名而多树帜,人取我弃,渐渐退舍”。[1]的确,大约从他作为主持人之一的最后一家赈所即文报局赈所于光绪十七年(1891)宣告撤止后,[2]经元善即渐渐退居义赈活动的二线。而他尝试新事业的重要标志,则是光绪十九年(1893)在上海县城南高昌庙附近创办经正书院,“延请名师,招致俊秀,分授中西各学”,[3]这也成为他后来大力兴办新式学堂的预演。

这次转变的另一个契机,则源自他在甲午战争期间的际遇。光绪二十年(1894)冬,因清军节节失利,盛宣怀委托钟天纬拟定了一个“募义兵义饷”的计划,“请沪上协赈同人相助为理”。经元善接到这个消息后,基于“为国家振士气”的意愿,随即“跃然而兴,不避出位之嫌,驰书各处义赈旧侣”。尽管由于“和之者寡”,以致这一活动不了了之,但因其中“默寓加重民权之意”,从而促使经元善在甲午战争结束之际便形成了“或从此仿泰西立议院,君民之气脉贯通”的认识。由此也就不难理解,在这次筹商义兵义饷的过程中,他通过友人介绍而接触到康有为的一些著作后,不仅明确表达了钦佩之意,而且衷心欢迎康有为拟派梁启超担任经正书院教习之举了。[4]

基于上述两个契机,再加上对洋务运动内部弊端的深刻了解,以及甲午战败的刺激,经元善在战后积极参与维新改良活动也就不足为奇了。然而他在加入上海强学会不久便旋即告退,从而与康有为主导的维新运动拉开了距离。根据经元善自己的说法,这主要是因为两个方面:

其一是认为康有为的个人品行存在不足。在给康有为的信中,经元善直言不讳地指出,由于“吾公尚少阅历”,“又不免偏重好名”,方致“清浊

① 经元善:《沪上协赈公所记》,见其著:《居易初集》卷2。

②《上海文报局停收赈捐改归各公所收解启》,《申报》39,1983年,上海书店,影印本,第382页,光绪十七年七月二十八日(1891年9月1日)。

③ 经元善:《上海重开经正书院启》,见其著:《居易初集》卷3。

④ 经元善:《拟筹甲午义兵饷始末记》及附录函稿,见其著:《居易初集》卷1。

两途，皆有大不满意于吾公之处”，故劝其“亟须内省自讼，不必尤人”。①

其二则认为康有为领导的维新活动不够踏实。在经元善看来，“新政发轫方张，澄观默察，觉维新气势太骤，虽未悉都门措施机宜，而在外谈新学者，不免才高意广，不求平实”，②从而担忧“虽新学日兴，吾恐终无以振吾国”。③

当然，经元善并未因为上述原因而反对维新变法。而是一方面对康有为等人的活动表示肯定，另一方面又试图自行发展一套改良活动，即一条渐进式的基层社会改良之路。④

经元善的这种渐进改良道路的首要表现，是他更加着力于以育人才为宗旨的创设新式学堂的活动。前述他在光绪十九年(1893)开办的经正书院，至二十二年(1896)因经费不支而并入了盛宣怀创办的南洋公学。退出强学会之后，经元善再次把目光转向学堂事业，策动了新一轮的、也更具社会影响的学堂建设活动。二十三年(1897)冬，经元善联合上海绅商界的许多头面人物以及梁启超、谭嗣同等多位维新人士和林乐知等西方人士，发起了创办中国第一家新式女学堂即中国女学之举，“以翼中国自强本计”。⑤该学堂实开中国近代女子教育之先河，也是中国近代教育史上的一个创举。⑥二十四年(1898)夏，经元善在罗振玉等人的支持下，以响应朝廷“兴农劝工”的维新谕旨为号召，纠合寓沪同乡多人，提出在家乡余姚、上虞两县创办农工学堂之议，以期“改良农事，振兴工艺”，从而达到“为贫民力谋生计，即为国家渐图富强”的目的。⑦二十五年(1899)秋，因原设于桂墅里的中国女学迁往城内之分塾，经元善于其地又重设以“经

① 经元善:《复南海康君书》，见其著:《居易初集》卷1。

② 经元善:《答原口闻一君问》，见其著:《居易初集》卷1。

③ 经元善:《募修陈公祠启》，见其著:《居易初集》卷2。

④ 虞和平:《经元善集·前言》。

⑤ 经元善:《缘起》，见其编:《中国女学集议初编》，光绪间刻本。

⑥ 有关中国女学的具体活动内容及意义，虞和平先生的《经元善集·前言》和王尔敏先生的《经元善之身世与思想及其上书保皇招祸经过》两文已言之甚详，此不赘述。

⑦ 经元善:《拟办余上两邑农工学启》，见其著:《居易初集》卷2。

正”为名的书院。该书院“名虽由旧,实则更新”,除“策论、算数、舆图”等科目外,更“旁及西文、西学,皆其节目之大者,尤在在关切时势”,尤其是“一洗向者计晷课功,迫束拘牵之病”,故而“最为有道者称赏,而学者亦多便之”。①

经元善的渐进改良道路的另一个重要表现,是力行以正人心为目的的教化类活动。这方面的第一个突出事例,是他在光绪二十四年(1898)秋倡行的一项绅商集会活动——经正集。其时,经元善希望通过募款重修陈公祠(陈公即鸦片战争中阵亡的陈化成)之举,“为天下慕义强仁者劝,而即为讲求新学者进也”,并借此“招集同志,岁春秋一聚公祠,课忠责孝,讲道论德,尚躬行而求实践,挽薄俗而息浇风”“于以扶圣教而正人心”。②经元善后来明确指出,他之所以有经正集一举,正是试图对康、梁等人的维新活动“暗中维系而挽救之”。③经元善力行正人心活动的另一个事例,则是在余姚、上虞两邑创设“劝善看报会”。他在章程中称“惟是致力时务,而不从根柢之学入手,非特寸木岑楼,并恐其本质易坏”,故欲以劝善看报会之举使人“识时势亦明义理”,而最终宗旨仍“专为开风气、正人心起见”。④

对于自己的改良思路与维新派道路的关系,经元善曾用医学措辞做了一番生动比喻。在他看来,维新派的活动好比外科手术,即“此时中国垂危久病,正如七窍闭塞,外患痈疽,内蕴热毒,却非侧重外科不可。维新志士,舍生取义,大声疾呼,的是刀针妙手”;自己则宁愿偏重内科办法疗治:“仆仅读《灵枢》《素问》,略识本原,只能办女学、商务、教务等事,开调理清补之方。且从事筹赈年久,救生意念,先入为主,一闻流血,不觉心悸,宁用王道,不事近功。”因此,正如他本人所说,这两者之间乃是一种

① 经元善:《上海重开经正书院启》,见其著:《居易初集》卷3。

② 经元善:《募修陈公祠启》,见其著:《居易初集》卷2。

③ 经元善:《答原口闻一君问》,见其著:《居易初集》卷1。

④ 经元善:《余上劝善看报会说略章程》,见其著:《居易初集》卷2。

“不同而和”的态势。[①]

五

可以说，在维新运动时期，经元善与康、梁等人固然算是同道，却不是声应气求的同志，所以经元善并未受到康、梁等人的牵连。但在戊戌变法失败之后将近一年半时间，经元善便因一场名播中外的惹祸之举，终于与康、梁等人堪为同志了。这个惹祸之举就是他领衔通电反对“己亥立储”一事。

光绪二十五年十二月二十四日（1900年1月24日），清廷颁布谕旨，封端郡王载漪之子溥俊为大阿哥，承同治帝之嗣。是举史称“己亥建储”，据传拟于光绪庚子年行废立，改元“保庆”。[②]作为上海电报局总办的经元善，于二十五日（25日）下午“接到立储电诏后，顿觉风云惨淡”，遂于夜半致电时在京师的盛宣怀，“请其联合朝士力诤”。次日晨，盛复电称，“大厦将倾，非竹头木屑所能支”。[③]元善以为大局垂危，乃于二十六日（26日）领衔与在沪绅商士民共一千二百三十一人联名向总理衙门发出公电，声请王大臣等“奏请圣上，力疾临御，勿存退位之思”。[④]正如很多学者指出的那样，这种以市井小民身份谏言帝位废立之举，是中国历史上从来未有之事。

当然，由于这是一次前所未有的犯禁之举，所以不难想象其招致祸患的严重性。二十八日（28日）晨，盛宣怀密电郑观应、杨廷枭，告以“深宫

---

① 经元善：《答原口闻一君问》，见其著：《居易初集》卷1。

② 郭廷以：《近代中国史事日志》下册，中华书局，1987年，第1062—1063页。

③ 经元善：《答原口闻一君问》，见其著：《居易初集》卷1。经元善在此仅言致电“北京某大臣”而未提其名字，当时与经元善交接甚密的赵凤昌则指明此人就是盛宣怀（赵凤昌：《经元善通电收回立大阿哥成命经过》，见庄建平编：《近代史资料》第1卷，上海书店出版社，2009年，第303—305页）。

④ 经元善：《公吁总署转奏电禀》，见其著：《居易初集》卷1。

震怒，恐有不测”，请其力劝元善“辞差远离”。[①]次日，元善乘英国公司轮船离沪，于新正初二日（2月1日）抵香港，继而又于初八日（7日）避至澳门。[②]清廷闻知元善远遁后，于初九日（8日）发布谕旨，以其系盛宣怀“多年任用之人，自必熟其踪迹，著勒限一个月将经元善交出治罪”，否则“定惟盛宣怀是问”。[③]显然，朝廷怀疑盛宣怀与元善逃亡之举脱不了干系。盛宣怀为自身卸责起见，不得不捏称元善“亏空逃走，电请粤督宪备文移提”，向澳门葡萄牙当局提出引渡事宜之交涉。[④]而在葡萄牙当局于正月底逮捕元善后，沪、港各埠许多中外人士“咸抱义愤，力主公论，致函电于葡衙者，纷至沓来”。有鉴于此，葡萄牙总督一面将元善拘禁于澳门大炮台，一面拖延审理时间，从而使引渡之举未得实现。[⑤]其后因义和团运动及八国联军侵华战争爆发，清廷无暇过问此事，葡萄牙当局遂将元善长期幽禁于炮台，直至光绪二十七年（1901年）仲夏。

经元善虽因此次谏言废立而招致莫大祸患，却也由此与当时已经变为保皇派的康党人士终成莫逆之交。在争取让澳门当局还经元善自由并拒绝引渡内地的活动中，都有许多保皇人士的活跃身影。梁启超更从檀香山特地致书经元善表达慰问之意，甚至称：“今年之仍得为光绪二十六年者，皆先生之力也。一言重于九鼎，先生之所以报君国者，所造实多矣。”[⑥]经元善则于光绪二十六年六月（1900年7月）在《知新报》上发表了一份致李鸿章的上书，称“保皇会之兴，一意宣扬孔教，鼓励气节，尊君亲上，名正言顺”，故“今宜速解党禁”并“罗致保皇会中各埠之彦，以储药笼”，则“此后外交政策已思过半矣”。[⑦]其中的投桃报李意味，可谓不言而喻。

---

① 经元善：《答原口闻一君问》，见其著：《居易初集》卷1。

② 经元善：《上前摄澳督葡主教嘉若瑟书》，见其著：《居易初集》卷1。

③《清实录》，中华书局，1987年，影印本，第58册，《德宗景皇帝实录（七）》第458卷，第5—6页。

④ 经元善：《上前摄澳督葡主教嘉若瑟书》，见其著：《居易初集》卷1。

⑤ 经元善：《答原口闻一君问》，见其著：《居易初集》卷1。

⑥《梁君来书》，见经元善：《居易初集》卷2。

⑦《经太守上李傅相书》，《知新报》第125册，转引自虞和平编：《经元善集》，第323页。

除了与保皇派的结交外，经元善在这段幽禁时期的另一个收获，是得到了一个潜心整理自己生平著述的机会，这就是他在光绪二十七年(1901)春纂成的两卷本《居易初集》。借助编纂此书，他也对自己的生涯和思想认识进行了一番反思，尤其是对他本人参与了二十多年的洋务运动进行了更为深刻得批判。其中首先值得注意的是对官督商办体制的批评，即“官真能保商诚善，无如今之官督，实侵占商业而为官办。吴门某君曾讥之曰：挟官以凌商，挟商以朦官。真情如此”。[①]其次则是对洋务外交的批评：“窃慨近数十年来，吾国家柔怀远人，与富国强兵之计，均目之曰洋务，其称名已不正。办理外交政策，不根底心术，专以敷衍为因应秘钥，愈巧愈拙。”[②]可以说，与同时代郑观应等思想家相比，经元善的这种认识水平毫不逊色。

光绪二十七年(1901)仲夏，在许多中外人士特别是香港总督卜礼克的援助下，经元善终于被澳门当局释放。次年夏，经元善终于得以返回上海，此后绝大部分时间“闭门谢人事”。[③]光绪二十九年(1903)夏，经元善在完成对三卷本《居易初集》的增订再版后病故。

以往有关经元善的研究，大都采用条块分割式的做法，即将其活动按照商务、社会救济、教育等方面分别加以论述，其结果不免造成盲人摸象的局面，致使其面貌含糊不清。其实，所有这些活动并非各自独立、毫不相关。一旦破除惯常视野的约束，将经元善的社会实践活动统合起来观察，不难发现他从旧式商人到新兴绅商的转化之路，正是一条各种“变”与“不变”的因素在缠杂交织中发生新陈代谢的过程。这也从个人生活史的角度，具体而微地展示了近代中国社会所经历的新陈代谢之路。

（该文原载《浙江档案》2014年第8期）

---

① 经元善：《中国创兴纺织记》附记，见其著：《居易初集》卷1。

② 经元善：《挽救中国探源迂言》，见其著：《居易初集》卷1。

③ 贺良朴：《居易初集·贺序》，见经元善编：《居易初集》。

四、经济史范式的反思

如何超越内发与外源之争？
——中国近代工业化起步进程的实践逻辑探析

对于中国近代工业化的发生问题，学界多年以前就存在着以发掘资本主义萌芽为代表的“内因论”和强调外国资本主义冲击作用的“外因论”之间的根本对立。[①]然而在这样的认识遭到相当深入的批判和反思之后，在学术研究已很少受到非学术因素影响的情况下，这种内外对立的状况却依然延续着。对此，两位著名经济史学者李伯重和汪敬虞近年来所表达的看法可谓典型。李伯重根据对“江南早期工业化”道路的揭示，认为“非西方地区的工业化，绝非一种完全由西方所创造出来的现象。从根本上来说，一个国家(或地区)能否工业化，主要取决于内因而非外因”，因此“西方对中国的近代工业化当然非常重要，但毕竟只是外因”。[②]汪敬虞则通过对“中国资本主义的发展和不发展”的考察，指出“中国资本主义现代企业产生的历史条件中，带有决定性的因素是外国资本主义新的生产力的引进”，同时“中国原有的手工业以至整个经济，远远没有为资本主义机器大工业的产生，准备必要的条件”。[③]这样一来，中国近代工业化的起步进程同时拥有“内发”与“外源”两幅面相的情况也就没有得到改变。那么，这两种看法及依托的认知方式是否都还存在着缺陷呢？这个进程又是否具有尚未被充分认识的实践逻辑呢？本文正是试图从解决这些问题出发，以便为超越这种内发与外源之争作出一定的尝试。

---

① 许涤新、吴承明主编:《中国资本主义发展史》(第一卷)，人民出版社，2005年，758—759页。

② 李伯重:《江南的早期工业化(1550—1850年)》，社会科学文献出版社，2000年，第2、17页。

③ 汪敬虞:《中国资本主义的发展和不发展——中国近代经济史中心线索问题研究》，中国财政经济出版社，2001年，第59、62页。

一、"江南早期工业化"步入近代的困境

乍看起来，对于李伯重阐述的"江南早期工业化"所存在的问题，完全可以像批判"资本主义萌芽"那样予以解决。有人就曾指出，由于其经验内容"实质上是原有资本主义萌芽研究的深化"，且不能成功回答明清江南工业发展的确切前景问题，从而"陷入与旧有'资本主义萌芽'研究一样的困境中，不免有'新瓶装旧酒'的嫌疑，成为一种'资本主义萌芽新论'了"。[①]事实上，这种批评并不充分，因为它未能抓住李伯重立论所借鉴的"原工业化"(protoindustrialization)理论[②]的根本意旨，以及这种借鉴做法的逻辑结构。

按照"原工业化"理论创始人门德尔斯(Franklin Mendels)的说法，"原工业化的研究会告诫发展经济学家们持简单的单线发展观是危险的，包括那种从静止的封建社会直接向生气勃勃的资本主义社会过渡的观点"。[③]在他看来，工业化是一个由两个阶段组成的渐进过程，原工业化是工业化的第一阶段，以机器大生产为标志的近代工业化则是第二阶段。就其本质而言，这个理论其实是对先前那种反对将工业革命视为突变和工业化的前提，而"强调发生在16、17和18世纪的经济变化的重要性，认为这种变化奠定了19世纪工业社会的基础"的看法，作出了一种更为具体和详细的论述。[④]

---

① 周东华：《新瓶与陈醋：早期工业化、现代化还是资本主义萌芽新论？》，载北京大学世界现代化进程研究中心主编：《现代化研究》(第一辑)，商务印书馆，2002年。

② 在国内学界，"原工业化"也常被译作"原始工业化"或"原初工业化"等名称。对于这些译名及该理论的基本发展状况，主要可参见刘兰兮：《门德尔斯原始工业化理论简述》，《中国经济史研究》1988年第3期。史建云：《〈工业化前的工业化〉简介》，《中国经济史研究》1988年第3期。严立贤：《中国和日本的早期工业化与国内市场》，北京大学出版社，1999年，第一章。王加丰、张卫良：《西欧原工业化的兴起》，中国社会科学出版社，2004年，第一章。

③ 转引自王加丰、张卫良：《西欧原工业化的兴起》，第7页。

④ 刘兰兮：《门德尔斯原始工业化理论简述》，《中国经济史研究》1988年第3期。王加丰、张卫良：《西欧原工业化的兴起》，第23页。

除了把仅注重农村工业的“原工业化”改换为包括农村工业和非农村工业的“早期工业化”外,李伯重的立论逻辑正是对上述意旨在中国语境下的发挥。这就是说,既然近代工业化在其发源地欧洲都表现出了不以英国经验为基准的非线性发展脉络,那么也就应该批判和反思从“西方中心论”出发而把非欧洲地区近代工业化视为“本地对西欧挑战的回应”的历史发展单元论。用李伯重本人的话来说,“一个国家(或地区)没有出现近代工业化,并不意味着这个国家(或地区)也没有出现过早期工业化。而一个国家(或地区)是否有过早期工业化,则又对其近代工业化的发生(不论是否是在外因影响下发生的)具有非常重大的影响”,而只要“不把中国的近代工业化完全归功于西方影响,从而回到‘西方中心论’的老套上去”,就必然得承认“尽管中国没有自发地发生近代工业化,但是中国早期工业化的历史意义并未因此削弱”。①

在这种思路指导下,李伯重首先发现,明清时期的江南经济存在着一个持续发展的“早期工业化”阶段,推动这种经济发展的最主要力量与工业革命前的西欧一样是由劳动分工和专业化的发展所构成的“斯密动力”(the Smithian Dynamics),只不过由于缺乏煤铁等资源的生态限制,而走上了一条堪比近代早期的“英国模式”却又自行其是的“江南道路”,即重工业畸轻而轻工业畸重的“节能省材型超轻结构”。②按照他最后得出的结论,中国近代工业化的发生当然具有一条起主导作用的内发式线索,而“江南早期工业化”也就成为中国近代工业化最重要的基础和前史。还是引用一下他自己的话:“江南在早期工业化方面曾有出色的表现,从而使得江南一度成为世界上最发达的工业地区之一。这个早期工业化虽然没有导致自发的近代工业化,但是它毕竟为后来的近代工业化提供了一个相当良好的基础,使得十九世纪后期以来江南在近代工业化方面比中国其他任何地区进展远为顺利”,而江南工业在十九世纪中期以后的那些表

① 李伯重:《江南的早期工业化》,第13—16页。

② 李伯重:《理论、方法、发展趋势:中国经济史研究新探》,清华大学出版社,2002年,第30—36页。

现“虽然与其在明清时期的经历已有天渊之别，但如果仔细去看，仍然能够看到二者之间有着一种承继的关系”。[①]

应该说，如果仅仅根据上述论证的字面逻辑，那么有人称李伯重的研究体现了“一种确立中国史学新典范的主流倾向”，[②]或许是有一定道理的。其原因在于，这就完全可以主要根据一种内在连续性，来真正能够打通甚至超越中国工业化进程从“传统”到“近代”的发展道路。这样一来，李伯重就对中国近代工业化的起源问题给出了一个大大优越于“资本主义萌芽”的内因论解释，并且使其既根本用不着顾及“原工业化”过程中的“逆工业化”现象（deindustrialization），也可以避免面对与当初“资本主义萌芽论”一样的尴尬。

但问题是，李伯重的论证并不完善。本来，他所揭示的“江南早期工业化”阶段成立与否就是一个问题。这是因为，其核心内容即明清时期江南经济发展的动力和水平问题，学界至今还存在着很大的分歧。[③]不过，本文加入这样的争论无疑是把战线扩得太长了。对于本文的主旨来说，这里需要关注的问题是，即便确实存在着一个所谓的“江南早期工业化”阶段，它果然就能成功地解释中国近代工业化的发生吗？根据李伯重上面的说法，“江南早期工业化”与中国近代工业化之间肯定应该具有一种相当直接的因果性联系，否则也谈不上前者为后者“提供了一个相当良好的基础”，以及两者之间“有着一种承继的关系”。那么，我们要做的工作，也就是具体勘查一下这种因果联系是否存在了。

---

① 李伯重：《江南的早期工业化》，第542页。

② 马敏：《据之以实情：建立中国史学新典范的若干启示——以李伯重〈江南的早期工业化（1550—1850）〉为例》，《历史研究》2003年第1期。

③ 在这方面，最典型的情况就是近年来以黄宗智与彭慕兰（Kenneth Pomeranz）为中心的争论。有关这场争论的概况，可参见龙登高：《江南市场史——十一至十九世纪的变迁》，清华大学出版社，2003年，第214—219页。另外，严立贤虽然也借鉴了“原工业化”理论，却与李伯重有着根本分歧。严立贤认为，在中国原初工业化时期的劳动生产率和市场需求量的条件下，“只允许长江三角洲这一原初工业化区的存在”，而这个原初工业化不足造成的市场狭窄和投资能力不足，正是“使中国的近代工业发展步履艰辛而迟缓”的主要原因。见其著：《中国和日本的早期工业化与国内市场》，第187、223页。

遗憾的是，一旦据之以中国近代工业化起步进程的“实情”，就可以发现李伯重对中国近代工业化起源给出的解释，更多属于一种经不起实际检验的推论。因此，他没有交代近代资本主义入侵后江南近代工业化的发生过程和历史特征就绝不是“一种遗憾”，而是这个“江南早期工业化”步入近代时根本无法面对的困境。这显著表现在，如果上述李伯重揭示的内发式脉络确实能够实现“早期工业化”与近代工业化的对接，那么以“超轻结构”为核心的“江南道路”理应在近代继续居于主导地位。可是李伯重本人就指出，正是西方“使江南工业的发展突破了能源、材料的制约”，同时“也在江南建立了一个近代机器制造业，使得江南工业有了一个真正意义上的重工业”，从而“进入近代工业化时代”。①退而言之，江南近代工业化是否又主要从其“早期工业化”中承继了良好的基础呢？根据以往的中国近代经济史研究不难看出，当以现代机器生产为代表的新生产力在中国出现时，“江南早期工业化”并不能为之让渡多少活动空间，也很少能为中国近代工业化的启动提供必要支持。反而在不少时候，属于“江南早期工业化”范围的一些重要进展，却发生于近代工业化在江南得到落实以后。对于这一点，仅从纺织业和船舶业那里即可得到明证。这是因为，这两个行业具有毋庸置疑的代表性，它们既是“江南早期工业化”阶段轻工业和重工业中最大和最发达的两个部门，②又是中国近代工业化时期启动较早且最重要的两个行业。

纺织业主要由棉纺织业和丝织业两大类组成。根据李伯重的研究，在“江南早期工业化”时期，纺织业的生产规模是，清代中期年产棉布一万匹，而江南出产的丝织品在全国市场中的流通量在十九世纪中期约为三万九千万担。在从业人数上，清中期仅直接从事纺织业生产的江南农妇即有三百万人，丝织业的从业人数则在五十万以上。在生产技术方面，棉纺织业和丝织业的生产工具和生产工艺都有了明显的改进和提高，特别是

① 李伯重：《江南的早期工业化》，第519页。
② 李伯重：《江南的早期工业化》，第37、225页。

清代江南三锭纺车的发明和运用,“在世界棉纺织业史上是一个伟大的技术进步”。在分工和专业化程度上,到清代中期,丝织业中许多工序已形成独立的生产部门,而棉纺织业中最重要的纺与织两大工序的分离与专业化也已相当明显。在生产组织方面,到清代中期,丝织业中被称为“帐房”的包买商在苏、宁、杭等大城市及镇江等中等城市中达到了全盛,支配了当地的生产,将丝织业的主要工序全部控制起来,成为全部生产过程的中心。在棉纺织业中,以“布号”为代表的商业资本在棉布加工业的中心苏州和上海,基本上控制了其中两个主要工序即染布业和踹布业,从而使分散的个体小生产开始向社会化生产转化。[①]

可是一个无法否认的事实是,最早在中国把使用蒸汽动力和金属构件的机器引入纺织工业的尝试,始于1861年怡和洋行开办的纺丝局和1868年轧拉佛洋行所设的火轮机织本布公司。[②]至于国人举办近代纺织业的情形,姑且不论以华侨商人陈启沅为代表的广东地区的情况,就江南而言,当地最早的一家近代丝厂是1881年由浙江人、祥记丝栈主人兼公和洋行买办黄佐卿设立的公和永丝厂,[③]而该厂的全部重要设备都是向法国订购的,甚至该厂创办之初的业务都委托公和洋行代为经理,以至外国人称之为公和洋行丝厂。[④]大约同时,杭州人蒋廷桂向日本选购了新式的铁制绸机,从一个绸业包买商转变为建立了织绸工厂的近代产业资本家。[⑤]在棉纺织业方面,1878年开始筹建的上海机器织布局为最早,而其主持人都与江南传统棉纺织业无甚关联,且其全套生产设备和总工程师都来自美国。[⑥]中国第一家机器轧花厂即1887年出现的宁波通久轧花厂,虽然号称原来是一家手工工场,其实开办之基就是从日本购买的四十台轧花机,到1887年又从日本购进一些较大的机器,以及锅炉、发动机等

---

① 李伯重:《江南的早期工业化》,集中见第二章。

② 汪敬虞:《十九世纪西方资本主义对中国的经济侵略》,人民出版社,1983年,第369、392页。

③ 严中平主编:《中国近代经济史(1840—1894)》,人民出版社,1989年,第1430页。

④ 许涤新、吴承明主编:《中国资本主义发展史》(第二卷),第471页。

⑤ 许涤新、吴承明主编:《中国资本主义发展史》(第一卷),第391页。

⑥ 易惠莉:《郑观应评传》,南京大学出版社,1998年,第297—298页。

辅助设备后才正式立厂，并且其创办人严信厚在办厂之前长期作为李鸿章的幕僚，是个与江南传统纺织业无甚联系的士绅。①

况且如果把这种依靠外部引进的技术突破说成是一种次要因素，如果“江南早期工业化”时代纺织业的积累果然成为江南近代纺织业所承继的良好基础，那么后者至少应该获得差强人意的发展。可是事实又如何呢？对此，该行业到甲午战前的发展状况显然是最好的证明，因为外国势力到这时还没有取得在内地设厂的权利，也就使外国资本对国内经济的压迫程度远较战后为轻。即便在这种情况下，棉纺织业中唯一形成生产规模的上海机器织布局从筹建到开工竟然经历了十二年时间，且投产后年产量约为十八万匹（一说为二十四万匹），②而上海全部八家近代丝厂的年总产量仅为生丝二千七百八十二担。③在从业人数上，前者雇工总数约为两千人，后者共计五千八百五十人，此外还有四家轧花厂和两家纱厂有二千三百名工人。④在生产技术方面，上海各家近代丝厂都使用国外丝车，轧花厂则普遍使用日本轧花机。⑤在分工和专业化方面，江南近代纺织业中各类厂家完全是对西方亦步亦趋的结果，而不是对传统纺织业中各道工序的进一步发展。例如，外资丝厂侧重于机器缫丝，江南近代丝厂也全部集中在这道工序上；外资着力于棉纺织业中的纺纱和织布，上海机器织布局也只生产棉纱和棉布。在生产组织方面，丝织业中的账房制度直到十九世纪末、二十世纪初并无实质变化，直至此时才把丝织业至多推进到工场手工业阶段。⑥至于棉纺织业的布号制度中原先最重要的基础即染坊和踹坊，染坊在二十世纪初才刚刚进入工场手工业阶段，踹坊在此期间则日趋衰落。⑦到了这个时候，进入机器大生产的近代纺织业

① 汪敬虞：《中国资本主义的发展和不发展》，第59—60页。

② 夏东元：《洋务运动史》，华东师范大学出版社，1992年，第394页。

③ 许涤新、吴承明主编：《中国资本主义发展史》（第二卷），第470页。

④ 同上，第423、470、478页。

⑤ 同上，第472—474页。

⑥ 同上，第928—930页。

⑦ 同上，第922、941—942页。

已在江南存在了二十多年了。鉴于这种情况，可以说到底谁为谁提供了发展基础还是一个需要探讨的问题。因此，对于江南纺织业从传统到近代的“质变”来说，根本看不出“江南早期工业化”具有关键性意义。

在船舶业方面，按照李伯重的看法，明清时期的江南船舶业是当时总体成长缓慢的江南重工业中的一个例外，其中最重要的则是漕船和海船的发展。在数量和载量方面，清代中期江南漕船总数约为三千艘，载量约为四十五万石，江南海船在道光中期达到五千艘，比明末增加了四倍，实际载量则增加了九倍以上。在生产规模上，道光中期江南每年约造漕船三百艘、海船一百艘，两项总产值共计一百一十万两，从业总人数约八千八百人，修船业总产值为五百三十万两，维修人工则可能达数万之众。在生产组织方面，明清时期江南造船业很早就形成造船工场即船厂，而船厂中不仅有颇大规模的劳动协作，也有较为发达的劳动分工。即使是专业化水平较低的建造小型民船的活动，也不能被视为一种农家副业。在生产技术方面，清代江南的造船技术虽不像明代那样领先世界各地，但并未停滞，特别是沙船建造中的肋板和片帆技术，在世界造船史上都具有重要意义。①

然而在中国最早使用现代机器的船舶业还是外力引进的。姑且不论十九世纪四十年代出现在广州一带和五十年代在上海的外资船舶业，国人在江南创办的近代船舶业也与“早期工业化”阶段的江南船舶业没有本质联系。在造船修船业方面，江南最早的近代船厂是江南制造局内设的轮船厂，而该厂不仅制造轮船的机器基本来自先前从美商手里购买的旗记机器铁厂，李鸿章本人还承认“沪局各船虽系自造，而大宗物料无非购自外洋，制造工作亦系洋匠主持，与购买外洋船只略同”。②在商办江南近代船舶企业中，以1858年开设的甘章船厂为最早，但其创办人是一个

---

① 李伯重：《江南的早期工业化》，第六章。

② 中国史学会编：《中国近代史资料丛刊·洋务运动》（四），上海人民出版社，1981年，第33页。

与江南传统船舶业毫无关系的广东买办郭甘章。[①]稍后出现的首家能够修造小火轮的发昌机器厂，其实是从作为外资船厂的附属工场转化而来，[②]且其转变标志也是1869年开始使用车床。[③]在航运业方面，轮船招商局的最初主持人虽是与上海沙船业渊源甚深的朱其昂，然而该局初期最主要的资本其实来自李鸿章从直隶练饷中借拨的款项。更重要的是，该局从一开始就是向外国购买新式船只。[④]因此，上海沙船业根本谈不上为该局提供了立业之基。

不仅如此，江南近代船舶业的发展亦与清中期江南船舶业的盛况形成了鲜明反差。在数量和载量方面，"轮船招商局到1895年共有各类船只24艘，总吨位为34,531吨，其中除个别船只是由完全引进西方技术的福州船政局所造外，全部系向外国购买。"[⑤]在此时期，江南仅有的两家民办轮船公司只有小轮数只。[⑥]在生产规模和组织方面，江南制造局下设的船厂从1867到1885年共造各类船只十五艘，且全为仿制，吨位很小。[⑦]同一时期，商办船厂中最具规模的均昌船厂只在八十年代初造出轮船六艘。[⑧]其他设在上海的民办船舶机器修造厂主要从事的都是船舶修理业务，造轮数量并不多，且工人总数最多不超过两百七十人。[⑨]在生产技术方面，江南制造局船厂和均昌船厂的造船水平为当时国内最高。前者虽然在1876年和1885年分别造出了铁甲暗轮和钢板暗轮，但长期跟不上世界先进水平。[⑩]后者1884年所造"淮庆"轮船载重量在该厂六艘船中最大，为一百一十五吨，船身最长不过九十英尺，而外资开设的耶松船

---

① 严中平主编:《中国近代经济史(1840—1894)》,第1374页。
② 汪敬虞:《中国资本主义的发展和不发展》,第62页。
③ 许涤新、吴承明主编:《中国资本主义发展史》(第二卷),第461页。
④ 张后铨主编:《招商局史(近代部分)》,人民交通出版社,1988年,第30—31、33—34页。
⑤ 同上,第64—68、226页。
⑥ 许涤新、吴承明主编:《中国资本主义发展史》(第二卷),第509页。
⑦ 夏东元:《洋务运动史》,第81—83页。
⑧ 严中平主编:《中国近代经济史(1840—1894)》,第1378页。
⑨ 许涤新、吴承明主编:《中国资本主义发展史》(第二卷),第461—464页。
⑩ 夏东元:《洋务运动史》,第83页。

厂同年所制的“源和号”轮船长两百八十英尺，载重两千吨。[①]另外，直到道光中期还颇为兴盛的江南沙船业，到十九世纪六十年代末就主要因西方轮运业打击而只剩下四五百号船只了，[②]而上海朱、郁、沈、郭等沙船世家至此都已衰败。[③]因此，江南传统船舶业也根本不可能为江南近代船舶业的产生提供多少基础。

二、外发性近代工业化向江南的倾斜

既然上面业已指出以“江南早期工业化”来解释中国近代工业化的发生并不成立，并且集中体现新生产力的技术突破主要是由外力输入中国的，这是否意味着我们就得完全接受前述汪敬虞所表达的那种看法呢？应该说，汪敬虞将“中国资本主义的发展和不发展”作为中国近代经济史的中心线索而进行的论证，确实相当精辟和周密。然而对于中国近代工业化的起步进程来说，仅仅强调外力冲击因素和内部发展条件的不足，终究无法与那些从“冲击—回应”或“传统—近代”等框架出发的“外因论”式认知划清界限。于是不难发现，汪敬虞的论述缺乏从内部视角的观照，也就不能对内部因素的复杂性和能动性给予足够重视。至于这方面最明显的表现，就是他既未加注意也无法解释中国近代工业化起步进程所具有的空间背景。那就是，尽管这个进程的整体态势是西方对作为民族国家单位的中国的冲击，但是其重心所在，恰恰是在此前中国经济结构中就处于中心地位的江南地区。

这里需要强调的是，这种空间背景的形成，其实从外国资本主义在中国开展近代工业化的情况那里就已略显端倪。众所周知，以机器大生产为标志的近代工业化在中国的出现，是1840年后西方经济入侵和移植的结果。而鸦片战争后的第一批不平等条约就表明，西方当然试图全方位

---

① 严中平主编：《中国近代经济史（1840—1894）》，第1379页。

② 张国辉：《洋务运动与中国近代企业》，中国社会科学出版社，1979年，第130页。

③ 许涤新、吴承明主编：《中国资本主义发展史》（第二卷），第499页。

地打开中国经济的大门。可是结果又如何呢？起初，西方向中国移植近代工业的落脚点集中在广州及相邻的香港一带，[①]可是这种状况刚刚进入十九世纪五十年代就出现了巨大变化。至于这个变化的原动力，肯定与此一时期中外贸易的中心发生了从广州到上海的转移有莫大关系。这种转移当然不全是西方主动选择的结果，因为它们在鸦片战争后本来期望的是五口通商。而直到五十年代末，正如马克思当时指出的那样，“让出五个新口岸，并没有造成五个新的商业中心。”[②]甚至在第二次鸦片战争增加九个口岸后，中外贸易集中在上海的局面依然如故，到六十年代结束，上海一处即占当时中外贸易总额的一半以上。对此，汪敬虞认为这表明：“外国资本主义的入侵，在七十年代以前，还没有力量同时扩张到新开的各个口岸。”[③]那为何是上海一家独大呢？在此显然不能忘记，近代上海的成长有着不容低估的“江南因素”，[④]而江南又是传统时期国内市场的中心之所在。[⑤]与贸易中心的转移相对应，西方向中国移植近代工业活动的重心亦从五十年代起转到了上海。并且除了在产地和运输等问题上受到很大限制的出口加工工业外，就行业种类和经营规模的总体而言，上海不但远远超过四十年代的广州和香港，甚至达到了为同时期国内其他地区的总和都不及的程度。对此，下面依照行业区别略作说明。

1.金融业。这方面最重要的内容是银行业。从1845年丽如银行在香港和广州设立分行开始，[⑥]到1894年为止，西方国家在中国前后共开办过十九家银行机构，而其中国分行所在地设于上海的则达十五家之

---

① 许涤新、吴承明主编：《中国资本主义发展史》（第二卷），第90页。汪敬虞：《十九世纪西方资本主义对中国的经济侵略》，第146页。

② 中共中央编译局编译：《马克思恩格斯论中国》，人民出版社，1997年，第79页。

③ 汪敬虞：《十九世纪西方资本主义对中国的经济侵略》，第72页。

④ 马学强：《近代上海成长中的“江南因素”》，《史林》2003年第3期。

⑤ 范金民：《明清江南商业的发展》，南京大学出版社，1998年，第143—147页。龙登高：《江南市场史——十一至十九世纪的变迁》，第194—199页。

⑥ 许涤新、吴承明主编：《中国资本主义发展史》（第二卷），第93页。

多。[1]此外，从四十年代后到九十年代，西方在中国境内共成立了六家保险公司，上海和香港各有三家。[2]

2.航运业。五十年代末期中国被迫开放长江航运后，至甲午战前，专业外轮公司共出现过十六个，其中有十个公司在上海成立。[3]不过，从六十年代到九十年代，这个行业中规模最大也最有影响的其实只有三家，它们是美商的旗昌公司以及英商的怡和、太古公司，其中旗昌公司在1867年后独占长江航运达四年之久，[4]而这三家公司的总部都设在上海。

3.船舶修造业。甲午战前，西方在华共开办过船舶修造厂六十六个。起初，这类修造厂在上海的数量略少于黄埔和香港，但是由于黄埔的外资船舶修造业在七十年代后衰落，因此到八十年代初，上海实际存在的厂数已与华南大体持平。[5]而在经营规模方面，上海则更胜一筹。例如，香港黄埔公司在1894年的资本总额为一百五十六万元，九十年代初上海两家最大的船厂耶松和祥生便各自拥有资本七十五万和八十万两。并且耶松和祥生船厂在1900年实现合并后，总资本猛增至五百五十七万两，成为当时中国境内最大的外资垄断资本。[6]

4.纺织业。1861年，怡和洋行在上海兴建的纺丝局是中国境内第一家外资机器缫丝工厂。[7]从此到甲午战前，这类丝厂共出现过十二家，其中只有一家位于上海之外。[8]在棉纺织业中，虽然甲午战前的西方投资还停留在筹议阶段，但是这些筹议依然是以上海为中心展开的。例如，最

---

① 汪敬虞：《十九世纪西方资本主义对中国的经济侵略》，第145—234页。许涤新、吴承明主编：《中国资本主义发展史》（第二卷），第91—95页。刘云柏：《近代江南工业资本流向》，上海人民出版社，2003年，第28页。

② 许涤新、吴承明主编：《中国资本主义发展史》（第二卷），第98—99页。

③ 聂宝璋：《中国近代航运史资料》，上海人民出版社，1983年，第727页。

④ 汪敬虞：《十九世纪西方资本主义对中国的经济侵略》，第268—270页。

⑤ 汪敬虞：《十九世纪西方资本主义对中国的经济侵略》，第317—321、345—346页。

⑥ 许涤新、吴承明主编：《中国资本主义发展史》（第二卷），第113—114页。

⑦ 严中平主编：《中国近代经济史（1840—1894）》，第1278页。

⑧ 汪敬虞：《十九世纪西方资本主义对中国的经济侵略》，第322—325页。许涤新、吴承明主编：《中国资本主义发展史》（第二卷），第117—118页。

早的一次筹议是英商轧拉佛洋行于1868年准备在上海设立火轮机织本布公司；1877年，英人施克士再度提出了开办上海火轮机织本布公司的计划；1882年，美商华地码又试图在上海建立名为“丰祥织洋棉纱线公司”的纺纱厂。此外，只有美商富文曾于1871年在广州筹办过一个纱厂。①到了八十年代后期，外资还是首先从上海打开了棉纺织业的缺口。1888年，以日本三井洋行为首成立的上海机器轧花局在浦东开工。1894年，怡和洋行强行把纺纱机运到吴淞口，由于《马关条约》确认了外国在华设厂的权利，不仅怡和纱厂很快成立，其他一些大型外资纱厂也纷纷在上海出现。②

5.一般轻工业。在这方面，上海几乎拥有所有种类的外资厂家，并且其中绝大部分都是最早在上海出现并集中在上海的。例如，在甲午战前的三家外资打包厂中，有两家位于上海，而1870年开设于上海的平和洋行打包厂是最早的一家。在印刷出版业中，十五个印刷厂中的九个在上海。在食品业中，面包、面粉、汽水、酿酒和制冰等行业最早的厂家都出现在上海。在制药业中，三家外资药厂全部位于上海。在木材加工业中，四家木材加工厂都设在上海。在玻璃制造业中，三家外资厂家中的二家出现在上海。在卷烟业中，这一时期国内仅有的二家外资烟厂也在上海。此外，最早出现在上海的其他较重要行业还有七十年代末设立的美查肥皂厂和1880年开办的制造火柴的燧昌自来火局。③

6.公用事业。这主要是指向城市供应煤气、自来水和电气等公共设施的行业。由于该行业较多地牵涉到了近代工业的内容，所以以往许多论著都将之列为近代工业化活动的一个组成部分。甲午战前，外资经营的公用事业共有五家，其中四家在上海，此外仅有1890年开办的天津煤

---

① 汪敬虞：《十九世纪西方资本主义对中国的经济侵略》，第390—404页。

② 严中平主编：《中国近代经济史（1840—1894）》，第1304—1308页。

③ 这部分内容主要依据汪敬虞编制的《十九世纪外国在华工厂明细表》，见其著：《十九世纪西方资本主义对中国的经济侵略》，第327—331页。其中部分行业参考了徐新吾和黄汉民主编：《上海近代工业史》，上海社会科学院出版社，1998年，第18—21页。

气公司，且其资本额要少于上海四家中的任何一家。[①]

7.铁路电报业。从十九世纪四十年代后期起，西方便多次策划在中国建造铁路，但是直到七十年代才落实了一次投入运营的行动，也是甲午战前唯一的一次，即1876年在上海建成的吴淞铁路。[②]至于西方在中国设立电报的试探，则集中在上海和福建两处，其中在上海有三次活动，福建有两次。而电报首次接触到中国的土地，则是大北电报公司约在1873年擅自在吴淞口"设馆竖柱"，将海线牵引上岸。[③]

按照公认的说法，中国近代工业化起步时期的主体内容是洋务运动中举办的工业。而这种以江南为重心的空间背景，甚至在洋务运动最早着手的内容即军事工业中就有明显的体现。首先，在从1861年到1895年间总共出现的二十四家军用工业中，江南一地就有六家，是国内最为集中的地区。[④]其次，江南也是军工企业最早成型的地方，其标志是李鸿章在1865年成立江南制造总局和金陵机器局，[⑤]而另外两家大型企业即福州船政局和天津机器局，分别成立于1866和1867年。[⑥]再次，在质的一面即经营规模和生产能力上，江南的优势地位更为明显。到1895年为止，江南制造总局、金陵机器局、金陵火药局和浙江机器局四家经费接近当时全部军工企业经费的四成，同时仅江南制造总局一家的收入即超过全部军工收入的一半。[⑦]

不仅如此，江南之外的许多军工企业其实也与江南有着密切关联。在1861年开设的安庆内军械所中，业务工作的主持人就是金匮县的华衡芳和无锡县的徐寿。[⑧]在福州船政局的创办过程中，主持"延洋匠、雇华

---

① 许涤新、吴承明主编：《中国资本主义发展史》（第二卷），第124—126页。

② 严中平主编：《中国近代经济史（1840—1894）》，第1315—1317页。

③ 夏东元：《洋务运动史》，第217、221页。

④ 严中平主编：《中国近代经济史（1840—1894）》，第1615页。

⑤ 严中平主编：《中国近代经济史（1840—1894）》，第664页。

⑥ 张国辉：《洋务运动与中国近代企业》，第24页。

⑦ 张国辉：《洋务运动与中国近代企业》，第67页。

⑧ 中国史学会主编：《中国近代史资料丛刊·洋务运动》（八），第18页。

工、开艺局"等工作并参与制定规章制度的关键人物,乃是著名浙商胡光墉。[①]天津机器局虽由崇厚于1867年创办,可是其形成生产规模是李鸿章接手之后的事情,而李鸿章于甫一接手就将江南制造总局督办、江苏江阴人沈保靖调任天津机器局主持人。[②]并且李鸿章还任用大批南方人到天津机器局,同时逐批解雇局中原有的旗人和北方汉人。[③]左宗棠于1869年设立西安机器局时,主要从江南制造局和金陵机器局调募了一批熟练工人,而1872年成立的兰州机器局不仅拆迁西安机器局的机器,还新招募了一批来自宁波的工匠。[④]1875年,丁宝桢开设山东机器局主要依靠徐寿次子徐建寅,[⑤]嗣后丁宝桢又从山东机器局吸收技术力量来开设四川机器局。[⑥]1881年,奏请设立吉林机器局的官员是奉命帮办东北防务、籍隶江苏吴县的吴大澂,无锡绅商李金镛则是筹备工作的主要负责人。[⑦]另外,该局技术骨干大多是来自上海和宁波的熟练工人。[⑧]

至于以往更加重视同时也是洋务运动更重要的第二阶段,即洋务派在甲午战前以"求富"为目标而开办民用工业时期,江南的领先优势更要超过第一阶段。鉴于民用洋务工业大体上可以分为三个大类,即交通运输业、纺织业和采矿冶铁业,下面依此进行说明。

1.交通运输业。该类中的主要内容包括两项,即航运和电报。至于甲午战前的铁路事业,因其到"1894年仅建成447公里",[⑨]并未形成气候,故而可以忽略。众所周知,民用洋务工业起步于航运业,其标志是轮船招商局的创办,这也是第一家民用洋务企业。1872年夏,李鸿章委托具有

---

① 孔令仁主编:《中国近代企业的开拓者》下册,山东人民出版社,1991年,第179页。

②《筹议天津机器局片》,吴汝纶编:《李文忠公全书》奏稿卷十七,文海出版社,影印本,1980年,页十九。

③ 夏东元:《洋务运动史》,第126页。

④ 张国辉:《洋务运动与中国近代企业》,第62页。

⑤ 中国史学会主编:《中国近代史资料丛刊·洋务运动》(八),第35页。

⑥ 严中平主编:《中国近代经济史(1840—1894)》,第1579页。

⑦ 中国史学会主编:《中国近代史资料丛刊·洋务运动》(四),第393页。

⑧ 严中平主编:《中国近代经济史(1840—1894)》,第1579页。

⑨ 严中平主编:《中国近代经济史(1840—1894)》,第395页。

上海沙船业世家背景的朱其昂负责轮船招商局筹办事宜,又于同年底向朝廷奏请试办招商轮船,并得到了批准。[1]1873年1月17日,轮船招商局在上海洋泾浜南永安街正式开局。[2]直至清亡,该局都是国内同业中最大的一家,并且是为数不多的经营状况较好的洋务企业之一。

虽然洋务派对电报业的筹划最早发生在福建和台湾,不过并未取得成效。因此,中国电报业的真正开展,其实始于李鸿章。1880年,李鸿章鉴于上年在大沽至天津试设二十里电报,于是奏请架设津沪电线。[3]该线自次年三月兴工,十月竣工,正线、支线共长约三千里,[4]成为中国自行开办的第一条陆路电线。电报总局最初设在天津,上海只是七个分局中的一个,但随着业务迅速发展的需要,总局于1883年间即由天津迁往上海,此后上海一直是中国电报业的中心地。[5]并且,电报局是所有洋务企业中经营状况最好的一家。[6]

2.纺织业。在这方面,最早出现的企业应该是左宗棠于1875年在兰州设立的机器织呢局,而其主要机器及部分工匠都是通过胡光墉在上海购募的。不过,该局一开工就困难重重,于1884年被裁撤。[7]因此,真正开始产生较大影响和实际效果的洋务纺织企业,应是上海机器织布局。该局早在1876年就开始筹办,[8]并于1878年正式成立。[9]尽管此后几经波折,该局终究还是在1890年实现了正常生产,并且销售数字逐年上升。而张之洞开设的湖北织布官局直到1893年方才投产,且管理混乱,刚投产一年,产品便大量积压。[10]

---

①《试办招商轮船折》,吴汝纶编:《李文忠公全书》奏稿卷二十,页三十二—三十三。

② 张后铨主编:《招商局史(近代部分)》,第34页。

③ 中国史学会主编:《中国近代史资料丛刊·洋务运动》(六),第325—326、335—336页。

④《创办电线报销折》,吴汝纶编:《李文忠公全书》奏稿卷四十四,页二十二。

⑤ 丁日初主编:《上海近代经济史》,第一卷,第581—582页。

⑥ 许涤新、吴承明主编:《中国资本主义发展史》(第二卷),第397页。

⑦ 许涤新、吴承明主编:《中国资本主义发展史》(第二卷),第393—395页。

⑧《复沈幼丹制军》,吴汝纶编:《李文忠公全书》朋僚函稿卷十六,页三。

⑨ 张国辉:《洋务运动与中国近代企业》,第274页。

⑩ 夏东元:《洋务运动史》,第393—394、402页。

不幸的是，1893年秋间的一场大火，使上海机器织布局几乎尽成灰烬。不过，上海的纺织业并未就此沉沦。因为盛宣怀立即在该局原址上开办了华盛纺织总厂，且于次年便开工生产。①并且按照李鸿章的计划，华盛总厂欲设纱机三十二万锭、布机四千张，远远超过同时湖北织布官局所定纱机八万锭、布机一千张的规模。②虽然华盛厂后来并没有完全达到李鸿章的设想，但是上海仍然成为中国纺织业最大的中心。

3.采矿冶铁业。虽然有着地理条件的严重限制，江南仍然在这个行业扮演了举足轻重的角色，因为这个行业的绝大部分启动资金都依赖从上海市面上招徕股份。正如上海一家西报在1883年初针对此前社会资本流动的总趋势所归纳的那样，1882年“自春徂冬，凡开矿公司如长乐、鹤峰、池州、金州、荆门、承德、徐州等处，一经禀准招商集股，无不争先恐后，数十万巨款，一旦可齐”。据时人估计，这一时期中各类洋务民用企业通过发售股票大约吸收到三百万两的资本，而其中很大一部分投向了此时开设的许多厂矿企业。对此最有力的证明是，在1883年的金融风潮严重打击了上海市场上的投资热情后，许多厂矿企业的股票都形同废纸，最终导致这些企业被迫中止活动。③

在中国近代工业化的起步进程中，最后还应包括的一个有机成分是由民间资本开办的近代工业。虽然这类工业总体规模偏小，且主要偏向轻工业，但是其毕竟覆盖了不算太少的门类，并且表明中国社会已经开始在更广泛和更深入的范围内接受近代工业化，因此并不能将之忽略过去。而不出意料的是，这部分近代工业同样表现出了向江南倾斜的空间特征。顺便指出，由于民间开办的近代矿业大都打着洋务企业的旗号，所以下面的说明不再提及。

1.船舶机器修造业。按照教科书的通行说法，中国民间工业以1872年华侨商人陈启沅在广东南海县设立继昌隆缫丝厂为起点。然而有论者

---

① 张国辉：《洋务运动与中国近代企业》，第281—282页。

②《推广机器织局折》，吴汝纶编：《李文忠公全书》奏稿卷七十八，页十一、十二。

③ 张国辉：《洋务运动与中国近代企业》，第301—302、315页。

指出，在五六十年代，“上海地区原有的锻铁、冶铸、铜锡器以及造船手工业等，便有相当一部分与外国机器工业发生了业务联系，代制机器配件”，从而逐渐向近代机器工业转化。[①]进入七十年代后，具有更明显近代性质的这类企业在上海略有发展。其中，特别值得一提的是1874年在虹口出现的附属于轮船招商局的同茂铁厂。这家铁厂最初只能做些小的轮船修理工作，而到1876年，据英国驻上海领事称：“它的经理向我保证说，轮船的锅炉、小火轮的机器和锅炉，以及轮船的螺旋桨确实都是在没有外国人的帮助下制成的。”[②]据汪敬虞先生统计，1894年以前，上海的这类民间厂家共有二十九家。[③]同一时期，国内其他地区只有寥寥几家。[④]

2.纺织业。在这方面，继昌隆缫丝厂的确是第一家，并且珠江三角洲的民间缫丝业到1894年为止共出现过八十八家缫丝厂，从而率先成为中国缫丝业的一个中心区域。[⑤]上海的民间缫丝厂出现得较晚，直到1882年才由浙江丝商兼买办黄佐卿创办了该处首家丝厂——公和永丝厂。不过该厂规模较大，初创时即有缫车一百部，1892年更扩充到八百五十八部。[⑥]尽管上海到1894年存在的丝厂仅有八家，但是广东八十八家丝厂的总资本额是一百六十三万余两，而上海八家丝厂的总资本为二百零六万余两。[⑦]另外，浙江在1895年以前亦开设了三家丝厂，并有一家建成投产。[⑧]至于这个行业中的轧花业和棉纺织业，江南则占尽优势。1887年，中国第一家轧花厂即通久机器轧花局在宁波成立，资本五万两，购置了蒸汽动力设备。九十年代，国内又出现了三家机器轧花厂，全部位于上海。在棉纺织业方面，甲午战前国内仅有两家纱厂建成投产，它们也都是在上

---

① 严中平主编：《中国近代经济史（1840—1894）》，第1361页。

② 李必樟译编：《上海近代贸易经济发展概况——1854—1898年英国驻上海领事贸易报告汇编》，上海社会科学院出版社，1993年，第419页。

③ 汪敬虞：《中国资本主义的发展和不发展》，第325—326页。

④ 许涤新、吴承明主编：《中国资本主义发展史》（第二卷），第463页。

⑤ 许涤新、吴承明主编：《中国资本主义发展史》（第二卷），第468页。

⑥ 严中平主编：《中国近代经济史（1840—1894）》，第1430—1431页。

⑦ 许涤新、吴承明主编：《中国资本主义发展史》（第二卷），第470页。

⑧ 汪敬虞：《中国资本主义的发展和不发展》，第327—328页。

海开办的。[①]

3.一般轻工业。除一些需要靠近原料产地的行业外，此类中开设两家企业以上的行业只有造纸、印刷、面粉加工、火柴、锯木和制药业，而上海拥有的种类最为齐全。在造纸业中，1882年成立的上海机器造纸局为全国最早。在印刷业中，1882年在上海开办的同文书局是同业中的首家，且全国十家纸厂中的六家位于上海，宁波和杭州亦各有一家。在面粉加工业中，首家企业虽是1878年在天津开办的贻来牟机器磨坊，但创办者却是轮船招商局的首位总办、上海船商朱其昂，且国内八家面粉厂中的三家在上海。在火柴制造业中，虽然广东在数量上要超过上海，但位于上海的燮昌火柴厂却是同业中最大的一家，其资本甚至大体相当于其他所有厂家的总和。在锯木业中，1878年出现的上海锯木厂是国内同业中最早的一家。在制药业中，国内仅有的两家制药厂都在上海。[②]

4.保险业。1875年，轮船招商局总办唐廷枢和会办徐润在上海发起成立保险招商局之举，为国人正式自办保险公司之始，并且得到了积极的响应。到次年7月间，申请入股数额已达二十万两。[③]在此基础上，徐、唐等人复设仁和保险公司，共计招募股本五十万两。1878年，徐润等又创办济和水火险公司，招股五十万两。[④]1886年，仁和与济和合并为仁济和保险公司，成为当时中国最大的一家保险公司。[⑤]

5.航运业。九十年代以前，民间曾经多次出现了创办轮船运输的尝试，这些尝试主要集中在华南和江南两处。尽管它们都因官方的阻挠而失败，但进入九十年代之后，情况有所改变，而这种突破依然发生在这两个地方。1890年，在香港和上海同时出现了两个由华商创办的颇具规模的轮船公司，前者的资本为三十万元，后者为二十万两。同年，在汕头的

---

① 许涤新、吴承明主编:《中国资本主义发展史》(第二卷)，第474—476页。

② 汪敬虞:《中国资本主义的发展和不发展》，第334—335页。部分行业参考了许涤新、吴承明主编:《中国资本主义发展史》(第二卷)，第486页。

③ 汪敬虞:《中国资本主义的发展与不发展》，第361页。

④ 中国史学会主编:《洋务运动》(八)，第116—118页。

⑤ 汪敬虞:《中国资本主义的发展与不发展》，第361—362页。

一些华商开设了一个较小的轮船公司。1893年左右，上海又出现了一家民间轮船公司，不过资本未详。在甲午战前，这是中国民间航运业仅有的企业。[①]

三、中国近代工业化通过江南的落实

根据上述这种空间背景可以发现，尽管李伯重所谓的“江南早期工业化”不能与中国近代工业化直接接轨，但是他的思路中至少有两个方面还是值得重视的：首先，在探讨中国近代工业化的起步进程时，的确无法绕过以江南这个地方空间为基准所提供的视角；其次，江南与中国近代工业化之间相对于国内其他地区的亲和力，当然意味着本土的内在活力并非不能构成一条颇具能动性的线索。可是前文刚刚确认了位于宏观层次、具有外在性质的新生产力对中国近代工业化起步进程的重要性，这岂非陷入了自相矛盾吗？事实上，造成在外来冲击和内部因素尤其是内在活力之间各执一端的主要原因，很可能是过多地受到某些既定的认知方式的限制，而没有认真观察两者在具体社会情境下所遵从的实践逻辑。对此，只要我们仔细勘查一下近代工业化在中国初步实现本土化落实的实际过程，也就是新生产力开始切入中国社会经济基础结构产生作用和反作用的过程，即可得到有力的证明。

正如以往许多研究证明的那样，洋务运动中从国家层面出发、自上而下地创办近代企业的活动，标志着中国本土开始有意识地引进和接受作为一种经济机制的新生产力。不过这种新生产力得到落实的过程，并不始于首先着手的洋务军事工业，因为这部分工业的“生产不是为了交换的目的”“产品更不是社会所必需的物质资料”，[②]所以其与基础性的社会经济结构之间还有相当大的距离。只有到了以建设民用工业为核心的“求

① 许涤新、吴承明主编：《中国资本主义发展史》（第二卷），第508—509页。

② 张国辉：《洋务运动与中国近代企业》，第69页。

富”活动展开后，洋务运动所引进的新生产力才真正出现了力图实现社会化的进程。

在这个社会化进程之初，国家很可能就产生了通过江南与近代工业化的接轨来推进该进程的意识。这方面的一个显著表现是，当民用洋务工业开始启动即筹建轮船招商局时，李鸿章之所以选择出身上海沙船世家的朱其昂出任该局首任总办，显然存在着从江南沙船业中为该局获取社会资源的意图。然而这种把近代航运业嫁接到传统沙船业的努力并不成功。其中一个重要原因，很可能在于朱其昂还不是一个熟悉新生产力的买办化商人，[①]正如刘坤一指责的那样，“既于外洋情形不熟，又于贸易未谙，买船贵而运货少，用人滥用靡费多，遂致亏折。”[②]在他主持局务期间，轮船招商局不但招股极形寥落，且仅有轮船四艘，开辟航线两条。[③]而这样的成绩当然不足以证明近代航运业的优越性，也就难怪大批旧式沙船主对于投资招商局的态度是“群起诧异，互相阻挠”“竟至势同水火”。[④]由此可见，依靠传统商人来引进新生产力并非一条行得通的道路。

至于江南仍然成为相对成功地引进新生产力的地区，主要是因为当时江南另有一批人可以承担这种引进任务，那就是从六十年代起就在上海相当活跃的广东买办群体。正如前辈学者指出的那样，近代买办商人是当时最熟悉新生产力的中国人士，并且最早拥有在中国兴办近代工业的知识和资本。[⑤]而由于较早接触西方而得风气之先，广东人不仅首先显示出胜任买办的能力，也是崛起最早、最具实力的买办群体。[⑥]于是，在依靠像朱其昂这样的旧式商人打不开局面的情况下，李鸿章等人迅速

---

① 张国辉：《洋务运动与中国近代企业》，第144页。

②《刘坤一遗集》第二册，中华书局，1959年，第601页。

③ 张后铨主编：《招商局史（近代部分）》，第58、63页。

④《字林沪报》，1883年11月10日。转引自张国辉：《洋务运动与中国近代企业》，第146页。

⑤ 许涤新、吴承明主编：《中国资本主义发展史》（第二卷），第二章第四节。汪敬虞：《中国资本主义的发展和不发展》，第81—100页。

⑥ [美]郝延平：《十九世纪的中国买办——东西间桥梁》，李荣昌等译，上海社会科学院出版社，1988年，第57页。

把目光转向了以唐廷枢、徐润为首的广东买办，从而使之进入了中国近代工业化进程中的中心舞台。而广东买办随后在引进新生产力方面也的确取得了令人瞩目的成绩。其主要表现是，唐廷枢和徐润接替朱其昂入主轮船招商局后，整个局面即大为改观：他们接手后仅一年时间便招入股本四十余万两，并使该局船舶拥有量年年稳定增长，到1877年已拥有各种船只二十九艘，总吨位达三万多吨，该年度的总收入亦达一百五十四万多两，此外还开辟了许多新的航线甚至是远洋航线。①

随着民用洋务企业扩展到煤矿业和纺织业，广东买办被大力借重的强势地位亦不断延伸。在煤矿业方面，这一时期进入实际操作阶段的官督商办煤矿共有三座，即1877年的安徽池州煤矿、1878年的直隶开平煤矿和1879年的湖北荆门煤矿。②其中，池州煤矿的主要经营者杨德同样是一位广东买办，③开平煤矿的初期经营基本上由唐廷枢经理。④至于当时唯一一家纺织企业即上海机器织布局，虽然创议者彭汝琮并非广东人士，然而他的禀请会被李鸿章批准的重要原因，就是他提出由时为太古洋行买办的郑观应充任该局会办。⑤因此可以说，广东买办在引进新生产力并使之产生示范性作用方面确实做出了最重要的贡献。

不过广东买办的这种贡献，并不意味着近代工业化在江南得到了落实。也就是说，他们还不足以使新生产力在更深入和广泛的社会层面中被接受，也没有使中国经济实现传统与近代的衔接。首先，他们与中国传统经济的关联极少，而与西方渊源至深。这方面最明显的表现是，他们虽然在中外贸易中拥有举足轻重的地位，但是这种地位根本不能在其原籍即广东得到维持。这是因为，通过西方列强巩固下来的不平等条约制度，各国洋行纷纷在新辟口岸设立新的分支机构，随之“广东买办像食客一样

① 张后铨主编：《招商局史（近代部分）》，第49、60、63页。

② 夏东元：《洋务运动史》，第252—253页。

③ 张国辉：《洋务运动与中国近代企业》，第211—212页。

④ 许涤新、吴承明主编：《中国资本主义发展史》（第二卷），第413—414页。

⑤ 夏东元：《洋务运动史》，第389—390页。

跟着外商到各口岸去”。[1]前已述及，由于西方对中国的冲击很快集中在江南一带，中外贸易的中心在十九世纪五十年代以后便从广州转移到了上海。由此可见，大批广东买办之所以在江南出现，完全是其必须紧紧跟随西方的步调而行动的结果。

其次，尽管唐廷枢等人进入了民用洋务企业的经理层，然而他们对中国原有社会经济基础的影响并没有波及更大的范围。例如，唐廷枢和徐润接手轮船招商局后，虽然在招股方面颇有进展，但是这些股本基本上只能依靠他们自身，以及与之联系密切的其他买办商人的投资。在他们首期招到的股本中，徐润一人即入股二十四万两，唐廷枢则不少于八万两。[2]另外唐廷枢本人还承认，在其他许多投资者中，“其最初附股之人，固由廷枢招至，即后来买受者，廷枢亦大半相识。”[3]同时，徐润也“设法招徕各亲友”投入了大量股份。[4]张国辉的分析表明，即使不能把凡与唐、徐交往的商人都看作买办，但买办资本在招商局这时的资本构成中无疑占据了压倒地位。[5]在开平煤矿的招股活动中，情况亦复相同。唐廷枢起初计划招股八十万两，实际只招到二十余万两，而主要投资者仍然是唐廷枢和徐润以及与之联系密切的“港粤股商”。[6]

最后，江南社会对广东买办群体也采取了非常明显的排斥态度，特别是广东买办群体的社会地位急剧上升之后，这种态度更为强烈。七十年代在上海频繁出现的嘲讽商人的“竹枝词”，其实主要就是针对广东买办而发。[7]而1873年底发生在上海的名伶杨月楼偷情案，更是成为江南社

① [美]郝延平：《十九世纪的中国买办》，第60页。

② 张后铨主编：《招商局史（近代部分）》，第50页。

③《沪报》，1885年12月5日。转引自汪敬虞：《唐廷枢研究》，中国社会科学出版社，1983年，第178页。

④ 中国史学会主编：《中国近代史资料丛刊·洋务运动》（八），第176页。

⑤ 张国辉：《洋务运动与中国近代企业》，第140页。

⑥ 张国辉：《洋务运动与中国近代企业》，第203页。

⑦ 李长莉：《晚清上海社会的变迁：生活与伦理的近代化》，天津人民出版社，2002年，第178、185页。

会宣泄对广东买办敌对情绪的突破口。[①]一位署名“赴粤宦客”的人士甚至在《申报》上发表了“香山既多寡廉鲜耻之人”的激烈人身攻击。[②]尽管此人身份不明，但是与当时社会情势联系起来，仍然可以认为这里体现的是江南社会的基本立场。反过来说，寓沪广东人士同样没有忽视自身的地方认同。对此，1872年唐廷枢与徐润等人在上海设立广肇公所的举动是最好的证明。[③]另外，针对江南社会的对立情绪，广东买办也强化了群体意识。1874年，他们以“从前《申报》持论有不允当处，恐将来有偏袒不公”为由，创办了一份《汇报》，[④]并且与《申报》每每在与广东买办利益相关的问题上发生争论。[⑤]在这种情况下，江南社会显然没有多少兴趣加入广东买办进行的近代工业化建设。

或许有人会认为，广东买办主持的近代工业在江南遭到上述冷遇，不过是引进新生产力初期的应有之义，并不见得他们的努力就不能实现与中国传统经济的接轨。其理由是，到了十九世纪八十年代初期，在唐廷枢、徐润和郑观应等人仍然主持轮船招商局、开平煤矿和上海机器织布局等重要洋务企业的情况下，正如张国辉曾指出的那样，在官督商办的洋务企业步入初步兴盛阶段的同时，近代企业也普遍地赢得了社会上的信任，[⑥]从而形成了中国近代工业的第一个发展高潮。这难道不意味着新生产力开始在中国社会中得到落实了吗？可是只要仔细分析一下这种发展势头的形成过程，就可以发现广东买办在其中并不能专美，而来自江南社会的一批绅商所作的贡献更大。特别是中国近代工业化经受1883年上海金融风潮的严重打击后，不仅原有的一些大型企业得以幸存下来并有所发展，而且创办新式企业的势头还扩散到了民间社会之中，更是在很大程度上依靠了江南绅商的这种贡献。

---

① 易惠莉：《郑观应评传》，南京大学出版社，1998年，第228页。

②《申报》1874年1月19日，转引自易惠莉前引书，第229页。

③ 易惠莉：《郑观应评传》，第227页。

④《中西闻见录》，1874年6月，转引自汪敬虞：《唐廷枢研究》，第181页。

⑤ 易惠莉：《郑观应评传》，第230页。

⑥ 张国辉：《洋务运动与中国近代企业》，第295、302页。

这批江南绅商的主要代表，也就是以往被视为最初向中国资产阶级转化的旧式上层商人代表即李金镛、经元善和谢家福等人。[1]他们都出身于江南士绅社会，在民用洋务工业开始建设的十九世纪七十年代以前，他们皆未留下与新生产力有过密切联系的痕迹，因此在最初引进新生产力的过程中亦没有崭露头角的机会。至于他们的社会知名度和社会地位开始迅速提高的机缘，也不是借助对近代工业化建设的参与，而是针对七十年代中后期华北地区爆发空前惨烈的旱灾即“丁戊奇荒”所举办的义赈活动。在这次义赈活动中，他们表现出了极其强大的社会能量，尤其是开创了一套新颖而有效的募捐办法，在将近四年的时间中从极其广泛的社会范围内募集到了一百多万两赈款。[2]也正是由于这次义赈活动，他们开始有机会接触李鸿章和盛宣怀等洋务大员，并得到后者的赏识而产生了参与近代工业化的契机。[3]

可以肯定，李鸿章和盛宣怀等人最初赏识这批江南绅商的主要原因，与后者显示出来的强大社会集资能力有着莫大关系。并且，这批江南绅商一开始也的确是依靠集资活动为自身赢得了在近代工业化建设过程中不容忽视的地位。而他们能够在这方面取得成功，在很大程度上是因为其创造了一套具有本土化意味的办法，即把他们此前在义赈活动中形成的募捐办法应用于近代企业的招股活动。同时，由于这批江南绅商业已在救荒过程中赢得了极其广泛的社会信任，所以由他们来运用这套方法为近代企业筹集资金，显然就比其他社会群体更具优势。就后来的结果来看，正是他们成功地运用这套集资方法，才引发了向中国近代企业投资的第一次热潮，从而极大地拓展了中国近代工业化的资金来源。

---

① 张国辉：《洋务运动与中国近代企业》，第367—371页。李金镛籍隶无锡，其个人情况可参见谢家福：《李金镛行状》，光绪年间刻本；经元善籍隶上虞，其个人情况可参见虞和平：《经元善集·前言》，载虞和平编：《经元善集》，华中师范大学出版社，1988年；谢家福籍隶苏州，其个人情况可参见柯继承：《我国电报事业的开拓者——谢家福》，载《苏州杂志》2002年第3期。

② 朱浒：《江南人在华北——从晚清义赈的兴起看地方史路径的空间局限》，《近代史研究》2005年第5期。

③ 虞和平：《经元善集·前言》，载虞和平编：《经元善集》。

从目前掌握的材料来看，最早在招商活动中运用这套集资方法的是李金镛。1878年9月间，盛宣怀向李鸿章举荐李金镛出任湖北开采煤铁总局总办，并得到了批准。①而李金镛为该局所做的第一项重要工作，就是次年与盛宣怀共同制定《湖北荆门矿务招商章程》，并且试图以自己此前办理义赈的经历来取得江南社会的响应：

> 前经宣怀据实禀奉南北洋大臣、湖广督抚宪批准招商试办，并蒙札委金镛总办局务，在沪纠集股分，会商筹办。窃维东南士民莫不急公好义，前金镛经办三省助赈数十万金，尚蒙信任。此次矿务，实为中国富强之基，试办有效，获益全局，想官绅商富同抱公忠，必能众力相扶，乐观厥成。②

这份章程最后还声明："开办以前，陆续收集股分，开办以后，各项支用款目及煤吨收销各数，悉照办赈章程，随时录数刊登《申报》，以供众览，俾得周知。"就此而言，李金镛在这里几乎原封不动地借鉴了义赈的某些募捐手法。

不过，李金镛的此次招股活动并未取得显著成效。其主要原因很可能是义赈此时仍处于繁忙阶段，同时谢家福、经元善以及其他许多江南绅商又在义赈活动中承担着重要事务，也就无暇给他多少帮助。而到了十九世纪八十年代中期，即从1877年兴起的大规模义赈活动终于暂时告一段落之后，当这套方法再次被用来筹集近代企业资金的时候，就与1879年的情况完全不同了。只不过，这一次招股活动的发起人和相关企业已非李金镛和荆门矿务总局，而是经元善和上海机器织布局。

虽然经元善主持的这次招股活动非常著名，然而以往研究都未能充分揭示的是，其使用的招股方法同样来自义赈的募捐实践。尽管没有在

---

①《湖北开采煤铁总局、荆门矿务总局——盛宣怀档案资料选辑之二》，上海人民出版社，1981年，第340—341页。

②《湖北开采煤铁总局、荆门矿务总局——盛宣怀档案资料选辑之二》，第415—418页。

章程中公开声明“悉照办赈章程”，但经元善本人明确承认，此次做法正建立在筹赈活动的基础上：“即以筹赈平实宗旨，变而通之，凡所招股本、户名、银数，及收款存放何庄，每月清单布告大众。”[1]同时，义赈之外的人士也对这种渊源有清楚的认识。如当时布局的官方代表戴恒和龚寿图之所以对经元善不满，一个重要原因便是他们认为：“商务非办赈，收款何必登报。”[2]另外，其他许多因义赈而结成的同人关系亦为经元善的招股活动提供了很大的帮助。能够反映这一点的主要事实是，正如虞和平先生指出的那样，在当时设立的、分布于国内外三十六个城镇的布局股份代收处中，许多地点的股金接收人正是先前该地义赈收捐处的主持人。[3]

关于经元善此次招股活动的成功程度，只需指出其中一个方面就足够了。那就是，仅在布局招商章程公布后不到一个月，社会上的认股金额便达三十万两，后又增至五十万两，[4]甚至还出现了“尚有退还不收”的情形，远远超过了原定四十万两的计划。[5]那么此次招股成功又意味着什么呢？显然，为织布局募集足够的经营资金只是次要问题，更重要的是，这次成功标志着中国近代企业的投资状况进入了一个新阶段。其实，经元善本人已经意识到了这种转变的发生。他在比较唐廷枢、徐润与自己的企业集资方法时曾说：“溯招商、开平股份，皆唐、徐诸公因友及友，辗转邀集。今之登报招徕、自愿送入者，从此次始。”[6]对于这种转变的意义，张国辉认为，这反映出近代企业投资“开始突破商帮亲友的狭隘范围，扩大到以全国主要商业城市的商人作为争取对象”。[7]也就是说，从这时起，中国近代工业化所需的社会资金已不再仅仅依靠买办资本，而能够从

---

① 虞和平编：《经元善集》，第286页。

② 虞和平编：《经元善集》，第286页。

③ 虞和平：《经元善集·前言》，载虞和平编：《经元善集》。关于这方面的具体情况，可以比较该书中所收的《上海详报晋赈捐数并经募善士禀》（第36—38页）和《江苏上海机器织布局启》（第297—298页）两文。从中可以看出，两者所列的代收处地址和主持人大多相同。

④ 张国辉：《洋务运动与中国近代企业》，第276页。

⑤ 虞和平编：《经元善集》，第287页。

⑥ 虞和平编：《经元善集》，第287页。

⑦ 张国辉：《洋务运动与中国近代企业》，第368—369页。

传统经济中吸取养分了。

其后的事实表明，上海机器织布局此次成功招股应该说是中国首次近代企业投资热潮的起点。首先，正是在此之后，这个投资热潮才开始出现。例如，轮船招商局和开平煤矿都迅速扭转了其在1880年以前集资困难的局面。前者完成第一次招股一百万两的计划用了八年时间，而第二次招股一百万两的目标仅用一个年度就实现了；[①]后者亦在一个年度中便使自身资本总额从三十万两增长到一百万两。[②]并且两者的股票价格在此期间也大幅上扬：到1882年初，轮船招商局股票已涨至二百二十两（票面额为一百两），开平煤矿则为一百七十两（票面额为一百两）。[③]至于其他企业在这一时期的集资情况，当时《申报》曾报道说："现在沪上股分风气大开，每一新公司起，千百人争购之，以得股为幸。"[④]其次，上海机器织布局招股的成功表明，江南绅商使用的这套集资方法率先为近代企业投资赢得了社会信任。与轮船招商局和开平煤矿在部分上借助实际经营业绩来强化社会投资信心的状况不同，[⑤]织布局在没有任何业绩的条件下，却先一步取得了招股的成功。不仅如此，1882年电报局成功招商时，该局也只是刚刚投入运营，并没有显示出多少绩效。[⑥]可以说，当时其他许多没有实绩的企业能够得到不错的集资结果，与搭上这套招股方法的便车有着很大的关系。因此，经元善将织布局招股的成功称为"商务联群机缄，以将萌芽勃发"，[⑦]并非夸大其词。

这些江南绅商通过招股活动而在近代企业中站稳脚跟的同时，也迅速掌握了新生产力的运行机制，从而为近代企业建设提供了一批更具本土背景的经营人才。本来，李金镛、经元善和谢家福等人在参与中国近代

① 张后铨主编：《招商局史（近代部分）》，第49—50页。

② 许涤新、吴承明主编：《中国资本主义发展史》（第二卷），第418页。

③《申报》1882年2月2日，转引自张国辉：《洋务运动与中国近代企业》，第301页。

④《申报》1882年8月12日，转引自张国辉：《洋务运动与中国近代企业》，第300页。

⑤ 张国辉：《洋务运动与中国近代企业》，第293页。

⑥ 严中平主编：《中国近代经济史（1840—1894）》，第1467页。

⑦ 虞和平编：《经元善集》，第287页。

工业化之前并没有多么显赫的经济背景。根据现有资料，李金镛仅仅有过“少为贾”的经历，经元善的产业不过是一家钱庄，谢家福甚至连与“江南早期工业化”相关的联系都不曾出现。而进入近代企业的建设进程后，他们不仅很快熟悉了这个领域，而且其表现出来的经营才能以及做出的实绩，绝不亚于唐廷枢等广东买办商人。例如，正是通过李金镛的努力，近代中国规模最大、成效最好的一家金属矿即漠河金矿才得以建成并实现了正常运营；[①]经元善从1881年起总理上海电报局事务，直到1900年因通电反对“已亥立储”而被迫逃亡前，始终在电报局的发展中起着主要作用，该局也一直是洋务企业中经营得最成功、效益最好的一家；[②]谢家福除在创办电报事业上多有贡献外，[③]还从1885年起成为轮船招商局的主要经理人，[④]成为不能长期驻局的盛宣怀最倚重的人物，盛宣怀于1891甚至还希望由谢家福出任该局“商总”一职。[⑤]

在这些江南绅商成长为近代企业经营人才的同时，他们亦逐渐完成了从传统士绅或商人向近代绅商的社会身份转化。应该承认，对于这种转化的性质和意义，以往的研究在事实上已经有所涉及，如张国辉关于中国资产阶级的来源分析，[⑥]以及马敏对近代绅商所做的类型划分。[⑦]不过，由于他们只注重了这个新兴阶层的基本构成状况，而没有仔细探察不同社会群体融入该阶层的具体过程，从而未能全面揭示这种转化的意涵。而其中最关键的一点，就是这种转化对于新生的近代绅商阶层所起到的巨大巩固作用。

从张国辉的研究中可以看出，到十九世纪七十年代末为止，近代绅商

① 贾熟村：《创办漠河金矿的李金镛》，《江海学刊》1998年第5期。
② 虞和平：《经元善集·前言》，载虞和平编：《经元善集》。
③《奏保谢家福片》，吴汝纶编：《李文忠公全书》奏稿卷五十四，页五十四。
④《申报》29，上海书店，1982年，影印本，第765页，1886年11月2日。
⑤《轮船招商局——盛宣怀档案资料选辑之八》，上海人民出版社，2002年，第340—341页。
⑥ 张国辉：《洋务运动与中国近代企业》，第六章第一节。
⑦ 马敏：《官商之间——社会剧变中的近代绅商》，华中师范大学出版社，2003年，第三章。

阶层的主要来源只有洋务派官员和广东买办商人两个社会群体。[①]由于这一时期官员出身的洋务企业经营者大都没有成为合格的近代经营人才，所以其时近代绅商的中坚力量应属近代企业中的广东买办群体。然而由于这个群体的代表人物即唐廷枢、徐润和郑观应等人都在1883年上海金融风潮中遭到了致命的打击，所以他们不仅迅速失去了在近代企业中的主导地位，在政治上也彻底失势，社会信誉亦一落千丈。[②]对于近代绅商阶层来说，这显然危及了它刚刚在中国社会中赢得的社会地位。幸运的是，从八十年代初才大批进入近代企业的这些江南绅商不仅在金融风潮来临前基本完成了向近代绅商的转化，而且受这场风潮的影响也远较广东买办绅商为小，并且在不少领域中填补了因后者的退出而造成的空白。这样一来，这些江南绅商的作用就不仅仅是扩大了近代绅商队伍，而且使其已有的社会地位和影响没有因广东买办绅商的下沉而萎缩，从而极大地巩固了这个阶层继续发展的基础。

值得注意的是，正是在这批江南绅商参与近代企业的建设之后，江南传统经济才真正出现了与近代工业化接轨的势头。在这方面，扬州著名盐商李培松应是第一个例子。1880年间，在郑观应和经元善的劝说下，他和宁波富商蔡鸿仪一起加入了上海机器织布局主要投资人的行列。[③]此后李培松又在电报局、内河航运公司和徐州利国驿煤铁矿中都表现得相当活跃。而恰恰又继李培松和蔡鸿仪投资织布局后，甚至包括具有买办背景的江南商人才开始创办近代企业。例如，1882年，浙江丝商兼买办黄佐卿在上海开办了公和永丝厂；[④]同年，另一位具有买办经历的浙江商人叶澄衷进行了创办私人轮船公司的尝试；[⑤]1886年，以盐业起家的宁波帮开山鼻祖严信厚在宁波创设国内首家机器轧花厂即通久源轧花

① 张国辉：《洋务运动与中国近代企业》，第六章第一节。

② 易惠莉：《郑观应评传》，第353—354页。

③ 张国辉：《洋务运动与中国近代企业》，第276页。

④ 许涤新、吴承明主编：《中国资本主义发展史》（第二卷），第463页。

⑤《交通史航政编》第1册，第222页，转引自孔令仁主编：《中国近代企业的开拓者》（上册），第129页。

厂。[①]这样一来,江南与近代工业化之间的隔膜状态就被彻底打破了。

最后,不仅中国近代工业化进程是在江南落实后才向国内其他地区展开的,甚至这个展开过程在相当程度上也借助了江南绅商们的努力。在这方面,最明显的例子出现在湖北和东北。正如有人指出的那样,荆门矿务总局实为湖北近代工矿企业的滥觞。[②]虽然该局督办是盛宣怀,但是从该局设立到停撤期间,他实际上并未亲驻湖北,而是由一位苏州绅士、从1876年就随同李金镛办理赈务的金德鸿(名少愚)在当地主持局务。[③]至于东北地区,则如一些研究表明的那样,李金镛创办的漠河金矿正是东北近代工业化的起步点之一。[④]而由于漠河金矿的良好示范作用,黑龙江北部其他许多金矿也相继得到了开发,[⑤]从而强化了东北地区的近代工业化进程。

结语

本文的论述表明,出现在中国近代工业化发生问题上的"内发"与"外源"之争,其实都存在着偏颇之处。就"外源论"而言,它虽然正确地指出了出现在中国的新生产力的外发性质及其依托西方冲击而来的宏观态势,却忽视了从内部视角观察中国怎样接受这种新生产力及地区发展不平衡的一面。就"内发论"而言,它又过度拘泥于内部视角,在一个新陈代谢的过程中仅仅强调了"渐变"和似乎"不变"的一面,甚至还把内部视角化约为地方视角,把发生在民族国家层面的问题化约为地方性问题。因此,对于中国近代工业化的起步进程来说,这两种观点都只具有部分的合

---

① 孔令仁主编:《中国近代企业的开拓者》(上册),第366页。

② 陈建林:《荆门地区近代工矿文明的滥觞——简论荆门矿务总局的历史地位》,《攀枝花大学学报》2000年第6期。

③《湖北开采煤铁总局、荆门矿务总局——盛宣怀档案资料选辑之二》,第456页。有关金德鸿早先跟随李金镛办赈的情况,可参见《申报》12,第273页,1878年3月28日。

④ 衣保中、林莎:《论近代东北地区的工业化进程》,《东北亚论坛》2001年第4期。葛玉红:《东北近代工业的形成与发展》,《辽宁大学学报》1999年第1期。

⑤ 孔令仁主编:《中国近代企业的开拓者》(上册),第307页。

理性。而只要我们抛开既定认知方式的制约，就可以发现它们各自的合理性之间并不存在一种对立关系。这是因为，这个起步进程本来就是一个由冲击与回应、传统与近代、内因与外因、宏观与微观等一系列二元关系发生复杂互动和交汇的过程。一方面，我们当然不能否认以新生产力为核心的近代工业化是随着西方对中国的冲击而来的，然而这种冲击毕竟不能摆脱中国传统经济结构所给定的条件，因此才出现了试图以江南为主要突破口的倾向；另一方面，中国确实也不是在一片空白的基础上作出对西方冲击的回应或者仅仅是消极回应，否则就无法解释传统经济最发达的江南表现出了相对其他地区更为成功地引进和接受近代工业化的能力。总之，这两个方面的综合才是中国近代工业化的起步进程所遵循的实践逻辑，才是该进程中内因与外因之间的实践辩证关系。

（该文原载杨念群编：《澹澹清川：戴逸教授九秩华诞纪念文集》，中国人民大学出版社，2016年）

《中国国债史》是一部经济史著作吗？
——中国经济史学科发端问题再考察

二十世纪前半期被学界公认为现代中国经济史学科的诞生时期。按照学界的通行说法，这一时期以1904年为起点，其理由是梁启超于此年推出了《中国国债史》一书。如赵德馨认为，梁启超此书“标志着近代意义的中国经济史学科的萌发”。[①]虞和平在回顾中国近代经济史的发轫时也认为：“中国近代经济史著作最早出现于1904年，该年广智书局出版了梁启超的《中国国债史》。”[②]李伯重同意赵德馨的观点，也将梁启超此书的问世“作为中国经济史学出现的标志”。[③]在这些权威经济史学者的支持下，这部著作作为中国经济史研究的诞生标志，似乎并没有什么问题。然而以往很少有人指出的是，梁启超此书出版时间为光绪三十年(1904)，书中叙述时间亦自光绪初年为始，就时段而言，梁氏此书所论内容似乎更应该视为时政范围，而非历史性质。那么，梁启超写作此书是否是从历史研究的角度出发的呢？他此时具备较为明确的经济史研究意识了吗？显然，如果不首先弄清楚这些问题，就去谈论现代中国经济史学科的发端，恐怕为时过早。

一

从正面立论的角度来说，学界将梁氏《中国国债史》视为现代中国经

---

① 赵德馨：《发扬面向现实、反思历史的优良传统》，《中国经济史研究》1990年第1期。

② 虞和平：《经济史》，载曾业英主编：《五十年来的中国近代史研究》，上海书店出版社，2000年。

③ 李伯重：《回顾与展望：中国社会经济史学百年沧桑》，《文史哲》2008年第1期。

济史研究的萌生标志，的确不能说是随意之举。综合学界已有的论述，给出这种说法的依据主要基于两个方面：

其一是认为该书是梁启超将其对经济问题的关注与其“新史学”思想相结合的产物。如李根蟠指出，正是作为史学革命旗手的梁启超，率先“将中国古代的经济思想与西方经济理论相比较，写了《史记货殖列传今义》《管子新解》等论文”，并“第一次把统计学的方法引入历史研究之中，写了《中国史上之人口统计》”等文章，而“这些都可以视为中国经济史学的滥觞”。[1]虞和平则发现，梁启超对于中国经济问题的关注，大概始于目睹甲午战争之后外人考察中国社会经济状况的刺激，这在其于1897年为日本人绪方南溟所著《中国工艺商业考》一书所作序言中可以概见；在1904年撰写的《外资输入问题》中，便已显示出了“要用历史与现实相结合的方法研究外资输入问题”。[2]杨祖义更加明确地提出，经济史作为专门史开始出现，正是得益于“新史学”的直接促进，因为梁启超“接受了西方现代学科分化取得的成果，用现代科学分类方法，把历史学划分为普通史与专门史”。[3]根据前述认识，1904年的《中国国债史》完全可以视为梁启超对1902年提出“新史学”号召的践行。

其二则是认为《中国国债史》充分展现了经济史研究所应具备的视野。应该说，梁启超此书的确包含了较有深度的经济内容。其中共制作了七份表格，分别是[光绪四年（1878）至二十八年（1902）]历年外债总额表、戊戌前旧债逐年摊还本利表、新旧国债分年偿还表、光绪廿八年（1902）偿纳新旧债款日期表及数额表、义和团事件各省分担偿金表、光绪三十年（1904）补还镑亏各地方分担额表及各国公债表。根据这些统计结果，书中又进一步解释了清廷向各省摊派外债的情况、各省之应对情形，较为明确地展现了当时清廷财政的窘况。有研究者据此认为，尽管该书

① 李根蟠：《二十世纪的中国古代经济史研究》，《历史研究》1999年第3期。

② 虞和平：《经济史》，载曾业英主编：《五十年来的中国近代史研究》。

③ 杨祖义：《20世纪上半期中国经济史学发展的回顾与启示》，载中南财经政法大学经济学院编：《中南经济论坛2004年卷·总第1卷》，中国财政经济出版社，2004年。

在统计资料的完整性与精确性方面存在着局限性，但这是“梁启超尝试用西方财政学知识”对近代中国外债问题的研究，所以“具有开创意义”乃是确定无疑的。[①]这就是说，《中国国债史》在经济史研究的自觉性方面具有先行意义。

乍看之下，上述两个理由颇具说服力。然而细究之下可以发现，这些阐述在很大程度上是根据后来的学科发展史思路回溯的结果，从而难免存在着基于某些后见之明而做出的解释。这里不应忽视的是，写作《中国国债史》时期的梁启超并不仅仅是一位学问家，同时还是一位关注时政的政治家。因此，我们有必要回到该书文本及其书写情境，认真审视一下作者的写作主旨及其内在脉络。转换成更加直白的问题，那就是，梁启超是否是要撰写一部历史学著作呢？他写作该书的主要动机果然是出于学术研究的自觉意识吗？

首先，从梁启超对自身立意的表述来看，他撰写该书与其说是要践行“史学革命”的号召，还不如说是在进行政治革命的宣传。一方面，他开宗明义地宣称自己之所以要论述“近二十余年来国债之历史”，其根本动机是为了唤起国民的国家危机意识：“‘门前债主雁行立，屋里醉人鱼贯眠’。今日之中国当之矣。醉者岂惟政府，抑全国民皆实梦梦焉？情实且不知而欲其有道焉以拯救之，安可得也！”[②]另一方面，他又以国债为途径而提出了政体正当性问题。在他看来：“盖公债与立宪政体有切密之关系。愈文明之国，其所负担之公债愈多，民之信其政府使然也。以中国之政体，民视政府如仇雠，如盗贼，其不能得公债于国内也，无待言矣。”[③]就中国的情况而言，“夫公债之本息，政府以何道取之于我乎？亦曰租税而已。我国民当由何道乃得有财政监督权乎？亦曰出代议士而已。故吾实缫演

① 郑起东等：《当代中国近代经济史研究》，中国社会科学出版社，2015年，第3页。

② 梁启超：《中国国债史·自叙》。本文所用版本出自于中华书局1936年出版之《饮冰室合集》。

③ 梁启超：《中国国债史》，第1页。

欧人之常言以正告我国民曰：'不出代议士，不纳租税。'"[①]在这里，梁启超呼吁抛弃清朝政体的意味是非常明显的。

其次，梁启超围绕着国债问题的具体论说，也都是为了揭批当时清廷政府职能的失灵，而很少表现出专业性的经济分析。对于外债的作用，他指出这仅仅有助于清政府的苟延残喘，因为"有外债以调剂之，则可以摊年筹偿，易整数为畸零，易直接为间接，所谓狙公饲狙、朝四暮三之术，故民遂与之相忘，而怨扰不至太甚"。[②]对于清政府发行带有内债性质的昭信股票之举，在梁启超看来，"此实中国内债之嚆矢，而恐亦中国内债之末路也"，其理由是，"以若此之政府，本不足信，虽欲昭之，其乌可得。"[③]在述及清廷举借外债而引发利权问题时，梁启超又批评道："而当局者饮鸩如饴，滥用国民公产之保证，慷他人之慨，以快一日之挥霍，吾欲我国民一询其居心何等也。"[④]梁启超最后的结论是："夫以今日中国情形，就使所借者为内债，而固已岌岌不可终日矣，况其又属于外债。"[⑤]按照梁启超的判断，清政府在国债问题上的所有举措无疑都属于倒行逆施。

从以上两点可以看出，梁启超撰写《中国国债史》的主要动机，其实是质疑清政府政体的正当性及其继续统治的合法性。就此而言，该书首先是一部关注时政之作，而不是一部历史学性质的专门史。尽管梁启超在该书中使用了带有统计学意味的方法来处理数据，但是与现代意义的学术研究之间，显然还存在着很大距离。因此，将该书视为中国经济史学科的诞生标志，恐怕为时过早。

至于清末出现的、涉及清代经济史实的其他著述，更加不具备成为清代经济史研究开山之作的意义。这些著述大体包括：1906年出版的沈同芳之《中国渔业历史》、魏声和之《中国实业界进化史》，1907年山西同乡

---

① 梁启超：《中国国债史》，第39页。
② 梁启超：《中国国债史》，第1页。
③ 梁启超：《中国国债史》，第6页。
④ 梁启超：《中国国债史》，第9页。
⑤ 梁启超：《中国国债史》，第37页。

会编辑的《山西矿务档案》，陈家锟于1908、1909年先后推出的《中国商业史》和《中国工业史》，1910年南通翰墨林编译印书局编写的《通州兴办实业之历史》，1911年通海垦牧公司编写的《通海垦牧公司开办十年之历史》。这些著述虽然在客观上对清代经济史事进行了一定的编辑和叙述，但是正如有学者指出的那样，它们“基本停留于对经济现象的一般性描述，还谈不上研究的规范与方法”。[①]

二

就笔者目力所及，在清代经济史研究范围之内，较为明显地表现出经济史专史意味的著述，距《中国国债史》的出版要晚十年，这就是吴廷燮所著、1914年刊行的《清财政考略》。

吴廷燮，原籍江苏江宁县（今属南京市），1895年顺天乡试中举，1902年署理太原府知府，1907年充任宪政编查馆编辑，1910年出任度支部参议；清朝覆亡后，于1914年任政事堂主计局长，后主计局改为统计局，连任至1928年为止。吴廷燮在清朝任官时，即“喜研讨近代历史，日取邸钞分类编之，复旁稽政书图志，入而贯通”，后乃以“学者与史家头衔知名于世”。[②]民国初建，设清史馆纂修清史，吴廷燮曾任总纂，《清财政考略》很可能是他在清史编纂之余充分利用资料优势的一个副产品。

就篇幅而言，《清财政考略》是一部与《中国国债史》差不多的小册子。但与《中国国债史》仅着重光绪时期20余年史事的时段不同，《清财政考略》所牵涉的时间囊括了整个清代。《清财政考略》的主体部分，是对清代从顺治到宣统的十朝财政状况分别进行论述，此外附录了唐朝、宋朝、明

---

① 郑起东等：《当代中国近代经济史研究》，第4页。

② 吴廷燮主要事迹，参见刘绍唐主编：《民国人物小传》第7册，上海三联书店，2015年，第139—141页。

朝等时代的财税状况。[1]那么，这部体量有限而涉及时间段又较长的著述，是如何能够体现出财政史专史意味的呢？

第一，《清财政考略》是一部明确把自身主题定位在具体经济问题，同时又有强烈历史纵深感的著述。该书在开篇阐释其撰述宗旨时称："中国财政之可考者，托始于《虞夏书》，如益、稷之懋迁有无、艰食鲜食、禹贡之赋贡皆是。《周官》详备，《大学》简要。此外，《管子》之书，《史记》货殖之传，班书以后之食货志，通典之食货诸门，通考田赋、征榷诸考，皆言财政之渊海也。"[2]这里将中国古代食货之学称为"财政之渊海"的说法，在一定程度上包含了将之视为研究前史的意味。在这个意义上，吴廷燮接下来说"今究目前之用，重在近代"，便较为明显地带有将自身论述区别于古代食货之学的意识了。为了展现清代财政的特点，该书还力图用中国历史上其他时代的财政状况进行了一定对比。吴廷燮认为："历代岁入之数，汉、晋租赋皆出于田地户口，历史无所入细数、可以垦地及户口之数定之。"故而主要对比了材料较为确凿的唐、宋、明三朝的情况。

他还尤其关注了白银的货币功能在其他时代和清代的不同演化。他指出，"历代征收多沿以货易货之旧，非如今日之专收生银"，"唐宋时，君上之赏赉、商民之交易、友朋之赙赠，大率以银钱与绫绢并列者居多，则绫绢亦通有无之品，与用钱等。又历代开国之初，多征本色，其后易轻赍……但今折色专属之银，唐宋则钱与緜帛同为轻赍。盖用腹地之赋以供边用，道里辽远，挽输劳费，其必易轻赍者，亦其势也。后儒乃有谓田赋必征本色，迂矣。"[3]

第二，《清财政考略》是首次较为全面地概括了一个断代时期的财政演变状况的著述。该书按照清代从顺治到宣统共十朝的时段划分，对每一时代的财政状况都进行了扼要的勾勒，并给出了关于基本走势的概括，

---

① 吴廷燮：《清财政考略》，见北京图书馆出版社影印室辑：《清末民国财政史料辑刊》第二十册，北京图书馆出版社，2007年。

② 吴廷燮：《清财政考略》，页一。

③ 吴廷燮：《清财政考略》，页三十五。

可谓是第一次呈现了清代财政的整体面貌。特别是其对某些重点时期财政状况的综合判断，以及对一些重点问题的说明，与后来研究性论述的着眼点相比，亦毫不逊色。

例如，在解释康熙朝财政如何从起初的窘境到后期改观的问题时，该书高度评价了该时期财政政策的作用："用之上者惟恐其多，藏于民者惟恐不足。各省滋生人丁之不加赋，奉天榷盐之设禁，各省兵差加派之申儆，皆以宽恤民力。凡明代供宫禁之金花银等，皆还之部。此所以兵役屡兴而库藏不匮。"书中还特地总结了康熙朝整理财政的主要举措，认为其中最重要的几个方面是：一在于清理欺隐，二在于裁汰官缺兵丁，三在于崇尚节俭。此外，书中也指出了康熙晚期出现的财政积弊。其首要者为"亏空之弊卒未禁绝，故末年有一省亏空皆至五六十万者"的问题，认为这是"雍正初年严办亏空官员所由来也"。另一个严重弊端则为耗羡。因"康熙中，官员俸禄停止数年，京外取资则在耗羡，相沿已久，原不恃俸。耗羡少者，正赋一两，有摊数分及一钱，多者有至数倍。凡地方之办公，上司之规礼，京官之馈送，咸取给焉"。从这些评论可以看出，该书已经初步展现出了史论结合的思路，其对于康熙朝财政问题的这些总结，也正是后来研究者不能绕过的地方。

第三，《清财政考略》对于史事的陈述与评论，与《中国国债史》相比，显得更为客观、全面，更能给以较为平允的印象。凑巧的是，《中国国债史》所牵涉的时段主要就是光绪年间，《清财政考略》亦对光绪一朝的财政状况做出了整体性的概括与评论。如前所述，《中国国债史》出于政治宣传的动机，评价光绪朝国家财政基本上处于崩溃的边缘。那么，面对大体相同的时段和主题，《清财政考略》又是如何评述的呢？

对于光绪朝财政状况，《清财政考略》将之分为初年、中年、末年三个时期来加以评述。第一个时期大致是从光绪元年（1875）至十年（1884）。该书指出，面对光绪初"恢复新疆，筹办海防，议练东三省兵，经费日增"的情况，"领度支者"乃设法施行筹饷、开源节流等办法，颇具成效。在此期间，尽管西征军饷、晋豫陕赈款、海防经费、河工用款、法越军务用款、归还伊犁赔款等要务耗资巨大,但是总计该时期出入之数,“共收银八千二百三十四万两有奇,支银七千八百一十七万两有奇,而钱数粮数之收支不与焉。”[①]也就是说,光绪初年财政是略有盈余的。第二个时期大致是从光绪十一年(1885)到二十五年(1899)。在此期间,主要因甲午战争增加的军费以及战争失败的赔款偿付,造成了财政形势的恶化。综计此时“用款巨者”甚多,如河工(“约二三千万”)、赈需(“合各省计之亦数千万”)、军务(“中日之役约五六千万、甘肃剿回数千万”)、赔款(“中日之役二万万”)等项。最终合计该时期入款“共八千八百余万”,出款“共一万一百余万”,其间差额即财政赤字不过为“一千三百余万”。[②]第三个时期大致为光绪庚子以后。此时最大财政负担是八国联军战争造成的巨额赔款,其次为推行新政而新增的支出。根据吴廷燮的统计,这一时期“岁入之增于前者”,主要为粮捐、盐捐、官捐、加厘加税、杂捐、节省、实业等项,出款则“自赔款、练费外,各官署新增费亦为大端”,而“以三十四年各省所报岁出入册计之,均在两万万以上”。[③]其间财政赤字应该并不甚巨,因为在宣统元年(1909),“各省入款为二万六千三百二十一万两有奇,出为二万六千九百八十七万有奇。”[④]与吴廷燮提供的统计数字相比照,梁启超对光绪朝财政处于危机之中的判断显然过于大而化之了。

虽然《清财政考略》有着比《中国国债史》更为确凿的数据,对数字来源也有较为明确的交代,但是该书只能说具备了经济史专史的雏形,距离自觉性的经济史研究还有相当的距离。显而易见,吴廷燮此书在这里所表现出来的,其实是以传统的食货之学为基础的史著意识,与当时传入中国的一些财政学知识相结合的产物。从这个意义上来说,对该书更为准确的定位,应是从传统的食货之学向经济史研究之间的过渡。

相比之下,1917年出现的两种成果,即王振先的《中国厘金问题》和

---

① 吴廷燮:《清财政考略》,页二十一二十一。

② 吴廷燮:《清财政考略》,页二十一—二十二。

③ 吴廷燮:《清财政考略》,页二十三—二十四。

④ 吴廷燮:《清财政考略》,页二十六。

君实的《记山西票号》，才包含了更具研究规范的、关于清代经济史的探讨。

就目前所见，商务印书馆于1917年出版、王振先所著的《中国厘金问题》，是国内学者研究厘金问题的第一部著作。陈锋指出，王振先曾留学早稻田大学，此书之写作或许有受到日本学者影响之因素。[①]该书的出发点其实是出于对现实商税问题的关切，认为"课税最恶之厘金，乃以绵绵延延，至今弗替"，所以"要必原始要终，察其事情变迁"。[②]由于厘金制度肇始于晚清，故而该书在"厘金之沿革"一节中，对该时期发展情形进行了富有开拓意义的概括和总结。

对于晚清时期厘金制度的演变，王振先认为可以将之分作三个时期：一为创办时期，二为推广时期，三为发达时期。按王氏看法，清太常寺卿雷以諴在太平天国攻克南京后，因"军用不给"，奏请于泰州、宝应"榷税往来商品，名为厘捐"，当为"吾国厘金之滥觞"。其后因曾国藩、胡林翼起而仿行，厘金之法遂得以推广。是为创办时期之主要内容。在第二阶段即推广时期，鉴于"第一期办有成效，各省争自仿行，不数年间，厘金遂推及于各地"。在此期间，滥征现象日益严重："自商贾谋脱税，趋歧路，承办厘金之局员复认额包征，藉以牟利。时捐输之例既开，纳贿得官者相望于道，其势不能不多取盈。防奸商趋避之弊，不免多设分局，在在盘诘留难，商民益受其累。此第二期所有事也。"到了第三阶段即发达时期，清廷虽自咸丰末年即已认识到"厘金原为兵饷设立，近者贫民受累益深，藉端抑勒，侵吞舞弊，莫可究诘"，谕令"裁减厘局之数"，但因"岁用不足，渐复增加"，以致"厘难遽撤"。不仅如此，至光绪年间，"其数益繁，病民亦愈甚"，如"江苏一省，有四百余所之分卡"，而"由河南省卫辉府经卫河输送货物于天津，历河南、山东、直隶三省，沿途纳税须十余次"。王振先据此断言："所谓厘金发达时期，即其殃民最甚时期。"[③]

---

① 陈锋：《中国财政经济史论》，武汉大学出版社，2013年，第535页。

② 王振先：《中国厘金问题》，商务印书馆，1917年，第3页。

③ 王振先：《中国厘金问题》，第4—6页。

虽然王振先的出发点并不是撰写一部经济史著作，但是其对晚清时期厘金发展状况的论述，明显具备了史论的特征。其关于晚清厘金三个发展时期的划分及其界定，以及其他章节中有关晚清厘金机制的梳理，都明确表现出了现代学术的规范形态，从而在经济史研究的面貌上，无疑较《清财政考略》更进一步。也正是因为王振先这种具有研究性视野的论述，使之被视为中国厘金史方面的开创性研究。[①]该书不仅受到后来诸多经济史研究者的高度重视和频繁引用，其率先做出的许多论断也长期成为学界沿用的看法。

1917年君实在《东方杂志》上发表的《记山西票号》一文，其性质本来亦不属于清代经济史范畴，因为该文出发点是为了探讨当时中国金融业的实情。但其中关于山西票号的发展沿革、基本规制等方面的表述，则明显带有史论属性。如内中谈及票号发展史称："山西票号之创业，大约在明之中叶。至前清乾隆、嘉庆之际，渐就发达。同治、光绪之朝，为全盛之时。自是山西票号，不但补助中国政府，且谋全国到处商民之便云。"另外，文中还论述了山西票号在清末以来衰颓的原因，强调了辛亥革命对其产生的不利影响，以及国内外金融机构的竞争等。[②]这些史论性看法，在后来的票号研究中都得到了更进一步的阐述。

三

当然，《中国厘金问题》和《记山西票号》所展现出来的清代经济史研究面貌，还只能说在很大程度上属于无心插柳之举。至于真正完全具备了现代学术视野和规范的清代经济史研究，目前所见应为1924年出现的两篇文章。这两篇文章不仅都是以问题为中心、以资料为依据、以逻辑为框架的论述性文字，而且是明确从历史学角度出发所做的考察，此外还都

---

① 陈锋：《中国财政经济史论》，第514页。杨梅：《晚清中央与地方财政关系研究——以厘金为中心》，知识产权出版社，2012年，第8页。

② 君实：《记山西票号》，《东方杂志》第14卷第6期，1917年。

是发表在两所现代大学即北京大学和清华大学所创办的学术期刊上。因此，以往的中国经济史研究回顾中很少出现这两篇文章的身影，无疑是不应有的遗漏。

按发表时间论，这两篇文章的第一篇，是卫挺生在《清华学报》上发表的《清季中国流行之货币及其沿革》一文。卫挺生，湖北枣阳人，1911年以清华留美预备学校学生身份获得公费留美资格，后在哈佛大学获硕士学位，1920年归国后任中国银行总管理处秘书，并曾执教于燕京大学，具有良好的西方学术训练背景。卫挺生在该文开篇即开宗明义地点出自己的主要论点是："中国清季流行之货币，其紊乱缛杂，殆不可究诘。"这主要表现在：

> 以时代论，则两汉、三国、晋、南北朝、隋、唐、五代、两宋、元、明，及清代历朝之货，并见于民间之授受。以地方论，则内而京师、十八省、满、蒙、回、藏、朝鲜、安南，外而日本、西班牙、墨、美、法、德、英国及其印度、太平两洋近华之各属地，皆有铸货，并行于中国市面。以原质论，则有金、银、铜、铁、铅、锡、镍之货，复益以公私之各项纸币。以形式论，则有有定形者，有无定形者，有实无其货而别假他货以代表其虚位者。以计算论，则有计枚数者，有计重量者，有虽计枚数、而其数之若干成为虚数者，有虽计重量、而其量之若干成为虚量者。加以计数计量之法，与枚之大小、权衡之轻重，与各质纯分成色之高下，又复市异其制而业异其习焉。①

接下来，该文分为七个部分来具体论述了清代货币的繁杂情形。在前两个部分中，作者梳理了中国从上古至清代的货币演变流传情况，并指出，秦汉以来历朝所铸的多种铜钱，虽然"其大小轻重不一，其质之纯杂不同，然皆为清季民间交易所用之货币正品"。第三部分考察了铸币材质的

---

① 卫挺生：《清季中国流行之货币及其沿革》，《清华学报》第1卷第2期，1924年。

演变，指出历来“均以铜为正宗。然他种金类所铸者，二千余年中亦数数见”。第四部分的考察内容是“铜钱之重量及其成分”，认为“历代所铸之铜钱，其重量与内容金类之成分，至为参差”。第五部分探究了清代铜钱的供给与使用范围，指出自太平天国战争发生以后，官局“多停铸钱”，“民间日多私铸，私铸与官钱，杂用于民间矣”。第六部分内容为“钱之计算法”，指出清代“用钱之计数”，有“长钱”“中钱”和“小钱”之别，十分混杂。第七部分为全文重点，占全文将近一半篇幅，集中分析了清代称“元”类货币的流通情况。作者指出，此类货币“可分黄金、银、铜、镍四种，其始皆为外国币。后经本国逐渐仿铸，遂与外来者并行市中”。其中对于西洋银币传入中国并广泛流通，以及清代光绪朝以降开始仿造银元的过程，都有较为清楚的论述。

无论是该文立论，还是其论证形式，都显著表明其已完全具备了现代经济史研究的基本特征。全文给出注释共有一百八十四个，其论证所依据资料，除源自大量传世文献和清代典籍外，还包括不少时人著述和国外著述。尤其是当时著名外交史学者马士(H. B. Morse)新出不久的著作，也被纳入作者的研究视野。因此，作为对清代币制问题的首次系统梳理，该文无论是就其内容、质量，还是前沿性而言，较之今日都毫不逊色，可谓是标志清代经济史研究成型的代表作之一。

另一篇标志清代经济史研究成型的代表作，乃是同样有着深厚留学背景的著名学者陈瀚笙年轻时代的成果，这就是他于1924年底在《北京大学社会科学季刊》上发表的《最初中英茶市组织》一文。[①]该文所探究的问题，是鸦片战争爆发前一百五十年时间里清朝与英国之间的茶叶贸易情况。其出发点是，根据对十八世纪和十九世纪前半期的中英贸易统计，“广州运到伦敦的货价，茶占全数百分之九十五。可见我国和英人最初时通商，茶就是大宗出口货”，因此，“要知鸦片战争前中英的外交，似宜

① 陈翰笙：《最初中英茶市组织》，《北京大学社会科学季刊》第3卷第1号，1924年。该文署名为“陈翰笙”，而陈老后来正式姓名常作“陈瀚笙”。

注意那时茶市的组织”。

在具体论述过程中，该文分别在“饮茶风气如何传到英国”“乾嘉道时茶市中心点”“广州公行制度”“东印度代理公司”“海关监督”“公行以外的中国茶商”“海运”“陆运”“专利和国际问题”的标题下，大体覆盖了中英茶叶贸易中的商业结构、经营机制和政府管理等重要问题。文章最后指出：

> 最初中英茶市一百五十年内，两方面政府都奖励通商，颁给专利。公行和公司都用全副精神来解决交通问题；公行管陆运，公司管海运。两方面都供给政府无数的财源，受政府许多的取缔。但因经济上供求的势力不能均平，专利终不能勉强维持。这一段是近世欧亚通商史中第一章的材料，和我国鸦片战争前的政治外交，有莫大的关系。

与《清季中国流行之货币及其沿革》相比，《最初中英茶市组织》的国际视野更为显著。不仅其开篇之学术史回顾是针对西方学界的论述而发，而且其主体资料也基本都来自国外文献。因此，可以毫不夸张地说，这是一篇站在当时国际学界最前沿的学术论文。其中关于广州公行制度及英国东印度公司的论述，也长期为后来同类研究所承袭。此外，这篇论文还明显表现出从经济基础出发来理解社会变迁的思路，表明作者此时已经受到了唯物史观的深刻影响。

在1924年出现的清代经济史研究中，曾鲲化所著《中国铁路史》也是非常值得注意的著述。曾鲲化，湖南新化人，1903年考取官费留学日本资格，先进入日本成城军校学习，后读日人所著《支那铁路分割案》，遂弃军事而转学铁路管理专业。期间加入同盟会，与陈天华、蔡锷等人来往密切。1906年回国后，他独自对中国铁路进行全面考察，写就《中国铁路现势通论》一书。民国肇建，曾鲲化在交通部任职，曾任交通次长，1925年去世。曾鲲化既长期从事铁路专业工作，又有强烈的社会现实关怀和良好的知识背景，在开展铁路史研究方面具有常人所不及的优势。其自叙中称，自己利用“专身路界”的机遇，“乘暇遍观部局档册，博采遐迩轶闻，以前著失之简隘，且境过事迁，特奋九十夜之力，赓续增订”，写成了这部《中国铁路史》。[1]不知道是否与此次奋力著书有关，曾鲲化在成书次年即不幸去世，年仅四十三岁。

在二十世纪二三十年代出现的诸多冠名“中国”的通论性史著中，清代往往只占有很少的篇幅，经济史研究领域亦复如是。《中国铁路史》的情况则截然不同，其虽然也以“中国”为名，但因铁路在晚清时期才传入中国，故而该书的时间起点只能是晚清。并且由于曾鲲化从光绪末年便从事铁路管理工作，对相关情况非常熟悉，所以该书关于晚清时期中国铁路事业的记述非常丰富，在某种意义上也可以说是对晚清铁路史的首次集中论述，故而也可视之为一部清代经济专史的早期代表作。

在《中国铁路史》一书中，曾鲲化关于晚清铁路事业的论述，主要集中在两个方面，其一是中国接受铁路的发展历程，其二是则路政管理及其演变情况。

在第一编的第二、三、四章，曾鲲化用“铁路之东渐”“反对派之纷起”和“清廷之定议筑路”的标题，较为仔细地记述了中英吴淞铁路交涉、李鸿章建设唐胥铁路、清廷内部关于铁路建设问题的几次大辩论，以及建造芦汉铁路的定议等铁路发展史上的重要事件，展现了晚清时期中国社会接受铁路的曲折历程。在这部分内容中，曾鲲化一方面批判了反对铁路的顽固认识，另一方面赞扬了倡议铁路建设的先驱者，如丁日昌、郭嵩焘、刘铭传等人。他特别高度评价了李鸿章的业绩，称之为“我国路界惟一之元勋”，宣称：“夫铁路者，惟李则首倡之……倘当时无李其人者，则至今无一里半里之路，或亦在意中。”“自李鸿章大倡利国利民、可大可久之伟论，于是军机处、总理衙门各王大臣如陡闻青天霹雳，耳目一惊，而老大之顽固胸襟亦同时涤除殆尽。”[2]对于另一位大力推进铁路建设的人物张之洞，

---

① 曾鲲化：《中国铁路史·自叙》，新化曾宅刊行，1924年。

② 曾鲲化：《中国铁路史》，第42、47页。

书中也赞称："当反对派弥漫全国之时，张独抒卓论，扫荡群盲，使不敢再试，朝廷因此定计，耳目为之一新，其功实有多者。"①

在第二编"路政"中，曾鲲化对晚清时期铁路管理机制的演变情况首次进行了较为完整的概括。他在"铁路管辖机关之递嬗"一节中指出，晚清时期的铁路管辖系统中，正式机关经历了从总理海军衙门到统辖矿务铁路总局，再到商部通艺司，最后到邮传部路政司的转变；旁支机关则先后成立了铁路总公司和邮传部铁路总局。"铁路政策之变迁"一节则概述了晚清铁路建设的各种形式，对于该时期出现过的华洋合办、外国承办、官商合办、官督商办、官办、商办和国有等形式一一做出揭示。曾鲲化认为，铁路建设"办法愈多，事权愈混，而成效遂愈无可言"，最终令清末路政"满目疮痍，无法收拾"。②此外，该书还在"铁路防疫与卫生"一节中，揭示了宣统二年东北鼠疫的爆发对铁路运输的影响，以及铁路系统参与防疫的情况，也是对了解此次鼠疫事件的有益补充。

与英国人肯德(P. H. Kent)于1907年所著《中国铁路发展史》一书③相比，曾鲲化此书规模更为宏大，内容更为丰富，也是从中国立场出发对国内铁路事业的首次历史总结。因此，该书既是了解中国铁路早期发展情况的重要文献，又是具有现代研究意义的学术著述，是中国近代铁路史研究中无法绕过的成果。其对晚清铁路建设事业的许多论述，特别是在铁路政策的演变、铁路建设的方式等问题上的看法，也长期为后来的研究者所援用。正是在这个意义上，《中国铁路史》与前述《清华学报》《北京大学社会科学季刊》发表的两篇文章一起，足以成为清代经济史研究成型的重要路标。

总体说来，以往将中国经济史研究的发端追溯到梁启超《中国国债史》的做法，肯定是不可取的。客观而论，《中国国债史》与清末那些关于经济史实的记载一样，都是在客观上涉及了较多的经济内容，又随着清朝

---

① 曾鲲化：《中国铁路史》，第52页。

② 曾鲲化：《中国铁路史》，第92页。

③ [英]肯德：《中国铁路发展史》，李抱宏译，生活·读书·新知三联书店，1958年。

覆亡而具备了一定的历史性质。相比之下，1914年面世的吴廷燮《清财政考略》，虽然带有较为浓厚的传统“食货之学”的面相，却也显示出作者主观上已有一定的经济史专史的意识，可谓是过渡时期的产物。1917年出版的《中国厘金问题》反映了经济史的思路，却又属于现实经济研究的无心插柳。至于符合现代学术规范的中国经济史研究，则是1924年出现的三种著述。这三位作者都具有深厚留学背景，接受过西方学术熏陶，故而能够熟练运用新式学术思路。他们做出的这些成果，当然能够接轨当时国际范围内的前沿研究，同时也能够接续中国本土问题的思考，至今仍具有不容低估的学术价值。就此而言，将1914年到1924年这段时期视为中国经济史研究的萌芽阶段，相对来说更为合理。

（该文原载《北京教育学院学报》2019年第6期）

二十世纪以来清代经济史研究的范式演变及其前景

在中国经济史领域,清代经济史占有十分突出的地位。首先,清代是唯一兼跨古代经济史和近代经济史的断代时期。清前期是传统经济的重要发展阶段,其后期又发生了向近代经济的转型,使得清代经济的历史内容较其他断代更为复杂多样。其次,清代经济史研究是中国经济史研究领域中体量最大的部分之一。由于资料上的巨大优势,加以时间上距现代较为切近,清代经济史研究的主题范围之广、成果数量之多,都大大超过其他各断代时期。因此,清代经济史研究的发展态势,在很大程度上也反映了中国经济史研究的发展态势。近年来,清代经济史研究虽然在成果数量上依然不断增长,却少有理论、方法和观点上的重要突破。有鉴于此,对清代经济史研究进行回顾,总结其经验教训以展望未来,自属应有之义。而以往的回顾要么是对某些特定时期的成果综述,要么是对某些具体主题的评述,不能充分反映清代经济史研究的发展面貌及其特征。本文则立足于以问题为中心的学术史分析,通过揭示清代经济史研究的各种范式及其转换脉络,以期较为简明地归纳以往的得失,并对其发展前景做出探讨。另外需要说明的是,本文的论述对象聚焦于中国本土清代经济史研究,对于成果丰富的海外清代经济史研究,因其发展脉络自成一体,将来再另文探讨。

一、社会科学范式与清代经济史研究的兴起

在清代经济史研究的初兴过程中,在方法论层面上起到首要推动作用的是社会科学范式。学界普遍认为,中国传统史学中虽然有着记载经

济史内容的悠久传统，但只能构成以注重记载典章制度和经济实践为主的“食货之学”，远非现代意义上的经济史学。随着清末民初西方近代社会科学向中国的传入，引发了中国学术的近代转型，现代中国经济史研究才得以萌发。至于现代中国经济史研究与传统“食货之学”的根本不同，正如李伯重指出的那样，“这种研究的科学性主要源自社会科学”，而且“经济史学与社会科学的关系最为密切，并更多地依赖社会科学所提供的理论和方法”。[①]由此可见，社会科学范式是推动中国经济史成为一个学科的重要基础。就清代经济史研究而言，也正是由于在发端时期便赶上了这种范式的潮流，使之不仅很快在中国经济史领域中占据了不容小觑的一席之地，并且产生了一批至今依然令人仰止的经典研究。

学界一般认为，社会科学范式在中国经济史领域中的确立，是经历了社会史论战的洗礼后才实现的。而来自清代经济史研究的情况表明，这一说法不无可议之处。以往很少有人注意到，还在社会史论战发生之前的1924年，就出现了三种具备社会科学范式特征的清代经济史研究。其一是曾留学于哈佛大学的卫挺生在《清华学报》发表的《清季中国流行之货币及其沿革》一文。该文用现代学术眼光对清代币制问题进行了系统梳理，无论是其立论还是论证形式，都显著表现出了现代经济史研究的规范架构。其二是同样具有深厚留学背景的陈瀚笙在《北京大学社会科学季刊》上发表的《最初中英茶市组织》一文。该文探究了鸦片战争爆发前一个半世纪里清朝与英国的茶叶贸易情况，其问题针对西方学界论述而发，其资料也主要是国外文献，可谓是站在当时国际学界前沿的一项研究。其三是曾留学日本的曾鲲化所著的《中国铁路史》。[②]该书论述了晚清以来中国铁路事业的发展状况，既是十分规范的学术著述，也是关于中国铁路史的重要文献。这三种研究不仅都充分践行了以问题为中心、以资料为依据的社会科学方法，而且都属于从历史学角度出发的考察，可谓

---

① 李伯重：《回顾与展望：中国社会经济史学百年沧桑》，《文史哲》2008年第1期。

② 曾鲲化：《中国铁路史》，载沈云龙主编：《近代中国史料丛刊》(973)，文海出版社，1973年。该书原刊于1924年。

是中国经济史学早期的标志性成果。

当然,中国经济史学界对社会科学范式更为自觉、广泛的遵循,还是在社会史论战之后才实现的。1932年,北平社会调查所创办了中国第一份经济史学术刊物《中国近代经济史研究集刊》。主办者在创刊号中宣称:“我们认为整理经济史最应注意的事有两点:一是方法,二是资料。关于前者,我们以为一切经济史的叙述必须根据事实,不可凭空忆度,所采用的方法应与研究其他的严格的科学无异。”①1935年,汤象龙在总结中国经济史的发展现状时,强调在经济史研究中“现象和问题的分析复需要经济、法律、统计等科的知识,非比一种普通的单纯的研究。尤其忌讳的是那种找到一方面的原因去解释全部现象或问题的方法”。②由此可见,这种社会科学方法论上的自觉,已经达到很高的程度。而汤象龙、罗玉东、刘隽等人更是在实践中大力贯彻社会科学方法,使得清代经济史领域在这一时期产生了许多高水平成果。其中最为突出的事例,便是罗玉东于1936年推出的《中国厘金史》。③这项研究不仅廓清了清代厘金机制的面相,而且首次进行了大规模的数据量化处理,由此为厘金研究,也为中国经济史树立了一座迄今仍令人叹为观止的丰碑。

从全面抗战爆发直至中华人民共和国成立之前,在战争连绵不断的极端艰苦条件下,清代经济史领域却出现了一个意义深远的进展,那就是傅衣凌在社会科学方法指引下所开辟的社会经济史流派。傅衣凌早年即接受现代社会科学的系统训练,又经历了社会史论战和农村性质论战的洗礼,所以非常注意“吸收传统学术和日本社会史学、西方社会学、经济学、民俗学的长处”。④傅衣凌也强调社会科学方法在自己研究进路中具有重要影响:“我自三十年代起,便采取地志学的研究方法,先从搜索史料入手,以个别地区社会经济的调查与分析为出发点进行解剖,然后在这一

---

①《史料参考》,《中国近代经济史研究集刊》第1卷第1期,1932年。

② 汤象龙:《对于研究中国经济史的一点认识》,《食货半月刊》第1卷第5期,1935年。

③ 罗玉东:《中国厘金史》,商务印书馆,1936年。

④ 陈支平:《〈傅衣凌著作集〉与中国社会经济史学派》,《史学集刊》2008年第4期。

个基础上陆续撰写一些论文，以探求总的发展规律。”[①]正是在这种思路的指导下，他在二十世纪四十年代完成的多项研究，诸如关于明清时期福建佃农风潮背后的社会经济关系的考察、[②]对清代中叶川陕鄂三省边区手工业形态的探讨，[③]都成为至今仍被反复提及的重要成果。

二、生产关系范式对清代经济史研究的影响

中华人民共和国成立后，清代经济史研究在生产关系范式的强烈影响下，很快呈现出了一幅与此前不同的面貌。概括说来，这种新面貌的主要表现，就是清代经济史的主体基本上围绕着封建经济论、资本主义萌芽论和半殖民地半封建经济论这三个主题而展开。而这三个主题的逻辑认识前提，其实都是以生产关系为基准的中国特色社会形态发展观。对于这种发展观，毛泽东在《中国革命和中国共产党》中便做出了系统表达。随着中国革命的胜利，随着马克思主义史学体系的发展，这种发展观得到了更为深入的研究和阐述。清代经济史则从经济史角度出发，完整地阐发了这种发展观：首先，作为封建社会晚期阶段，清代经济机制自然被认为始终带有浓厚的封建经济属性；其次，清代前中期在经济领域特别是生产所有制形式方面出现的诸多变化，又被视为封建生产关系内部滋生资本主义萌芽的标志；第三，晚清时期中国的经济基础是半殖民地半封建经济，半殖民地经济的根源在于西方帝国主义对中国的经济侵略，半封建经济的基础则是本土封建经济关系依然强大。总之，清代经济史以其丰富的实证内容，对这三个主题的论证都给予了十分有力的支持，从而极大地提升了清代经济史的学术地位和社会影响。也正是在这种意义上，可以

---

① 这段话见杨国桢：《不断探索前进的艰辛历程——读傅衣凌著〈明清社会经济史论文集〉》，《中国社会经济史研究》1982年第3期。

② 傅衣凌：《福建佃农经济史丛考》，福建协和大学中国文化研究会，1944年，第1—2页。

③ 傅衣凌：《清代中叶川陕湖三省边区手工业形态及其历史意义》，《厦门星光日报》历史双周刊，1946年。

说这段时期清代经济史研究的主导框架是生产关系范式。

从二十世纪五十年代到八十年代初,以封建生产关系为标准来勘测清代经济现象的做法,迅速成为清代经济史研究中的一大潮流。更重要的是,虽然清代被分为封建社会晚期和半殖民地半封建时期两个阶段,但封建关系无疑是贯穿整个清代的主线。因此,封建经济论的重要性丝毫不亚于资本主义萌芽论和半殖民地半封建经济论。其理由在于,后两者其实都只能应用于部分时期,实质上是割裂了清代,而封建经济论则有助于把握清代的完整性和连续性。在封建经济论的视角下,清代经济史研究主要关注土地关系、租佃关系、赋役机制、人身依附关系等问题,对之进行了深入的探讨。总体说来,学界对于封建经济的定性,往往与明清社会停滞论联系在一起。如傅衣凌指出:"封建土地所有制是阻碍明清社会前进的主要绊脚石",其"对于中国封建经济的长期迟滞是一个严重的因素,这也是十六、十七世纪以后中国落后于西方和百年来中国挨打的一个历史根源"。[①]另如方行认为,地主制经济的充分发展"对封建社会的发展发挥了巨大作用,对封建主义向资本主义的过渡却成了巨大阻力"。[②]诸如此类的说法,迄今仍是人们耳熟能详的表述。

相对而言,资本主义萌芽论对清代经济史研究的发展起到了更为突出的促进作用。1955年1月9日,邓拓在《人民日报》上发表《论〈红楼梦〉的社会背景和历史意义》一文,成为资本主义萌芽研究在新中国成立以后形成热潮的起点。他在这里主要论证的观点是,十八世纪上半期的中国"处在封建社会开始分解、从封建经济体系内部生长起来的资本主义经济因素正在萌芽的时期"。[③]换句话说,该文用来证明资本主义萌芽的经济基础的实证内容,正是来自清代经济史。在这篇文章的带动下,加以清代经济史资料的极大丰富性,大批学者都致力于从清代挖掘关于中国资本

① 傅衣凌:《论明清社会与封建土地所有制形式》,《厦门大学学报》1978年第2、3期合刊;《论明清社会的发展与迟滞》,《社会科学战线》1978年第4期。

② 方行:《清代前期小农经济的再生产》,《历史研究》1984年第5期。

③ 邓拓:《论〈红楼梦〉的社会背景和历史意义》,《人民日报》1955年1月9日。

主义萌芽的各类证据，从而在客观上使清代经济史研究得到了很大的开拓。毫不夸张地说，二十世纪八十年代以前，清史研究在史学界的地位，在相当程度上是依靠清代经济史在资本主义萌芽问题中的地位所争取来的。而正如后来有学者所分析的那样，在资本主义萌芽论的视野中，经济史成为“研究生产关系递变的科学”，生产力只是一种条件而已。[①]因此，资本主义萌芽论当然是生产关系范式的派生物。

如同资本主义萌芽论提升了清代前中期经济史研究的地位一样，半殖民地半封建经济论则提升了晚清经济史研究的地位。毛泽东在《中国革命和中国共产党》中便鲜明地指出，中国自晚清以来成为半殖民地半封建社会的历史进程，是以反帝反封建为目标的中国革命的逻辑前提。至于这种半殖民地半封建社会性质的经济基础，吴承明精当地对之做出如下概括：“鸦片战争后，中国经济发生的最大变化，就是外国资本经营的、官僚资本经营的和民族资本经营的近代化企业的相继出现，使原来完全以个体生产为基础的封建的中国，逐步演变为半封建半殖民地的中国。”[②]也就是说，构成这种半殖民地半封建经济论的核心，乃是一种畸形的、特殊的资本主义生产关系，所以半殖民地半封建经济论同样也位于生产关系范式的范畴之内。从新中国成立伊始到改革开放初期，晚清经济史研究在这一总体框架下的指导下得到了极大的扩充。与此相应的是，帝国主义对中国的经济侵略及其影响、洋务运动中经济建设的性质与作用、民族资本主义的发生及其特质这三大论题，也就成为了晚清经济史研究的主体内容。

三、现代化范式引导下的清代经济史研究

约从二十世纪八十年代中期开始，中国经济史学界出现了对于生产

---

① 许涤新、吴承明主编：《中国资本主义发展史》（第一卷），人民出版社，1985年，“总序”，第13页。

② 许涤新、吴承明主编：《中国资本主义发展史》（第二卷），人民出版社，1990年，第5页。

关系范式的反思。而随着改革开放的推进，注重生产力指标的现代化理论，在新一轮“西学东渐”的大潮中传入中国大陆，并迅速得到了广泛的传播，恰好为这种反思提供了良好的帮助。在这一潮流的影响下，清代经济史研究中也成为大力应用现代化理论框架的领域。在现代化范式的引领下，学界对清代经济史研究整体上的问题意识都重新进行了设置。尤其是根据这种范式衍生出来的市场经济论、产业经济论和经济现代化论，成为清代经济史研究实践中最为普遍的思考路径。其中，市场经济论和产业经济论主要应用于清代前中期经济史的研究，经济现代化论则主要用于晚清经济史研究。正是在这个意义上，现代化框架对于清代经济史研究来说完全具备了范式意义。总体而言，现代化范式主导下的清代经济史研究，更侧重以生产力问题为轴心，故而相对于此前生产关系范式的流行，可以说该领域实现了某种“生产力转向”。而在这种转向的观照下，先前在革命史叙事中往往不受重视甚至被否定的经济内容，却在现代化叙事中得到了深入的挖掘和强调。最晚到二十世纪九十年代后期，现代化范式已经成为清代经济史研究的主导框架，并且极大地拓展了清代经济史研究的视野和范围。

在现代化范式的指导下，学界对于清代经济史的许多内容都进行了重新认识和再评价，其中最为突出的代表性取向，便是以“市场经济论”来理解清代前中期的经济。一般说来，将现代化、市场经济等概念与晚清经济史联系起来还比较容易理解，而如何能够在清代前中期经济史研究中应用现代化范式？对于这一问题，吴承明给出了最为明确的解释。他指出，中国经济史研究中先前出现过的“现代化即工业化”“现代化即西方化”，以及“现代化即资本主义化”等假说都存在着明显缺陷。由于中国“市场和商业的重大变革也是始于16世纪”，故而“用市场和商业研究现代化因素，符合这个时期需求牵动生产的历史”。他据此提出，这可以形成一种“现代化即市场经济”的假说。[①]稍后他更明确指出，“从传统经济

① 吴承明：《现代化与中国十六、十七世纪的现代化因素》，《中国经济史研究》1998年第4期。

向市场经济的转变过程实即经济现代化或近代化的过程”,而“中国市场的转化”也是从十六世纪开始的。[①]换句话说,中国自明清时期便开始了一个“市场转向”过程,也就是商品经济或商品化发展趋势,而这种趋势与现代化经济趋向是一致的。正是基于这种认识,以市场化为指向的商品经济研究在清代前中期经济史中一时蔚然成风,特别是市场发育与商品流通、商品化与商业的发展、商人的经济与社会作用,更成为学界经久不衰的研究主题。

与“市场经济论”一样,这里所谈的“产业经济论”也是特指用来考察清代前中期经济史的路径。这是因为,这种“产业”,是指中国传统经济中的生产部门,而不是现代工业化所催生的产业类型及产业门类。但是,从方法论层面来说,学界运用“产业经济论”路径研究清代前中期经济史,确实是现代化范式影响的结果。在生产关系范式盛行的时代,学界对于生产部门的分析并无太大兴趣,而在注重生产力的时代,产业部门的发展状况则被视为反映生产力发展水平的显著指标。因此,在现代化范式指引下的经济史研究中,产业经济史成为一个富有意义的研究领域。就清代经济史领域而言,正是随着“生产力转向”的发生,清代农业才被作为一个需要重新认识的产业部门。有学者甚至提出,十六至十八世纪的中国农业“大大超过了同时期西方农业革命的内容”,“不妨称之为中国的‘农业革命’”。[②]此外,也正是由于产业经济论的投射,学者们大量使用现代产业观念来对照、发掘和看待传统产业的发展水平。这方面一个明显表现,便是前近代时期区域经济研究的兴起。这是因为,这种“经济区”概念就是以现代区域性“经济有机体”为参照系的,而构成这种“经济有机体”的基础,又取决于该区域产业部门的发展情况。[③]在这种潮流下,早先许多未曾被多加注意的经济内容,都开始被学界作为专门性行业来加以探讨,传统中国遂日渐呈现出产业化经济发展的形象。

---

① 吴承明:《中国的现代化:市场与社会》,生活·读书·新知三联书店,2001年,第26—27页。

② 薛国中:《16至18世纪的中国农业革命》,《武汉大学学报》(社会科学版)1990年第2期。

③ 陈桦:《论18世纪中国社会经济的区域特点》,《清史研究》1995年第1期。

与清代前期经济史研究相比，现代化范式对晚清经济史研究的影响更为明显和强烈。众所周知，随着现代化理论的兴起，鸦片战争以来中国发生的社会变迁也被视为经历了一个现代化进程，并构成世界范围内现代化历程的组成部分。因此之故，晚清时期中国所出现的所有社会变动，当然都可以从现代化角度出发来加以认识，经济领域中的变动自然不会例外。就晚清经济史领域而言，随着改革开放的潮流，“经济现代化论”对大陆学界的吸引力越来越大。到二十世纪九十年代初，以现代化成败为指标来评价晚清时期的经济变动，已经成为非常普遍的思考路径。在“经济现代化论”的驱动下，晚清经济史研究明显出现了与先前不同的新动向。这首先表现在，从八十年代中期开始，学界批判西方对华经济侵略的调门在不断降低，而将西方的经济冲击视为促进中国早期现代化的外部因素的看法，则得到了越来越多的响应。[①]其二是，在生产关系范式的视域内，学者们还需要为洋务运动是否具有进步意义而争辩，而在现代化范式的观照下，研究者则需要努力发掘洋务运动在促进近代工业化方面的得失经验，才是符合时代潮流的做法。[②]总之，基于这些从经济现代化论出发的研究，使得晚清经济史呈现出了一幅与生产关系范式视域中完全不同的面相。

四、“中国中心观”在清代经济史研究中的回响

虽然现代化范式在清代经济史研究中的影响至今不衰，但是大约从二十世纪末开始，大陆学界对该范式的反思和质疑亦潜滋蔓长。二十一世纪以来，这种反思和质疑的倾向更为明显。其中，对现代化范式形成直

---

① 关于这种看法，可参见丁日初、沈祖炜：《对外贸易同中国经济现代化的关系（一八四三——一九三六年）》，《近代史研究》1987年第6期。

② 关于这种看法，可参见黄逸峰、姜铎：《浅论晚清洋务运动的历史经验与教训》，《财经研究》1987年第5期。胡滨：《洋务运动与中国近代化——兼论洋务运动与外国资本主义的关系》，《文史哲》1987年第5期。

接挑战的认知思路，与最初兴起于美国中国史学界的“中国中心观”取向有着十分密切的关系。众所周知，美国学者柯文(Paul A. Cohen)在二十世纪八十年代中期总结美国中国史研究的路径演变时便指出，“传统—现代”或者“现代化模式”隐含着根深蒂固的西方中心论思维，而从中国本身历史出发的“中国中心观”取向，正是要从根本上挑战这种西方中心论思维。[①]在这种“中国中心观”取向的指引下，美国中国史学界表现出了力图从中国内部来追寻社会发展线索的强烈努力，清代经济史则成为践行这种努力的一个重要场域。而对于纠结于“革命史范式”与“现代化范式”之争的大陆学界来说，“中国中心观”取向显然具有某种启示意义。最晚到二十世纪末，中国大陆学界日渐显示出了对这种取向的积极呼应，重新看待清代经济也成为焦点问题之一。虽然这种取向下的成果数量还颇为有限，但是其在某些情境下的社会影响力已不容小觑，甚至在局部问题上具备了一定的范式意味。

美国中国史学界运用“中国中心观”取向来探讨清代经济史的努力，其实是在柯文前述著作出版后才有了较为显著的表现。在“中国中心观”指引下，一批美国学者力图从内部视角出发来重新审视清代中国的经济发展，做出了与先前截然不同的评价。曾小萍(Madeleine Zelin)在二十世纪八十年代中期便反思了有关鸦片战争前的清代属于静态经济的说法，她把雍正时期的财政改革政策视为一种“理性化财政管理”，认为这种改革所创造的财政制度，“还可能会成长为适应于强大中央集权国家的财政体系”。[②]到了“加州学派”群体那里，则从更为宏观的中西比较视野对清代经济进行了正面定位。如王国斌(Bin R. Wong)认为：“无论是近代早期的英国农业经济，还是明清时期的中国农业经济，都为那些与亚当·斯密和托马斯·马尔萨斯的学说有关联的积极的和消极的变化力量所支

① [美]柯文：《在中国发现历史——中国中心观在美国的兴起》，林同奇译，中华书局，1989年。原书初版于1984年。

② Madeleine Zelin, *The Magistrate 's tael: Rationalizing Fiscal Reform in Eighteenth—Century Ch 'ing China* (Berkeley: University of California Press, 1984), preface.

配。”[①]彭慕兰(Kenneth Pomeranz)也称，十八世纪中期前后，中国的核心区“与西欧最先进的地区相同，精密复杂的农业、商业和非机械化的工业，以相似的、可以证明甚至是更充分实现了的方式结合在一起”。[②]因此，在这些研究者看来，十八世纪清代经济的发展，完全可以成为对以西欧为中心的现代化模式的一个挑战。

与美国学界强调清代经济发展不亚于西方水平的做法相比，大陆学界更倾向于发掘出与西方并行不悖的本土式发展道路，来突破现代化模式的迷思。而能够将这种本土式视角与实证研究较好结合起来的事例，首推李伯重关于清代江南特色道路的探索。对于这条道路，他首先基于对清代江南和英国农业发展的比较研究，指出“普遍承认的由西欧经验总结出来的农业成长模式，完全可能不适合用于江南”。[③]其次则基于对“江南的早期工业化”的论证，认为由于江南与英国两地在轻、重工业的发展上各自具有特殊有利条件，因此两者在工业发展方面“各走最适合于自身发展的道路了”。[④]在他看来，这两条道路之间并无高下之分。第三则是基于对十九世纪前期江南与荷兰的对比，强调“由于近代早期江南与荷兰在经济发展方面有众多的相似”，所以同时期的江南经济“也同样成为世界上最早的近代经济之一”。[⑤]总之，李伯重关于清代江南经济的这些研究，为突破先前普遍存在的西方中心论局限和“资本主义萌芽”的理论瓶颈提供了新思路。

另一位从本土立场反思现代化模式的代表性学者是高王凌。他通过对清代经济发展序列的探讨，强调中国传统经济的发展并非是“长期停

---

① [美]王国斌:《转变的中国——历史变迁与欧洲经验的局限》，李伯重、连玲玲译，江苏人民出版社，1998年，第30页。

② [美]彭慕兰:《大分流——欧洲、中国及现代世界经济的发展》，史建云译，江苏人民出版社，2003年，第15页。

③ 李伯重:《江南农业的发展》，王湘云译，上海古籍出版社，2007年，第181页。

④ 李伯重:《江南的早期工业化》，社会科学文献出版社，2000年，第490页。

⑤ 李伯重:《中国的早期近代经济——1820年代华亭—娄县地区GDP研究》，中华书局，2010年，第289页。

滞”或“净走错路”，而“毋宁说，它是一个自有条理的、有次序、有步骤、由低到高的、合理的发展过程。这一发展直到清末或二十世纪初叶，也并没有‘走到尽头’”。[①]他还据此反思了现代化范式的固定思维，指出“当十八世纪，中国即与世界上现代化的早发国家‘一同’（或略早于他们）面对了一些‘现代问题’，和做出了若干‘现代努力’”，所以“中国具有自己的并不输于他人的‘理路’”。[②]此外，许檀关于明清时期市场网络体系的研究，也鲜明地表现了本土化的取向。她指出，“中国近代市场体系的形成并非始于开埠之后，至少从明代中叶已经起步，到清代中叶已具有相当的规模”，而十九世纪中叶外国资本主义的入侵，“不过是利用和部分地改造了中国原有的市场体系来为之服务”罢了。[③]显然，这些思考都有助于重新理解中国本土的发展模式和道路问题。

余论：清代经济史研究面临的新挑战及其应对

回望清代经济史研究百余年来的发展历程，可以看出，先后出现的社会科学范式、生产关系范式、现代化范式以及发展中的本土化视角，分别在不同时期对清代经济史研究有着极大的指导作用，并在时间序列上表现出了一定程度的承接关系。不过，其中每个范式的生成和范式转换的发生，都决不仅是学术理念的转变所导致的结果，而与中国社会变迁进程密切相关。最初，在近代中国“史学革命”思潮影响下，以及唯物史观和西方学术体系的传播，现代学术意义上的清代经济史研究才得以逐渐成形，并鲜明地迎合了时代要求、体现了时代特色。而清代经济史研究在新中国成立后迅速以生产关系为主线而展开，与服务于巩固新政权、建设新社会的客观需要之间，有着高度契合的关系。至于现代化范式在清代经济史研究中主导地位的确立，则显著体现了史学研究与改革开放后社会发

① 高王凌：《政府作用和角色问题的历史考察》，海洋出版社，2002年，第25页。

② 高王凌：《十八世纪，二十世纪的先声》，《史林》2006年第5期。

③ 许檀：《明清时期城乡市场网络体系的形成及意义》，《中国社会科学》2000年第3期。

展之间的共鸣态势。而随着西方现代性弊端的不断暴露，如何在加强对外开放的同时，走中国特色社会主义发展道路，成为新时期的焦点。因此，深入检讨西方中心论，努力探索反映中国主体性的清代经济史研究思路，也就应运而生了。

不过，随着中国社会发展的新时代的来临，清代经济史研究整体上却没有出现与时俱进的进展。现下研究的主体内容，要么是细化现代化视域下所催生出来的论题，要么是继续努力追寻中国经济的内在发展线索。客观而论，虽然如今清代经济史研究的论著数量仍然可观，但是很少见到具有突破意义的、足以回应现实社会经济变化的思考。更严峻的是，在现下倡导学科交叉和开展跨学科研究的潮流之下，清代经济史研究的历史学学科背景还遭遇到了不容忽视的挤压。特别是经济学依靠其在当下学科体系中的优势，在经济史领域日渐形成了“经济学帝国主义”式的强势。有人便提出：“历史学角度的经济史研究是为经济学的研究提供素材，经济学角度的经济史研究是以历史学家的素材为基础进行加工，对经济学理论进行检验，发展或者提出新的经济学理论。”[①]这种说法的潜台词是，历史学在经济史研究领域只能作为经济学的下手而存在，同时历史学取向的经济史研究也就很难有什么理论性贡献可言。对此，以清代为主的中国历史GDP研究可谓是一个最为典型的事例。

作为西方宏观经济学理论的产物，GDP概念成型于二十世纪三十年代。二十一世纪以来，西方学者先前将GDP应用于中国经济史领域的尝试，日渐引起了大陆学界的重视。在历史学出身的经济史学者那里，这种研究的积极意义，主要是有助于拓展中国经济史研究的思路。如倪玉平等便认为：“中国历史时期GDP研究是深化历史学与经济学相互融合的纽带。”[②]另有学者认为：“定量分析与定性分析结合已成为经济史研究的

---

① 李增刚：《以邻为伴，互栖共生：经济学与历史的融合——评〈剑桥美国经济史〉》，http://opinion.caixin.com/2018—06—11/101268113.html。

② 倪玉平、徐毅、范鲁文巴斯：《中国历史时期经济总量估值研究——以GDP的测算为中心》，《中国社会科学》2015年第5期。

规范认识，GDP研究成为经济史研究的必由之路。”[①]而在经济学出身的学者看来，GDP应用于中国经济史研究具有重大意义，因为这是中国经济学跟西方经济学接轨的一大关键。如颜色便坦言，如果“能重建一套中国历史上的GDP序列”，就“能够提供与西方经济史研究可以对比的长时段序列，我们便能初步获得国际上的认可”。[②]李稻葵等人则强调，开展中国历史GDP核算，“能够使我们更好地将经济增长理论和发展经济学结合，更为准确地把握中国古代经济增长的绩效及增长模式。”[③]依照这种思路，中国经济史研究的主要功能，不过是为源自西方的经济学理论和模型提供基准参数的实验室罢了。

这种“经济学帝国主义”迷思，当然不限于中国历史GDP研究。杜恂诚在深入考察了当前中国经济史学所受西方主流经济学的影响后，指出要构建适用于中国的经济学理论，应该“从经济史学的研究成果中，汲取历史特征和非经济因素在不同时段经济增长过程中展现的规律，融入其经济学理论中去，而不是用中国的历史数据来证明某个西方经济学模型的正确性和普遍适用性”。[④]显然，紧跟经济学理论、运用经济学分析方法，并不是中国经济史研究的唯一出路。对于历史学取向的中国经济史研究来说，努力探索“从实践出发的经济社会史”，就是一种值得期待的取向。这种取向的基本思路是，力求从实践出发，确切揭示中国历史上的经济究竟发生了什么、又是怎么发生的等问题，以期在准确勾勒经济发展面相的基础上，提炼出更加符合历史进程、更能体现中国特色的经济史概念及其逻辑。显然，只有这种取向指导下的清代经济史研究乃至中国经济史研究，才能在全球史视野下的比较经济史研究潮流中，既能够理解世界

---

① 郑起东、周祖文、杜丽红、吴敏超、李晓龙：《当代中国近代经济史研究》，中国社会科学出版社，2015年，第432页。

② 颜色：《对于中国历史GDP核算和数量经济史问题研究的一点想法》，《中国经济史研究》2011年第3期。

③ 李稻葵、金星晔、管汉晖：《中国历史GDP核算及国际比较：文献综述》，《经济学报》第4卷第2期，2017年。

④ 杜恂诚：《论中国的经济史学与西方主流经济学的关系》，《中国经济史研究》2019年第5期。

的“共性”,也能够把握中国的“特性”。

在清代经济史研究领域,这种取向已有较为明显的体现。例如,老一辈经济史家汪敬虞提出以“中国资本主义的发展与不发展”为中心线索来重新认识晚清以降中国近代经济史的思路,便较好地实现了将中国近代经济演变中的内因与外因相结合、生产关系和生产力因素相结合,从而兼顾了革命史范式和现代化范式的合理性。[①]夏明方则针对明清以来中国农村经济演变的问题,提出了“过密化市场”的概念,力倡将经济学理论下理想化的市场体系,放回到“具体的历史的自然、社会条件之中,以求更准确地把握这一市场体系的特质及其演进趋势”。[②]由此可见,这种对于清代经济实践的重新认识和把握,不仅有利于更充分地展开比较经济史研究,并且可以有效地回应“经济学帝国主义”,甚至还能够对中国经济学学科建设形成积极回馈。这是因为,当前中国经济学界中关于“中国经济学的人文转向”的呼声渐起,而其间的枢纽便是“马克思主义历史与逻辑一致的方法”。[③]毫无疑问,从中国历史实践出发的经济社会史,当然能够为这种转向提供坚实的历史认识基础。

（该文原载《中国人民大学学报》2020年第4期）

---

① 汪敬虞:《中国资本主义的发展与不发展——中国近代经济史中心线索问题研究》,中国财政经济出版社,2002年。

② 夏明方:《近代华北农村市场发育性质新探——与江南的比较》,黄宗智主编:《中国乡村研究》(第三辑),社会科学文献出版社,2005年。

③ 高德步:《中国经济学的人文转向》,《光明日报》2018年1月23日。

五、美国中国史的系谱

盛世中的幽灵

——评读《叫魂》

与传统研究政治史的著作相比,《叫魂》乍看起来实在不像是一本严肃的学术著作(*Soulstealers: the Chinese social scarce of 1768.* Harvard University Press,1990. 中译本《叫魂——1768年中国巫术大恐慌》,上海三联书店,1998年,译者:刘昶、陈兼)。不仅选择的主题与一般治政治史的常识相疏离,连它写作的内容与方式也在很大程度上背离了我们所熟悉的习惯性结构。人们当然有理由提出疑问:这样一个在当时没有造成任何重大政治后果、对后来也没有多少政治影响的"叫魂事件",究竟在什么地方能反映出政治史研究所关涉的重大历史主题? 如果是个一般的历史学者,解读这个叫魂事件也许会手足无措。然而孔飞力教授(Philip A. Kuhn)以他深厚的学术功力将此一事件娓娓道来,演绎出一个令人心惊肉跳的故事,出色地分析出隐藏其后的历史行为结构及其意义。在阅读此书时,我们分明能够感到,这个距今二百多年的历史事件的幽灵并不仅仅隐身于字里行间,甚或依然就在我们身边时隐时现。

"叫魂案"发生在乾隆三十三年(1768),其时正当十八世纪中叶,即"康乾盛世"后期,四海升平,国势正盛。但是和平的表面蕴蓄着重重的危机,中国近代历史悲剧的序幕正在徐徐拉开。"叫魂案"所折射出的历史深层结构正是这种危机的一个表现,只不过当我们终于可以读解出它的意义时,悲剧已经发生很久了。

这么说并不意味着我们有资格像弗朗西斯·福山(Francis Fukuyama)一样得意扬扬地宣称"历史的终结"(the end of history)。不仅我们的历史没有终结,十八世纪人们的历史一样也没有,它们的表象未必就不是映射在历史之镜上的我们的映像。正如我们这个时代面临的社会主题一样,生活在十八世纪的人们首先关切的也是同一个问题:怎样才能确保稳定感和安全感?正是由于自觉不自觉地感受到这个问题的存在,那个时代中不同身份、不同阶层的人们才会在面对他们所经历的种种事件时上演了各自版本的悲喜剧。

孔飞力教授也正是通过对这么一场叫魂危机的解剖,把此一时代的社会心态展示得淋漓尽致。面对叫魂事件的发生,乾隆帝、官僚们和普通民众立即根据自身所处的不同战略位置和相距甚远的知识背景,在各自的心目中构建了不同的故事版本以指导自身的行动。从戏剧学的角度来讲,没有比这更糟糕的演出了。他们各自为是的表演把这场戏剧的情节搞得漏洞百出。但是从历史学的角度来看,难道还有比他们更认真、更投入的历史戏剧演出者吗?

人到中年的乾隆帝已稳固地统治了这个庞大帝国三十三年,他早已是经验丰富、老练成熟的最高统治者了。周边已没有敢于挑战的敌国,国内也无大的叛乱。皇权更是稳固得无以复加,何况还有标志着那个时代成就的经济发展与商业活动。所有这一切使得乾隆帝成为中国历史上最为幸运的一位皇帝。可是乾隆帝也许根本无法有半点喘息的时间来体验一下自己的成就感与自豪感,帝国的安稳是任何一个有责任心的统治者都不敢掉以轻心的事。因此,当叫魂案甫一映入乾隆帝的视野,他便凭自己一贯的政治敏锐性判定:威胁帝国安全的幽灵终于露出了马脚。当然,凭历史文献的表面记录,我们也许会说,乾隆帝所认定的这个幽灵的代表只不过是一群借助妖术意图谋反的妖党。无疑,乾隆帝对这批妖党的追剿是认真而严厉的,但是这群叫魂者根本不是乾隆帝心目中那个幽灵的本身而只是它的幻象之一罢了。皇帝心中的幽灵是那种破坏在他的意识中构筑的国家安全感的无形力量,这种力量并非游离于国家政治体制之外,它恰恰位于国家政治体制之内。在此,孔飞力引出了《叫魂》中的第一个主题:皇帝与官僚,即专制权力与常规化权力之间的关系问题。

在名义上,封建专制时代的君主有着无所不包的权力,但在事实上,作为一个存在于社会中的个体,他根本不可能在没有一套制度支撑的情况下使自己的意图抵达社会基层。这个制度一经产生就与个体化的君主权力有着制约互动的关系，皇帝实际上并不可能为所欲为。黄仁宇先生在《万历十五年》中已为我们提供了一个典型事例。明万历皇帝可以惩戒任何敢于犯颜直谏的官员，但他无法与整个官僚体制相对抗，在重大问题上，反而是他要常常作出妥协，即便是对涉及他个人的生活问题，他也时常无法自由地做出决定：他既不能立自己心爱的女人为皇后，也不能选定自己认可的儿子为太子。可怜的万历皇帝只有消极怠工来与整个官僚制度作无望的抗争。乾隆帝当然不至于混得像万历那般惨景，但在他狂暴地下达上谕督促大小臣工缉拿要犯的时候，他也深深感受到了那种无奈。尤其令他大光其火的是，如果不是依靠另一渠道的秘密眼线，他甚至根本就不能知晓这个叫魂事件的发生！（中译本第100—101、166页）

不过，如果认定作为官僚制度主体的官员们在某种主观程度上达成共谋而向皇上隐瞒事件真相的话，那就如同说乾隆帝有意识地利用这个事件整饬官僚秩序一样，是根本缺乏证据的一种想象。在叫魂事件刚刚发生的时候，地方官们确确实实依据他们的知识背景作出了判断，按照孔飞力的说法，他们也许认为这纯属流言，也许觉得这只是民间的一种迷信行为，根本不会有任何效果；或许真有其事，但证据并不充分而确凿。不管怎么说，《大清律例》中关于反妖术的条款已为他们提供了一个不可知论的依据，使他们得以把案件从民间转移到官府大堂上并纳入常规化的轨道，最终按照公文的正常运转方式将此事件消解于无形。浙江、江苏两省的地方官员正是如此这般对待那里起源的叫魂案件的，在他们看来，这样的事情根本不值得上渎天听。然而乾隆帝的反应是极为震怒的，祸患常积于忽微，何况这种妖术在剪人辫发表象的背后，焉知没有某种谋反的企图？事关社稷安危，官员们如何只希图平常了事？这一回的压力来自上层，只凭个人的力量，任何一位官员也无法应对。于是我们在书中看到，所有牵涉到此案中的官员都行动了起来，以各自不同的行为方式为他们集体的安全构造一张权力之网，对皇帝的权力作出全面而谨慎的抵制。

信息的控制能力在某种意义上意味着一种权力，也能够表示官员们的安全程度。不仅皇帝有着绕过常规途径获取信息的方法，官员们看起来也同样有他们自己的办法获得有关皇上的信息。由此，官员们在某种程度上可以对一些“事件”进行选择——只要他们认为自己可以从中得到某些机会和利益，但是在他们这么做的同时，这种行为已经不是与君主的意图并道而行了。山东巡抚富尼汉便是这么一个例子。孔飞力教授经过仔细地考辨后发现，在乾隆帝下达查拿罪犯的上谕的前一天（1768年7月24日，上谕下发时间是7月25日），富尼汉发出了关于剪辫案的第一份奏折。这恐怕不仅仅是巧合，也许是富尼汉根据自己得到的信息而决定让这个事件浮出水面以减轻自己的责任。但是他这样做的直接后果是揭破了江南各省的隐情（那里的省级官员在叫魂案已发生了两个多月时间中没有一次向乾隆帝奏报过），间接后果则制造了一个“飞去来器”，最终使他自身也未能从中幸免。

富尼汉的失败并不意味着整个官僚系统的失败，在乾隆帝的压力面前，各省官员以花样更繁多、手法更隐蔽的方式来与之周旋。江西巡抚吴绍诗先是在奏报中忧心忡忡地提出警告，尔后又报告说已精心布置了一张严密的警网，可结果却是什么也没有发生。江苏按察使吴坛是吴绍诗的次子，在查拿叫魂案犯不获的情况下，成功地揭发了苏州的两个教派——大乘教和无为教的活动，从而转移了乾隆帝因叫魂案而施加的压力。做得更绝的是湖广总督定长，他使本地区的官员们结成了稳固的统一战线——以人数赌他们共同的安全。当然，也有些笨家伙，例如河南巡抚阿思哈，他故作勤勉地追剿了三个月，只在他所管辖的两千万人口中抓到了二十五个微不足道的嫌犯，还因证据不足释放了八人。他的花样被乾隆帝一眼看穿。但无论如何，这些步调并不一致的行动成功地实现了对君主权力的抵制。至于那些被处罚的官员，两江总督高晋、江苏巡抚彰宝、安徽巡抚冯钤、浙江巡抚熊学鹏、前江苏巡抚明德、山西巡抚苏尔德，以及一批中下级官员，只不过是官僚制度在应付君主权力时付出的应有代价，作为一个整体，官僚集团依然保证了自身的安全。

乾隆帝的失败感不是没有道理的，他的幽灵感也不是毫无来由，官僚们的常规化权力使他时时摆脱不了自己将被内化为这部官僚机器的一个齿轮的梦魇。卡尔·曼海姆(Karl Mannheim)曾指出:“官僚思维的基本倾向是把所有的政治问题化约为行政问题。”这就是为什么政治罪是君主的而非官僚的问题。但是,从长远来看,孔飞力指出,在中国社会中,君主权力和常规权力并不一定是扞格不入的,两者共存于同一套政治体制之中。没有君主权力,常规权力不能制定支配自身的规则;没有常规权力,君主权力也无法运用这套规则。二者只能随着历史的惯性一起滑落。不过,与君主专制权力和平共处并不意味着官僚们可以就此万事大吉。不要忘记在这场叫魂戏剧中还有第三类表演者:普通民众。这便是《叫魂》中另外一个令人感兴趣的主题:普通民众在这场权力游戏中的战略位置。

一般说来,很多人会认为社会底层的民众与权力无关,尤其在专制时代,基层广大民众既没有自己的话语权,也与国家政治生活无甚关系,他们只是国家权力的一群默默无闻的受众。然而事实并非如此。民间社会的人们固然处于政治无意识状态,他们在政治运动中却不是没有灵魂的、可以被任意操纵的木偶,一旦被卷入权力游戏之中,他们迅即依据自身的知识构架对之作出反应,并且绝不放过任何可为他们所利用的权力资源。只要他们能够接触到这种资源,就会形成一种所谓的“微观权力”。这种“微观权力”是弥散性的,它不会为任何阶层、任何人所持有,它制造了无数的冲突点和不稳定中心,甚至在某些局部能够造成暂时性的权力关系的颠倒。它使每一类人都可以从中找到适合自己运用的那部分权力,正如孔飞力所说:“对任何受到横暴的族人或贪婪的债主逼迫的人来说,这一权力为他们提供了某种解脱;对害怕受到迫害的人,它提供了一块盾牌;对想得到好处的人,它提供了奖赏;对妒忌者,它是一种补偿;对恶棍,它是一种力量;对虐待狂,它则是一种乐趣。”(中译本第300页)

具体到十八世纪的这场叫魂危机中,我们可以看到这种“微观权力”的运用造成了什么样的历史场景:社会上到处表现出以冤冤相报为形式的敌意。与君主或官僚所行使的那种国家权力不同,这种微观权力的背后是一种永远处于紧张状态的关系网络。具有反讽意味的是,正是这种试图调整社会秩序和关系的国家权力造就了这种混乱的微观权力。不管乾隆帝出于什么理由，一旦他下达清剿妖术的命令与民间关于妖术的知识背景有着某种契合点，官僚们所受到的压力就不是来自一个方面而是两个，这无疑使他们在这场权力游戏中处于最尴尬的位置：他们也成为这种微观权力的袭击目标之一。而通常无权无势的绝大多数人则利用这种权力充分享受到了攻击他人的乐趣，从而满足自己的权力幻觉。也许这真是一种“受困扰社会所遭遇到的道德报应？”

对于广大十八世纪的普通民众来讲，这种幻觉的产生或许并非仅仅是由于他们关于身体与灵魂可分离性的知识所造成的，他们之所以如此还与他们对自我生存状态的焦灼感有关。因为，尽管从我们的眼光看来，十八世纪的生机勃勃是那个时代的显明特征，但是“从一个十八世纪中国普通老百姓的角度来看，商业的发展大概并不意味着他可以致富或他们的生活会变得更加安全，反而意味着在一个充满竞争亦十分拥挤的社会中，他的生存空间更小了”。（中译本第43页）

《叫魂》一书向我们展示出，盛世中的幽灵确实是存在的，但在不同人心目中，它的幻象也是不同的。在乾隆帝心目中，它破坏他的国家和他的安全感；在官僚们心目中，它破坏他们的政治安全感；在普通人心目中，它威胁每个个体生存的安全感。这个幽灵的化身并不是那一堆可怜的僧道乞丐——一群太平盛世的边缘人，但是如果不拿这些无依无靠的弱者作替罪羊，他们又到哪儿宣泄由幽灵感诱发的狂暴力量呢？

没有什么必要去哀悼那个年代，它留下的社会积淀至今也没有从我们的生活中消失。实际上，我们都是历史的幽灵。

（该文原载《清史研究》2000年第1期）

“范式危机”凸显的认识误区
——对柯文式“中国中心观”的实践性反思

中国大陆史学研究自改革开放以来的巨大进展，固然离不开国内许多严肃学者的种种努力，海外中国学的输入同样起着不容忽视的刺激作用。其中，兴起于美国学界的“中国中心观”取向又占据了一个突出位置。因柯文（Paul A. Cohen）在1984年出版的《在中国发现历史》中所作的系统总结和阐述，使“中国中心观”成为一个广为人知的特定概念，故亦可称为柯文式“中国中心观”。大陆学界随着该书中译本面世而逐渐熟悉此一取向后，陆续有学者对其蕴涵的问题进行了探究。由于这些探究基本都是围绕着柯文的理论表述及其逻辑架构而展开的辩诘，①其价值固然重要，却未构成完整的反思维度。毕竟，“中国中心观”并非柯文创造的理论体系，而是凭借研究实践集结而成的学术潮流。况且自二十世纪七十年代至今，美国中国学界许多影响较大的成果，都具有柯文式“中国中心观”背景。②因此，通过较为系统地检视此类研究实践的基本理路，当有助于更

---

① 中国学者这种以柯文为矛头的辩诘思路，《在中国发现历史》的中译者林同济所作的“译者代序”可谓最早的体现。其后，汪熙（《研究中国近代史的新取向——外因、内因或内外因结合》，《历史研究》1993年第5期）、侯且岸（《当代美国的“显学”——美国现代中国学研究》，人民出版社，1995年，第125—131页）、陈君静（《大洋彼岸的回声——美国中国史研究历史考察》，中国社会科学出版社，2003年，第245—256页）、夏明方（《一部没有“近代”的中国近代史——从“柯文三论”看“中国中心观”的内在逻辑及其困境》，《近代史研究》2007年第1期）诸人的反思虽各有侧重，但着眼点基本都是柯文的理论措辞。

② 该书出版后的二十多年中，这一取向在学界继续得到相当广泛的运用和深化，以致柯文在进入新世纪后仍对先前的阐释深表信心。对此，可参见[美]柯文：《变动中的中国历史研究视角》，程美宝译，载柯文：《在中国发现历史——中国中心观在美国的兴起·附录》（增订本），林同齐译，中华书局，2005年第2次印刷（以下引用此书时如无说明，皆出自该版本）。该书中译本初版于1989年，2002年再版，2005年第2次印刷时又增加了两篇文章作为附录，该文即为其中之一，原发表于2003年。另可参见朱政惠在《柯文教授的清史研究》（《江西师范大学学报》（哲学社会科学版）第37卷第6期，2004年）一文中，根据其对柯文访谈内容所作叙述。

为全面地把握此种取向达致的认知后果及其缺陷，以期推进有效的反思和批判。

一、“范式危机”的“中国中心观”魅影

虽然“中国中心观”经过柯文的理论加工后，仍“不能称之为一个系统完整的、逻辑严谨的方法论体系”，[①]也没有在研究者之间形成一个内聚性学派或学术共同体，但是这并不意味着“中国中心观”只是一股松散无力的学术思潮。其实，正如柯文在其书出版二十年后所说，他当时所做的“不过是明确地提出一套其他研究者已经开始使用的研究方法”。[②]也就是说，“中国中心观”首先是一种通过具体研究实践而表达的取向。就在柯文其书问世后不久，这类研究实践所汇聚的能量，已造成了学术生态版图的较大动荡。二十世纪九十年代，关于学术演化趋向的一种激烈表达，即“范式危机(paradigm crisis)”问题，便是此种动荡状况的一个突出标识。

1991年，黄宗智(Philip Huang)运用库恩(Thomas Kuhn)在科学哲学认识论中创造的“范式”和“范式危机”概念，着重对于当时美国中国学界的学术动态进行了剖析。他指出，在关于中国历史变迁的解释中，近年来出现的“近代早期论”倾向动摇了过去占主导地位的“传统中国论”模式。这种“近代早期论”倾向，是指依据对中国内部在明清时期发生重大变化的论证，将中国在受到西方影响前数百年的时期称为“近代早期”，“如同在西欧发生的那样”。正是在“近代早期论”学者的实证研究积累的基础上，造成了关于中国历史认知中的一系列悖论现象，如“没有发展的商品化”“分散的自然经济与整合的市场”“没有公民权力发展的公众领域扩张”“没有自由主义的规范主义法制”等。不过，黄宗智认为，“近代早期中国”的新观念虽与“传统中国论”的旧观念形成了某种对立，却不足以成为

① 侯且岸：《当代美国的“显学”》，第125页。

② [美]柯文：《在中国发现历史》，第260页。

新的支配性模式，因为它们背后共享着相同的规范信念，尤其是斯密和马克思经典理论中所阐述的商品化导致近代化的发展模式。因此，在他看来，当下对立理论间的争论并不能解决现有理论体系的不足，故而整个中国社会经济史研究都处于一场“范式危机”之中。①

1995年，德里克（Arif Dirlik）同样运用库恩的概念，表述了美国中国学研究的“范式”和“范式危机”问题。不过，与黄宗智表述的内容不同，按照德里克的看法，当前学界动态的重心，乃是曾经主导中国近代史解释的“革命范式”，受到晚近崛起的“现代化范式”的剧烈冲击。德里克指出，所谓“现代化范式”论者的研究，“或者否定革命是近代中国历史的中心事件，或者在仍肯定其中心地位的前提下，将其理解为至少是一场失败和一种中国发展的障碍。”他认为，这种“现代化”其实意指“一组与资本主义相关的发展”，所以所谓“现代化范式”的“意识形态化与其所抨击的革命史学相比毫不逊色”，都“对中国历史采取了非历史的态度”，从而不仅“不能含融贯通旧的中国近代史解释，甚至不愿正视它”。这样一来，如果说“现代化范式”解释了某些事情，“那也是以取消和无视那些不适合其解释的现象为代价的”。由于这种有着明显缺陷的新范式却“没有任何有分量的意识形态来挑战其霸权”，故而德里克将这种状态称为“范式危机”。②

对于“范式危机”论，国内学者给予的反响较美国热烈得多。除了泛泛的赞誉之辞，国内的认识和把握大致可以分为两种趋向。第一种趋向是对此种说法的立论进行质疑。针对黄宗智，有学者通过辨析其提出的

① [美]黄宗智：《中国研究的规范认识危机》，载其著《长江三角洲小农家庭与乡村发展·附录》，中华书局，2000年。该文原发表于1991年，中译文曾连载于1993年的《史学理论研究》，2000年又被收入《长江三角洲小农家庭与乡村发展》一书中文本作为附录。其最初译为中文时，“Paradigm”一词被译为“规范认识”。由于黄宗智后来主编的一部论文集《中国研究的范式问题讨论》中译本（社会科学文献出版社，2003年）中，统一使用“范式”一词，故这里为行文方便起见，将原先提到的“规范认识”皆改为“范式”。

② [美]德里克：《革命之后的史学——中国近代史研究中的当代危机》，《中国社会科学季刊》（香港），1995年春季卷，第135—141页。

基本论据，如“没有发展的增长”[①]“商品化不必然导致近代化”[②]等，认为其对存在悖论现象的证明尚非确定无疑。至于德里克，有学者认为其关于史学范式转换的定性本身存在着诸多自相矛盾，“革命”与“现代化”根本不可能存在范式转换的否定性关系，“只不过各自突出诠释的是中国近代社会进程的不同侧面罢了”。[③]第二种趋向则借用“范式危机”来处理中国本土语境主要是近现代史研究领域的分化。罗荣渠先生率先借鉴德里克的思路，认为：“当前中国近现代史研究中的新进展就是在‘革命’的传统范式之外出现了‘现代化’这个新范式。”[④]其后，“现代化范式”对“革命史范式”的挑战，被公认为学科动态的一条主旋律。

应当说，对于“范式危机”论，上述两种趋向所表达的认知都存在一定的不足。第一种趋向意识到此说法本身还存在着问题，无疑是值得肯定的，并且有助于警示食洋不化的盲目倾向。然而这种趋向过于纠结这个方面，很容易把更多的注意力集中于“范式危机”论本身是否具有正当性的问题上，从而造成将澡盆中的脏水和婴儿一起泼掉的危险。至于第二种趋向，虽然有助于提升到方法论层面来把握学术演化态势，但显然是急于用他人之酒浇自家块垒的借题发挥，难以摆脱即插即用型的拿来主义色彩。由于对范式概念在史学领域的统摄性究竟若何缺乏必要的反思，所以这种趋向造就的结果，不仅所谓两大范式系统的支持者继续争执不下，那些试图折中两种范式合理性限度的所谓“包纳说”或“并存说”，[⑤]更

---

① 李伯重：《理论、方法、发展趋势：中国经济史研究新探》，清华大学出版社，2002年，第81—91页。该书以美国“加州学派”为主的一些学者，对黄宗智的“过密化理论”进行了更为广泛的批评，使得关于中国近世经济变化的性质问题仍处于争论之中。这方面介绍文章较多，此不赘述。

② 侯且岸：《当代美国的“显学”》，第145—146页。陈君静：《大洋彼岸的回声》，第304—306页。

③ 杨念群：《中层理论——东西方思想会通下的中国史研究》，江西教育出版社，2001年，第196—199页。

④ 罗荣渠：《现代化新论——世界与中国的现代化进程》（增订版），商务印书馆，2004年，第487—488页。

⑤ 有关两大范式的争讼与折中，具体可参见徐秀丽：《中国近代史研究中的“革命史范式”与“现代化范式”》，《中国社会科学院院报》2006年5月30日。

是根本没有实践意义的空中楼阁。

在我看来，导致上述情况的主要原因，在于把过多的注意放到了黄宗智和德里克阐述的概念系统之上，而没有深入探究二者将范式理论应用于历史学学术生产和再生产机制的动力机制。换而言之，就是忽略了这样的问题：此二者是在怎样的具体情境下生发其批判的？他们据以生成批判逻辑的经验基础又是什么呢？无疑，如果不涉及这些问题，那就很难克服“理论的旅行”所造成的水土不服。

一旦回到这些问题，不难发现，虽然黄宗智和德里克的逻辑指涉有所不同，但都是对学术生态版图发生巨大改变的反应。至于导致他们判断发生这种变化的依据，又是那些被分别视为“近代早期论”和“现代化范式”的研究实践所累积的认知效果。显然，要充分理解所谓“范式危机”论的意涵，决不能对这些研究实践的性质和理路置之不理。而哪怕大致浏览一下这些研究实践，也会很快发现其中绝大多数正是“中国中心观”取向指导下的产物。在这种意义上，要充分理解“范式危机”论所表达的学术生态忧思，显然不能对游荡其背后的“中国中心观”魅影视而不见。

不过，“范式危机”论还不足以成为对“中国中心观”的有效批判。这首先是因为，两者的批判锋芒所指，与“中国中心观”之间有很大偏离。就黄宗智而言，他虽然并不赞同“近代早期论”，但在事实上将此类研究作为了其进行理论演绎的经验基础。在德里克那里，对“现代化范式”的批评被直接推到了对现代化理论的反思，其间完全忽视了此类研究在学术实践中得以生成的依赖路径，而“中国中心观”恰恰是最为重要的一条路径。其次，由于他们在陈述“范式危机”时，分别把“近代早期论”和“现代化范式”本身作为自足的解释体系，没有注意到此两者其实都是“中国中心观”的部分表征或者逻辑派生物，所以肯定不能达到全面展示“中国中心观”整体认知倾向的效果。

学界以往在讨论范式问题时忽视“中国中心观”魅影的疏漏，很可能是因为“中国中心观”不具有方法论体系的表象，从而难以将之作为理论对手。毕竟，那些对柯文理论措辞的分析业已证明，“中国中心观”的整体逻辑存在着明显的根本性矛盾。然而单纯的逻辑辩难，显然无法解释“中国中心观”何以能够造成“范式危机”式的现实性忧思。事实上，虽然“中国中心观”不是一套完整和规范的解释框架，更不是一个学术“范式”，但是其在研究实践中已经累积了极大的路径依赖意义。因此，通过检视研究实践的基本理路出发来揭示此种路径依赖，对于更为全面、准确地把握“中国中心观”的认识论框架及其实质，必定是一个不可缺少的维度。

略具讽刺意味的是，本文对于柯文式“中国中心观”的反思进路，恰恰又从柯文对“中国中心观”的总结中得到了操作上的便利。根据柯文的总结，践行“中国中心观”的手法有四个方面的特征，即内部视角、区域化、社会分层，以及跨学科借鉴。①虽然这四个方面往往在具体的经验研究中有着复杂交织关系，但由于它们在实践中分别构成了相对独立的脉络，并产生了各具明显表征的认知效果，所以完全可以将它们所显示的路向作为本文进路的追踪线索。另外，限于学力和篇幅，本文只能涉及本人掌握的、美国中国学研究中较具代表性的论著。其间挂一漏万之处在所难免，尚祈有识者来日指正。

二、追寻内在连续性的迷途

按照柯文的归纳，“中国中心观”的第一种践行手法是内部视角，即“从中国而不是从西方着手来研究中国历史，并尽量采取内部的（即中国的）而不是外部的（即西方的）准绳来决定中国历史哪些现象具有历史重要性”。对于这种手法的实践脉络，柯文概括为：“随着越来越多的学者寻求中国史自身的‘剧情主线’（story line），他们奇妙地发现确实存在着这条主线，而且在1800年或1840年，这条主线完全没有中断，也没有被西方所抢占或代替，它仍然是贯穿十九世纪乃至二十世纪的一条最重要的中

① [美]柯文：《在中国发现历史》，第201页。

心线索。”[①]简言之,这种手法在实践中的具体反映,就是以内部因素为基准来追寻中国历史的内在连续性。

这种追寻的努力首先挑战了通行的历史分期观。如孔飞力(Philip A. Kuhn)早在1970年就提出,如果“‘近代’是指历史动向主要由中国社会和中国传统以外的力量所控制的时代”,“是一个把中国历史不可改变地导离它的老路,并在社会和思想的构成中引起基本变革的更为深刻的进程”,那么在百年前“新的力量已起着削弱传统中国社会的作用”,“将不可避免地决定”清代中叶中国的前途,所以1840年不应当被看作近代时期的开始。[②]傅礼初(Joseph Fletcher)也认为,中国自身在十八世纪发生的两个变化,即领土和人口的增大,从长远观点来看可能具有更重大的意义,“它们决定了中国向现代转变——这种转变至今仍在继续中——的基础。”[③]另一些学者把这种内在连续性的时段追溯得更远。按照魏斐德(Frederic Wakeman, Jr.)的总结,“社会史家们开始逐渐认识到,从十六世纪中叶到二十世纪三十年代的整个时期构成了连贯的整体”,不再“将1644和1911年视为关键性的界标”,因为许多在晚明出现的重要现象“推动了若干行政和政治上的变化,这些变化在清朝继续发展,在某些方面直到二十世纪初期的社会史中才臻成熟”。[④]马若孟(Ramon H. Myers)强调,“明清两代经历了和宋代一样影响深远的变化”,所以建议把明清两代看成“中国历史上的一个单独的时代”。稍后,他明确地将十六至二十世纪中期定为“近代中国”时期,并称1500年以后中国史开始成为世界

---

① [美]柯文:《在中国发现历史》,第201、171页。

② [美]孔飞力:《中华帝国晚期的叛乱及其敌人》,谢亮生等译,中国社会科学出版社,1990年,第2—3、6页。

③ [美]费正清、刘广京编:《剑桥中国晚清史》上卷,中国社会科学院历史研究所编译室译,中国社会科学出版社,1985年,第39页。

④ Frederic Wakeman, Jr. and Carolyn Grant (eds.), “Introduction: The Evolution of Local Control in Late Imperial China,” *Conflict and Control in Late Imperial China*, (Berkeley: University of California Press, 1975).

史。[①]史景迁(Jonathan Spence)和卫思韩(John Wills)也赞同中国的根本性变化开始于十六世纪末期和十八世纪初期,认为从晚明到盛清这段时期有一种"内在的连贯性"。[②]总之,根据这种追寻,还在二十世纪八十年代初,"美国史家除最老式和最激进的以外",都放弃了把1840年作为总的分期标界。[③]

在探讨这种内在连续性的性质及其发生机制时,研究者们的看法却极不统一,甚而出现了或许可称为"乐观派"和"悲观派"的巨大分歧。

所谓"乐观派",主要是指对中国传统范围内自行产生的一些重大变化作出更为正面和积极的评价,并倾向于将之与近代性或是后来的近代化进程联系起来。顺便指出,黄宗智所说"近代早期论"研究大多属于此派。较为综括性的表述,如罗友枝(Evelyn Rawski)在1979年就提出,西方到来前的中国已经是"一个先进的社会,具有许多近代特点"。[④]后在与韩书瑞(Susan Naquin)合著的《18世纪的中国社会》中,更为明确地将十七世纪晚期至十九世纪初视为中国所经历的近代早期阶段,十八世纪则是其中一个最富活力的时期,且"当代中国在很大程度上要归功于其近代早期的历史"。[⑤]

更多学者则从具体主题入手,围绕着国家和社会两个方面,表达了同样的认知方向。

在国家方面。魏丕信(Pierre-Etienne Will)通过对十八世纪清朝荒政的研究,认为在保护国民免受或减少自然灾害侵袭的活动中,十八世纪创

---

① Ramon H. Myers, "Transformation and Continuity in Chinese Economic and Social History," *Journal of Asia Studies* (February 1974), 33(2): 274; "On the Future of Ch'ing Studies", *Ch'ing—shih wen—t'i* (June 1979), 4(1): 107—109.

② Jonathan D. Spence and John E. Wills (eds.), *From Ming to Ch'ing: Conquest, Region, and Continuity in Seventeenth—Century China* (New Haven, Conn.: Yale University Press, 1979), Preface.

③ [美]柯文:《在中国发现历史》,第209页。

④ Evelyn S. Rawski, *Education and Popular Literacy in Ch'ing China* (Ann Arbor: University of Michigan Press, 1979) ,p.140.

⑤ Susan Naquin and Evelyn S. Rawski, *Chinese Society in the Eighteenth Century* (New Haven and London: Yale University Press), preface, p.236.

造的那些制度和程序“仍代表着一种有效的政府行为模式——一种值得认真研究的模式”。[①]在与王国斌(Bin R. Wong)合编的、研究清代仓储的《养民》一书中,这种看法得到进一步发挥。他们认为,“即便根据同期欧洲的标准”,清代中国“所做的工作也已相当之多”,而“中国在某场竞技中优于欧洲许多国家的表现提醒我们,中国的某些成功而非失败对于我们明智地理解中国进入现代世界的进程同样十分重要”。[②]曾小萍(Madeleine Zelin)把清代十八世纪的财政政策视为一种“理性化的财政改革”,认为这“对于一个强有力的现代中国的潜在发展具有重要影响”。[③]何伟亚(James L. Hevia)对清代十八世纪外交政策的解释也反击了将清代国家视为落后的观念,认为以往对马嘎尔尼使团的解释忽视了“清与英两大帝国构建之间的共性”,这次出使其实“是两个扩张性殖民帝国的接触,它们中每一个的组织原则都与另一个不相兼容”。[④]

在社会方面。罗威廉(William T. Rowe)通过对汉口的研究,指出中国城市自十八世纪末期以来已经经历了一系列在西方影响外的重要变化,特别是“出现了一种事实上的高度自治”,而其在十九世纪、二十世纪之交作出的反应“在很大程度上也应归因于中国城市社会的长期变化过程”。后来进一步提出,以汉口为代表,中西方城市具有很多相似之处的近代早期发展阶段,其中一个显著趋势便是“公共领域(public sphere)”的诞生与发展。[⑤]对于中国的“公共领域”,冉玫铄(Mary Backus Rankin)进

---

① [法]魏丕信:《18世纪中国的官僚制度与荒政》,徐建青译,江苏人民出版社,2003年,前言、第222—223页。魏丕信虽是法国学者,但与美国学界渊源甚深。

② Pierre-Etienne Will and R. Bin Wong (eds.) , *Nourish the People: the State Civilian Granary System in China, 1650-1850* (Ann Arbor: University of Michigan Press), p.498, 524.

③ Madeleine Zelin, *The Magistrate 's tael: Rationalizing Fiscal Reform in Eighteenth—Century Ch 'ing China* (Berkeley: University of California Press), preface.

④ [美]何伟亚:《怀柔远人:马嘎尔尼使华的中英礼仪冲突》,邓常春译,社会科学文献出版社,2002年,第26-30页。

⑤ William T. Rowe, *HANKOW: Commerce and Society in a Chinese City, 1796-1889* (Stanford: Stanford University Press, 1984), pp.339-346; *HANKOW: Conflict and Community in a Chinese City, 1796-1895* (Stanford: Stanford University Press, 1989), Introduction, pp.183-186.

行了更为有力的阐述。在她看来,官僚制国家与社会精英关系自十六世纪以来的演变,对二十世纪中国政治的剧烈变动有着基础性作用。尽管体现这种关系的“公共领域”与西方并不完全一致,但“实质性的社会自治”的确存在于帝制晚期。[①]艾尔曼(Benjamin A. Elman)通过研究清代学术思想史提出,江南学术共同体“对帝国正统学术的批判早在十八世纪已达到高潮”,而“清代出现的考证学派与二十世纪中国学术话语存在直接的连续性”。[②]罗威廉以陈宏谋为中心探讨了中国十八世纪官员—精英意识,指出:“通常认为属于近代早期欧洲精英意识发展的那些宏大观念——国家主权主义、自由主义和个人主义都在其中——其实并不为欧洲所独享。”[③]李中清(James Z. Lee)和王丰(Wang Feng)通过对中国人口史的研究,认为“中国人口行为一直展示着一种理性的形式,它可以与人口转变后的情形相媲美”,所以中国尽管经历了三个世纪以来的增长,“但人口过剩的阴影似乎一直只是一个神话”。[④]王国斌重新评价了明清经济,认为“在主要方面,十八世纪的欧洲与同时期的中国之间的共同之处,超过十八世纪的欧洲与十九、二十世纪的欧洲之间的共同之处”,“无论是近代早期的英国农业经济,还是明清时期的中国农业经济,都为那些与亚当·斯密和托马斯·马尔萨斯的学说有关联的积极的和消极的变化力量所支配”。[⑤]

与“乐观派”不同,所谓“悲观派”认为中国的内在连续性与近代化进

---

① Mary Backus Rankin, *Elite Activism and Political Transformation in China: Zhejiang Province, 1865—1911* (Stanford: Stanford University Press), Introduction。以及其《中国公共领域观察》(黄宗智主编:《中国研究的范式问题讨论》)一文。

② [美]艾尔曼:《从理学到朴学——中华帝国晚期思想与社会变化面面观》,赵刚译,江苏人民出版社,1997年,第1、179页。

③ William T. Rowe, *Saving the World: Chen Hongmou and Elite Consciousness in Eighteenth—Century China* (Stanford: Stanford University Press, 2001), p.456.

④ [美]李中清、王丰:《人类的四分之一:马尔萨斯的神话与中国的现实(1700—2000)》,陈卫、姚远译,史建云校订,生活·读书·新知三联书店,2000年,第13、50页。

⑤ [美]王国斌:《转变的中国——历史变迁与欧洲经验的局限》,李伯重、连玲玲译,江苏人民出版社,1998年,第12、30页。

程并不相容，甚而可能是根本性障碍。黄仁宇在二十世纪七十年代初就提出，明朝确立的财政制度在随后近五百年中没有大的变化，导致政府财政从此“再没有任何活力可言”，而“中国新近的一些经济问题”的历史根源也“可以追溯到十六世纪”。[①]至于影响最大的悲观看法，则来自黄宗智。通过对华北和江南农村经济的研究，他认为“华北小农经济虽然经历了显著变化”，但其“核心是一个内卷而又分化了的小农经济的形成”，“帝国主义并没有引起小农经济基本性质的变化，只是使它沿着已经存在的、自生的道路而加速内卷化和商品化”，这也“正是中国解放前农村数世纪以来大规模动荡的结构性基础”。而江南经济尽管经历了长达六个世纪的蓬勃商品化和城市发展，然而对于其过密型经济本质，无论是帝国主义的影响还是解放后的集体化与农业的部分现代化都没能使之发生改变。[②]对于被“乐观派”高度评价的十八世纪，孔飞力则通过对“叫魂案”的分析，认为中国这时很可能就进入了“一个已被人口过度增长、人均资源比例恶化、社会道德堕落所困扰的社会”，而时至今日，“冤冤相报（这是“受困扰社会”中最为普遍的社会进攻方式）仍然是中国社会生活中的一个显著特点”。[③]弗里曼（Edward Friedman）等人基于对中国乡村社会的研究，认为农村深层的长期连续性与社会主义国家政权牢固地结合了起来，“与沿袭的旧传统并无二致”，这种体制不仅不能解决一直困扰中国统治者的历史遗留问题，而且“堵死了任何容易通向现代化形式的更自由的途径”。[④]

---

① [美]黄仁宇：《十六世纪明代中国之财政与税收》，阿风等译，生活·读书·新知三联书店，2001年，第427—429页。

② [美]黄宗智：《华北的小农经济与社会变迁》，中华书局，2000年，第123—124、228、317页；《长江三角洲小农家庭与乡村发展》，中华书局，2000年，主要见导论部分。《华北的小农经济与社会变迁》中的“内卷化”与《长江三角洲小农家庭与乡村发展》中的“过密化”同为“involution”一词，著者本人后来在中文中皆用“过密化”。

③ [美]孔飞力：《叫魂：1768年中国妖术大恐慌》，陈兼、刘昶译，中华书局，1999年，第300—303页。

④ [美]弗里曼、毕克伟、塞尔登：《中国乡村，社会主义国家》，陶鹤山译，社会科学文献出版社，2002年，第1—16、370—382页。

另一些学者则认为，虽然中国的内在连续性先前曾有优势，后来却恰恰要对中国未能充分实现近代化要负更大责任。因此，他们终究也属于“悲观派”。如魏斐德提出，十七世纪清代以独特的方式成功地重建统治秩序，并使中国比其他任何国家都更快地摆脱了同时期的全球性经济危机，可悲的是，又正是由于这种成功，“使之在十九世纪强大的外来干涉再次出现之时，难以作出制度上的选择。”[①]彭慕兰（Kenneth Pomeranz）则认为，1750年前后，中国的核心区“与西欧最先进的地区相同，精密复杂的农业、商业和非机械化的工业，以相似的、可以证明甚至是更充分实现了的方式结合在一起”，却正因为中国享尽了区域内部的专业化与分工、劳动生产率、市场体制、生态保护以及生活水平等各方面的优势，从而“多么迅速地关闭了可能会使任何地方的经济生活和人均资源利用出现更为彻底的变革的生态窗口”。[②]

尽管上述学者相互之间常常发生激烈争论，然而他们的一个显著共性，是把内部因素的地位和作用置于外部因素之上。这就不难推出这样的结论，无论近代以来的命运如何，中国自身显然要负更多的责任，西方的冲击最多是个不容忽视的辅助问题。因此，不管他们的论证如何繁复，都属于单向度的逆向思维范畴。而只要参照一下日本学界的情况，就可看出这是一条危险的迷途。早在二十世纪前半期，内藤湖南、宫崎市定等人便根据中国内部的演变，将以中国为中心的东亚区域建构为一个具有自身现代性动力和轨迹的历史世界，奠定了后来所谓“东洋的近世”命题的基础。[③]诚如有人指出的那样，这种同样“在中国发现历史”的努力，很大程度上却是为配合日本自1895年以来向外扩张而创造的一种新的世界史框架和战略性视野。[④]值得警惕的是，这类论调依然存在于晚近时

---

① [美]魏斐德：《洪业——清朝开国史》，陈苏镇等译，江苏人民出版社，1998年，第842—843页。

② [美]彭慕兰：《大分流——欧洲、中国及现代世界经济的发展》，史建云译，江苏人民出版社，2003年，第15、226页。

③ [日]内藤湖南：《概括的唐宋时代观》。[日]宫崎市定：《东洋的近世》。皆见刘俊文主编：《日本学者研究中国史论著选译》（第一卷），中华书局，1992年。

④ 汪晖：《现代中国思想的兴起》上卷第一部，生活·读书·新知三联书店，2004年，第5页。

期的日本学界。例如，滨下武志声称，“十九世纪中叶以来形成的亚洲市场，并非是近代西欧资本主义使亚洲对外开放的过程中形成的”，而是亚洲以中国为中心共同构成的朝贡贸易体系“和西方发生的新的关系，顶多只能算是亚洲历史发展的契机和手段而已”，所以要正确把握中日近代关系，就“必须从日本的近代化是怎样从以中国为中心的朝贡体系中产生这一问题开始”，而“日本的近代化也可以看成是日本试图取代中国而占据中华理念的主导地位的过程”。[①]简单地说，日本与中国的战争至多是兄弟阋墙而非敌我矛盾。另一位日本学者沟口雄三历来坚持“中国的近代是以其自身的前近代为母体”的历史独特性，并提出用“内发式近代的视角”来把握“欧洲资本主义入侵之前已经在中国内部酿成的中国历史过程”。按照他的看法，尽管中国“承受了资本主义(帝国主义)、西欧文明的诸多介入而不得不接受不曾预料的变形，但是哪怕是以否定的形态，中国仍然继承了它应该继承的，中国作为中国而再生了”。而日本在近代得以侵略中国，不过是中国这条巨蟒恰巧处在置身荒野尚未完成脱皮之时，“日本抓住了这惟一可能乘虚而入的好时机钻了一个空子”，可最终并未对这条巨蟒造成致命的损伤。[②]如此说来，中国对于中日战争的反应和评价岂不过于敏感了吗？那么，这种“内部视角”的研究实践还仅仅限于学理探讨的意义吗？

三、作茧自缚的地方史路径

“中国中心观”的第二、第三个手法，分别被概括为“把中国按‘横向’分别为区域、省、州、县与城市，以展开区域与地方历史的研究”，以及“把中国社会再按‘纵向’分别为若干不同阶层，推动较下层社会历史(包括民

① [日]滨下武志：《近代中国的国际契机：朝贡贸易体系与近代亚洲经济圈》，朱荫贵、欧阳菲译，虞和平校，中国社会科学出版社，1999年，第10、32、46、50—51页。

② [日]沟口雄三：《日本人视野中的中国学》，李甦平等译，中国人民大学出版社，1996年，第7—9页；《俯瞰中国近代的新视角》，《清史研究》2001年第1期。

间与非民间历史)的撰写”。从研究实践来看,区域化和社会分层研究往往紧密联系在一起,构成了“地方史路径”的主干。

应当指出,柯文虽在《在中国发现历史》一书中使用过“地方史”提法,但与这里所说的“地方史路径”还不是相同的概念,因为他当时只是在单纯“横向”分割空间的意义上来使用此词的。另外,柯文那时候视为地方史研究的例子也与这种“地方史路径”的实践有一定的距离。例如,魏斐德从华南社会出发对两次鸦片战争的分析,孔飞力从华南和华中社会出发对太平天国运动的分析,以及周锡瑞(Joseph W. Esherick)从两湖社会出发对辛亥革命的分析,虽然都注意到将发生于社会上层的重大事件置于特定空间背景之下,也在某种程度上揭示了两者之间的互动态势,但总的说来,这些研究并没有实现自下而上的视角转换,也没有能够把下层地方社会的内在逻辑作为需要认知的对象。①这或许是导致柯文当时没有将这两类分割合并阐述的一个主要原因。

不过,随着这两种手法的进一步发展,地方史路径在二十世纪八十年代后终于整合成型。其得以整合的原因大致有二:其一,由于“内部取向”得到了广泛深入得贯彻,往昔那些重大事件的意义无不因其与外部因素牵涉甚深而遭到了很大程度的削弱,从而为学者们从事地方史研究时更多地注重地方社会本身铺平了道路;其二,由于其他学科特别是人类学的理论和方法在史学领域得到更为普遍的借鉴,以及汉学人类学的发展,为地方史研究者廓清自己的认知主体和分析单位都提供了更为精良的理论装备。例如,孔飞力之所以能够率先对地方社会进行较为细致的把握,与其借鉴社会人类学家弗里德曼(Maurice Freedman)关于中国宗族的研究,以及经济人类学家施坚雅(William Skinner)关于中国基层市场体系的研

① [美]魏斐德:《大门口的陌生人:1839—1841年间华南的社会动乱》,王小荷译,中国社会科学出版社,1988年。[美]孔飞力:《中华帝国晚期的叛乱及其敌人》,中国社会科学出版社,1990年。[美]周锡瑞:《改良与革命:辛亥革命在两湖》,杨慎之译,中华书局,1992年。三书英文初版分别刊行于1966、1970和1976年。

究，都有密切关系。[1]七十年代后，施坚雅继续运用结构功能分析和“中心地理论”建立了对中国区系空间的明确划分，并指出特定区系空间具有自身独特的时间结构。[2]他的这些研究，为地方史研究——或接受或反思——确立自己的空间观提供了极大的帮助。在此之前，历史学者大多只是按照行政单位来简单认定“地方”，此后即便出于习惯和方便来使用“省”“县”等分析单位，也都注意到其中特定的空间关系。这方面的显著表现是，虽然黄宗智和杜赞奇（Prasenjit Duara）把基本分析单位深入村庄一级，仍旧是以施坚雅模式为主要参照来作出界定的。[3]

后来情况表明，地方史路径并不仅仅是对“横向”和“纵向”分割的简单合并，而是实现了有机地结合，从而逐渐形成了一套足以与传统宏大叙事相对立的基本解释构架，并且得到了越来越普遍的接受。简单地说，该路径的导向是立足于微观层面的下层地方社会，试图对那些根据宏观层面的国家与社会得出的普遍性结论进行彻底的质疑和颠覆。顺便指出，国内一度流行过的地方历史研究，与地方史路径虽有某种形似，其实两者的本质根本不同。这是因为，前者不过是在传统宏大叙事的笼罩下来描述某个特定区域的所谓地方特性而已，而后者的根本关怀是挖掘地方社会中种种权力的独特关系、结构和格局，以便进一步认识和理解中国社会的特质。至于地方史路径这种关怀的具体落实，则主要集中在两个方面，即以探讨国家与社会的关系为核心的地方精英（local elite）研究和以“沉默的大多数”为认知主体的“新文化史”研究上。

如果从字面上寻根究底，“地方精英”的提法倒也算不上新鲜，因为在

---

① [美]弗里德曼：《中国东南的宗族组织》，刘晓春译，上海人民出版社，2000年。该书原版于1958年。[美]施坚雅：《中国农村的市场和社会结构》，史建云、徐秀丽译，中国社会科学出版社，1998年。该书所收文章原发表于1964和1965年。关于孔飞力的借鉴情况，参见柯文：《在中国发现历史》，第197页。

② [美]施坚雅主：《中华帝国晚期的城市》，叶光庭等译，中华书局，2000年。主要见施坚雅本人在该书中的几篇论文。另可参见[美]施坚雅：《中国封建社会晚期城市研究——施坚雅模式》，王旭等译，吉林人民出版社，1991年。

③ [美]黄宗智：《华北的小农经济与社会变迁》，第21—25页。[美]杜赞奇：《文化、权力与国家——1900—1942年的华北农村》，王福明译，江苏人民出版社，1996年，第13—17页。

很早以前关于中国士绅的研究中,就常常有研究者把传统意义上的地方绅士称为"地方精英"。不过,由于基本取向不同,地方史路径要求更加深入和细致地探讨地方社会中的权力关系,认为一切能够在地方社区(local community)内起某种支配作用,或是在这种权力关系中占有一席之地的个人或家庭都属于"地方精英",所以这里包含的范围也就比以往广泛得多。特别是在近代史领域,除了传统绅士以外,按照萧邦齐(R. Keith Schoppa)的看法,晚清时期的学绅、绅商、商人、绅董,民国时期的军阀、资本家、教育家、地主,乃至土匪头子都可以包括在"职能性精英(functional elite)"之内。①虽说这个范围未免过于宽泛,但就晚清时期而言,要对能够跻身于地方权力结构之中的几类不同身份的人士给出一个总体性称呼确非易事,因此在一个有限的范围内使用"地方精英"的提法似乎也未尝不可。

在概念变化的同时,更重要的是,地方精英研究对长期以来主要根据士绅研究而形成的对中国社会结构的看法提出了挑战。士绅社会研究的主要代表张仲礼、萧公权、瞿同祖、何炳棣等人深受韦伯对中国绅士所下判断的影响,认为同质性的绅士是主要的地方精英,并且把重点放在探讨绅士与官僚制国家之间的关系上。按照他们的看法,绅士集团是官僚制国家与下层民众之间最重要的中介,而国家与绅士之间的某种权力平衡持久地维系着国家与社会的整合。②实际上,这与二十世纪四十年代国内一些学者的看法并无太大差别。当时吴晗和费孝通等人就曾指出,地方绅士所拥有的权力基本上是官僚制的自然延伸,其与国家权力之间并

---

① Joseph W. Esherick and Mary Backus Rankin (eds.), *Chinese Local Elite and Patterns of Dominance*, (Berkeley: University of California Press, 1990), p.11, 140.

② 这些研究都是二十世纪五六十年代的成果,主要有[美]张仲礼的《中国绅士——关于其在19世纪中国社会中作用的研究》(李荣昌译,上海社会科学院出版社,1991年)和《中国绅士的收入》(费成康等译,上海社会科学院出版社,2001年),萧公权的 *Rural China: Imperial Control in the Nineteenth Century*(Washington: University of Washington Press, 1960)、瞿同祖的《清代地方政府》(范中信等译,法律出版社,2003年)、何炳棣的 *The Ladder of Success in Imperial China: Aspects of Social Mobility*(New York: Columbia University Press, 1962)等。

没有直接的冲突。[①]进入七十年代，国家通过绅士来整合地方社会的认识遭到挑战。孔飞力指出，至迟从十八世纪末开始，国家与地方社会的关系就发生了重大的变化，正是包括士绅在内的地方精英权力的扩张拉开了旧秩序全面衰落的序幕。[②]稍后的一些研究也表明，地方士绅和国家之间很早以来就不是一种统合关系，相反，两者常常为争夺对地方社会的控制权而发生激烈冲突，清末和民国初年的地方自治运动与这种权力斗争有着密切的关系。[③]萧邦齐、兰金和罗威廉等人进一步探讨了地方精英权力的扩张及其意义，都认为近代以来地方精英在与国家的关系中处于越来越主动的位置，甚而已能够在"公共领域"中占据主导性地位。[④]另一些研究则表明，地方精英不仅为维持自己地位而运用相当复杂的策略和资源，而且不同区域地方精英的行动策略和方式也极不相同，从而为国家与社会的关系勾勒了一幅与以往差别很大的图景。[⑤]

不过，单就历史能动者的层面而言，地方精英研究还未达到下层社会的底线。正如众所周知的那样，构成地方精英的群体终究是地方社会中人数较为有限的上层分子，在它之下还有生活在更底层的、占总人口绝大多数的普通民众。在通常的历史叙事中，普通民众总是被有意无意地当作一堆无甚区别的、不具备自身主体性的"沉默的大多数"。即便其中偶尔论及民间文化，基本上也是一种从自上而下的精英视角出发而作的观察。而随着"新文化史"研究的崛起，为美国中国学打破中国史研究领域中的这种状况提供了巨大的帮助。这种"新文化史"之所以"新"，主要因

---

① 吴晗、费孝通等著:《皇权与绅权》，天津人民出版社，1988年。

② [美]孔飞力:《中华帝国的晚期叛乱及其敌人》，第7页。

③ [美]Frederic Wakeman, Jr. and Carolyn Grant (eds.), *Conflict and Control in Late Imperial China*. 特别见魏斐德撰写的导言。

④ R. Keith Schoppa, *Chinese Elites and Political Change: Zhejiang Province in the Early Twentieth Century*, (Cambridge: Harvard University Press, 1982). Mary Backus Rankin, *Elite Activism and Political Transformation in China: Zhejiang Province, 1865–1911*. William T. Rowe, *HANKOW: Conflict and Community in a Chinese City, 1796–1895*.

⑤ Joseph W. Esherick and Mary Backus Rankin (eds.), *Chinese Local Elite and Patterns of Dominance*. 特别见周锡瑞和冉玫铄所作的总结性评论。

为它把——如果不是一切至少也是绝大部分——社会现象都视为某种文化建构，从而与从前那种文化史研究仅仅将“文化”作为社会精神现象的理解根本不同。尽管所谓“新文化史”研究目前还没有得到一个明确的界定，但是这样一些共识业已大体形成：首先，要尽力恢复那些长期被主流叙事排挤到边缘或弱势的群体自身发出的声音；其次，要彻底颠覆以往那种“中心—边缘”的支配关系，采用自下而上的视角，用“小传统”来揭示历史的另一种进程。

由于意识到这些边缘或弱势群体绝非千人一面，所以美国中国学中的“新文化史”研究大多都采用了地方史路径。也就是说，不同的边缘或弱势群体，以及各个群体的不同部分，其行动和反应并不完全一致，而这一般都与特定的时空背景密切相关。例如，周锡瑞在解释义和团运动的起源时就认为，义和团具有广泛的世界性意义并不能掩盖其作为地区性运动的特质，而鲁西农民的民间文化才是连接地方社会结构与大规模社会运动的引线。①裴宜理（Elizabeth Perry）则通过对淮北红枪会的研究提出，某地特定的生态文化结构在很大程度上造就了该处特定的底层行动策略和方式。②在探讨上海工人政治运动的著作中，他同样把不同工人阶层的地理文化背景作为理解其行动和态度的出发点。③韩起澜（Emily Honig）在研究苏北人在上海遭受歧视的原因时提出，籍贯始终应当被理解为一种社会和历史的族群建构过程，并且“族群认同的形成很可能有助于赋予20世纪中国历史上令人不安的创伤性事件以结构和意义”。④曼素恩（Susan Mann）通过对十八世纪江南女性文学的分析，认为如果将女性置于这一时代的中心，便可发现性别关系如何塑造了该时代的经济、政

① [美]周锡瑞：《义和团运动的起源》，张俊义、王栋译，江苏人民出版社，1995年，第1、366—367页。

② Elizabeth Perry, *Rebels and Revolutionaries in North China, 1845-1945* (Stanford: Stanford University press, 1980).

③ [美]裴宜理著：《上海罢工：中国工人政治研究》，刘平译，江苏人民出版社，2001年，“导论”。

④ [美]韩起澜：《苏北人在上海，1850—1980》，卢明华译，上海古籍出版社，2004年，第115—116页。

治、社会和文化变迁。[①]鉴于此类认知主体在中国尚有极其广泛的素材可以挖掘,因此可以想见,这种致力于“书写另一个中国”的“新文化史”研究肯定还会不断地大量涌现,地方史路径随之也必将得到进一步发扬。

不可否认,地方史路径大大推进了关于微观结构和历史底层进程的认识,使历史演进的复杂线索得到了一定的呈现。但是这条路径的实践者们的雄心绝非仅仅填补那些长期遭到主流叙事所忽视的空白,而试图根据这些微观经验来归纳出另一种带有普遍性的历史认知图景,这就不可避免地给自身立论的有效性造成了很大问题。首先一个常识性困难是,由于所有这些微观经验都是从特定场景中生发出来,因此必然面临着如何处理个别与一般、整体与局部的关系这些老问题。尽管多数实践者都不认为自己的选择仅属特例,然而除非混淆不同地方空间的性质,否则一旦将其归纳的经验加以推广就会举步维艰。例如,孔飞力将“地方军事化”作为地方精英权力扩张的一个起点和主要途径,并用之来理解二十世纪初期各地出现的地方自治运动。而这个概念是他根据川陕地区应对白莲教活动的经验概括出来的,随后便将之推广到华中、华南乃至江南等许多地方。那么,这个概念果然具有跨越不同空间的效力吗?陈锦江的研究表明,二十世纪初广东影响最大的地方精英组织即广州商务总会,主要是依靠当地“九大善堂”的力量建立的,[②]与地方军事化并无关联。夫马进则明确指出,上海地方自治的基础是以同仁辅元堂为中心的慈善组织体制,而这个体制早已形成了单独的发展脉络。[③]另外,一些看似耦合的经验基础,也不能肯定其具有代表性。例如,罗威廉和兰金使用基本一致的逻辑和表现,分别在汉口和浙江构建了大约同时的“公共领域”,但二人的研究并不能说明两地在此前后何以发生差异很大的历史变迁。因此,

---

① Susan Mann, *Precious Records: Women in China's Long Eighteenth Century*, (Stanford: Stanford University Press, 1997), pp.219-226.

② [美]陈锦江:《清末现代企业与官商关系》,王笛、张箭译,虞和平审校,中国社会科学出版社,1997年,第232、237—238页。

③ [日]夫马进:《中国善会善堂史研究》,伍跃、杨文信、张学锋译,商务印书馆,2005年,第十章。

在某种意义上，试图寻找一个地方能够全面反映整个中国的情况根本就是一件不可能完成的任务。

地方史路径面临的另一个困难更加严重，因为这是其内部产生的难以克服的矛盾。当初分析“地方”的一个基本出发点是，中国绝不能被当作一个性质均匀的实体来对待。可是按照这种“去均质化”逻辑，施坚雅划分的区系空间无疑也是有问题的，因为这些空间很难避免又被作为均质性实体的嫌疑。况且，正如有的研究表明的那样，即便是跨村组织也不能反映特有的“村社伦理”和“村社话语”。[①]可是如果继续层层分解下去，又会得到什么样的结果呢？不同的村社共同体之间享有一套规则相同的伦理和话语吗？那么城市共同体又是一种怎样的状况？可以说，只有在研究了所有的村庄和城市之后或许才能最终解决这些问题，而显然既没有足够的资料也不会有足够的人力去应付这个工作。与此同时，这种“去均质化”逻辑又过于强调差异而造成了地方空间的孤立。也就是说，无论是地方精英还是更下层民众，都只能在自己所认同的特定地方空间内部进行权力关系的实践，而绝不可能“生活在别处”，从而建构了一种江南是江南、华北是华北、城市是城市、乡村是乡村的隔绝状态，它们即便鸡犬之声相闻，却是老死不相往来。有人指出，这类研究的结果不过制造了一个又一个的“微型叙事”，最终陷入布罗代尔（Fernand Braudel）所说的“破碎的历史”当中而不能自拔。[②]

总之，地方史路径中得出的任何一个微观经验都很难应付其他微观经验的挑战，自然也很容易给宏观经验留出将之视为特例的借口。就此而言，不要说它无法取代宏观叙事，就是如何在整体认知和局部研究、大社会与小社区、大传统与小传统之间进行沟通都成为让研究者们极为棘手的问题。对此，尽管有些学者曾尝试着用“缩影”或者“象征”的办法来加以解决，但这种办法基本上衍于方法论层面的推演，很难准确把握其在

① 李怀印：《中国乡村治理之传统形式：河北省获鹿县之实例》，见黄宗智主编：《中国乡村研究》第一辑，商务印书馆，2003年。

② 李猛：《从“士绅”到“地方精英”》，《中国书评》总第5期，1995年5月。

实践上进行沟通的渠道和程度。[①]何况，这些办法不可避免地面临着将一个实体存在的国家进行虚化的困境。由此看来，这种地方史路径的基本动机很可能就存在着问题。这个问题就是，它怀有过于急切地与“大一统”模式之间形成对抗的企图，乃至采取了一种简单对立的方式。对此只需指出一点就够了，那就是它极力强调“地方性知识”不能用国家话语来解释，却全然忘记了所有这些“地方性知识”都统合在一个数千年边界没有发生太大改变的文明单位之中的事实，而且这个单位纵然是“想象的共同体”亦绝非“虚构的共同体”。因此，这种为了对抗而对抗的方式当然无异于作茧自缚，而由之引发的“小大之辩”，既不可能得到真正解决，也不见得是一个真问题。

四、反东方学的东方学措辞

表面上，“中国中心观”的最后一个实践手法，即“热情欢迎历史学以外诸学科（主要是社会科学，但也不限于此）中已形成的各种理论、方法与技巧，并力求把它们和历史分析结合起来”，似乎是最不应该出现问题的。要知道，美国中国学之所以能够较早打破传统汉学的藩篱，成为海外中国学的重镇，与其大力引入社会科学训练有密切关系。[②]并且，正是由于对西方人文社会科学思潮一直有着敏感的反应，美国中国学也形成了较强的自我更新与批判能力的学术脉络。从二十世纪五六十年代开始，包括美国在内的西方学术界对十九世纪以来长期主导社会科学研究的重要理论旨趣和模式提出了深刻挑战。[③]与这股潮流相呼应，美国中国学界也

---

① 王铭铭：《社会人类学与中国研究》，生活·读书·新知三联书店，1997年，第36—43、56—61、149—182页。杨念群主编：《空间·记忆·社会转型——“新社会史”研究论文精选集·导论》，上海人民出版社，2001年。虽然关于小社区与大社会等问题主要为人类学学者所关心，但就这里探讨的问题而言，其实质是相通的。

② 侯且岸：《当代美国的“显学”》，第7—8、12页。

③ [美]乔治·E.马尔库斯、[美]米开尔·M.J.费彻尔：《作为文化批评的人类学》，王铭铭、蓝达居译，生活·读书·新知三联书店，1998年，第7页。

对此前流行的各种中国史解释模式的认识论取向进行了批判性反思。正是通过这种反思，“冲击—回应”“传统—现代”和“帝国主义”模式因浸透着“西方中心论”造成的歪曲才被揭示出来，成为“中国中心观”兴起的主要动力。[①]既然如此，“中国中心观”的跨学科借鉴手法又会出现什么问题呢？

在探讨这种手法在实践中的问题之前，应该说明的是，此种问题并非是指那种对历史学过度社会科学化趋势的反思。[②]毕竟，援引社会科学乃至自然科学的理论与方法进行历史研究，并不是“中国中心观”兴起以后的事情，“中国中心观”式研究亦不是表现这种趋势最明显及其负面影响最严重的领域。就此而言，这种反思固然十分重要，但因其涉及的是更广泛的史学研究整体所面对的状况，而非“中国中心观”所独有，所以远远超出了这里所能讨论的范围。

当然，“中国中心观”的跨学科借鉴手法出现的问题与史学过度社会科学化趋势还是关系匪浅的，在某种意义上，可以说前者是以后者为大背景而生成的一种特殊产物。至于把这种问题称为特殊产物的主要原因，则在于“中国中心观”除了显示出社会科学在史学研究中被选择和使用的一般状况之外，还特别倾向于与某些社会理论和方法结缘，从而在实践中显示出一种可以称为“反东方学的东方学措辞”倾向。

显然，要说明所谓“反东方学的东方学措辞”，必须得对“东方学”这一关键词略作解释。这里所说的“东方学(Orientalism)”的意涵，是萨义德(Edward W. Said)在阐发后殖民批判理论时所创造的。[③]东方学的原初意义，是指西方(最初主要指西欧，后来也包括美国)对世界地理中相对于自

① [美]柯文：《在中国发现历史》，第53页。

② 对于史学过度社会科学化的反思，可参见贺照田：《从殷海光晚年史学思想的转变看引社会科学治史思路的限度》，载杨念群、黄兴涛、毛丹主编：《新史学：多学科对话的图景》，中国人民大学出版社，2003年。另可参见陈君静：《大洋彼岸的回声》，第222—224页。

③ [美]萨义德：《东方学》，王宇根译，生活·读书·新知三联书店，1999年。关于“Orientalism”一词译为“东方学”而非“东方主义”的原因，见王铭铭：《文化想象的力量》，《中国书评》总第6期，1995年7月。

身而言的东方地区的各类研究，在西方是一个有着悠久传统的学术研究领域。但在萨义德看来，东方学更是一种福柯（Michel Foucault）意义上的话语（discourse）实践，因为在后启蒙（post—Enlightenment）时期，欧洲文化正是通过这一具有庞大体系的学科，“以政治的、社会学的、军事的、意识形态的、科学的以及想象的方式来处理——甚至创造——东方的。”[①]换言之，东方学不仅反映了西方与东方之间的权力关系，它本身就是这种关系的构成部分。在这种关系中，东方从来没有自身的独立位置，而只能作为西方眼中的“他者（other）”，存在于西方的想象和建构之中。对此，萨义德在其著《东方学》一书的扉页中特地引用了马克思的一句话来提纲挈领：“他们无法表述（representation）自己；他们必须被别人表述。”

尽管社会理论界对萨义德东方学理论的内容不无争议，[②]但是该理论自诞生之后迅速获得了巨大的影响力，成为后殖民主义理论中最具代表性的标志之一。二十世纪八十年代后，东方学也成为指称持有欧洲中心观立场的流行语。就史学研究而言，萨义德的东方学批判不仅在某种意义上接续了此前业已开启的、对欧洲中心史观的批判，而且在很大程度上为后者提供了一件更加精良的理论武器。[③]因此，在具有反思精神的西方历史学者那里，警惕和避免这种东方学立场，是他们审视非西方历史的基本前提之一。无须多言，“中国中心观”自然非常欣于与这种批判理论结盟。正如柯文所说：“我们尽可不必同意赛伊德（按：即萨义德）对东方学的所有批评，不过仍然可以接受他的比较概括的见解，即认为一切智力上的探讨，一切求知的过程，都带有某种‘帝国主义’性质，而且如果探讨者——或者更确切地说探讨者厕身其中的文化社会或政治世界——在历史上曾经影响或左右过探讨的对象，则表述错误的危险性最大，其‘帝

---

① [美]萨义德：《东方学》，第4—5页。

② 对此，大致可参见罗钢、刘象愚主编的《后殖民主义文化理论》（中国社会科学出版社，1999年）以及赛义德的《赛义德自选集》（谢少波、韩刚等译，中国社会科学出版社，1999年）中的相关论述。这些翻译未经统一，萨义德也被译为“赛义德”，“Oritentalism”也多被译为“东方主义”。

③ 王晴佳、古伟瀛：《后现代与历史学：中西比较》，山东大学出版社，2003年，第62—66页。

国主义'性质也最为致命。"[1]照此说来,"中国中心观"应该属于一种"反东方学"态度,那么本文为何称其衍生了"反东方学的东方学措辞"呢?

其原因在于,"中国中心观"试图进行"反东方学"的愿望过于强烈,特别致力于对东方学式的命题作出针锋相对的判断,从而在不知不觉间恰恰陷入了东方学所设定的总体框架的牢笼。也就是说,"中国中心观"在看待中国历史的时候,无非是将自身从原先东方学式命题中的西方立场转移到中国一边,它既没有真正顾及中国自身的问题,也没有放弃那种作为代言人的身份。在某种程度上,东方学和这种"反东方学"的关系,犹如现代与后现代的关系。后现代主义念念不忘的是打击现代性的核心观念,比如用非理性对抗理性、用反形而上学消解形而上学等。但这样一来,其赖以存在的基础无论如何也离不开现代性的价值观,这就决定了它只能是现代性的产物,也只能在与现代性的复杂纠结中来表述自身。可以说,在没有现代意识的地方根本不会出现后现代主义的问题,反之亦然。不过,后现代主义对现代性的批判终究还具有某些正面的启发意义,这种"反东方学"式的实践则很难说能为中国史研究带来多少积极影响。

这里之所以说"中国中心观"未能脱离东方学式的总体框架,是因为其在方法论的选择和运用上,往往只是为了打破欧洲中心论而打破欧洲中心论。在柯文看来,弗里德曼和施坚雅等人类学家能够在形塑"中国中心观"的过程中起带头作用,主要就是由于他们"接受的训练不同,习惯于考察非西方社会,因此和大部分社会科学家相比,对种族中心主义偏见的流弊比较敏感"。他还认为,应用社会科学的方法分析中国史实必须解决的一个难题,就是找出正确的理论,而"所谓正确是指它既适用又能察觉出西方中心的偏见"。[2]可以说,这正是人类学的理论和方法在许多"中国中心观"研究中得到运用的根本原因。

同样不出意料的是,后现代主义所批判的现代性是欧洲文明的产物,

---

① [美]柯文:《在中国发现历史》,第167页。

② [美]柯文:《在中国发现历史》,第195—196、199页。

故而为抵制欧洲中心论提供了良好的理论资源，自然也得到了许多“中国中心观”研究者的青睐。但在这些“正确的理论”指导下，真的就能发现中国自己的确切历史了吗？例如，无论是关于中国“近代早期”阶段的种种论述，还是彭慕兰所发现的中国和西欧在十九世纪之前具有“无数令人惊异的相似之处”，都无法不让人感觉到这样的中国形象，终究映衬的是欧洲的镜中之像。杜赞奇试图拯救中国的“复线历史”，根本目的却是为击破源自欧洲的那种“线性历史观”服务的。①他没有意识到，相对于中国原有的历史观来说，这种“线性史观”的引入，事实上已经起到了某种“复线”的效果。沿着这样的思路进行下去，恐怕最好的结果也不会超越弗兰克（Andre Gunder Frank）构建的、从十五至十八世纪以中国为中心的“全球贸易的旋转木马”。②然而细看之下，这座木马怎么都像是沃勒斯坦（Immanuel Wallerstein）描绘的“欧洲世界经济体”在同一时期的翻转。③正如王家范先生所说，这样的做法很难脱离“思想制作的干系，即为宣传他们的反欧洲中心主义思想而刻意制造历史的嫌疑”。④

更严重的是，很可能由于自以为掌握了避免西方中心主义的“正确理论”而滋生的优越感，使得许多身处西方的“中国中心观”研究者常常或明或暗地认为，自己比中国的“局内人”更能准确理解中国的历史。柯文就明白宣称，在中国史家中，“不论是马克思主义者或非马克思主义者，在重建他们自己过去的历史时，在很大程度上一直依靠从西方借用来的词汇、概念和分析框架，从而使西方史家无法在采用我们这些局外人的观点之外，另有可能采用局中人创造的有力观点”；而西方史家只要“从一种西方中心色彩较少的新角度来看待中国历史”，则完全能够大大减少歪曲的程度。相反，“只要中国人对西方入侵的一段经历记忆犹新，积怨未消，就很

---

① [美]杜赞奇：《从民族国家拯救历史：民族主义话语与中国现代史研究》，王宪明译，社会科学文献出版社，2003年。

② [美]弗兰克：《白银资本：重视经济全球化中的东方》，刘北成译，中央编译出版社，2000年。

③ [美]沃勒斯坦：《现代世界体系》第一、二卷，尤来寅等译，高等教育出版社，1998年。

④ 王家范：《〈大分岔〉与中国历史重估》，《文汇报》2003年2月9日。

难接受一种冲淡帝国主义在他们过去一百五十年历史中之作用的估量”，因此很可能把美国学者朝“中国中心观”方向的努力视为“一种以更加微妙的新形式进行的外国思想侵略”。[①]他后来以义和团研究为例，声称只要“中国人对西方或他们自己的历史抱有爱恨交加的强烈感情”，则中国史家始终很难摆脱自己与神话制造者之间的干系。[②]杜赞奇认为，二十世纪初以来，中国人的历史写作始终在“启蒙运动的模式之下进行”，“把现代性作为惟一的标准”，所以“中国知识分子总体上未能像后现代、后殖民知识分子那样向启蒙工程提出挑战”。[③]何伟亚则称，清以后的中国知识分子“采用了殖民者的知识框架，用混合语言来阐释自己的观点，构筑自己的叙述”，因此“生于一国并说那国的语言并不意味着对当地之过去有着先天的接近能力”。[④]

对于上述这些论调，哪怕是刚刚读过《东方学》一书的人应该都不会陌生。正如德里克所说，尽管“中国中心观”的立场“明白地站在一个以与欧洲为中心的中国历史相对立的角度”，却是“与东方学的认识论过程相一致的”，而这种对欧洲中心论的挑战已吸收了资本主义目的论，所以它“实际上是推进了东方学而不是赶走它”。[⑤]不过，“中国中心观”为克服西方中心论而运用的跨学科理论借鉴手法，显然比旧式东方学逻辑具有更大的隐蔽性，并且鉴于其反东方学的表相，称之为“反东方学的东方学措辞”，似乎更为妥当。

从上面的评述不难看出，“中国中心观”对原有认知框架的挑战，在实践上更多采取了某种单向度逆反立场。它其实并未形成对外部与内部、整体与局部、上层与下层、西方与东方等一系列旧式二元对立的超越，而

① [美]柯文：《在中国发现历史》，第53、209页。

② [美]柯文：《历史三调：作为事件、经历和神话的义和团》，杜继东译，江苏人民出版社，2000年，第249—250页。

③ [美]杜赞奇：《从民族国家拯救历史》，第21、37页。

④ [美]何伟亚：《怀柔远人》，第244—253页。

⑤ [美]德里克：《后革命氛围》，王宁等译，中国社会科学出版社，1999年，第280、297页。

是从一个极端跳跃到另一个极端。柯文曾经不无忧虑地指出，“越来越多的美国史家采用的中国中心取向也有可能蜕变为一种新的狭隘主义，这种狭隘主义由于低估西方在十九世纪、二十世纪对中国的作用，只是把夸大西方作用的老狭隘主义颠倒过来，因而丝毫无助于我们更好地了解中国历史的真相。”[①]从迄今的实践结果来看，真可谓不幸而言中了。就此而言，黄宗智和德里克所说的“范式危机”，很大程度上反映了“中国中心观”累积的认识误区所造成的思维混乱。不过，如果不能充分理清这些认识误区及其依托的新的狭隘主义，而忙于争论“范式”的理论意涵，则很难说不是一条歧途。

（该文原载《社会科学研究》2011年第4期）

① [美]柯文：《在中国发现历史》，第210页。

美国中国史研究的“后东方学”幽灵

大约从二十世纪中期开始，兴起于美国学界的、以地区研究为主要取向的中国研究（Chinese studies），逐步压倒了先前以欧洲学界为中心的传统汉学研究（sinology）。相应地，美国中国史研究亦在海外中国史研究领域占据了主导地位。改革开放以来，美国中国史研究被大力引进国内，很快便成为本土中国史研究十分重要的参照系。由美国学者率先提出的用来解释中国史的议题和模式，无论是较早的“冲击—回应”“传统—现代”与“治水社会/东方专制主义”等，还是较为晚近的“中国中心观”“地方精英”“公共领域/市民社会”“近代早期论”和“新清史”等，都曾成为国内学界一时的热点话题。

应该承认，这些议题都曾对国内学界的知识演进起到了一定的刺激作用。而随着知识演进的积累，更有不少国内学者利用自身在实证研究上的优势，对这类议题的诸多具体论述给出了很有针对性的反驳或是修正。不过，要对这些议题形成更为全面的回击，我们还必须深入挖掘美国学界制造这些议题的深层机制，即其背后隐含的认识论和方法论脉络。侯且岸于多年前便已指出，美国中国学从发展伊始就有着强烈的社会科学化倾向。[①]杨念群也观察到，美国中国史学界的核心命题频繁变换，实际上“都与社会理论前沿错综复杂的变化有关”，由此“才能不断延伸历史解释的敏感度”。[②]可以说，美国中国史研究并不主要以实证史学为圭臬，所以集中于史实正误与否的论辩，并不足以彻底厘清其实质。因此，

① 侯且岸：《当代美国的“显学”——美国现代中国学研究》，人民出版社，1995年，第12页。

② 杨念群：《美国中国学的范式转变与中国史研究的现实处境》，黄宗智主编：《中国研究的范式问题讨论》，社会科学文献出版社，2003年。

面对美国学界不断生产新议题和新模式的态势，我们也应该追问一下，其中是否存在着某种更为根本性的认知结构呢？纵观美国中国史研究的发展历程，可以发现其间的确存在着相当稳定的认知结构，那就是围绕着"东方学"而形成的特定知识系谱。具体地说，就是从最初承袭"东方学"立场，到反"东方学"意识的出现，再到"后东方学"思想幽灵的衍生。

一、"东方学"批判与"中国中心观"的兴起

1984年，柯文（Paul A. Cohen）推出《在中国发现历史：中国中心观在美国的兴起》一书，对美国中国史的研究取向进行了系统的批评与总结，成为学术史上的一个重磅事件。对于该事件的含义，国内史学界往往将之视为美国中国学自我批判和更新能力的体现，而甚少注意其在西方人文社会科学思潮中的脉络。国内学者当中，侯且岸最早明确指出，柯文在阐述"中国中心观"时，特别强调了萨义德（Edward W. Said）"东方学（orientalism）"批判思想的认识论和方法论意义，并将之作为"中国中心观"的支点。[①]不过，由于侯且岸当时对萨义德《东方学》的介绍相当简略，所以这里仍须重新梳理一下萨义德的理论观点，并据此审视柯文批判美国中国学时表现出来的"反东方学"意识。

从二十世纪五六十年代开始，随着殖民地独立运动的蓬勃发展，反"西方中心论"思潮在西方世界也形成了势力浩大的潮流。[②]萨义德正是在这股潮流中涌现出来的代表人物之一，其于1978年出版的《东方学》一书，不仅使"东方学"一词的含义发生了巨大变换，而且构成了后殖民理论的一个重要内容。[③]"东方学"的原初意义，是指西方世界（最初主要指西

① 侯且岸：《当代美国的"显学"》，第122页。因当时译名不统一，侯著中将"Said"译为"赛义德"。

② 陈君静：《大洋彼岸的回声：美国中国史研究历史考察》，中国社会科学出版社，2003年，第196页。

③ [美]萨义德：《东方学》，王宇根译，生活·读书·新知三联书店，1999年。该书初版于1978年。关于"orientalism"一词译为"东方学"而非"东方主义"的原因，参见王铭铭：《文化想象的力量——读E.W. 萨伊德著〈东方学〉》，《中国书评》1995年第6期。

欧国家,后来也包括美国)对世界地理中相对于自身而言的东方地区(萨义德书中其实主要是指传统意义上的中东地区)的各类研究。在西方世界中,这本来是一个有着悠久传统的学术研究领域。然而在萨义德看来,十八世纪末以来的“东方学”更是一种米歇尔·福柯(Michel Foucault)意义上的话语实践(discursive practice),也就是“西方用以控制、重建和君临东方的一种方式”。对此,萨义德进一步解释说:“如果不将东方学作为一种话语来考察的话,我们就不可能很好地理解这一具有庞大体系的学科,而在后启蒙(post—Enlightenment)时期,欧洲文化正是通过这一学科,以政治的、社会学的、军事的、意识形态的、科学的以及想象的方式来处理——甚至创造——东方的。”①

概括地说,“东方学”不仅反映了西方对东方的文化霸权,甚至它本身就是这种权力关系的构成部分。在这种权力关系中,东方从来没有自身的独立形象和位置,它是“欧洲文化的竞争者,是欧洲最深奥、最常出现的他者(other)形象之一”。因此,“东方是欧洲物质文明与文化的一个内在组成部分。东方学作为一种话语方式在文化甚至意识形态的层面对此组成部分进行表述和表达,其在学术机制、词汇、意象、正统信念甚至殖民体制和殖民风格等方面都有着深厚的基础”。②按照“东方学”的认识逻辑,“如果东方能够表述(represent)自己,它一定会表述自己;既然它不能,就必须由别人担负起这一职责,为了西方,也为了可怜的东方”。在这里,萨义德颇为得当地引用了马克思在《路易·波拿巴的雾月十八日》中关于法国小农的一句断语:“他们无法表述自己;他们必须被别人表述。”③也正是这句断语,成为在扉页上统领《东方学》全书的格言之一。

尽管社会理论界对萨义德的理论框架不无争议,但是这种在“东方

---

① [美]萨义德:《东方学》,第4—5页。

② [美]萨义德:《东方学》,第2页。

③ [美]萨义德:《东方学》,第28页。这里对“represent”的翻译,与国内对马克思经典文献的翻译有所不同。在经典翻译中,马克思的这句话被译为“他们不能代表自己,一定要别人来代表他们”。(《路易·波拿巴的雾月十八日》,人民出版社,1962年,第97页)而自二十世纪九十年代以来,中国社会科学界更多注重体现该词的“再现”“表述”等含义。

学”名义下对西方中心论的批判理论，自诞生之后迅速获得了巨大的影响力，其影响远远越出了社会理论界的范围。从二十世纪八十年代起，“东方学”便成为指称在从事东方地区研究时持有西方或欧洲中心论立场的流行语。正是在这种背景下，萨义德的“东方学”批判理论很快被史学界所吸收和运用。正如王晴佳等人所说的那样，萨义德的理论不仅接续了此前国际史学界对欧洲中心史观的批判，而且《东方学》一书本身也被视为“后殖民主义历史和文化研究的奠基之作”。[①]无疑，这种理论为反思西方中心史观提供了一件非常精良的理论武器。因此，在那些具有反思精神的西方历史学者当中，警惕和避免萨义德所指称的“东方学”立场，也就成为审视非西方世界历史的基本前提之一。这就不难理解，柯文所阐述的“中国中心观”与这种批判理论很容易若合一契，而“中国中心观”的整体取向当然也属于“反东方学”意识的阵营。

也只有在厘清这一脉络的基础上，我们才能充分理解围绕“东方学”阐发的问题意识，何以成为柯文归纳“中国中心观”的理论支点。柯文坦率承认，《东方学》批判了“西方研究中东历史与文化时的各种基本前提假设”，这对自己在认识论高度上产生了很大影响。他根据萨义德探讨的“知者”对“被知者”实行的思想支配现象，认为“一切智力上的探讨、一切求知的过程，都带有某种‘帝国主义’性质，而且如果探讨者——或者更确切地说探讨者厕身其中的文化社会或政治世界——在历史上曾经影响或左右过探讨的对象，则表述错误的危险性最大，其‘帝国主义’性质也最为致命。因为在这种情况下，探讨者不仅是切蛋糕的人，而且是先挑选的人。他既得了奴隶又得了雕像——甚至还对雕像的设计行使某种监制权”。基于这种认识，柯文进而反思：“美国与19—20世纪中国历史所发生的关系，大体上就带有上述的双重性。作为中国历史舞台上的演员，美国人曾和其他西方人一起，直接参加了中国历史的创造进程。但是作为历史学家，我们又在创造各种理解这段历史的理论模式中扮演了重要角

---

① 王晴佳、古伟瀛：《后现代与历史学》，山东大学出版社，2003年，第66页。

色。”在他看来，这就是美国中国史研究中出现“美国史家思想上的帝国主义”的根本原因。[①]

按照柯文的归纳，一旦从“美国史家思想上的帝国主义”的认识出发，便很容易发现，早期盛行于美国中国史研究中的三种解释模式，即“冲击—回应”“传统—现代”和“帝国主义”模式，“都带有浓厚的西方中心性质，这种性质剥夺了中国历史的自主性，使它最后沦为西方的思想附属物”。[②]具体而言，这三种模式“都明确地（如帝国主义模式）或都隐含地（如冲击—回应与近代化模式）坚持认为，十九至二十世纪中国发生的任何重要变化只可能是由西方冲击造成的变化，或者是对它的回应所导致的变化。这样，就排除了真正以中国为中心，从中国内部观察中国近世史的一切可能”。[③]从柯文的总结还可以看出，这三种在“西方中心论”支配下的解释模式，明确对应了萨义德指称的一个“东方学”信条：“东方永恒如一，始终不变，没有能力界定自己；因此人们假定，一套从西方的角度描述东方的高度概括和系统的词汇必不可少甚至有着科学的‘客观性’。”[④]

这里需要补充的是，柯文在反思美国中国史的研究取向时，还只把矛头集中在二十世纪五十年代以来、以费正清（John K. Fairbank）和列文森（Joseph R. Levenson）等人为代表的中国近代史研究上，而美国学界浸透着“西方中心论”的领域，当然不止于这个时期和这个范围。就时期而言，美国学界早在二十世纪初期就出现了关于西方支配中国近代社会演变的认知模式，其代表人物是费正清的导师、“外交史学”的重要人物马士（Hosea Ballon Morse）。他在其代表作《中华帝国对外关系史》中，就对中国社会持长期停滞的看法，宣称“中国人民的日常生活照旧不变，政府结构和行政方法，也不过每逢朝代变换遭受些细微的变动罢了”。至于中国社会

① 该自然段中的引文，皆见[美]柯文：《在中国发现历史：中国中心观在美国的兴起》，林同奇译，社会科学文献出版社，2017年，第282—283页。该书初版于1984年。

② [美]柯文：《在中国发现历史》，第284页。

③ [美]柯文：《在中国发现历史》，第285页。

④ [美]萨义德：《东方学》，第385页。

的根本变化,只有历经自1840年以来西方对中国的三次战争,才最终结束了“决定东方与西方之间的关系应在一些什么条件之上而存在的斗争”。[①]就范围而言,从历史社会学角度出发,将包括中国在内的广大东方世界认定为“治水社会/东方专制主义”性质的魏特夫(Karl A. Wittfogel),当然也是美国学界“东方学”立场的突出代表。按照魏特夫的看法,“所有伟大的治水文明都存在于习惯上称作东方的地区”,而“治水社会是社会停滞的突出例证……除非有外部力量的冲击,否则不会改变其基本结构”。[②]显然,魏特夫的这种认知模式与马士、费正清可谓是遥相呼应的,由此亦可见“东方学”曾是美国中国学界中相当普遍的立场。

虽然在二十世纪六七十年代,美国中国学界已经开始出现对带有浓厚“东方学”色彩的中国史研究模式的反思,也尝试以中国自身为取向的替代进路,但是直到柯文做出“中国中心观”的表述之前,这些反思与尝试还只是涓涓细流。而柯文援引萨义德的“东方学”批判作为理论支点,无疑为反对“西方中心论”提供了更为强有力的合法性。此后,“冲击—回应”等宏大解释模式日渐被学界所疏远,在“中国中心观”指引下开发各种新路径,成为八十年代以后美国中国史学界的流行风潮。近三十多年来,美国学界极富活力和价值的许多成果,都鲜明体现了“中国中心观”的思路。应该承认,“中国中心观”指引下的中国史研究的确出现了不少新气象,也一度为国内学者调整认知中国历史的视角和内容起到了积极作用。《在中国发现历史》一书引进国内后,被多次印刷和再版,也证明这一思潮在中国大陆备受重视的程度。不过,多年之后,也到了应该反问如下问题的时候了:这种以“中国中心观”为号召的研究取向和学术潮流,是否为中国史研究提供了更加客观、不再具有“西方中心论”意味的认知结构了呢?

---

① [美]马士:《中华帝国对外关系史》第一卷,张汇文等译,商务印书馆,1963年,第3、695—696页。该书第一卷初版于1910年。

② [美]卡尔·A.魏特夫:《东方专制主义:对于极权力量的比较研究》,徐式谷等译,中国社会科学出版社,1989年,第19—20、443—444页。该书初版于1957年。

二、从反“东方学”到“后东方学”的转换

在萨义德《东方学》一书出版四十年后的今天，回望三十多年来在“中国中心观”指引下的研究实践，令人诧异的是，美国中国史学界的认知结构竟然出现了某种类似于“否定之否定”的现象：在反“东方学”意识成为共识之后，紧接着又生成了可谓“后东方学（post-orientalism）”式的思想幽灵。这里之所以称之为“后东方学”，是因为与萨义德所批判的“东方学”相比，这种思想幽灵悄然间实现了“东方学”思维的升级换代，以十分微妙的方式使“西方中心论”式的思维构架从后门得以回归。那么，以反“东方学”意识为指归的“中国中心观”取向，为何又会延展出“后东方学”的思想幽灵呢？

其根本原因在于，“中国中心观”取向基于反“东方学”的强烈意识，故而特别致力于对“东方学”式命题给出针锋相对的判断，结果恰恰陷入了“东方学”设定的思维框架的牢笼。从柯文所做的归纳便可看出，“中国中心观”取向的首要姿态，便是要“从中国而不是从西方着手来研究中国历史，并尽量采取内部的（中国的）而不是外部的（西方的）准绳来决定中国历史哪些现象具有历史重要性”。①但是，从具体实践上来看，这种姿态只不过实现了位置上的转移，即从“东方学”式的西方立场跳转到中国一边。与此同时，许多研究者在高调表明这种认知姿态的转移时，脑子却未做出相应的调整：他们既没有真正顾及中国历史自身的问题，也没有改变以西方为坐标的眼光，更没有放弃试图作为中国历史代言人的特殊身份。

对于上述说法，最显著的证明同时来自美国史学界的两大对立派别，即“唱衰中国”派和“唱盛中国”派的研究。②柯文曾指出，根据“中国中心观”的认识逻辑，许多学者明确反对“把中国历史的起点放在西方”，而是

---

① [美]柯文：《在中国发现历史》，第318页。

② 这两个派别的名称，借用的是卢汉超的提法。参见卢汉超：《中国何时开始落后于西方——论西方汉学中的“唱盛中国”流派》，《清华大学学报》（哲学社会科学版）2010年第1期。

致力于“寻求中国史自身的‘剧情主线’”，并且“发现确实存在着这条主线”。[①]而在进一步探讨这条主线的属性及其发生机制的时候，研究者们的看法则出现了“唱衰中国”和“唱盛中国”的巨大分歧。简单说来，“唱衰中国”派的主要看法是，中国社会的内在发展机制与现代化进程并不相容，反而更具阻碍作用；“唱盛中国”派的主要看法是，原本被视为中国传统范围内发生的许多变化，很可能具有某些现代性特征或是与中国后来的现代化进程有密切联系。但最重要的是，无论是“唱衰”还是“唱盛”，其参照系都是源于西方的现代性和现代化进程。

就“唱衰中国”派而言，第一个代表人物当属黄仁宇（Ray Huang）。他对比西方社会同时期情况指出，明清时期财政制度虽有其独特性，但在“接近500年的时间没有大的变化”，“再没有任何活力可言”，认为这说明了“中国新近的一些经济问题，诸如将农业盈余投资于工业生产的困难”的历史根源。[②]他还认为，中国内部难以出现现代管理：“中国是一个大陆性格浓厚的国家，与西方和现代社会用数目字管理之距离愈远，更无从局部的改组。”[③]而影响更大也更为系统的表述，则来自黄宗智（Philip Huang）。他通过研究华北和长江三角洲的农村经济，提出了影响极大的“过密化（involution）”理论。他认为，华北和江南农村长期存在的是一种过密型经济，无论是帝国主义的影响还是新中国成立后的集体化与农业的部分现代化都没能使之发生本质上的改变。[④]而对于判断何为“内卷”的标准，黄宗智明确承认是根据十八世纪英国的经验。[⑤]另一个属于该阵营的著名学者是孔飞力（Philip A. Kuhn），他在其名著《叫魂》中认为，十

---

① [美]柯文：《在中国发现历史》，第287页。

② [美]黄仁宇：《十六世纪明代中国之财政与税收》，阿风等译，生活·读书·新知三联书店，2001年，第428—429页。该书初版于1974年。

③ [美]黄仁宇：《赫逊河畔谈中国历史》，生活·读书·新知三联书店，1992年，第214页。

④ [美]黄宗智：《华北的小农经济与社会变迁》，中华书局，1986年，第228、317页；《长江三角洲小农家庭与乡村发展》，中华书局，2000年，第14—17页。“过密化”与“内卷化”同为“involution”一词，黄宗智本人后来在中文语境下兼用这两种翻译。

⑤ [美]黄宗智：《发展还是内卷？十八世纪英国与中国——评彭慕兰〈大分岔：欧洲，中国及现代世界经济的发展〉》，《历史研究》2002年第4期。

八世纪的中国很可能进入一个“为反常的权力所搅扰”的“受困扰社会”，这是因为其与“20世纪美国‘零和社会’在某一方面是很相似的”。①

相比之下，“唱盛中国”派可谓阵容鼎盛。而“唱盛”的首要内容，当属“公共领域/市民社会”论，其突出代表为冉玫铄（Mary Backus Rankin）和罗威廉（William T. Rowe）。在冉玫铄看来，晚明以来浙江的情况表明，官僚制国家与社会精英关系的长期演变，对二十世纪中国政治的剧烈变动有着基础性作用，而这种关系的一个主要体现即“公共领域”的产生。尽管其与西方市民社会并不完全一致，但仍可看到一种“实质性社会自治”存在于中国帝制晚期。②罗威廉以汉口为对象，也认为自十八世纪以来，中西方城市都经历了具有很多相似之处的发展阶段，其中一个显著趋势便是“公共领域”的兴起。③另一个重要的“唱盛”主题，则是“近代早期论”。魏丕信（Pierre—Etienne Will）与王国斌（Bin R. Wong）根据对清代前期仓储系统的考察，重新评价了十八世纪中国的国家能力，认为“根据同时期欧洲的标准，中国所做的工作也已相当多”，因此“中国在某个竞技场中优于欧洲的表现提醒我们，中国的成功，与其失败一样，对于理解中国进入现代世界的进程十分重要”。④王国斌还通过对比西方和中国的历史变迁模式，认为“18世纪的欧洲与同时期中国之间的共同之处，超过18世纪的欧洲与19世纪、20世纪的欧洲之间的共同之处”，因为“无论是近代早期的英国农业经济，还是明清时期的中国农业经济，都为那些与亚当·斯

① [美]孔飞力：《叫魂：1768年中国妖术大恐慌》，陈兼、刘昶译，上海三联书店，1999年，第302页。该书初版于1990年。

② Mary Backus Rankin, *Elite Activism and Political Transformation in China: Zhejiang Province, 1865-1911*, (Stanford: Stanford University Press, 1986), pp.15-17. 另可参见其在《中国公共领域观察》一文中的概括（载黄宗智主编：《中国研究的范式问题讨论》）。

③ William T. Rowe, *HANKOW: Conflict and Community in a Chinese City, 1796-1895*, (Stanford: Stanford University Press, 1989), pp.183-186. 另可参见其《晚清帝国的“市民社会”问题》一文中的概括（载黄宗智主编：《中国研究的范式问题讨论》）。

④ Pierre-Etienne Will & R. Bin Wong, *Nourish the People: the State Civilian Granary System in China, 1650-1850*, (Ann Arbor: Center for Chinese Studies Publications, The University of Michigan, 1991), p.498, 524. 魏丕信（Pierre-Etienne Will）虽是法国学者，但其学术理念与美国的“加州学派”更为切近。

密和托马斯·马尔萨斯的学说有关联的积极的和消极的变化力量所支配”。[①]彭慕兰(Kenneth Pomeranz)也根据对江南和英格兰的比较指出,1750年前后,中国的核心区“看来与西欧最先进的地区相同,精密复杂的农业、商业和非机械化的工业,以相似的、可以证明甚至是更充分实现了的方式结合在一起”。[②]罗威廉以陈宏谋为中心探讨了十八世纪中国的官员—精英意识,认为十八世纪亚洲和西方“处于相似的变化过程之中”,那么,“这两个世界的精英自然在许多问题上,会有相似的观点。如果他们没有上述所说的种种共同点,那才是令人费解的”。[③]

上述现象不免令人生疑:在经历了反“东方学”意识洗礼的美国学界,为什么还会心安理得地继续用西方标准来考察中国历史呢?这很可能是因为,他们自认为可以基于方法论的特定选择而拥有对“西方中心论”的免疫力。这里所说的特定选择,柯文曾经给出明确的总结,那就是,“中国中心观”取向虽然“乐于接受其他学科的(特别是社会科学的)研究方法与技巧”,但是要想成功应用社会科学的方法分析中国史实,还必须“找出正确的理论——所谓正确是指它既适用又能察觉出西方中心的偏见——并把它卓有成效地和史料结合起来”。[④]可是又何从寻找这种正确的理论呢?柯文的回答是,诸如人类学这样的学科就可以提供这类理论,这是因为,人类学家“接受的训练不同,习惯于考察非西方社会,因此和大部分社会科学家相比,对种族中心主义偏见的流弊比较敏感”。[⑤]

其实,就连人类学者自身都承认,人类学自身并未彻底解决西方中心

---

① [美]王国斌:《转变的中国:历史变迁与欧洲经验的局限》,李伯重、连玲玲译,江苏人民出版社,1998年,第12、30页。该书初版于1997年。

② [美]彭慕兰:《大分流:欧洲、中国及现代世界经济的发展》,史建云译,江苏人民出版社,2001年,第15页。该书初版于2000年。

③ [美]罗威廉:《救世——陈宏谋与十八世纪中国的精英意识》,陈乃宣等译,中国人民大学出版社,2013年,第653—654页。该书初版于2001年。

④ [美]柯文:《在中国发现历史》,第312、315—316页。

⑤ [美]柯文:《在中国发现历史》,第312页。

主义的偏见问题。[1]而柯文对人类学思维的推重，更多表达的是一种希冀得到理论保护的姿态。正如杨念群分析的那样，“中国中心观”将人类学思维引入历史研究的思路，实质上是后现代主义思潮的显著反映。[2]后现代主义也是萨义德批判“东方学”的理论前提，这种思潮高举批判西方现代性的大旗，质疑启蒙运动以来欧洲文明所形成的普遍理性，从而为抵制西方中心论提供了良好的理论旗帜。[3]因此，无论是“唱衰中国”还是“唱盛中国”，都坚信自己从后现代主义那里得到了排除西方中心的偏见的保障。其间的逻辑是，它们都可以被用来证明西方现代化运动的非普世性：在“唱衰”派看来，西方式现代化根本无法改变中国社会的固有结构；而在“唱盛”派看来，中国社会内部也独立存在着类似于西方现代性因素的积极因素。这样一来，以欧洲为标准来看待中国社会的历史，自然也就不是一个问题了。

不仅如此，身处西方的“中国中心观”式研究者，在确信自身可以掌握避免西方中心主义的“正确理论”之后，不期然间滋生出了某种知识上和道义上的优越感，认为自己能够比中国的“局内人”更准确理解中国历史。对此，表达最清楚、态度最明确的还是柯文。在他看来，中国史家“不论是马克思主义者还是非马克思主义者，在重建他们自己过去的历史时，在很大程度上一直依靠从西方借用来的词汇、概念和分析框架，从而使西方史家无法在采用我们这些局外人的观点之外，另有可能采用局中人创造的有力观点”，而西方史家只要“从一种西方中心色彩较少的新角度来看待中国历史”，就完全能够“把这种歪曲减到最低限度”。[4]杜赞奇(Prasenjit Duara)也宣称，“到20世纪初期为止，中国历史的写作已经在启蒙运动的模式之下进行”，而迄今“中国知识分子总体上未能像后现

① [美]乔治·E. 马尔库斯、米开尔·M.J. 费彻尔：《作为文化批评的人类学》，王铭铭、蓝达居译，生活·读书·新知三联书店，1998年，第16—17页。

② 杨念群：《“后现代”思潮在中国——兼论其与20世纪90年代各种思潮的复杂关系》，《开放时代》2003年第3期。

③ 王晴佳、古伟瀛：《后现代与历史学》，第10—11页。

④ [美]柯文：《在中国发现历史》，第107页。

代、后殖民知识分子那样向启蒙工程挑战”。[①]以奉行后现代立场而声名鹊起的何伟亚(James L. Hevia)声称,清代以后的中国知识分子“采用了殖民者的知识框架,用混合语言来阐释自己的观点,构筑自己的叙述”,这就导致“生于一国并说那国的语言并不意味着对当地过去有着先天的接近能力”。[②]无疑,对于这样的论调,哪怕是刚刚读过《东方学》的人都绝不会感到陌生。

对于“中国中心观”为何会出现向“东方学”式认知的翻转,德里克(Arif Dirlik)曾有过精辟的总结。他指出,虽然“东方主义作为欧洲中心主义的一个产物”,却可以“被用于对欧洲中心主义的批判”。他以柯文归纳的“中国中心观”为例,认为这种“以中国为中心的历史”其实“是与东方主义的认识论过程相一致的”,尽管持这种取向的作者“明白地站在一个与以欧洲为中心的中国历史相对立的角度”。[③]并且,对“中国中心观”的倡导同样暗含着德里克指出的一种权力关系:“处于进步巅峰的欧洲人由于对历史具备一种更多(更全面)的回顾与评鉴,比亚洲本地民族更能明白亚洲的事体”,从而“自视为亚洲的代言人”,滋生出“为他者代言的权力”。[④]按照德里克的看法,像“中国中心观”这样对欧洲中心论的挑战已经“吸收了资本主义目的论”,所以“实际上是推进了东方主义而不是赶走它”。[⑤]不过,“中国中心观”所推进的“东方学”思维,已经生成了更为隐蔽的“后东方学”思想幽灵。而这种幽灵在美国学界的最新表现,便是“新清史”的异军突起。

---

① [美]杜赞奇:《从民族国家拯救历史:民族主义话语与中国现代史研究》,王宪明译,社会科学文献出版社,2003年,第21、37页。该书初版于1995年。

② [美]何伟亚:《怀柔远人:马噶尔尼使华的中英礼仪冲突》,邓常春译,社会科学文献出版社,2002年,第251—253页。该书初版于1995年。

③ [美]德里克:《后革命氛围》,王宁等译,中国社会科学出版社,1999年,第280页。该书译文中的“东方主义”与前述萨义德理论中所说的“东方学”在英文中实为同一词汇,这里因系引用译文,故而未做修改。下同。

④ [美]德里克:《后革命氛围》,第290页。

⑤ [美]德里克:《后革命氛围》,第297页。

三、“后东方学”观照下的“新清史”研究

二十世纪九十年代，以罗友枝(Evelyn Sakakida Rawski)对何炳棣的批评为标志，“新清史”开始集结成型，成为美国中国史学界颇具声势的学术潮流。二十一世纪以来，这股潮流逐渐引起国内学界的关注，其影响范围越来越大。在国内外学界，赞成与反驳的双方都进行了相当激烈的辩论。不过，以往辩论的重点往往集中在“新清史”对满文史料价值的推重、对满洲“汉化论”的反驳、对“满洲因素”的发掘、对“内亚视角”的提倡以及将清朝与中国区别开来等较为具体的看法上，甚少深入涉及“新清史”的认识论和方法论问题。其实，“新清史”的雄心当然不囿于重新勾勒一幅清史的面相，而是试图对中国历史的解释模式给出一种新的认知思路，这才是导致其影响范围大大超出清史研究领域的主要原因。有鉴于此，要把握“新清史”的本质，就必须对其认知结构进行一番剖析。

对于“新清史”意欲重估中国历史的勃勃雄心，当以其代表人物欧立德(Mark Elliott)阐述得最为明确。按照他的说法，“新清史”不仅会影响对于从唐朝到清朝的历史定位，还将影响“对现代中国民族国家的认识”。①同时，在其支持者看来，“新清史”是美国中国史研究的又一次重要突破。其主要表现便是所谓学术转向的种种说法：其一如米华健(James A. Milard)所说，这股潮流标志着“中国研究中的族群转向(ethnic turn)”，其核心观念是要“对曾经被认为是同种同质的中国人口和文化形成解构”②；其二则是视之为实现“内亚转向(the inner Asian turn)”和“欧亚转向(Eurasian turn)”的重要标志。按照罗威廉的归纳，“内亚转向”是对“清史基础的概念重构化”，即“‘满洲’认同是满洲人在征服中国后的历史

---

① [美]欧立德：《满文档案与“新清史”》，刘凤云、刘文鹏主编：《清朝的国家认同：“新清史”研究与争鸣》，中国人民大学出版社，2010年。

② 这是米华健在其主编*New Qing Imperial History: The Making of Inner Asian Empire at Qing Chengde*(London: Routledge, 2004)一书的序言中首先归纳出来的。

建构”，从而对“以中国为中心的清史”形成了的挑战；“欧亚转向”则是“从近代早期帝国的比较研究引导出一个欧亚大陆整体的新视野”，从而“隐然挑战将明代与清代包含在一起的‘中华帝国晚期’与从晚明开始的‘中国近代早期’等修正派的概念”。[①]

那么“新清史”要对“中国人口和文化形成解构”的做法，或是对“以中国为中心的清史”的挑战，其最终目标又是什么呢？对此，还是以欧立德的说法最为坦白。他明确指出，“新清史”的观点必“将改变我们对‘中国’与‘中国人’的基本概念”，因此，“新清史”要提出来的最大问题是，“我们可否不经质疑地直接将清朝等于中国？难道我们不应该将其视为是一‘满洲’帝国，而中国仅是其中一部分？”[②]米华健也认为，“在向汉化观、中国中心主义以及条约体系模式提出挑战的时候”，“新清史”观念引申出来的一个问题，就是“在清朝的语境中到底什么是‘中国的’、什么是‘外国的’”。[③]柯文本人在二十一世纪之初也深刻感受到了“新清史”对“中国中心观”的挑战态势，因为他承认，那些从“清中心”和“满洲中心”等概念出发的研究，挑战了“‘中国性’这个过去被认为是清楚明白的、毫无疑问的命题，迫使我们重新思考‘中国性’的意义，也自然对‘中国中心观’的研究取向表示质疑”。[④]

在上述认识的基础上，“新清史”遂被赋予了超越柯文式“中国中心观”的新范式意义。例如，有人声称，柯文所说的那种“中国中心观”还是以汉族为中心的，而“新清史的出现，是改变传统清史领域中以汉族为中心、以汉文史料为主要依撑的一种趋势”。[⑤]另有人认为，“新清史”着重

---

① [美]罗威廉：《中国最后的帝国：大清王朝》，李仁渊、张远译，台湾大学出版中心，2013年，第13、15页。该书初版于2009年。

② [美]欧立德：《满文档案与“新清史”》，刘凤云、刘文鹏主编：《清朝的国家认同》。

③ [美]米华健：《新清帝国史》，刘凤云、刘文鹏主编：《清朝的国家认同》。

④ [美]柯文：《变动中的中国历史研究视角》，柯文：《在中国发现历史——中国中心观在美国的兴起(增订本)》，林同奇译，中华书局，2002年新1版、2005年第2次印刷。这篇文章原本是他在2003年为自己论文集所写的一篇序言，译为中文后附录于《在中国发现历史》的2005年版本中。

⑤ 贾建飞：《“新清史”刍议》，《中国社会科学报》2010年3月16日第13版。

强调了清帝国与众不同的满洲元素及其独特性质，遂使以“中国中心观”为出发点的“晚期帝国”的研究框架“逐渐在人们的视野中淡化”。[①]就国内学界而言，“新清史”在许多具体论述内容上都引发了很大的争议。不少研究者从实证史实出发，指出了“新清史”论述内容中的偏执之处。但与此同时，也有研究者强调，其在历史认知模式上的突破性意义，是值得重视甚至加以肯定的。

然而这种突破性意义远远没有那么货真价实。实际上，对“中国中心”的挑战，恰恰是柯文本人在阐明“中国中心观”时就给出了具体思路。他在归纳“中国中心观”取向的第二个特征时提出，由于“中国的区域性与地方性的变异幅度很大”，所以需要将其“从空间上分解为较小的、较易于掌握的单位”，而这就意味着“这种取向并不是以中国为中心，而是以区域、省份或是地方为中心”。[②]夏明方不无讽刺地指出，在柯文这种“荡开了民族国家的疆界”的做法之后，“中国中心观”也就必然“变成了地域中心观”，再“从中进一步引申出‘满族中心观’、‘中原中心观’或者‘××村落中心观’，等等，也就不足为怪了”。[③]根据同样的认识逻辑，“中国中心观”的第三个特征，即把“中国社会视为按若干不同层次组合的等级结构”，[④]也意味着不再承认统一的“中华民族”，而是一个多元化的族群结构，由此同样开启了对“中国中心”的解构之维。毫不奇怪，根据柯文式“中国中心观”对中国进行“横向”和“纵向”划分的逻辑思维，完全可以炮制出诸如“在清朝发现内亚”“在中国发现满洲”之类的提法，来彻底解构“中国性”和“中国认同”。

正是由于“新清史”在本质上仍然遵从着“中国中心观”的逻辑，也就

① 刘凤云：《〈清朝的国家认同：“新清史”研究与争鸣〉序言》，刘凤云、刘文鹏主编：《清朝的国家认同》。

② [美]柯文：《在中国发现历史》，第294页。这里“中国”下面的着重号是原作者加的。

③ 夏明方：《一部没有“近代”的中国近代史——从“柯文三论”看“中国中心观”的内在逻辑及其困境》，《近代史研究》2007年第1期。

④ [美]柯文：《在中国发现历史》，第304页。

完全承袭了“中国中心观”所推进的“后东方学”思想幽灵。至于这种承袭关系的最显著表现，便是“新清史”在西方式殖民帝国的观照下，力图将清代中国视为“帝国”的修辞。较早做出这种表述的学者是何伟亚，他认为，在以往对马嘎尔尼使团的解释中，“清与英两大帝国构建之间的共性被忽略了”，这实际上“是两个扩张性殖民帝国的接触，它们中每一个的组织原则都与另一个不相兼容”。[①]最为直白的言说则来自米华健，他坚信“清朝本身也是一个帝国”，“而且一定是帝国主义的帝国”，因为“清朝明显具有帝国概念的大多数特征：巨大的领土、强大的中央集权、官僚管理机构、正规的普救制度、拥有一切权力的政治结构中所含有的多元文化和政治地域”。[②]克萝丝丽(Pamela Kyle Crossley)发现：“清代帝制叙事中的许多情节，都能在其他早期现代帝国中发现同源性。”[③]濮德培(Peter C. Perdue)明确表示站在“欧亚相似论”一边，即中华帝国直到十八世纪末仍与欧洲诸帝国有着相似的经济动力，并断言，正是由于中国和俄国这样的“现代”帝国对欧亚大陆中部地区的征服，才造成了该地区在十九世纪的落后。[④]欧立德更是明白指出：“要认识中国近代转变过程的矛盾及复杂性，立论点必先从中国是为帝国，而不是从中国是为民族国家开始。”[⑤]

对于“新清史”将清朝渲染为“清帝国主义”的动力机制，正如汪晖指出的那样，如果将之“放置在帝国主义理论的历史脉络中观察”，便可看出这种叙事与“那种将古代中国、西亚和希腊的帝国扩张描述为帝国主义的

---

① [美]何伟亚：《怀柔远人：马嘎尔尼使华的中英礼仪冲突》，第27页。

② [美]米华健：《嘉峪关外：1759—1864年新疆的经济、民族和清帝国》，贾建飞译，香港中文大学出版社，2017年，第17、19、25页。该书初版于1998年。

③ Pamela Kyle Crossley, *A Translucent Mirror: History and Identity in Qing Imperial Ideology*, (Berkeley: University of California Press, 1999), p.6. 该作者曾以“柯娇燕”为中文名，但她本人现在持强烈反汉化论的态度，并不愿意继续使用该名，所以这里避免使用该名为妥。

④ Peter C. Perdue, *China Marches West: the Qing Conquest of Central Eurasia*, (Cambridge, Massachusetts•London England: the Belknap Press of Harvard University Press, 2005), pp.9-10.

⑤ [美]欧立德：《传统中国是一个帝国吗?》，《读书》2014年第1期。

欧洲传统之间的内在连续性”，而“清帝国主义”叙事也正是“在二十世纪八十年代以降西方学术界的帝国主义研究内部发生的一些新的变化的脉络中展开的”。[①]至于这种叙事所隐含的要害，连柯文都忍不住指出，这意味着，如果“从汉人的角度看满洲人所扮演的角色——即我们习惯的同化和汉化模式”，那么就“和用欧洲中心的角度看中国历史而导致的歪曲可说是如出一辙”。[②]由此可见，反汉化论的逻辑思路完全可以说是反欧洲中心论脉络的有机延伸。

当然，对于“新清史”来说，在反汉化论和“清帝国主义论”的支撑下，不仅享受着知识上的超越感，还有道义上的优越感。这种优越感的鲜明表现，正是“后东方学”的另一个重要特征，即自以为在话语解释权上更具客观优势。“新清史”在这方面的主要表达，就是一再指责中国近代以来的历史叙事深受民族主义话语的侵蚀。罗友枝最早明确宣称，“汉化”是二十世纪“汉族民族主义者对中国历史的一种解释”，这种民族主义导致的历史解读上的问题，涵盖了“中国被非汉民族征服的很长时段”，因此，“只有依靠超越汉族认同来界定的国家，才能宣布对非汉民族居留的边疆地区的合法性”。[③]米华健更是直言不讳地强调：“如果历史学家忽略了清朝的非汉特征，也就同样遵循了中国民族主义的意识形态特征。如果我们将清朝视为中国的成功和异族的失败，我们就是不加批判地追随了民族主义者的观念。”[④]在克萝丝丽眼中，“在与西方交往的过程中，反对清帝国的共和革命者对于中国民族主义形成了统一的新观念”，而“将前近代的实体赋予一种建立在血统和种族意识之上的现代民族主义意义，我

---

① 汪晖：《现代中国思想的兴起》上卷第一部《理与物》，生活·读书·新知三联书店，2004年，第16—17页。

② [美]柯文：《变动中的中国历史研究视角》。

③ Evelyn S. Rawski, “Presidential Address: Reenvisioning the Qing: The Significance of the Qing Period in Chinese History,” *The Journal of Asian studies*, Vol.55, No.4(November 1996), pp.829-850.

④ [美]米华健：《嘉峪关外：1759—1864年新疆的经济、民族和清帝国》，第14页。

们很可能就会误解身份认同的内在标准”。[1]欧立德也完全赞同，“那些被【清朝】新整合进来的领土变成中国的过程，决不像从二十世纪民族主义的视角回顾得那样一帆风顺”。[2]濮德培则指责说，“尽管中国民族主义者斥责满人是中国现代化的障碍，中国的民族国家对于理想边界的观念，却源自十八世纪清帝国的最大扩张范围”，因此“与其他国家的民族主义者们一样，中国人所依赖的历史恰恰也是他们所排斥的那段历史”。[3]欧立德、米华健、克萝丝丽等人一再申明各自的认识分歧，声称根本不存在一个统一的“新清史”学派，可是前述这种质疑中国人客观认识清史的能力的立场，却又一致得不能再一致了。当然，对于这种腔调，我们也已经熟悉得不能再熟悉了。

综上所述，尽管美国中国史学界数十年来制造了令人眼花缭乱的众多研究议题和模式，但是其认知结构的核心乃是一条十分清晰且简明的系谱，那就是从“东方学”到“后东方学”的嬗变。这种“后东方学”以批判“东方学”为自身理论出发点，其实并未脱离“东方学”所设定的思维框架，结果成为一种“反东方学的东方学”。简单说来，无论是“中国中心观”还是“新清史”，在用西方标准观察中国历史和质疑中国人表述自身历史的能力方面，毫无二致。导致这种状况的根本原因在于，“中国中心观”和“新清史”的初衷是为了反对欧洲中心论而反对欧洲中心论，并非是从根本上改变旧有的问题意识和提问的方式，故而不自觉地继续沿用西方中心论的思维框架去看待其他地方的历史。正如夏明方所说，这事实上“又为西方中心论的延续提供了合法的外衣”，故而属于典型的“反欧洲中心

---

① Sudipta Sen, “The New Frontiers of Manchu China and the Historiography of Asian Empires: A Review Essay,” *The Journal of Asian studies*, Vol.61, No.1(February 2002), pp.165-177.

② Mark C. Elliott, *The Manchu Way: the Eight Banners and Ethnic Identity in Late Imperial China* (Stanford: Stanford University Press, 2001), p.359.

③ Peter C. Perdue, *China Marches West: the Qing Conquest of Central Eurasia*, p.4.

论的欧洲中心意识”。[1]由于“中国中心观”和“新清史”的首要旨趣是追随西方社会科学思潮的变动而变动，根本不是“在中国发现历史”或者“在清朝发现历史”，那么无论它们制造的议题如何翻新，都脱离不了“后东方学”式认知的范围，也绝不可能发现更加客观真实的中国历史。

（该文基本内容原载《历史评论》2020年第1期。因篇幅和格式所限，发表时多有删节，此处为原貌）

① 夏明方：《十八世纪中国的“现代性建构”——“中国中心观”主导下的清史研究反思》，《史林》2006年第6期。

六、清史研究的学术史

论晚清史研究的“深翻”

相较于“民国范儿”在当下的门庭若市，先前长期在中国近代史体系中占据主力位置的“晚清七十年”，如今多少显得有些落寞。但凡稍微翻阅一下那些素负盛名的学术期刊，便可发现，十余年来晚清史领域的成果不仅始终在一个较低的比例上徘徊，产生较大影响的成果更是寥若晨星。特别是当年那些以重大事件、精英人物为中心的重大论题，当下愈形落寞。众所周知，传统上对这些重大论题的研究主要是以政治史为取向的，所以这种落寞自然也标志着晚清政治史研究的衰颓。

晚清史乃至中国近代史领域，虽然在研究内容和取向上日趋多元化发展态势，但是以政治史为中心的重大论题，仍然是构成现行历史认知体系的主干。而事实也一再证明，围绕此类研究发生的许多争论，仍然具有非常大的学术影响、社会影响乃至政治影响。同时也不可否认，对传统重大论题的继续研究是一项十分艰巨的工作，推陈出新的难度极大。首先，这些重大论题都有着十分厚重的学术积累，不夸张地说，哪怕是就某一论题做个比较完善的成果索引，都需要花费后来者极大的时间和精力成本。其次，关于这些论题的资料也大都非常繁复，处理起来十分棘手，更何况，进入新世纪以后，这方面的繁难程度又大大加深了。

新世纪处理资料的工作难度之所以大大加深，一个重要的原因是，恰恰在晚清史研究整体走低的这个时期，晚清史资料建设却出现了一个大发展大繁荣的阶段。这个阶段的起点，乃是国家于二十一世纪之初启动了清史纂修工程。这项堪称新中国成立后最大的文化工程，将文献整理作为重大任务之一，支持了多项清代历史资料的清查、整理和出版工作。无论是中国第一历史档案馆、国家图书馆等国家级文献机构，还是各地图书馆、档案馆等机构,都借助清史工程的东风,纷纷推出珍藏的清史资料。据初步估算,在这些资料中,如果略微宽泛一点,把1800年以后都划入晚清范围,则该部分资料至少占六成以上;而以重大事件、精英人物为中心的资料,又占据了非常可观的比重。毋庸置疑,就资料建设而言,过去十多年堪称晚清史研究的一个“黄金时代”。

本来,对重大论题开展继续研究是有着良好潜力的。原因很简单,厚重的学术积累可以保证再出发的高度和深度,资料建设的良好走势又是细化、深化研究内容的得力保障。可现实情况却是,这方面的研究一方面对学界特别是年青学人越来越少有吸引力,另一方面,近年来又少见富有新意的成果面世。造成这般反差的原因非常复杂,但其中的关键之一,应该是寻找可持续研究方向上面临的困难。一般地,对晚清史领域的许多重大论题来说,那种试图“填补空白”式的做法已经没有多大市场(即使有,很有可能也是一块无足轻重的空地)。而那些力求在已开垦领域继续耕耘的尝试,又往往会眩晕于数量庞大的既有研究和相关资料。近年来面世的晚清史成果,特别是很多博士、硕士学位论文,很大程度上便因生硬运用“竭泽而渔”的做法而造成了明显的消化不良。其主要表现是:在学术回顾时,对大量先行研究的介绍往往流于综述式罗列;在运用资料时,要么企图抓住稀见资料作为救命稻草,要么是甘做堆砌资料的搬运工。在这种基础上的研究要想有所新意,实属缘木求鱼。

那么,要对重大论题的研究进行拓展,究竟还没有出路呢?在笔者看来,“深翻”大概是一条值得尝试的路径。所谓“深翻”,简单说来就是要做到两个“深入”:第一,需要在充分认识以往研究整体走势的前提下,深入检视那些主导性研究的问题意识及其可能存在的认识误区,以便找出进一步前进的可靠方向;第二,需要深入勘查以往研究赖以立论的资料基础,找出其资料上的局限与运用上的缺陷,继而再重审旧资料、挖掘相关新资料,通过对新旧资料的融会贯通,最终形成对相关史事的准确解读。

可以预见,这种“深翻”方式能够大大提高工作效率。一方面,在通常的学术史回顾中,要想全面介绍数量庞大、观点纷纭的既有研究,判定其优劣得失，是件极耗精力的工作，而通过“深翻”来抓住那些主导性研究的问题意识，可以较快地发现以往研究具有共通性的认识局限与误区，从而避开某些死循环或伪问题的陷阱。另一方面，由于这种“深翻”方式立足于对以往研究的资料基础的深入反思，在资料处理上能够较以往有着更明确的原则与方向，这就使得在面对即便是海量的资料时，也不至于陷入要么茫然失措、要么被资料牵着鼻子走而不能自拔的窘境。

常言道，知易行难。或许有人会提出，你这个关于“深翻”的说法，会不会只是看上去很美呢？对此，笔者尝试结合自己近年来从事盛宣怀研究的体会，对这一说法进行一些较为具体的阐述。

盛宣怀在晚清史上的重要地位已无需赘言，盛宣怀研究自然早就成为一个较为重大的论题。有关盛宣怀研究的基本状况，大致可以按时间段分为两部分来介绍。就二十世纪的研究状况而言，易惠莉等人主编的《二十世纪盛宣怀研究》（江苏古籍出版社，2002年）一书，是一个较好的了解指南。从中可以看出，以二十世纪五十年代美国学者费维恺（Albert Feuerwerker）的研究为发端，半个世纪的时间里，国内外相关学术成果延绵不绝，总共出版四部著作和一百篇左右的论文。该书收录了代表性论文二十一篇，大体覆盖了二十世纪盛宣怀研究的各个具体领域，也较为充分地反映了当时研究的水平。不过，这里应该指出，如果要全面把握二十世纪学界对盛宣怀的认识，还不能局限于这些成果。要知道，大量涉及洋务运动乃至中国近代经济史的研究，都会经常提到盛宣怀，而这些研究的总量又十分庞大。因此，要想全面罗列盛宣怀研究的情况，肯定十分繁难。

进入二十一世纪以后，海外学界的盛宣怀研究基本陷于停滞状态，相关成果主要出现在大陆学界。根据中国知网数据统计，从2001年至今，发表相关期刊论文共达三百八十余篇，另有三篇博士论文、二十七篇硕士论文。不过，其中属于CSSCI期刊的论文仅有三十余篇，史学类期刊上又仅有十三篇。在著作方面，此时期出现的绝大多数作品都属于通俗读物，具有学术价值的成果，仅有夏东元编著的《盛宣怀年谱长编》一书（上海交通大学出版社，2004年）。又因对洋务运动和中国近代经济史的研究在二十一世纪也陷于衰落状态，所以说，如果要做二十一世纪盛宣怀研究综述，大概比做二十世纪的综述要简单一些。

毫无疑问，与李鸿章、张之洞等洋务巨擘相比，盛宣怀研究的成果从数量看是大为逊色的。不过，这种情况绝不是研究资料的缺乏造成的。就资料而言，与盛宣怀相关的资料之多，晚清史人物很少有能与之匹敌的。1919年，盛宣怀之子盛恩颐等人编刻了一百卷《愚斋存稿》，这是一部体量堪比吴汝纶所编《李文忠公全书》、许同莘所编《张文襄公全书》的大部头文献，后来亦与该两书收入沈云龙主编的《近代中国史料丛刊》。不过，《愚斋存稿》所收资料的起始时间迟至1896年，这对研究盛宣怀的早期生涯显然是个巨大的阻碍。

二十世纪八九十年代，盛宣怀研究资料出现了一个整理出版的高潮。在大陆地区，上海人民出版社推出了上海图书馆于七十年代整理馆藏盛宣怀档案的部分成果，即陈旭麓、顾廷龙、汪熙共同主编的《盛宣怀档案资料选辑》系列的第一批，包括《辛亥革命前后》《湖北开采煤铁总局、荆门矿务总局》《甲午中日战争》（上、下）、《汉冶萍公司》（一、二），共四辑六册。香港中文大学则于八十年代收购了一批盛宣怀书牍文献后，特邀请王尔敏主持整理，先后出版相应成果共六种十八册，包括《近代名人手札真迹》（共九册）、《近代名人手札精选》《盛宣怀实业函电稿》（上、下）、《清季外交因应函电资料》《清季议订中外商约交涉》（上、下）、《盛宣怀实业朋僚函稿》（上、中、下）。据粗略估算，这些资料总量在三百五十万字以上，包含了许多盛宣怀在甲午战争之前的活动内容，且少有与《愚斋存稿》重合者。

进入二十一世纪，盛宣怀资料的整理又迈上了一个新台阶。首先是上海人民出版社自2000年起，陆续出版了《盛宣怀档案资料选辑》系列的余下部分，即《中国通商银行》《上海机器织布局》《义和团运动》《汉冶萍公司》（三）、《轮船招商局》，共六册。其次，也是更为宏大的成果，是上海图书馆自二十世纪九十年代启动的、全面整理馆藏盛宣怀未刊档案的工作，终于宣告完成。除了全部十七万多件原始档案于2008年实现馆内电子阅览外，从中精选而出的一百册《盛宣怀档案选编》亦在清史工程的支持下，于2015年出版。至此，有关盛宣怀的研究资料面世总量已超过一亿字，堪称晚清史范围内规模最大的私人档案。

按照通常的想法，既然关于盛宣怀的资料如此丰富，尤其是二十一世纪以来面世资料的很大部分都尚未被充分利用过，那么推进盛宣怀研究，岂不是轻而易举的事情吗？但事实是，仔细审视一下新世纪盛宣怀研究的成果，可以说，要全面超越二十世纪的研究水平，似乎还有相当大的距离。其一，就研究主题而言，新世纪成果所关注的实业活动、教育文化、社会救济等内容，皆非早先研究中的空白领域；其二，就研究框架而言，新世纪研究仍以现代化模式为主导，而这一思路早在二十世纪五十年代就已成型了。总的说来，新世纪固然有些成果在论述内容上较先前更为丰富、细致，但在整体的研究视角、认知方式和逻辑上，很少出现具有突破性和超越性的思路。

话说回来，二十世纪的研究又究竟达到了怎样的水平呢？如前所述，盛宣怀在当时学界受到的关注还是相当广泛的，相关成果看来也较为可观。但是，这种可观状况同样是经不起"深翻"的。除去那些对盛宣怀泛泛而谈的研究，真正表现出了明确的问题意识、并成为其后许多具体研究的出发点的标志性成果，严格说来仅有两种。其一是费维恺于1958年推出的《中国早期工业化：盛宣怀（1844—1916）和官督商办企业》，该书主要依靠《愚斋存稿》及李鸿章、张之洞的已刊文集，对盛宣怀的近代工业化活动首次进行了较为系统的论述。其二是夏东元于1988年出版的《盛宣怀传》，该书大量运用了上海图书馆馆藏盛宣怀档案，结合已问世资料，对盛宣怀几乎一生的主要活动首次做出了全面勾勒。另外，夏东元在2004年推出的《盛宣怀年谱资料长编》一书中，虽然多处以按语形式，表达了他对一些问题的继续思考，但这些思考基本属于对《盛宣怀传》中观点的发挥，并未生发出新的问题意识。

这两部著作的典范意义在于，其内容和框架都深深影响了后续研究。费维恺的研究尽管由于资料的限制，只能集中探讨盛宣怀的重要实业活动，但通过对官督商办体制、西方冲击作用的分析，开创了运用“传统—现代”框架研究盛宣怀的先河。夏东元则紧跟改革开放后重新评价洋务运动的潮流，在《盛宣怀传》中率先采用带有现代化意味的思路，对盛宣怀在中国资本主义发生发展过程中的作用给出了积极评价。由于夏东元较早参与整理上海图书馆馆藏盛宣怀档案，对资料的掌握远超他人，故而其研究几乎覆盖了盛宣怀平生活动的方方面面。不夸张地说，其后学界从事盛宣怀研究的各类主题，或多或少都能从夏东元的这部著作中找到先行线索。由此，在现代化范式的笼罩之下，对盛宣怀平生的各项事功进行条分缕析式的论述，也就成为盛宣怀研究中广为沿袭的基调。

不过，恰恰也是这两种代表性著作，鲜明地展示了上述这种基调步入死胡同的前景。这是因为，尽管同样以现代化范式为依归，费维恺和夏东元针对盛宣怀事功所做出的评价却是南辕北辙。在费维恺看来，虽然盛宣怀“能够对接受西方工商业技术的有用之处起到很有利的作用”，但是家庭、绅士、官僚等几重角色“把他束缚于传统的价值观之中”，又“造成了他作为一个工业企业家的弱点”，最终使他的实业活动并未成为“中国经济改造的基础”。①夏东元则认为，尽管“盛宣怀有着将封建的‘官’与资本主义的‘商’混在一起的局限性”，但“他的经济主张和所办近代工商业却是符合历史要求的，规定他在经济上基本上是一个成功者”。②正如柯文（Paul A. Cohen）批评的那样，这种以“传统”与“现代”两分法为基础的现代化范式，一大问题就是“采用整齐匀称的概念，来描绘和解释根本上不匀称的现实”。③因此，如果后续研究只是在这两种观点之间打转，或是企图折中其间，其研究价值也就注定堪忧了。

在“深翻”出以往权威研究的认知方式及其局限之后，接下来需要面对的问题是，如何才能在克服以往局限的基础上来推进盛宣怀研究呢？对于这一问题，最为有效的回应之一，便是启动“深翻”工作的另一个部

---

① 费维恺：《中国早期工业化》，中国社会科学出版社，1990年，第115、122、316、321页。

② 夏东元：《盛宣怀传》，四川人民出版社，1988年，第4、9—10页。

③ [美]柯文：《在中国发现历史——中国中心观在美国的兴起》，林同奇译，中华书局，1989年，第78页。

分，即深入勘查以往研究赖以立论的资料基础及其运用方式。无须赘述，“论从史出”“有一分资料说一分话”是史学传统中奉行不二的法门。由此而言，任何史学研究都必须经得起对其资料基础的严格审查。不幸的是，在盛宣怀研究这一领域，这种审查工作长期以来都被忽视了。与此同时，也正是通过这种审查工作，又为我们从研究实践的角度来把握、克服以往局限提供了极好的帮助。对此说法，下面将运用一个具体例子来加以说明。

这个具体例子，就是盛宣怀如何走向洋务之路的问题。众所周知，盛宣怀步入洋务之路的起点是参与筹办轮船招商局。那他又因何能够参与筹办活动呢？在费维恺看来，这是盛宣怀成为李鸿章幕僚后，借助中国传统的庇护关系而形成的结果。夏东元则在承认这种庇护关系的同时，又强调盛宣怀之所以能够入局，更得益于“因职务之便往来于津沪等地”，“接触到很多新鲜事物，如新技术、新思想等”。[①]显然，费维恺主要从传统因素的一面来理解这一问题，夏东元则更愿意指明其中具有现代因素的成分。至此，似乎陷入了一个难局。首先，该两者在观点上的分歧似乎很难调和。其次，两人的解释看起来也都存在着难以追踪之处，例如，李鸿章的幕僚众多，何以盛宣怀会独自受到入局的眷顾呢？至于有机会往来津沪两地、接受新鲜事物的幕僚，无论如何也不可能仅止于盛宣怀一人。由于这些问题都属于从常理出发的质疑，并无足够详细的资料加以探究，因此不能成为下一步研究的可靠进路。

一旦把目光转到两者的资料基础，发现真正可靠的进路也就豁然开朗了。从中首先可以发现，他们的主要论述依据，其实来自同一份资料，即盛宣怀之子盛同颐等人纂成的、表述盛宣怀生平事功的《行述》。的确，由于能够反映盛宣怀早期活动情况的资料，在很长时间内都极其稀少，所以这份《行述》自然成为研究者不得不倚重的资料。而必须指出的另一个问题是，无论是费维恺，还是夏东元，又都只是从中提取部分信息作为自

① 夏东元：《盛宣怀传》，第8页。

己的立论依据,并未对《行述》对盛宣怀走向洋务之路的陈述进行全面考察。按《行述》所述,盛宣怀从入幕到入局的过程中,还经历了从军、办赈两个环节,其与盛宣怀走向洋务之路是否也有关联呢?由于资料的限制和认知方式的偏好,费维恺和夏东元皆对这两个环节一笔带过。而在新世纪面世的新版《李鸿章全集》之中,恰好提供了许多关于盛宣怀从军、办赈活动的线索。

结合新旧资料,可以看出,盛宣怀走向洋务之路的过程,远非费、夏当年书中所说的那样平坦。简单说来,盛宣怀入幕之初希冀的是从军晋身之路,却在李鸿章于同治九年(1870)转任直隶总督时被朝廷下令离开李鸿章幕府,由于次年直隶大水的爆发,盛宣怀凭借助赈活动得以再度为李鸿章效力,并因此与近代航运业多有接触;同时这场大水又引发了清廷关于轮船招商的争论,李鸿章这才着意创办轮船招商局,而盛宣怀也由此得到入局机会。纵观这一入幕、从军受阻、办赈、入局的连续转换过程,不仅盛宣怀的命运经历了复杂的变换,政治、经济和社会等各个领域之间也发生了复杂互动,传统与近代因素也并非截然对立,而是多有交织融合之处。并且,通过资料的“深翻”而得到重新揭示的、盛宣怀走向洋务之路的过程,对于理解洋务建设如何演变为一项社会运动的历史进程,以及近代工业化如何在中国落实的过程,显然不无启发意义。

关于盛宣怀研究中可以“深翻”的其他例子,笔者另有一些已发表和未发表的文章,此不赘述。而此种“深翻”方式的应用领域,应该绝不会仅止于盛宣怀研究。可以说,这种将发掘理论局限和资料局限结合起来进行反思的路径,特别有助于传统重大论题研究的推进。其实,这种方式也不是没有人尝试过。如茅海建前些年关于戊戌变法的再研究,与本文介绍的思路就有不少相通之处。而在晚清史的范围内,无论是鸦片战争、太平天国运动、洋务运动等重大事件,还是林则徐、李鸿章、张之洞等重要人物,都是有着足够厚度和深度学术积累的重大论题,也完全都具备进行“深翻”式研究的必要性与可能性。我们相信,只有随着这些重大论题研究真正得到推进,才能从根本上扭转晚清史政治史乃至晚清史研究的下行颓势。以上仅是笔者从事晚清史研究过程中的一点浅见,其中定有不当之处,敬祈方家指正。

（该文原载《史学月刊》2017年第8期）

新修《清史》、清史工程与清史研究所

于2002年正式启动的国家清史纂修工程，被誉为新中国成立以来最大的一项文化工程，国家投入经费之大、涉及部门之广、调动人员之多，都是此前各类人文社科类项目所难以比拟的。该工程自启动以来的十五年间，成为备受国内外瞩目的一个话题，各类媒体上的报道屡见不鲜，社会上各种各样的传闻亦不绝于耳。尤其是关于新修《清史》的动议、清史工程与清史研究所的关系等问题，各类媒体以往的报道大多失之于片段、零散，且口径不一，在不少时候给人以颇为混乱和矛盾的印象。据悉该工程现已进入收尾阶段，为了避免一些不确切说法的继续流传，本文除系统整理权威机构曾公开发布的诸多相关史实外，还利用了一些内部资料，力图较为全面地揭示清史纂修从动议到实现的过程，以及中国人民大学清史研究所在此过程中的地位和作用。[①]因条件限制，笔者目前掌握的资料并不完整，其中不足之处，尚祈有识者指正。

一、新中国成立初期的纂修动议

谈及新修一部《清史》的最初动议，必须从《清史稿》说起。北洋政府于1914年开设清史馆，历时十四年，到1927年大致纂成一部合乎传统正史体例的史稿，但因时局变化，来不及细加核改，便以匆匆推出《清史稿》而告终。虽然这部《清史稿》在清史纂修史上是个具有重要意义的标志，

---

① 本文利用的内部资料，主要是中国人民大学清史研究所自协助倡修清史以来所收存的各类请示报告、会议记录、访谈记录、报道底稿，等等。由于这些资料还处于未加整理的原始状态，不能一一注明出处，尚祈原谅。

也曾经为清史研究提供了颇有价值的参考资料，然而鉴于这部史著从观点到史料、体例等方面，都存在着十分严重的缺陷，所以在国家和社会两方面都没有得到一部正史所应有的承认。所谓“第二十六史”的称呼，大多是书商为推广发行而使用的宣称，从未成为公认说法。就连当初的编纂者自身，也不敢宣称清史纂修已经成书，而只敢将此稿视为“先导”，书名亦明确加一“稿”字。北伐结束之后，南京国民政府基于与北洋政府的不同政治立场，很快公开表示不承认《清史稿》具有正史地位的态度。不过，南京国民政府统治时期的政治、经济和社会等方面条件，也同样无法为完成一部更为完善的清史提供保障。这就决定了整个民国时期的清史纂修活动，最终不得不以这部《清史稿》而草草宣告收场。

中华人民共和国成立后，无论是中央政府还是史学界，都很快注意到了民国时期清史纂修的不良状况，故而在新中国成立之初就出现了重新纂修一部《清史》的声音。不过，从这种声音的最初出现，到清史工程的正式启动，其间并不是一条康庄大道。这一历程艰苦且漫长，始终与国家的命运紧紧联系在一起，经历了许多难以想象的曲折回旋。大体上，这种希望与坎坷并存的状态约持续了半个世纪之久，才终于出现了明确的曙光。

在新中国成立后，率先提出重新纂修清史问题的是政府高层人士。二十世纪五十年代初，身为国家重要领导人之一的董必武同志，便向中央建议修撰两部史书，一本是中共党史，一本是清史，作为两个大型文化工程。董必武同志之所以这么早地提出修撰清史的任务，除了根据中国“易代修史”的长期传统外，还在一定程度上出于政治方面的考虑，因为当时在台湾的国民党政权也在开展编修清史的工作，试图以之作为与新中国政府争夺正统地位的一个手段。因此，尽管当时国内百废待兴，事实上也不可能立即将纂修清史的工作付诸实施，但是中央政府并没有忘怀此事，在国内政治和社会秩序初步稳定以后，便把纂修任务提到了工作日程上来。

1958年，周恩来同志委托著名历史学家、时任北京市副市长的吴晗，请他具体考虑怎样开展纂修清史的问题。吴晗接受这个任务后，与郑天挺、戴逸、任继愈等学者进行了相关的探讨，并制定了一个很大的计划。这个计划的主要内容，包括准备设立清史馆，网罗大批翻译人才，除英、法、德语外，还需要满语和蒙古语等语种的翻译，总共需要一百人的规模；此外还要计划招收一些大学历史系的毕业生，进行清史方面的专门培养，等等。然而由于紧接着就遭遇到三年困难时期，所以这个计划只停留在纸面上，并没有来得及进行实质性活动。不过，这个计划也表明，新中国对清史纂修问题已经开始进入操作层面的考虑。

另外值得一提的是，毛泽东同志在这一时期也对清史问题表示出了格外的兴趣。据中国社会科学院近代史研究所前所长刘大年教授向戴逸教授回忆，在困难时期过去以后，毛泽东同志有一次跟范文澜谈话时曾说，他本人今后退居二线，管的事情少了，想多读一点清史的书。毛泽东同志对清史的这种关注，很可能对他身边形成了一些潜移默化的影响。例如，他的秘书田家英在作为一个马克思主义理论家的同时，也一直对清史研究情有独钟，不仅收集了很多清人的书法，而且对清朝的人文风俗非常熟悉。据戴逸教授回忆，他曾经听过田家英的演讲，对其熟悉清史的程度感到惊讶。尤其是田家英对清朝的文籍如数家珍，有些甚至连作为清史专家的戴逸教授都不太知道。据田家英的女儿曾自女士回忆，田家英一直有志于写一部《清史》，还曾把这种想法和毛泽东同志谈过，并得到首肯。

在很大程度上，正是由于党和国家领导人圈子中存在着的这种对清史的浓厚兴趣，新中国成立初期终于正式启动了一次纂修清史的尝试。这次尝试性行动出现在1965年。是年秋，也就是在姚文元《评新编历史剧〈海瑞罢官〉》一文抛出前两三个月的时候，时任中宣部副部长的周扬召开了一次专门讨论撰修清史问题的部长会议。在这次会议上，决定成立清史编纂委员会，该委员会共由七人组成，分别是郭影秋（时任中国人民大学副校长兼党委书记）、尹达、关山复（时任中国科学院哲学社会科学部主任）、刘大年、佟冬（吉林大学清史专家）、刘导生和戴逸。其中，戴逸是最为年轻的一个，时年仅三十九岁。此次部长会议还决定委托新中国自己创立的第一所大学——中国人民大学专门成立清史研究所，作为纂修清史的基础单位。这次会议结束后，由于郭影秋同志当时正在北京前沙涧搞“四清”活动，因此由当时的中国人民大学副校长孙泱同志在国庆节之后向戴逸传达了这个会议的有关决定，并一同在中国人民大学城内校区选定了一个地方，即沙井胡同和蓑衣胡同一带，准备筹建清史研究所。

不幸的是，这次筹建行动还没有开展就很快流产了。本来，由于当时政治形势的发展已经很紧张，所以周扬在召开这次清史编纂会议时，就特意没有邀请当时两位著名明清史专家吴晗、郑天挺参加，因为他们都是党外人士。可是仅仅两个月之后，即当年12月间，姚文元那篇批判吴晗的文章发表以后，外部形势的发展急转直下，很快对清史纂修工作产生了极大的影响，致使整个工作陷入停顿。不久后，连清史研究所筹建活动依托的母体中国人民大学也被勒令解散。在这样一种情况下，清史纂修、筹建清史所也根本无从谈起。

二、改革开放后的纂修动议

改革开放之初，社会上就出现了要求纂修清史的呼声。1979年，一封建议国家纂修清史的人民来信直接寄到了邓小平同志的手中，邓小平同志很快在这封人民来信上作了重要批复意见，并将其转给中国社会科学院处理。接到邓小平同志的意见后，当时中国社会科学院党组常委兼副主任刘导生同志向戴逸传达了这个精神。虽说这封人民来信到底出于何人之手，始终无人知情，但无论如何，以此信为契机，纂修清史的动议得以被再次提出来。

中国社会科学院对纂修清史的问题给予了高度重视，根据历史研究所王戎笙研究员回忆，中国社会科学院于1979年成立了一个由五人组成的清史编纂规划小组，经过大小会议的讨论，起草了一份《清史编纂规划（草案）》。同年，在成都召开的全国史学规划会议上，这个规划草案被提交给大会讨论，但最终审议的结果是，并未能就此规划立项。至于未能立项的原因，按照王戎笙的说法，主要是因为当时国家拿不出足够的经费支持这一重大项目，专题研究不充分，许多清代史料特别是清代档案还没有进行大规模整理，对国外及中国港台地区清史研究状况所知甚少，规划草案本身也不完善，等等。

尽管1979年的讨论没有形成任何实质性结果，但纂修清史的动议并没有就此止步。改革开放全面展开后，1981年制定“六五”社科规划时，清史项目被列为历史学科最大的重点，并且在“七五”社科规划期间，清史继续被列入资助项目。在这一时期，由于当年确定的七个清史编纂委员会成员大多年事已高，所以戴逸教授成为此时对清史纂修最为着力的倡议者。1982年，由戴逸教授倡导并牵头，全国第一次清史学术研讨会在北戴河举行，与会学者在会上讨论了编纂清史的重要性和必要性。会后，在这次会议意见的基础上，戴逸教授发表了《把大型〈清史〉的编写任务提到日程上来》一文，把纂修清史的迫切要求向社会各界作了公开表达。

不过，这次纂修清史的动议不久之后便归于沉寂。并且总的说来，国家社科规划对清史的重视程度也逐渐淡漠下去了。戴逸教授后来把导致这种状况的主要原因归结为三个方面：一是这一时期的经费不足，资助的力度太小；二是学术原因，新中国成立以来清史研究一直没有受到应有的重视，搞古代史的力量集中在先秦、秦汉或者隋唐等时期，到清代已是强弩之末，而近代史研究是从鸦片战争算起，鸦片战争以前也不搞，因此清代前期历史是未开垦的处女地，没有多少学术成果；三是各方面力量不好协调，当时人民大学清史研究所的力量比较小，中国社科院和南开大学都有一部分研究清史的力量，国内其他地方也有一些研究力量。当年的两个五年规划虽寄希望于人民大学清史研究所，而该所只不过是人民大学的一个下属机构，缺乏权威性，不可能号召和组织全国力量从事这么宏大的文化工程。因此，修纂清史的事情再次被拖延了下来。

三、新时期纂修条件的成熟

虽然前面几次有关清史纂修的努力都没有成功，但是这些努力终究促成了清史研究得到了越来越多的重视，从而极大地推动了国内清史研究事业的发展。应该说，清史研究自二十世纪晚期以来出现的繁荣景象，与新中国成立以来一再提出清史纂修动议的过程有着紧密联系。更重要的是，这种繁荣反过来又为启动新一轮纂修工作打下了良好的基础。

在这方面，戴逸教授个人的学术生涯正是一个极具说服力的例子。在刚进中国人民大学工作的时候，他给著名中共党史专家胡华教授做助手，从事的主要是党史研究。其后他的主要研究方向逐渐转为中国近现代史，并以《中国近代史的分期问题》引起史学界同行的注意。1958年，他写成了《中国近代史稿》(第一册)，此书很快便和范文澜先生的《中国近代史》一起，成为许多高校历史系的主要教材。因此，当他首次受任参与清史纂修工作的时候，其实是以研究中国近现代史而专长，对清前期历史并没有太多的涉猎。而正是从此之后，戴逸教授以其深厚的学术功力展开了对整个清史的贯通研究。1977年，他出版了《1689年的中俄尼布楚条约》一书，标志着其学术转向的全面完成。1985年主持完成的两卷本《简明清史》，更是对鸦片战争前的清代历史进行了整体性探索，标志着其彻底打通了整个清史研究，成为国内外少有的清代通史专家。在融会贯通的基础上，他又倡导并身体力行地开展对清史进行横断面的研究。1992年出版的《乾隆帝及其时代》一书，鲜明地体现了他在这个方面的深入思考，并把清史研究推进到了一个新阶段。而他之所以苦心孤诣地进行这些方面的探索，跟他心目中一直无法忘情的、浓郁的清史情结，显然有着极为密切的关系。

在个人著述之外，戴逸教授还在培养清史人才方面，贯注了与学术研究同样多的精力。二十世纪五十年代，国内培养出来的史学人才并不多，至于研究清史的专才，除了几位老先生之外，余者寥寥。因此当吴晗找到戴逸教授征求修撰清史的意见时，戴逸教授便提出在大学里招生，设立清史培训班。吴晗完全赞同这个建议，并对他说：“把学生交给你吧，你教他们读《清史稿》《清实录》”。尽管这项培养人才的工作同样被“文革”所打断，但戴逸教授对此始终不懈怠。这方面最显著的证明，就是中国人民大学清史研究所正式成立后的蓬勃发展。

清史研究所的直接前身，是1973年成立的清史研究小组。在“文革”期间中国人民大学被迫解散的情况下，郭影秋同志千方百计地设法保留研究清史的队伍。他同当时北京市有关领导商量，将中国人民大学研究清史的教师集中在北京师范大学。因此，戴逸教授等人从江西干校回来以后，就在北师大成立了一个清史研究小组，目的就是要保全编写清史的力量。1978年中国人民大学复校后，清史研究小组立即全体调回人大，并在此基础上成立了清史研究所。戴逸教授后来忆及这段往事，感慨道："郭影秋副校长在非常困难的情况下，苦心孤诣地保留了清史研究队伍，远见卓识，功莫大焉。"

清史研究所成立后，戴逸教授和同事一起对该所的发展投入了极大力量，可以说的确没有辜负当初吴晗和郭影秋两位先生的期望。作为一个人数并不多的研究机构，清史所同时拥有中国近代史（主要是晚清史）和中国古代史（主要是清前期史）两个方向的研究力量，人员配备得相当齐整。该所从1978年开始招收硕士研究生，1984年开始招收博士研究生，到目前为止，总共培养出博士和硕士各三百余名。戴逸教授本人调教的学生就有数十名之多，且其中许多人早已成为教授、博士生导师，从而为清史研究的薪火相传打下了坚实的基础。

在中国人民大学几任领导的大力支持下，清史所在管理体制和资源配置方面都得到了不少倾斜，从而在成立后不到二十年，便获得了长足发展，成为国内外享誉盛名的清史研究机构。这里培养出了新中国第一位女性历史学博士黄爱平，第一位在中国荣获历史学博士学位的外籍博士、德国学者达素彬，第一位藏族历史学博士罗布、第一批全国百篇优秀博士论文获得者夏明方，等等。这里也是国内外清史同行交流访问的重要平台，美国、日本、德国、法国等国的许多著名清史研究者和中国史方向的研究生，在二十世纪八九十年代到清史所访学，是来中国研修的必备内容。随着清史学科的蓬勃发展，清史所的学术影响也日益扩大。这方面最显著的体现，便是该所戴逸、李文海两位教授先后出任过三届中国史学会会长，这是全国高校中迄今未曾再现过的现象。

同北京大学、北京师范大学、复旦大学、南开大学等校历史学科相比，中国人民大学历史学科发展较晚，基础也较为薄弱。但是由于清史所的建设，使得清史学科实现了跨越式发展。1996年，由清史所承担的“清史”项目被确定为教育部实施的“211工程”中的子项目，获得专项拨款。2000年，清史所又被教育部批准为百所人文社会科学重点研究基地之一。在很大程度上，清史成为中国人民大学在史学界树立的最重要品牌，也是中国人民大学作为国内高校历史学重镇之一的重要资本。与此同时，这也意味着，纂修清史终于具备了一个基础较好的学术依托机构。

当然，清史研究所的发展壮大，还只是具备纂修清史条件的一个方面。在另一方面，从国内清史研究的总体发展状况来看，纂修清史的学术条件也已经相当成熟。不夸张地说，自二十世纪八十年代以来，清史研究是各断代史中发展最快，也是最有活力的一个领域。经过长期积累，大量清史档案文献已经面世，几乎每个时期的资料丰富程度都让人叹为观止。与此同时，清史研究成果也大量涌现，涉及各个方面的问题。其中尤其值得注意的，是那些对清代历史总体状况进行探究的著作，比如以王戎笙为项目总负责人、国内众多专家学者集体撰写的《清代全史》，共有十卷，按照现代章节体的形式概括了有清一代的主要问题。而由清史所集结集体力量编纂的十二卷本《清史编年》，则按编年体形式，以时为经、以事为纬，详实而系统地反映了清朝自入关以来直至清帝逊位共两百六十八年间的重大事件。此外，在2000年，山西人民出版社和岳麓书社各自推出了一套以《清通鉴》为名的大型清史著作，两书都遵循通鉴体例对清朝的整体面貌进行了勾勒。所有这些著作的出现，不仅标志着清史研究的极端活跃，而且都注意超越以往清代前期历史和晚清史的割裂状态，因此都可以视为是在为纂修一部完整的清史进行了前期准备工作。

党和国家领导人对清史问题的高度关注，同样是纂修清史的客观条件日益成熟的重要方面。江泽民同志一向注意强调学习历史的重要作用，他在纪念中国共产党成立七十五周年座谈会上曾指出：“一个民族如果忘记了自己的历史，就不可能深刻地了解现在和正确地走向未来。我们的老一辈革命家，不但具有渊博的马克思主义理论修养、丰富的实践经验，而且具有渊博的历史知识。希望我们的各级领导干部，认真地读一点历史，首先要了解中国的历史。中国的发展离不开世界，为了适应扩大国际交往的需要，更好地学习借鉴世界各国的长处，还要了解世界的历史。以史为鉴，可以知兴替。”[①]在发表这次讲话前不久，江泽民同志专门邀请中国人民大学教授李文海、戴逸和罗国杰，北京大学教授张传玺，北京师范大学教授龚书铎和张宏毅，首都师范大学教授齐世荣，天津师范大学教授庞卓恒八位著名学者，共同探讨了中外历史上的九个重要问题，并由中央办公厅将这些问题的文稿印发全党进行学习，而这些问题中有相当的部分与清史有着密切联系。李岚清同志明确指出：“清代历史对我们现在的经济、文化、科学技术的发展以及外交、民族事务的处理都有重要借鉴作用。历史不会简单地重复，但是有时在某些问题上，也有惊人的相似之处。”[②]这些认识表明老一辈领导人重视历史作用的优良传统得到了继承和发扬。在很大程度上，正是这种传统的作用，不仅一直维持着纂修清史的希望始终不坠，而且为纂修工作的最终落实提供了切实的保障。

四、清史纂修工程的启动

在各项有利条件的鼓舞下，要求纂修清史的呼声随着时间进入二十一世纪而再度高涨起来。2000年底，戴逸教授首度披露了关于重修清史的基本构想，这是他多年来持续思考这一问题的结晶。他还认为，跟前两次提出纂修动议的时期相比，现在的情况已经大不一样了，无论是学术条件还是经济条件都已经相当成熟，这时非常适宜发起纂修清史的工作。

在不久之后召开的“两会”，即第九届全国人民代表大会和全国政协

① 江泽民：《努力建设高素质的干部队伍——在纪念中国共产党成立七十五周年座谈会上的讲话》（1996年6月21日），《人民日报》1996年6月24日。

② 李岚清：《统一思想 团结协作 努力把清史编纂工作做好》，《光明日报》2003年3月14日。

第四次会议上，全国人大代表、时任中国人民大学校长李文海教授，政协代表、北京大学王晓秋教授，都接受了戴逸等学者的委托，正式向国家提出了纂修“清史”的议案。李文海教授指出，纂修清史具有重要的文化意义和现实意义，在我们今天的历史研究中，“清史”是绝对不应该缺席的。王晓秋教授在发言中提出，在纪念辛亥革命的同时，也应该认真研究总结清代的历史，在清朝灭亡九十年之后，由国家组织纂修清史的时机已经成熟。因此建议将其作为一项国家重大文化工程，调动全国各方面力量，有计划有步骤地积极进行。

两会上的提案经由新闻媒体的传播，使得纂修清史问题在社会上引起了广泛的注意。2001年4月5日，季羡林、任继愈、王钟翰、王忍之、蔡美彪、朱家溍、戴逸、李文海、龚书铎等多位著名学者，在中国人民大学召开“清史”纂修座谈会，进一步对修史的必要性和可能性进行了讨论。与会者一致呼吁，中华民族的历史几千年来一直没有中断过，这在世界上独一无二。无论是从中国古代“易代修史”的优良传统，还是从中国历史的完整体系、中国文化的绵延不断、中国学术的薪火相传来说，现在纂修大型清史的学术条件、经济条件和政治条件都已完全具备，因此希望由国家出面组织和立项，依托中国人民大学清史研究所尽早启动清史纂修工程。

在这次座谈会之后不到十天时间，戴逸和李文海先生在《人民日报》上刊发了以《一代盛事 旷世巨典——关于大型清史的编纂》为标题的长文，进一步阐明了他们对于编纂大型清史的意见和构想。在这篇文章中，二位先生特地强调，进入二十一世纪，经过二十多年改革开放，国家的面貌焕然一新，政治稳定，经济发展，社会进步，综合国力增强，加之研究队伍壮大，学术积累丰厚，编纂大型清史已是最佳时机。而且此项工程启动过早或过迟，均为不利。启动过早，历史当事人很多健在，涉及个人利害关系与意见分歧，且史料未及整理，研究未及展开，猝尔命笔，质量难以保证。启动过迟，时过境迁，历史记忆淡褪，历史细节模糊，亦不易写成真实可信的历史。两位先生发出了这样的呼吁：“现在，清朝灭亡已九十年，编纂大型清史，此其时矣。希望政府、社会、学术界共同关注此事，使此巨大的文化工程得以及时启动和顺利展开。”①

这种呼吁很快得到了热烈的响应。2001年5月17至19日，清史所在北京发起召开了“清史修纂研讨会”，在这次研讨会上，来自全国各地的一百五十多名清史学者深入探讨了修纂清史的意义、时机、原则、体例等诸多重要问题。尽管在若干细节上尚未能形成统一意见，但是通过这次研讨会，纂修清史工作的大体方针和基本原则已经逐步成熟起来，朝向纂修工作的实现又迈出了重要一步。

学术界这种持续不断的努力，在各种有利条件的配合下，终于使纂修大型清史的希望转化为了实际行动。进入2002年后，国家也加快了把纂修工作提到具体日程上来的步伐。2002年3月29日，《清史》纂修筹备工作领导小组在文化部宣布成立，这标志着纂修工作进入实质性操作阶段。在筹备工作领导小组的具体指导下，参与此项工作的各方面人员进行了更为完整、细致的筹划。2002年8月，江泽民、朱镕基、胡锦涛、李岚清同志批准了文化部提交的关于纂修清史的报告，决定启动该项工程。11月，根据党中央、国务院的指示，由文化部牵头，中宣部、财政部、教育部、人事部等十四个机构作为成员单位，共同组成了清史纂修领导小组。12月12日，在纂修领导小组的主持下，国家清史编纂委员会正式成立，当年七位清史编纂委员中硕果仅存的戴逸教授出任编委会主任一职。至此，这项被誉为“文化建设中的三峡工程”的清史工程正式开始，也为历经近半个世纪的新修清史动议画上了一个圆满的句号。

清史工程启动后，在国家清史纂修工程领导小组办公室和国家清史编纂委员会的共同努力下，工作迅速全面铺开。十五年来，取得了非凡成绩，如整理了总数超过数亿字清史资料的“档案丛刊”和“文献丛刊”，推出了数十部海外学界清史研究代表性成果的“编译丛刊”，出版了一大批国内学界最新研究成果的“清史研究丛刊”，等等。这些成果虽然在清史工

① 戴逸、李文海：《一代盛事 旷世巨典——关于大型清史的编纂》，《人民日报》2001年4月14日。

程中被视为辅助类工作，但是其价值是绝对不容低估的。这是因为，对于今后的清史研究来说，这些厚重的学术积累无疑将成为研究者们幸福的烦恼。也正是基于这些基础性建设，可以说，这部总数达三千万字的《清史》的最终完成，一定不是清史研究的终点，而是清史研究再出发的起点。

综上所述，在新修《清史》的历次动议、清史工程的启动与清史所的建设发展之间，可谓息息相关。在某种意义上，清史所就是基于新修《清史》的动议才得以产生的，推动清史研究的发展，为清史纂修工作做好各项准备，是其历史使命之所在。在清史工程启动前的二十多年里，清史所在学术积累方面做出了很大贡献，也迅速成为国内外最为知名的清史研究机构。清史工程启动后，清史所又成为最重要的学术依托单位。十五年来，所内不仅有许多人员担任清史主体类项目主持人或骨干成员，还有大批人员担任了规划、管理等服务工作，戴逸、王思治、李文海等老一辈学者更是将之视为一生中最大最重要的工作，不遗余力地投入了自己的力量。当然，在协助开展清史工程的过程中，清史所也受益匪浅，既为未来研究的开展积累了丰富的资料，也有力地锻炼了研究队伍。明年，清史所即将迎来建所四十周年，也正是《清史》纂修工作即将告一段落的时候，而对清史进行更为艰巨的“深翻”式研究，则是新时代的新要求，我们相信，备受历练的清史所必能适应这一要求，也必能将清史研究进一步发扬光大。

（该文原载《北京教育学院学报》2017年第6期）

时代变革与清史研究的成长契机

清朝是中国最后一个传统王朝，清史研究也成为中国断代史系列中最晚出现的一个部分。然而清史研究诞生后不久，就在中国历史学领域占有一席之地。时至今日，兼跨古代史和近代史两个领域的清史，成为断代史中规模和影响都不容小觑的领域。回望清史研究百余年来的发展历程，可以说该领域的发展，决不单纯出于学术内部的驱动，更重要的是其从一开始就与社会现实密切相关。尤其是在诸多时代变革的关键节点上，清史研究的发展都与之有着契合的步调。也正是在这种意义上，我们才可以断言，清史研究得以成长的一个重要品性，绝不是躲进学术象牙塔内的“无用之用”，而是表现出强烈现实关怀的“有用之用”。

一、国破山河在：清史研究与民国构建

二十世纪初，学术意义上的清史研究尚未得到多少发展，以至于章太炎在《哀清史》中感叹：“今清室之覆亡，知不远矣！史于亡国，亦大行之具，不于存时宿储跱之，人死而有随之齎送以賵襚者，国死而齎送亦绝，可不哀邪！”[①]按照章太炎的说法，清朝很可能会成为中国历史编纂传统的一个断裂带。然而与这一悲观预言相反，尽管清朝覆亡之后，中国一度国势动荡、山河破碎，但是清史研究仍然获得了一定的发展。到全面抗战爆发前夕，清史研究已初步成长为中国史学中的一个新的学术增长点。对于清史研究的这种发展态势，学界以往大多将之与梁启超提出“新史学”

① 章太炎著：《訄书详注》，徐复注，上海古籍出版社，2000年，第838页。

的号召联系起来,认为这主要是近代史学革命导致的结果。不过,与学术因素相比,来自社会变动的现实影响,在清史研究发展过程中显然具有更为突出的作用。这主要表现在,清史研究在第一个发展期内的诸多代表性成果,都明显有着与民国时期的国家建设活动相适应的背景。

首先,正视清朝历史,在清朝、民国鼎革之际,成为一个十分紧迫的政治和社会问题。自清末以来,社会上广泛流传着两种与清史密切相关的话语:其一是出于革命宣传的目的,以渲染"满汉仇恨"为主旨的历史叙述;其二则是随着清廷权威日颓,大量关于清室的野史被炮制出来以耸人听闻。而在革命之后,匡正历史以肃清这两种话语的不良影响,很快成为一个重要问题。容庚指出:"夫学校皆有历史一门,欲知民国肇建之由,不能废清代二百六十八年之历史而不讲。"①这种诉求显然对清史研究的兴起产生了促进作用。对此,一代清史名家孟森的说法堪为力证。他解释说,匡正清史的重要性在于,"史书为征信而作……故虽不信官书,亦不轻听世俗之传说,尤不敢盲从革命以后之小说家,妄造清世事实,以图快种族之私,而冀耸流俗好奇之听。"②他因此强调"尊重前代,必并不厌薄于所继承之前代,而后觉承统之有自",故而清史"自当占中国累朝史中较盛之一朝,不应故为贬损"。③就此而言,以孟森的清史研究为代表的、奠定清史学科基础的一大批实证著述,其意义当然不限于学术范围。

其次,在当时国际环境下,独立发展清史研究,还有着维护民族文化自尊的重要意义。日本对清史的系统研究要早于中国。自甲午战争以来成型的"东洋史学"关于清史的积累,是日本学者稻叶君山于1914年推出《清朝全史》的重要基础。④这是清亡后第一部全面反映清史的著作,于出版当年便被译为中文。国人在震惊于日本学界研究精深之余,也激发了强烈的敌忾之心。如蒋方震(按:即蒋百里)就称:"余尝以近人译《清朝

① 容庚:《清史稿解禁议》,曾宪通编选:《容庚选集》,天津人民出版社,1994年,第476页。
② 孟森:《清朝前纪·叙言》,《清朝前纪》,商务印书馆,1930年。
③ 孟森:《清史讲义》,中国文化服务社,1947年,第3页。
④ 王家范:《萧一山与〈清代通史〉》,《历史研究》2006年第2期。

全史》于日文为耻。"[1]萧一山回忆称:"海上有译日人稻叶君山氏之《清朝全史》者,颇风行一时。余方读书中学,以国人不自著书,而假手外人,真吾国学术界之耻也。"[2]也主要是因受到该书"立场不同,舛疏颇多"的刺激,萧一山遂决意独力撰写《清代通史》。[3]正是因为"东洋史学"的建构与日本帝国主义对亚洲的侵略意识密不可分,[4]所以萧一山的撰史之举无疑带有强烈的国族抗争意味。

最后,清代经济史研究在民国时期的异军突起,与现实社会经济问题的严重刺激关联甚深。对于这些研究,学界以往大多强调其对中国经济史学科的奠基作用,而没有充分注意到其现实关切性。实际上,由于辛亥革命的不彻底性,民国仍需面对清朝留下的各种负面历史遗产。特别是晚清以来遗存的厘金、赔款、海关、盐政等问题,对国家和社会都造成了深远影响。故而知其然、更要知其所以然,成为历史与现实相结合的必然要求。这方面的首要例子是厘金问题。王振先于1917年指出,"世界公认为病民病国、课税最恶之厘金,乃以绵绵延延,至今弗替",而要阐明"厘金之宜裁",则"要必原始要终,察其事情变迁"。[5]正是因为接续这种问题意识,才出现了罗玉东的巨著《中国厘金史》。另一个代表性事例则是庚子赔款问题。这项赔款在民国时期继续执行,波及财政乃至文化教育等方面,故而备受社会关注。但一般性的介绍大多浅显,直到汤象龙推出关于晚清外债的系统研究,才使得庚子赔款的特性及其危害得到了深刻揭示。诸如此类的例子不一而足,充分表明了清代经济史研究得以兴起的社会基础。

---

① 蒋方震:《〈清代通史〉序》,萧一山:《清代通史》,中华印书局,1923年。

② 萧一山:《清代通史下卷讲稿辨论集序》,《清代通史下卷讲稿辨论集》,中华印书局,1934年。

③ 萧一山:《非宇馆文存》,卷4,第137页。沈云龙主编:《近代中国史料丛刊》(874),文海出版社,1973年。

④ 陈慈玉:《案牍研究与田野调查:日本东洋史学方法之一面向》,《"中央"研究院近代史研究所集刊》第42期,2003年12月。

⑤ 王振先:《中国厘金问题》,商务印书馆,1917年,第3页。

二、建设新中国:清史研究与社会重建

从抗日战争到解放战争,随着中国共产党的不断壮大,争取革命胜利,领导全国人民进行社会主义革命和建设,成为一个越来越近的目标。与此相应,结合近代以来中国社会的历史演变,向广大人民阐明建设新中国、新社会的历史必然性,也是一项愈发迫切的任务。对于历史研究的这种重要功能,中国共产党人还在延安时期便已有了深刻意识。1941年,毛泽东就强调,党内现时必须加以纠正的一大缺点,就是“不论是近百年的和古代的中国史,在许多党员的心目中还是漆黑一片”,“近百年的经济史,近百年的政治史,近百年的军事史,近百年的文化史,简直还没有人认真动手去研究”。因此,“对于近百年的中国史,应聚集人材,分工合作地去做,克服无组织的状态。”[①]由于这里所说的近百年以晚清时期为主,所以毛泽东的这个说法,自然意味着清史在这种系统研究中将占据一个重要位置。事实也证明,在马克思主义指导下发展起来的清史研究,不仅形成了一个区别于民国时期清史研究的架构,更是为建设新中国和新社会这一观念的深入人心作出了重要贡献。

这种清史架构服务于社会重建的首要贡献,体现在关于半殖民地半封建社会论的具体阐发上。本来,在大革命失败后激发的社会史大论战中,“两半”概念便已初步成型。不过,当时关于中国社会性质的争论,还只局限在知识界的范围内。1939年,毛泽东强调:“只有认清中国社会的性质,才能认清中国革命的对象、中国革命的任务、中国革命的动力、中国革命的性质、中国革命的前途和转变。”[②]正是基于这种认识,范文澜的《中国近代史》上编第一分册、胡绳的《帝国主义与中国政治》在二十世纪四十年代后期相继出版,都深入揭示了晚清以降中国沦为半殖民地半封

---

① 毛泽东:《改造我们的学习》,《毛泽东选集》第三卷,人民出版社,1991年,第796—798、802页。

② 毛泽东:《中国革命和中国共产党》,《毛泽东选集》第二卷,第633页。

建社会的基本性质，也有力论证了近代以来中国革命以反帝反封建为基本前提的历史使命。这些著述系统解释了近代中国的社会形态演变过程，充分展现了中国共产党的社会革命观与社会发展观，对全国民众产生了巨大影响。在中华人民共和国成立后，以1840年鸦片战争为开端的晚清史，不仅得到了空前的发展，更是在社会主义思想教育活动中发挥了重要作用。

清史研究服务于社会重建的另一个重要贡献，体现在对太平天国等农民战争的革命意义的发掘上。在二十世纪三四十年代，清史学界虽然曾对太平天国运动给出过一些正面评价，但并未特别看重其历史地位和意义。毛泽东则在《中国革命和中国共产党》中强调，包括太平天国在内的许多农民起义，“都是农民的革命战争”，“才是历史发展的真正动力”。而他对农民战争的这种评价，又是与其论述开展“中国共产党领导之下的农民游击战争”的正确性联系在一起的。[①]因此，揭示农民战争的重要意义，也是理解现实革命斗争的重要一环。这就不难理解，在革命胜利后不久，太平天国运动就得到学界的高度重视。1951年1月11日，《人民日报》发表了《纪念太平天国革命百周年》的社论，称太平天国运动是旧式农民战争“发展到的最高峰”。1954年，胡绳在讨论中国近代史分期问题时，正式提出“三次革命高潮”的说法，并认为“太平天国的革命运动是中国近代史中第一次革命运动的高涨”。[②]太平天国研究的这股热潮，在中国农民战争史研究成为“五朵金花”之一的过程中，起到了十分重要的作用。

最后，清史研究对于资本主义萌芽论所提供的支撑，对于理解新中国的社会发展道路，也具有十分重要的意义。“资本主义萌芽”的提法在二十世纪三四十年代最初出现时，并未引起太多注意。1955年1月9日，邓拓在《人民日报》上发表《论〈红楼梦〉的社会背景和历史意义》一文，根据十

---

① 毛泽东：《中国革命和中国共产党》，《毛泽东选集》第二卷，第625、635页。

② 胡绳：《中国近代历史的分期》，《历史研究》1954年第1期。

八世纪上半期农产品商品化的程度、城市和工商业的发达等方面的史实，论证了中国"处在封建社会开始分解、从封建经济体系内部生长起来的资本主义经济因素正在萌芽的时期"。由于该文的发表引发了讨论资本主义萌芽的热潮，说清史是这股热潮的起点并不为过。而基于历史内容和史料的丰富性，清史也为论证资本主义萌芽提供了最为有力的支撑。同时，在这一时期，资本主义萌芽并不止是一个历史课题，还是一个社会认识问题。在"五种社会形态论"被确立为社会发展基本框架的前提下，通过对资本主义萌芽论的论证，可以合理地解释中国何以能够从半殖民地半封建社会走向社会主义社会的特殊发展道路。就此而言，对中国历史上资本主义萌芽的研究，其实深刻体现了将马克思主义普遍原理与中国具体国情相结合的现实努力。同时，这种研究也意味着对中国内部能动因素的重视，从而有力反驳了自黑格尔以来流行于西方的中国社会长期停滞论。①

三、追赶现代化：清史研究与改革开放

1978年，党的十一届三中全会决定把工作重点转移到社会主义现代化建设上来，由此开启了改革开放的进程。在国门打开之后，中国与发达国家之间在社会发展上的巨大差距，对国内产生了巨大震动，如何正确认识这种差距成为一个重大思想问题。在这种形势下，民族虚无主义和历史虚无主义思潮也占据了一定的市场，它们往往通过拼凑历史内容的手法，对中国发展现代化的前景表示极度悲观。因此，对历史进行正本清源的工作，在实现思想解放的同时，遏制不良思潮，成为严肃的历史学者不容回避的义务。在这方面，清史学界做出了富有建设意义的贡献。以近三百年来中国与西方的发展趋势为坐标，学者们探讨了中国在世界现代化潮流中落伍的原因、中国传统社会内部的发展动力，以及中国近代以来

① 许涤新、吴承明主编：《中国资本主义发展史》（第一卷），人民出版社，2005年，第31页。

追赶现代化的历程等问题，从历史角度揭示了中国进行现代化建设的紧迫性、可能性和必要性，有力阐明了中国与现代化之间的复杂关系。与此同时，这些探讨也带动了现代化视角在清史研究中的广泛应用，丰富了清史研究的内容。因此可以说，清史研究的这种发展势头与改革开放后中国社会的发展之间，形成了良好的共鸣态势。

首先，来自清史领域的研究证明，中国在世界现代化潮流中的迟滞，在本质上是一个历史进程问题，而绝不是什么文明基因问题。诸如将现代中国的落后归咎于所谓中国自古以来的“黄色文明”属性的说法，当然是一种非历史主义的认识。历史研究表明，大约从十六世纪初到十九世纪初的这段时期，“就是中国在世界历史上由先进到落后的三百年。”[①]而在造成中国落后的原因中，清朝时期的自我封闭被认为是一个醒目因素。戴逸认为，十八世纪“最为深切的历史失误就是造成了闭关锁国形势的清王朝的对外政策，这一政策使中国与当时日益奔腾前进的世界历史潮流绝缘隔离，延误了社会的发展，我们的国家和民族为此付出了沉重的代价”。[②]罗荣渠也通过对过去三百年历史的观察，指出“即使像中国这样一个在前现代发展中遥遥领先的国家，一旦自我封闭，丧失吸收外来新因素的能力，就会盲目排外，从而脱离世界发展的潮流。因停滞而落后，因落后而挨打”。[③]显然，这种论述也为认识对外开放政策提供了良好的历史镜鉴。

其次，来自清史领域的研究证明，在鸦片战争之前，中国传统社会内部业已衍生出了带有现代化意味的因素，所以中国绝非在先天上就与现代化绝缘。二十世纪八九十年代，对于中国能否推进改革开放，有些人是缺乏信心的，这也是关于中国社会是“超稳定结构”的论调一度甚嚣尘上

① 王宏钧：《中国从先进到落后的三百年》，《中国史研究》1980年第1期。

② 戴逸：《失去了的机会——为朱雍〈不愿打开的中国大门〉一书所写序言》，朱雍：《不愿打开的中国大门》，江西人民出版社，1989年。

③ 罗荣渠：《中国早期现代化的延误——一项比较现代化研究》，《近代史研究》1991年第1期。

的原因。这种论调当然不符合中国历史的实际。吴承明以西方现代化的理论和历史进程为参照对象，指出“西欧早期的现代化始于16世纪市场和商业的发展，经过政治和制度变革，导致18世纪末的工业革命”；而中国“市场和商业的重大变革也是始于16世纪”，而“16世纪以来的变迁，实即我国的现代化因素的出现”。[①]不仅是社会经济领域，精神观念领域同样发生了重大变动。如高翔就提出，“18世纪清朝社会观念领域的多元趋势，尤其是反传统思想，体现了在盛世特殊时代背景下，知识界带近代色彩的新的文化形态的兴起”，“可谓中国步入近代的先声”。[②]这些论述都说明，明清时期的中国社会并不是一潭死水，而是与西方一样具有向前发展的动力。

再次，来自晚清史领域的研究证明，中国被卷入世界体系是一个不可逆的过程，中国发展现代化也是一个不可逆的过程。正如罗荣渠所说的那样，“纵观中国现代变革的全过程，鸦片战争以后，中国的传统发展轨道已被打破，开始被纳入现代世界发展的大潮之中，因此，中国的半边缘化与革命化，实质上都是中国现代化总进程中旧体制向新体制转变的特殊形式。”[③]另有学者指出，就中国现代化的进程而言，晚清时期构成了第一阶段即“现代化的准备阶段”，而“中国现代化所具有的特点，有许多是从准备阶段开始产生的，而且将对以后的进程产生不同程度的影响”。[④]的确，在现代化视角的观照下，改革开放进程中的许多问题和现象，都可以从晚清时期发现其渊源或影子。因此，深入揭示中国作为后发现代化国家的发展史，系统总结中国自晚清以来向现代社会转型的经验，才能够深刻领会我国实施改革开放，追赶世界现代化进程，最终实现从民族沉沦走

---

① 吴承明：《现代化与中国十六、十七世纪的现代化因素》，《中国经济史研究》1998年第4期。

② 高翔：《近代的初曙：18世纪中国观念变迁与社会发展》，社会科学出版社，2000年，第603页。

③ 罗荣渠：《现代化新论——世界与中国的现代化进程》（增订版），商务印书馆，2004年，第257页。

④ 虞和平主编：《中国现代化历程》第一卷，江苏人民出版社，2007年，第5页。

向民族复兴的伟大意义。

四、走进新时代:清史研究与文化自信

二十一世纪以来,中国特色社会主义事业进入了一个新时代。特别是综合国力的提升举世瞩目,在西方世界不断发出“中国崩溃论”的预测声中,中国GDP总量却在2010年升至世界第二位。中国的这种表现,深深撼动了全球自工业革命以来所形成的世界政治经济实力格局。因此,要深刻阐明这种变化的重大意义,就决不能仅仅着眼于改革开放以来的四十年或是新中国成立以来的七十年,而必须回溯到十八世纪甚至更早的时期。这就意味着,新时代的社会发展对清史研究提出了新的更高要求。而清史学界也紧紧抓住这一全新机遇,实现了进一步的成长。新时代清史研究的发展,在扎实推进自身研究的同时,也更加关注和准确把握海外学界动向,为提高中国在国际学术界中的话语权作出了担当。通过这些工作,清史研究不仅能够为塑造中国新形象做出独特贡献,而且在表达文化自信方面发挥了特殊的作用。

清史研究在表达文化自信方面的一个突出表现,是清史纂修工程所展现的国家形象与魄力。民国北京政府时期仓促编修的《清史稿》,自成书之时起,便被广泛认为不是一部合格的史书。中华人民共和国成立后,重新纂修一部《清史》的希望,与国家的发展命运紧紧联系在一起,经历了许许多多的曲折。直到进入新世纪后,随着中国复兴步伐的巨大进展,才终于出现了曙光。2001年,戴逸和李文海在《人民日报》上发表文章,强调了标志性文化工程与展现国家风貌之间的密切关联,并以“我们这一代人幸值国家开始腾飞之时,将以什么样的文化工程传留给后世”的问题,点明了编纂《清史》作为“一代之盛事、旷世之巨典”的深远意义。[①]党和

① 戴逸、李文海:《一代盛事 旷世巨典——关于大型清史的编纂》,《人民日报》2001年4月14日。

国家充分认可这一说法，遂于2002年启动国家清史纂修工程。时任副总理李岚清也明确指出："编纂清史是一项规模宏大的文化工程，是国家的一件大事。"[①]这项工程开展十多年来，不仅大大推动了清史学科的发展，也提高了清史的社会关注度。特别是在当前人文学科遭遇全球性低潮的情况下，这一工程格外有力地彰显了中国进行基础性文化建设的决心和信心。

清史研究在表达文化自信方面的另一个重要表现，是从历史变化的角度来揭示中国发展道路的内部动力及其特质。自二十世纪末起，西方社会发展陷入了乏力状态，现代性引发的许多弊端亦愈发明显。在反思西方发展模式和西方中心论的前提下，从长周期来观察改革开放以来的发展成就及其内因，成为新时代的一个焦点问题。例如，高王凌提出，十八世纪的中国与二十世纪存在着"正面接续"的关系，特别是中国的"工业化"要求，"恐怕不是1840年以后才从国外输入的，更不是二十世纪某一时代的新鲜主张；它是立足于中国自身发展基础之上的一个要求，在历史上至迟到十八世纪即已出现。"[②]李伯重则指出，江南地区在二十世纪末期"迅速成为中国经济成长的火车头"的情况，可以说是"回复到江南在十九世纪初期及以前在世界经济格局中的地位"，也"只有从长期历史变化的角度"，才能真正认识这种"江南经济奇迹"。[③]诸如此类的论述，既表明当代中国的崛起其实意味着中国重新回到世界舞台中心的过程，也解释了中国民族伟大复兴这一说法的历史合理性。

清史研究在表达文化自信方面还有一个显著表现，是对西方学术界中的"文化帝国主义"性质进行辨识和反击。改革开放前，海外中国史研究对于塑造中国国际形象具有重要作用。改革开放以后，海外研究成为本土研究的重要参照，许多以清史为主题的研究成果，都成为国内的热议

---

① 李岚清：《统一思想 团结协作 努力把清史编纂工作做好》，《光明日报》2003年3月13日。

② 高王凌：《十八世纪，二十世纪的先声》，《史林》2006年第5期。

③ 李伯重：《中国的早期近代经济——1820年代华亭—娄县地区GDP研究》，中华书局，2010年，第293页。

焦点和模仿对象。而经过多年艰苦探索后,国内学者们逐渐意识到,很多海外研究成果都不能单纯从学术角度来加以理解,而应该注意到其背后根深蒂固的西方中心论意识。这方面最新的事例,便是对“新清史”的认识和反思。这种首先兴起于美国学界、二十一世纪以来一度引发较多关注的取向,在学术突破的旗号下,其实隐含着浓厚的“文化帝国主义”色彩。正如钟焓所说的那样,这种取向“最终拷问的恰恰是中国从帝国到民族,国家究竟该如何转型的现实敏感政治问题,而其早已准备好的‘从一到多’的预设答案显然带有强烈的政治导向性”。[①]清史学界的这种情况表明,对海外学术思潮蕴含的意识形态问题要有清醒的认识,这样才能处理好学术与政治的关系,才能在文化自信的基础上正确面对海外学术成果,建立起自身的话语体系。

综上所述,在历次重大时代变革发生时,清史研究都因其显著的致用性而得到了宝贵的成长契机。在清朝覆亡、民国构建的时刻,清史研究成为合理面对历史遗产、重构现代国家认同的重要基础;在建设新中国和新社会的时刻,清史研究成为向广大人民群众阐明进行社会重建的历史必然性的重要内容;在改革开放的新时期,清史研究成为深刻理解中国加快进行现代化建设的重要背景;在中国特色社会主义事业的新时代,清史研究成为坚持文化自信、反击西方“文化帝国主义”的重要领域。可以肯定,在未来很长一段时间里,尤其是在国家统一以及边疆、民族、宗教等重大问题上,源自清朝的历史因素仍是必须加以重视的影响因子。这就决定了,清史研究在未来必定会有更大的发展,而经世致用的特质也仍是推动清史研究发展的不竭动力。

(该文原载《历史研究》2020年第1期)

① 钟焓:《清朝史的基本特征再研究:以对北美“新清史”观点的反思为中心》,中央民族大学出版社,2018年,第5页。